高等院校经管类应用型特色规划教材

中级财务会计

Intermediate Financial Accounting

张国柱 赵友萍 吴琛 刘妍 编著

东北财经大学出版社
Dongbei University of Finance & Economics Press
大连

图书在版编目（CIP）数据

中级财务会计 / 张国柱等编著 .—大连 ：东北财经大学出版社，2014.12
（高等院校经管类应用型特色规划教材）
ISBN 978-7-5654-1730-6

Ⅰ. 中…　Ⅱ. 张…　Ⅲ. 财务会计-高等学校-教材　Ⅳ. F234.4

中国版本图书馆 CIP 数据核字（2014）第 265273 号

东北财经大学出版社出版
（大连市黑石礁尖山街 217 号　邮政编码　116025）
教学支持：（0411）84710309
营 销 部：（0411）84710711
总 编 室：（0411）84710523
网　　址：http：//www.dufep.cn
读者信箱：dufep @ dufe.edu.cn

大连永盛印业有限公司印刷　　东北财经大学出版社发行

幅面尺寸：170mm×240mm　　字数：436 千字　　印张：21 1/4
2014 年 12 月第 1 版　　2014 年 12 月第 1 次印刷

责任编辑：王　莹　孔利利　　责任校对：那　欣　刘咏宁
封面设计：冀贵收　　版式设计：钟福建

ISBN 978-7-5654-1730-6
定价：35.00 元

前言

中级财务会计是在完成基础会计课程学习的基础上，在掌握了会计的基本理论和基本方法之后，对财务会计理论和方法的进一步深化。中级财务会计主要是针对一般企业的基本经济业务，阐述六大会计要素（资产、负债、所有者权益、收入、费用、利润）的确认、计量、记录和报告。

为了使会计教学能跟上我国会计领域核算制度和方法的全新变化，会计教材能及时反映新会计准则的实质与内涵，满足在新形势下培养会计人才和广大学生学习的需要，我们组织了长期从事中级财务会计教学的高校教师编写了这部教材。

该教材的主要特色为：

（1）内容新颖。本教材以现行适用的企业会计准则为依据，结合新出台的《企业会计准则解释》、《企业会计准则讲解》及有关实务资料，特别是近来修订和新增的会计准则，体现了企业会计核算的最新规范。

（2）课证兼顾。本教材既反映了中级财务会计的基本知识体系，同时又融合了会计师相关考试科目的内容，力求让学生的课程学习和考证相统一。

（3）课辅资料齐全。本教材各章附有适量的练习题及参考答案（请见光盘），目的在于全面考查各章的知识要点，并与会计实务紧密结合，以提高学生的实务操作能力；同时，配有教学所需的多媒体课件，以方便广大师生使用，请登录东北财经大学出版社的网站（http：//www. dufep. cn）下载。

本书由张国柱、赵友萍、吴琛、刘妍四位老师编著。由张国柱教授拟定编写大纲，并负责对全书进行最后总纂。书中各章的编写分工为：张国柱编写第1章；赵友萍编写第2、3、4、5、6、10和11章；吴琛编写第7、8、9章；刘妍编写第12、13章。

在本书的编写过程中，我们参考了大量的文献资料，感谢这些文献资料的作者，同时也感谢东北财经大学出版社的大力支持和帮助。

由于编者的水平有限，书中难免存在错漏之处，敬请读者批评指正。

编者

2014年12月

目录

总论

1.1 财务会计的目标

财务会计是按照会计准则的要求，对企业发生的交易或事项，通过会计确认、计量、记录和报告等程序，为会计信息使用者提供关于企业财务状况、经营成果以及现金流量等信息的对外报告会计。

财务会计的目标是财务会计活动所要达到的基本目的，它是财务会计行为主体在一定社会经济环境下，通过会计活动所期望达到的结果。财务会计是对外报告会计，而财务报告是财务会计确认和计量的最终结果，是沟通企业管理层与外部信息使用者之间的桥梁和纽带，是承担着向企业外部会计信息使用者提供有用信息的功能的载体。因此，财务报告的目标也就是财务会计的目标，如何定义财务报告的目标十分重要。财务报告的目标定位决定着财务报告应当向谁提供有用的会计信息，这是编制企业财务报告的出发点；财务报告的目标定位决定着财务报告所要求的会计信息的质量特征，决定着会计要素的确认和计量原则，是财务会计系统的核心和灵魂。

纵观会计理论界对财务会计目标的研究，归纳起来主要有受托责任观和决策有用观两种观点。在受托责任观下，财务会计的目标就是提供企业管理当局（受托者）履行经济管理责任的信息，向所有者（委托人）报告受托资产的使用管理情况，以帮助所有者考核和评价管理者的受托责任。会计信息更多地强调可靠性，会计计量也主要采用历史成本。在决策有用观下，财务会计的目标就是向会计信息使用者提供对他们决策有用的信息。会计信息更多地强调相关性，如果需要采用其他计量属性能够提供更加相关信息的，那么会较多地采用除历史成本之外的其他计量属性。

根据我国2006年发布的《企业会计准则——基本准则》的规定，企业财务报告的目标是向财务会计报告使用者提供与企业财务状况、经营成果和现金流量等有关的会计信息，反映企业管理层受托责任的履行情况，有助于财务报告使用者做出经济决策。

财务报告外部使用者主要包括投资者、债权人、政府及其有关部门和社会公众等。满足投资者的信息需要理应是企业财务报告编制的首要出发点。随着我国市场经济的不断发展和完善，企业产权日益多元化，基本准则将投资者作为企业财务报告的首要使用者，凸显了投资者的地位，体现了保护投资者利益的要求，这是市场经济发展的必然。如果企业在财务报告中提供的会计信息与投资者的决策无关，不能满足投资者的需要，那么这类财务报告就失去了其编制的意义。根据投资者决策有用目标，财务报告所提供的信息应当如实反映企业所拥有或者控制的经济资源、对经济资源的要求权以及经济资源及其要求权的变化情况；应当如实反映企业的各项收入、费用、利润和损失的金额及其变动情况；应当如实反映企业各项经营活动、投资活动和筹资活动等所形成的现金流入和现金流出情况等。从而有助于现在的或者潜在的投资者正确、合理地评价企业的资产质量、偿债能力、盈利能力和营运效率等；有助于投资者根据相关会计信息做出理性的投资决策；有助于投资者评估与投资有关的未来现金流量的金额、时间和风险等。除了投资者之外，企业财务报告的外部使用者还有债权人、政府及有关部门、社会公众等。严格地讲，这些使用者与投资者关注企业会计信息的需求点和侧重点是有差异的。由于投资者是企业资本的主要提供者，在通常情况下，如果财务报告能够满足这一群体的会计信息需求，也就能够满足其他使用者的大部分信息需求。

1.2 财务会计的基本假设

财务会计的基本假设是人们在长期的会计实践中，根据客观的正常情况或变化趋势形成的对会计核算对象及经济环境的最合乎情理的判断。它是企业会计确认、计量、报告的前提，是对会计核算所处时间、空间环境等所作的合理假定。财务会计基本假设包括会计主体、持续经营、会计分期和货币计量。

1）会计主体

会计主体，是指企业
计量和报告的空间范围。为了向财务报告使用者反映企业财务状况、经营成果和现金流量，提供对其决策有用的信息，会计核算和财务报告的编制应当集中于反映特定对象的活动，并将其与其他经济实体区别开来。会计主体就是会计为其服务的特定单位。在会计主体假设下，企业应当对其本身发生的交易或事项进行会计确认、记录、计量和报告，反映企业本身所从事的各项生产经营活动和其他相关活动。明确界定会计主体是开展会计确认、计量和报告工作的重要前提。

明确会计主体，才能划定会计所要处理的各项交易或事项的范围。在会计工作中，只有那些影响企业本身经济利益的各项交易或事项才能加以确认、计量、记录和报告。

明确会计主体，才能将会计主体的交易或者事项与会计主体所有者的交易或者事项以及其他会计主体的交易或者事项区分开来。例如，企业所有者的交易或者事项是属于企业所有者个人所发生的，不应当纳入企业会计核算的范畴，但是企业所有者投入到企业的资本或者企业向所有者分配的利润，则属于企业主体所发生的交易或者事项，应当纳入企业会计核算的范畴。

会计主体不同于法律主体。一般来说，法律主体必然是一个会计主体。例如，一个企业作为一个法律主体，应当建立财务会计系统，独立反映其财务状况、经营成果和现金流量，具备法人的资格条件。但是，会计主体不一定是法律主体。例如，在企业集团的情况下，一个母公司拥有若干子公司，母子公司虽然是不同的法律主体，但是母公司对于子公司拥有控制权，为了全面反映企业集团的财务状况、经营成果和现金流量，就有必要将企业集团作为一个会计主体，编制合并财务报表，而企业集团不是法律主体。

2）持续经营

持续经营，是指在可以预见的未来，企业将会按当前的规模和状态继续经营下去，不会停业，也不会大规模削减业务。在持续经营的前提下，会计确认、计量和报告应当以企业持续、正常的生产经营活动为前提。

企业是否持续经营，在会计原则、会计方法的选择上有很大差别。一般情况下，应当假定企业将会按照当前的规模和状态持续经营下去。明确这个基本假设，就意味着会计主体将按照既定的用途使用资产，按照既定的合约条件清偿债务，会计人员就可以在此基础上选择会计原则和会计方法。例如，判断一个企业会持续经营，就可以假定该企业的固定资产在持续的生产经营过程中将长期发挥作用，并将服务于生产经营过程，该固定资产就可以根据历史成本进行记录，并采用一定的折旧方法，将历史成本分摊到各个会计期间或相关产品的成本中；判断一个企业不会持续经营，其固定资产就不应采用历史成本进行记录并按期计提折旧。

如果一个企业在不能持续经营时仍按持续经营的基本假设选择会计确认、计量、报告原则和方法，那么就不能客观地反映企业的财务状况、经营成果和现金流量，而且会误导会计信息使用者的经济决策。

3）会计分期

会计分期，是指将一个企业持续的生产经营活动划分为一个个连续的、长短相同的期间。会计分期的目的在于通过会计期间的划分，将持续的生产经营活动划分成连续、相等的期间，据以结算盈亏，按期编制财务报告，从而及时向财务报告使用者提供有关企业财务状况、经营成果和现金流量的信息。

在会计分期假设下，企业应当划分会计期间，分期结算账目和编制财务报告。会计期间通常分为年度和中期。会计年度以年度来划分会计期间，通常为1年。世界各国的会计年度起讫日期并不一致。中期，是指短于一个完整的会计年度的报告期间，如月、季度和半年。我国《企业会计准则——基本准则》规定，会计期间分为年度和中期，其中会计年度和日历年度相同，即从每年的1月1日至12月31日为一个会计年度。由于会计分期，才产生了当期与以前期间、以后期间的差别，才使不同类型的会计主体有了记账的基准，进而孕育出折旧、摊销等会计处理方法。

4）货币计量

货币计量，是指会计主体在会计确认、计量和报告时以货币计量，反映会计主体的生产经营活动。

在会计的确认、计量和报告过程中之所以选择以货币为基础进行计量，是由货币的本身属性决定的。货币是商品的一般等价物，是衡量一般商品价值的共同尺度，具有价值尺度、流通手段、贮藏手段和支付手段等特点。其他计量单位，如重量、长度等，只能从一个侧面反映企业的生产经营情况，无法在量上进行汇总和比较，不便于会计计量和经营管理，只有选择货币尺度进行计量，才能充分反映企业的生产经营情况；所以，《企业会计准则——基本准则》规定，会计确认、计量和报告应选择货币作为计量单位。

货币计量假设是建立在币值稳定不变的基础之上的。因为只有在币值稳定或相对稳定的情况下，不同时点的货币金额加总才有意义，同一期间的收入和费用才能进行比较。如果在持续通货膨胀情况下，货币计量的这一假设就受到了挑战，这样就应该采用通货膨胀会计来消除物价变动的影响。

1.3 会计信息质量要求

会计信息质量要求是对企业财务报告中所提供会计信息质量的基本要求，是使财务报告中所提供的会计信息对投资者等信息使用者决策有用应具备的基本特征，根据我国《企业会计准则——基本准则》的规定，会计信息质量要求主要包括可靠性、相关性、可理解性、可比性、实质重于形式、重要性、谨慎性和及时性八项。其中前四项是会计信息的首要质量要求，是企业财务会计信息应具备的基本质量特征；后四项是会计信息的次要质量要求，是对前四项的补充和完善，尤其在对某些特殊交易或事项进行处理时，需要根据这些质量要求来把握其会计处理的原则。

1）可靠性

可靠性要求企业应当以实际发生的交易或者事项为依据进行确认、计量和报告，如实反映符合确认和计量要求的会计要素及其他相关信息，保证会计信息真实可靠、内容完整。

会计信息只有真实可靠，才值得财务会计报告使用者信赖，否则，就会对财务会计报告使用者的决策产生误导甚至带来损失。为了贯彻可靠性要求，企业应当做到：

（1）以实际发生的交易或者事项为依据进行确认、计量，将符合会计要素定义及其确认条件的资产、负债、所有者权益、收入、费用和利润等如实反映在财务报告中。

（2）在符合重要性和成本效益原则的前提下，保证会计信息的完整性，其中包括应当编报的报表及其附注内容等应当保持完整，不能随意遗漏或者减少应予披露的信息。

（3）包括在财务报告中的会计信息应当是中立的、无偏的，即企业在制定会计政策、选择会计方法时要保持中立，不偏向企业利益集团中的任何一方，不追求预定的结果。

2）相关性

相关性要求企业提供的会计信息应当与财务报告使用者的经济决策需要相关，

有助于财务报告使用者对企业过去、现在或未来的情况做出评价或者预测。

会计信息是否有用，是否具有价值，关键看其与使用者的决策需要是否相关，是否有助于决策或者提高自身的决策水平，这取决于两个因素：一是有反馈价值，相关的会计信息应当能够有助于使用者评价企业过去的决策，证实或者修正过去的有关预测；二是有预测价值，相关的会计信息还应当有助于使用者根据财务报告所提供的会计信息预测企业未来的财务状况、经营结果和现金流量。

会计信息质量的相关性要求，需要企业在确认、计量和报告会计信息的过程中，充分考虑财务报告使用者的决策模式和信息需要。但是，相关性是以可靠性为基础的，两者之间并不矛盾，不应将两者对立起来。在实践中，会计信息应当在可靠性的基础上，尽可能地做到相关，以满足财务报告使用者的决策需要。

3）可理解性

可理解性要求企业提供的会计信息应当清晰明了，便于财务报告使用者理解和使用。

企业编制财务报告、提供会计信息的目的在于使用，而要想让使用者有效使用会计信息，就应当让其了解会计信息的内涵，弄懂会计信息的内容，这就要求财务报告所提供的会计信息应当清晰明了、易于理解。只有这样，才能提高会计信息的有用性，实现财务会计的目标。

会计信息是一种专业性较强的信息，在强调会计信息的可理解性要求的同时，当然还应假定使用者具备一定会计方面的知识，并且愿意付出努力去研究这些信息，这样才能真正发挥会计信息的作用。

4）可比性

可比性要求企业提供的会计信息应当相互可比，主要包括两层含义：

一是同一企业在不同时期提供的会计信息应当相互可比。为了便于财务报告使用者了解企业的财务状况、经营成果和现金流量的变化趋势，比较企业在不同时期的财务报告信息，全面、客观地评价企业的过去、预测企业的未来，从而做出正确决策，会计信息质量的可比性要求同一企业在不同时期发生的相同或者相似的交易或者事项，应当采用一致的会计政策，不得随意变更。但是，满足会计信息的可比性要求，并非表明企业不得变更会计政策，如果按照规定或者在会计政策变更后可以提供更可靠、更相关的会计信息的，企业就可以变更会计政策。有关会计政策变更的情况，企业应当在财务报告附注中予以说明。

二是不同企业在相同会计期间提供的信息应当相互可比。为了便于财务报告使用者评价不同企业的财务状况、经营成果和现金流量及其变动情况，会计信息质量的可比性要求不同企业在同一会计期间发生的相同或者相似的交易或者事项，应当采用规定的会计政策，以确保会计信息的口径一致、相互可比，使不同企业按照一致的确认、计量和报告要求提供有关会计信息。

5）实质重于形式

实质重于形式要求企业应当按照交易或者事项的经济实质进行会计确认、计量和报告，不能仅仅以交易或者事项的法律形式为依据。

企业发生的交易或者事项在多数情况下，其经济实质和法律形式是一致的；但随着市场经济的不断发展，经济现象日趋复杂，在有些情况下，会出现不一致。例如，在融资租赁业务中，就法律形式而言，承租人并不拥有租入资产的所有权，该租赁资产的所有权在租赁期内属于出租方所有。但是，就经济实质而言，按照融资租赁合同的规定，在租赁期内，承租人能够控制融资租入的资产所创造的未来经济利益，符合资产的本质特征，因此在会计确认、计量和报告中就应当将以融资租赁方式租入的资产视为企业的资产，列入企业的资产负债表。

6）重要性

重要性要求企业提供的会计信息应当反映与企业的财务状况、经营成果和现金流量有关的所有重要交易或者事项。

在实务中，如果某会计信息的省略或者错报会影响投资者等财务报告使用者据此做出决策的，该信息就具有重要性。重要性的应用需要依赖职业判断，企业应当根据其所处环境和实际情况，从项目的性质和金额大小两方面加以判断重要性。

7）谨慎性

谨慎性要求企业对交易或者事项进行会计确认、计量和报告应当保持应有的谨慎，不应当高估资产或者收益、低估负债或者费用。

在市场经济环境下，企业的生产经营活动面临着许多风险和不确定性，如应收款项的可收回性、固定资产的使用寿命、无形资产的使用寿命、售出存货可能发生的退货或者返修等。会计信息质量的谨慎性要求，需要企业在面临不确定性因素的情况下做出职业判断时，应当保持应有的谨慎，充分估计到各种风险和损失，既不高估资产或者收益，又不低估负债或者费用。

值得注意的是，谨慎性要求并不意味着企业可以故意高估负债和费用，或者故意低估资产和收益，如果企业这样做，就不符合会计信息的可靠性和相关性要求，就会损害会计信息的质量，这是会计准则所不允许的。

8）及时性

及时性要求企业对于已经发生的交易或者事项，应当及时进行确认、计量和报告，不得提前或延后。

会计信息对于使用者的经济决策是有时效性的。其价值会随时间的流逝而降低。这就要求企业在会计确认、计量和报告过程中必须贯彻及时性的要求。为此，一是要求企业及时收集会计信息，即在经济交易或者事项发生后，及时收集整理各种原始凭证；二是要求企业及时处理会计信息，即按照会计准则的规定，及时对经济交易或者事项进行确认或者计量，并编制财务报告；三是要求企业及时传递会计信息，即按照国家规定的有关时限，及时地将编制的财务报告传递给财务报告使用者，便于使用者及时使用和决策。

1.4 会计要素及其确认

会计要素是根据交易或者事项的经济特征所确定的财务会计对象的基本分类。根据我国《企业会计准则——基本准则》，将会计要素分为六类：资产、负债、所有者权益、收入、费用和利润。其中，资产、负债和所有者权益要素侧重于反映企业的财务状况，为静态三要素；收入、费用和利润要素侧重于反映企业的经营成果，为动态三要素。

1.4.1 资产的定义及其确认条件

1）资产的定义

资产是指由企业过去的交易或者事项形成的，被企业拥有或者控制的，预期会给企业带来经济利益的资源。根据资产的定义，资产具有以下几个方面的特征：

（1）资产是由企业过去的交易或者事项形成的

资产应当由企业过去的交易或者事项所形成，过去的交易或者事项包括购买、生产、建造行为或者其他交易或者事项，只有过去的交易或者事项才能形成资产，企业预期在未来发生的交易或者事项不形成资产。例如，企业有购买某项存货的意愿或者计划，但是购买行为尚未发生，就不符合资产的定义，不能因此而确认存货资产。

（2）资产被企业拥有或者控制

资产作为一种资源，应当被企业拥有，也就是企业享有某项资源的所有权，或者虽然不享有某项资源的所有权，但能控制该项资源。可见，拥有所有权并不是确认资产的绝对标准。企业享有资产的所有权，通常表明企业能够排他性地从资产中获取经济利益。通常在判断资产是否存在时，所有权是考虑的首要因素。在有些情况下，资产虽然不为企业所拥有，即企业并不享有其所有权，但企业控制了这些资产，同样表明企业能够从资产中获取经济利益，因此符合会计上对资产的定义。如果企业既不拥有也不控制资产所能带来的经济利益，就不能将其作为企业的资产予以确认。

（3）资产预期会给企业带来经济利益

资产预期会给企业带来经济利益，是指资产具有直接或者间接导致现金和现金等价物流入企业的潜力。这种潜力可以来自企业日常的生产经营活动，也可以是非日常活动；带来的经济利益可以是现金或者现金等价物，或者是可以转化为现金或者现金等价物的形式，或者是可以减少现金或者现金等价物流出的形式。

预期能为企业带来经济利益是资产的重要特征。例如，企业采购的原材料、购置的固定资产等可以用于在生产经营过程中制造商品或者提供劳务、对外出售后收回货款，货款即为企业所获得的经济利益。如果某一项目预期不能给企业带来经济利益，那么就不能将其确认为企业的资产。前期已经确认为资产的项目，如果不能再为企业带来经济利益，也不能再确认为企业的资产。

2）资产的确认条件

将一项资源确认为资产，首先应当符合资产的定义，还应当同时满足以下两个条件：

（1）与该资源有关的经济利益很可能流入企业

资产的本质特征是能够为企业带来经济利益。但在现实生活中，由于经济环境瞬息万变，与资源有关的经济利益能否流入企业或者能够流入多少实际上带有不确定性。因此，资产的确认还应与经济利益流入的不确定性程度的判断结合起来。如果根据编制财务报表时所取得的证据，判断与资源有关的经济利益很可能流入企业，那么就应当将其作为资产予以确认；反之，不应当予以确认。

（2）该资源的成本或者价值能够可靠地计量

可计量性是所有会计要素确认的重要前提，资产的确认也是如此。只有当有关资源的成本或者价值能够可靠地计量时，资产才能予以确认。在实务中，企业取得的许多资产都需要付出成本。例如，企业购买或者生产的存货、企业购置的厂房或者设备等，对于这些资产，只有实际发生的成本或者生产成本能够可靠计量，才能视为符合了资产确认的可计量条件。

1.4.2 负债的定义及其确认条件

1）负债的定义

负债是指由企业过去的交易或者事项形成的，预期会导致经济利益流出企业的现时义务。负债具有以下几个方面的特征：

（1）负债是由企业过去的交易或者事项形成的

负债应当由企业过去的交易或者事项所形成，即只有过去的交易或者事项才形成负债，企业将在未来发生的承诺、签订的合同等交易或者事项，不形成负债。

（2）负债是企业承担的现时义务

负债必须是企业承担的现时义务，现时义务是指企业在现行条件下已承担的义务。未来发生的交易或者事项形成的义务，不属于现时义务，不应当确认为负债。这里所指的义务可以是法定义务，也可以是推定义务。其中，法定义务是指具有约束力的合同或者法律、法规规定的义务，通常在法律意义上需要强制执行。例如，企业购买原材料形成应付账款、企业向银行贷入款项形成借款、企业按照税法规定应当缴纳的税款等，均属于企业应当承担的法定义务，需要依法予以偿还。推定义务是指根据企业多年来的习惯做法、公开的承诺或者公开宣布的经营政策而导致企业将承担的责任，这些责任也使有关各方形成了企业将履行义务承担责任的合理预期。例如，某企业多年来制定有一项销售政策，对于售出商品提供一定期限内的售后保修服务，预期将为售出商品提供的保修服务就属于推定义务，应当将其确认为一项负债。

（3）负债预期会导致经济利益流出企业

预期会导致经济利益流出企业也是负债的一个本质特征，只有在履行义务时会导致经济利益流出企业的，才符合负债的定义。在履行现时义务清偿负债时，导致经济利益流出企业的形式多种多样，例如，用现金偿还或以实物资产的形式偿还；以提供劳务的形式偿还；以部分转移资产、部分提供劳务的形式偿还；将负债转为资本等。

2）负债的确认条件

将一项现时义务确认为负债，应当符合负债的定义，还应当同时满足以下两个条件：

（1）与该义务有关的经济利益很可能流出企业

从负债的定义可以看到，预期会导致经济利益流出企业是负债的一个本质特征。在实务中，履行义务所需流出的经济利益带有不确定性，尤其是与推定义务相关的经济利益通常需要依赖于大量的估计。因此，负债的确认应当与经济利益流出的不确定性程度的判断结合起来，如果有确凿证据表明，与现时义务有关的经济利益很可能流出企业，就应当将其作为负债予以确认；反之，虽然企业承担了现时义务，但是导致企业经济利益流出的可能性很小，就不符合负债的确认条件，不应当将其作为负债予以确认。

（2）未来流出的经济利益的金额能够可靠地计量

负债的确认在考虑经济利益流出企业的同时，对于未来流出的经济利益的金额应当能够可靠地计量。对于与法定义务有关的经济利益流出金额，通常可以根据合同或者法律规定的金额予以确定，考虑到经济利益流出的金额通常在未来期间，有时未来期间较长，有关金额的计量需要考虑货币时间价值等因素的影响。对于与推定义务有关的经济利益流出金额，企业应当根据履行相关义务所需支出的最佳估计数进行估计，并综合考虑有关货币时间价值、风险等因素的影响。

1.4.3 所有者权益的定义及其确认条件

1）所有者权益的定义

所有者权益是指企业资产扣除负债后，由所有者享有的剩余权益。公司的所有者权益又称为股东权益。所有者权益是所有者对企业资产的剩余索取权，它是企业的资产扣除债权人权益后应由所有者享有的部分，既可反映所有者投入资本的保值增值情况，又体现了保护债权人权益的理念。

2）所有者权益的来源构成

所有者权益的来源包括所有者投入的资本、直接计入所有者权益的利得和损失、留存收益等，通常由股本（或实收资本）、资本公积（含股本溢价或资本溢价、其他资本公积）、盈余公积和未分配利润等构成。

所有者投入的资本是指所有者所有投入企业的资本部分，它既包括构成企业注册资本或者股本的金额，也包括投入资本超过注册资本或股本部分的金额，即资本溢价或股本溢价，这部分投入资本作为资本公积（资本溢价）反映。

直接计入所有者权益的利得和损失，是指不应计入当期损益、会导致所有者权益发生增减变动的、与所有者投入资本或者向所有者分配利润无关的利得或者损失。其中，利得是指由企业非日常活动所形成的、会导致所有者权益增加的、与所有者投入资本无关的经济利益的流入；损失是指由企业非日常活动所发生的、会导致所有者权益减少的、与向所有者分配利润无关的经济利益的流出。直接计入所有者权益的利得和损失主要包括可供出售金融资产的公允价值变动额、现金流量套期中套期工具的公允价值变动额（有效套期部分）等。

留存收益是指企业历年实现的净利润留存于企业的部分，主要包括盈余公积和未分配利润。

3）所有者权益的确认条件

所有者权益体现的是所有者在企业中的剩余权益，因此，所有者权益的确认主要依赖于其他会计要素，尤其是资产和负债的确认；所有者权益金额的确定也主要取决于资产和负债的计量。例如，企业接受投资者投入的资产，在该资产符合资产确认条件时，就相应地符合了所有者权益的确认条件；当该资产的价值能够可靠计量时，所有者权益的金额也就可以确定。

1.4.4 收入的定义及其确认条件

1）收入的定义

收入是指企业在日常活动中形成的、会导致所有者权益增加的、与所有者投入资本无关的经济利益的总流入。根据收入的定义，收入具有以下几个方面的特征：

（1）收入是企业在日常活动中形成的

日常活动是指企业为完成其经营目标所从事的经常性活动以及与之相关的活动。例如，工业企业制造并销售产品即属于企业的日常活动。明确界定企业的日常活动是为了将收入与利得相区分，因为企业的非日常活动所形成的经济利益的流入不能确认为收入，而应当计入利得。

（2）收入会导致所有者权益的增加

与收入相关的经济利益的流入应当会导致所有者权益的增加，不会导致所有者权益增加的经济利益的流入不符合收入的定义，不应确认为收入。例如，企业向银行借入款项，尽管也导致了企业经济利益的流入，但该流入并不导致所有者权益的增加，反而使企业承担了一项现时义务。企业对于因借入款项所导致的经济利益的增加，不应将其确认为收入，应当确认为一项负债。

（3）收入是与所有者投入资本无关的经济利益的总流入

收入应当会导致经济利益的流入，从而导致资产的增加。例如，企业销售商品，应当收到现金或者有权在未来收到现金，才表明该交易符合收入的定义。但是在实务中，经济利益的流入有时是所有者投入资本的增加所导致的，所有者投入资本的增加不应当确认为收入，应当将其直接确认为所有者权益。

2）收入的确认条件

企业收入的来源渠道多种多样，不同收入来源的特征有所不同，其收入确认的条件也往往存在差别，如销售商品、提供劳务、让渡资产使用权等。一般而言，收入只有在经济利益很可能流入企业从而导致企业资产的增加或者负债的减少，且经济利益的流入额能够可靠地计量时才能予以确认。收入的确认至少应当符合以下条件：一是与收入相关的经济利益应当很可能流入企业；二是经济利益流入企业的结果会导致企业资产的增加或者负债的减少；三是经济利益的流入额能够可靠地计量。

1.4.5 费用的定义及其确认条件

1）费用的定义

费用是指企业在日常活动中发生的、会导致所有者权益减少的、与向所有者分配利润无关的经济利益的总流出。根据费用的定义，费用具有以下几方面的特征：

（1）费用是企业在日常活动中发生的

费用必须是企业在日常活动中所发生的，这些日常活动的界定与收入定义中涉及的日常活动的界定一致。日常活动所产生的费用通常包括销售成本（营业成本）、职工薪酬、折旧费、无形资产摊销等。将费用界定为日常活动所形成的，目的是为了将其与损失区分开来，企业的非日常活动所形成的经济利益的流出不能确认为费用，而应当计入损失。

（2）费用会导致所有者权益的减少

与费用相关的经济利益的流出会导致所有者权益的减少，不会导致所有者权益减少的经济利益的流出不符合费用的定义，不应确认为费用。

（3）费用是与向所有者分配利润无关的经济利益的总流出

费用的发生会导致经济利益的流出，从而导致资产的减少或者负债的增加，其表现形式包括现金或者现金等价物的流出，存货、固定资产和无形资产等的流出或者消耗等。企业向所有者分配利润也会导致经济利益的流出，而该经济利益的流出属于所有者权益的抵减项目，不应确认为费用，应当将其排除在费用的定义之外。

2）费用的确认条件

费用的确认除了应当符合定义外，还应当满足严格的条件，即费用只有在经济利益很可能流出企业从而导致企业资产的减少或者负债的增加，且经济利益的流出额能够可靠地计量时才能予以确认。因此，费用的确认至少应当符合以下条件：一是与费用相关的经济利益很可能会流出企业；二是经济利益流出企业的结果会导致企业资产的减少或者负债的增加；三是经济利益的流出额能够可靠地计量。

1.4.6 利润的定义及其确认条件

1）利润的定义

利润是指企业在一定会计期间的经营成果。在通常情况下，如果企业实现了利润，那么表明企业的所有者权益将增加；反之，如果企业发生亏损（即利润为负数），那么表明企业的所有者权益将减少。因此，利润往往是评价企业管理层业绩的一项重要指标，也是投资者等财务报告使用者进行决策时的重要参考。

2）利润的来源构成

利润包括收入减去费用后的净额、直接计入当期利润的利得和损失等。其中收入减去费用后的净额反映的是企业日常活动的业绩；直接计入当期利润的利得和损失是指应当计入当期损益、最终会引起所有者权益发生增减变动的、与所有者投入资本或者向所有者分配利润无关的利得或者损失。企业应当严格区分收入和利得、费用和损失，以更加全面地反映企业的经营业绩。

3）利润的确认条件

利润反映的是收入减去费用、利得减去损失后净额的概念。因此，利润的确认主要依赖于收入和费用以及利得和损失的确认，其金额的确定也主要取决于收入、费用、利得和损失金额的计量。

1.5 会计的确认基础和计量属性

1.5.1 会计的确认基础

会计确认是指把某个项目作为资产、负债、收入和费用等正式加以记录和列入企业财务报表的过程。在上一节中已经介绍了各会计要素的会计确认的具体标准。不过，在会计分期前提下，运用这些会计确认标准将某个项目确认为某要素项目时存在确认时间的选择问题。会计确认的基础主要就是解决确认的时间基础，对资产、负债来说，是否即期确认；对收入、费用来说，是否在发生的当期确认。确认的时间基础，对收入和费用比资产和负债更为重要：因为，资产和负债通常都是单项交易，它们的形成属于时点概念，只要交易成立，符合资产和负债要素的确认标准，就可以进行确认；收入和费用则不同，它们反映的是期间概念，在一个期间内，会发生多笔收入和费用，各笔交易过程的起点和结束时间参差不齐，发生的收入和费用同其实现的期间经常会出现跨期。因此收入和费用面临的确认时间选择的问题更为突出。

会计的确认基础有两种，即权责发生制和收付实现制。权责发生制要求，凡是属于当期已经实现的收入和已经发生或应当负担的费用，无论款项是否收付，都应当作为当期的收入和费用计入利润表；凡是不属于当期的收入和费用，即使款项已在当期收付，也不应当作为当期的收入和费用计入利润表。收付实现制是与权责发生制相对应的一种会计基础，它是以实际收到或支付的现金及其时点作为确认收入和费用的依据。为了更加真实、公允地反映特定会计期间的财务状况和经营成果，我国基本准则明确规定，企业在会计确认、计量和报告中应当以权责发生制为基础。

1.5.2 会计的计量属性

会计计量是为了将符合确认条件的会计要素登记入账并列报于财务报表而确定其金额的过程。可见，会计确认是解决定性问题，即能否确认、何时确认和确认何种项目；会计计量则是解决定量问题，即是多少。企业应当按照规定的会计计量属性进行计量，确定相关的金额。在以货币作为计量单位的前提下，会计的计量属性是指被计量对象的特性或外在表现形式，即被计量对象予以数量化的特征。从会计的角度，计量属性反映的是会计要素金额的确定基础，我国基本准则规定，会计计量属性主要包括历史成本、重置成本、可变现净值、现值和公允价值等。

1）历史成本

历史成本又称实际成本，是指取得或制造某项财产物资时所实际支付的现金或者其他等价物。在历史成本计量下，资产按照其购置时支付的现金或现金等价物的金额，或者按照购置资产时所付出的对价的公允价值计量。负债按照其因承担现时义务而实际收到的款项或者资产的金额，或者承担现时义务的合同金额，或者按照在日常活动中为偿还负债预期需要支付的现金或者现金等价物的金额计量。

2）重置成本

重置成本又称现行成本，是指按照当前的市场条件，重新取得同样一项资产所需支付的现金或现金等价物的金额。在重置成本下，资产按照现在购买相同或者相似资产所需支付的现金或者现金等价物的金额计量。负债按照现在偿付该项债务所需支付的现金或者现金等价物的金额计量。

3）可变现净值

可变现净值，是指在生产经营过程中，以预计售价减去进一步加工成本和销售所必需的预计税金、费用后的净值。在可变现净值计量下，资产按照其正常对外销售的所能收到现金或者现金等价物的金额扣减该资产至完工时估计将要发生的成本、估计的销售费用以及相关税金后的金额计量。

4）现值

现值，是指对未来现金流量以恰当的折现率进行折现后的价值，是考虑货币时间价值因素等的一种计量属性。在现值计量下，资产按照预计从其持续使用和最终处置中所产生的未来现金流入量的折现金额计量。负债按照在预计期限内需要偿还的未来现金流出量的折现金额计量。

5）公允价值

公允价值，是指市场参与者在计量日发生的有序交易中，出售一项资产所能收到或者转移一项负债所需支付的价格。

在各种会计要素计量属性中，历史成本通常反映的是资产或者负债过去的价值，而重置成本、可变现净值、现值以及公允价值通常反映的是资产或者负债的现时成本或者现时价值，是与历史成本相对应的计量属性。当然这种关系也并不是绝对的。

我国基本准则规定，企业在对会计要素进行计量时，一般应采用历史成本。采用重置成本、可变现净值、现值、公允价值计量的，应当保证所确定的会计要素金额能够取得并可靠地计量。例如在引入公允价值的过程中，我国充分考虑了国际财务报告准则中公允价值应用的三个级次：第一，存在活跃市场的资产或负债，在活跃市场中的报价应当用于确定其公允价值；第二，不存在活跃市场的资产或负债，应当参考熟悉情况并自愿交易的各方在最近进行的市场交易中使用的价格或参照实质上相同的其他资产或负债的当前公允价值；第三，不存在活跃市场，且不满足上述两个条件的资产或负债，应当采用估值技术等确定资产或负债的公允价值。

思考题

1. 财务会计的目标是什么？
2. 财务会计基本假设包括哪些内容？
3. 会计信息质量要求主要包括哪些内容？
4. 会计要素有哪些？其确认条件分别是什么？
5. 会计计量属性具体包括哪些内容？

练习题

一、单项选择题

1. 我国企业财务报告的主要目标是(　　)。
A. 向财务报告使用者提供对决策有用的信息
B. 向财务报告使用者建议投资方向
C. 向财务报告使用者明示企业的风险程度
D. 向财物保管使用者建议提高报酬的途径

2. 会计信息要有用，就必须满足一定的质量要求。例如，企业应当以实际发生的交易或者事项为依据进行确认、计量和报告，体现的会计信息质量要求是(　)。
A. 可靠性　　　　B. 相关性
C. 可比性　　　　D. 重要性

3. 在下列项目中，属于利得的是(　　)。
A. 销售商品流入的经济利益　　　　B. 投资者投入的资本
C. 出租建筑物流入的经济利益　　　　D. 出售固定资产流入的经济利益

4. 资产和负债按照在公平交易中，熟悉情况的交易双方自愿进行资产交换或者债务清偿的金额计量，所指的计量属性是(　　)。
A. 历史成本　　　　B. 可变现净值
C. 现值　　　　D. 公允价值

5. 在会计计量中，一般采用的会计计量属性是(　　)。
A. 历史成本　　　　B. 重置成本
C. 公允价值　　　　D. 现值

6. 在下列项目中，属于反映企业财务状况的会计要素是(　　)。
A. 资产　　　　B. 收入
C. 费用　　　　D. 利润

7. 在下列各项业务中，能使企业的资产和所有者权益总额同时增加的是(　)。
A. 分派股票股利　　　　B. 提取盈余公积

C. 资本公积转增资本　　D. 交易性金融资产的公允价值增加

8. 会计分期的前提是(　　)。

A. 持续经营　　B. 会计主体

C. 货币计量　　D. 会计分期

9. 在下列各项中，会引起留存收益总额发生增减变动的是(　　)。

A. 盈余公积转增资本　　B. 盈余公积补亏

C. 资本公积转增资本　　D. 用税后利润补亏

10. 在下列各项中，符合资产会计要素定义的是(　　)。

A. 计划购买的原材料　　B. 待处理财产损失

C. 委托加工物资　　D. 预收款项

11. 下列说法正确的是(　　)。

A. 负债的特征之一是企业将在未来发生的承诺、签订的合同等交易或事项

B. 资产的特征之一是预期能够给企业带来经济利益

C. 所有者权益的来源仅包括所有者投入的资本（含资本溢价或股本溢价）

D. 费用是所有导致所有者权益减少的经济利益总流出

12. 在下列有关会计主体的表述中，不正确的是(　　)。

A. 企业的经济活动应与投资者的经济活动区分开来

B. 会计主体可以是独立的法人，也可以是非法人

C. 会计主体可以是营利组织，也可以是非营利组织

D. 会计主体必须要有独立的资金，并独立编制财务报告对外报送

13. 在下列项目中，属于利得的是(　　)。

A. 企业投资者投入的资本

B. 企业出售固定资产取得的经济利益净流入

C. 企业出售原材料取得的经济利益流入

D. 企业对外进行债券投资取得的利息收入

14. 依据《企业会计准则》的规定，在下列有关收入和利得的表述中，正确的是(　　)。

A. 收入源于日常活动，利得也可能源于日常活动

B. 收入会影响利润，利得也一定会影响利润

C. 收入源于日常活动，利得源于非日常活动

D. 收入会导致所有者权益的增加，利得不一定会导致所有者权益的增加

15. 在下列关于会计基础的表述中，正确的有(　　)。

A. 在实务中，企业交易或事项的发生时间与相关货币的收支时间完全一致

B. 我国企业会计的确认、计量和报告应当以收付实现制为基础

C. 收付实现制是与权责发生制相对应的一种会计基础

D. 收付实现制比权责发生制更能真实、公允地反映特定会计期间的财务状况和经营成果

二、多项选择题

1. 在下列各项中，体现重要性要求的有(　　)。

A. 本期将购买办公用品的支出直接计入当期费用

B. 票面利率与实际利率相差不大时采用票面利率摊销

C. 每一中期末都要对外提供中期报告

D. 在资产负债表中单独列示一年内到期的长期负债

2. 在下列组织中，可以作为一个会计主体进行财务核算的有(　　)。

A. 合伙企业

B. 单独核算的基金

C. 独立核算的车间

D. 母公司及其子公司组成的企业集团

3. 关于负债，下列说法正确的有(　　)。

A. 负债是指由企业过去的交易或者事项形成的、预期会导致经济利益流出企业的潜在义务

B. 符合负债定义和负债确认条件的项目，应当列入资产负债表；符合负债定义，但不符合负债确认条件的项目，不应当列入资产负债表

C. 如果未来流出企业的经济利益的金额能够可靠地计量，应该确认预计负债

D. 未来发生的交易或者事项形成的义务，不属于现时义务，不应当确认为负债

4. 在下列各项中，属于企业资产范围的有(　　)。

A. 以经营租赁方式租入的设备

B. 以经营租赁方式租出的设备

C. 委托代销商品

D. 已售出但购买方尚未运走而暂存企业仓库的商品

5. 在下列经济事项中，可以引起资产和负债同时变化的有(　　)。

A. 计提长期股权投资减值准备

B. 赊购商品

C. 在资本化期间内，计提专门借款的利息

D. 到期偿还长期借款

6. 在以下各项中，影响利润总额的有(　　)。

A. 营业成本　　　　B. 营业外收入

C. 投资收益（损失）　　　　D. 未分配利润

7. 在某大中型企业的下列经济业务事项中，不违背可比性要求的有(　　)。

A. 由于本年利润计划完成情况不佳，决定暂停无形资产的摊销

B. 鉴于自 2011 年开始执行新会计准则，将发出存货计价方法由后进先出法改为先进先出法

C. 自行建造的固定资产达到预定可使用状态，将相关的借款费用由资本化改

为费用化核算

D. 某项专利技术已经丧失其使用价值和转让价值，将其账面价值一次性转入当期损益

8. 在下列各项中，体现实质重于形式要求的有(　　)。

A. 将融资租赁的固定资产作为自有固定资产入账

B. 应收债权的出售和融资

C. 售后回购的会计处理

D. 售后租回的会计处理

9. 根据《企业会计准则》的规定，企业的会计期间包括(　　)。

A. 年度　　B. 半年度

C. 季度　　D. 月度

10. 在下列各项中，属于利得的有(　　)。

A. 投资者的出资额大于其在被投资单位注册资本中所占份额的金额

B. 采用权益法核算的长期股权投资，在持股比例不变的情况下，投资企业享有被投资单位除净损益以外所有者权益的其他变动的份额

C. 债务重组收益

D. 以交易性金融资产进行非货币性资产交换换出资产的账面价值高于其公允价值的差额

三、判断题

1. 可供出售金融资产的公允价值变动额计入公允价值变动损益，属于计入当期损益的利得或损失。(　　)

2. 企业在对会计要素进行计量时，既可采用历史成本计量属性，又可采用其他计量属性。(　　)

3. 利润是企业在日常活动中取得的经营成果，因此它不应包括企业在偶发事件中产生的利得和损失。(　　)

4. 及时性要求企业对已经发生的交易或事项，应当及时进行确认、计量和报告，不得提前或延后。(　　)

5. 收入最终会导致所有者权益的增加。(　　)

6. 按规定计算缴纳的房产税和土地使用税应计入固定资产成本。(　　)

7. 谨慎性要求企业尽可能低估资产、少计收入。(　　)

8. 为了满足会计信息可比性要求，企业不得变更会计政策。(　　)

第2章

货币资金

货币资金是指企业的经营资金在周转过程中停留在货币形态上的那部分资金，是企业流动资产的重要组成部分。货币资金是资产中流动性最高的资金，它可以立即投入流通，用于购买生产所需的商品或劳务，或用于偿还债务。货币资金一般根据其存放地点和用途的不同进行分类，可以分为库存现金、银行存款和其他货币资金。

2.1 库存现金

现金有广义和狭义之分，广义的现金包括库存现金、银行存款和其他可以被普遍接受的流通手段，狭义的现金则仅指企业存放在出纳部门用于日常零星支出的现款。本章所指现金是狭义的现金，即库存现金，包括人民币现金和外币现金。

2.1.1 库存现金的管理

1）现金的使用范围

根据国务院颁布的《现金管理暂行条例》和中国人民银行总行颁布的《现金管理暂行条例实施细则》，企业只能在下列范围内使用现金：

（1）职工工资、津贴；

（2）个人劳务报酬；

（3）根据国家规定颁发给个人的科学技术、文化艺术、体育等各种奖金；

（4）各种劳保、福利费用以及国家规定的对个人的其他支出；

（5）向个人收购农副产品和其他物资的价款；

（6）出差人员必须随身携带的差旅费；

（7）结算起点以下的零星支出；

（8）中国人民银行确定需要支付现金的其他支出。

钱款结算起点定为1 000元。结算起点的调整，由中国人民银行确定，报国务院备案。除第（5）、（6）项外，开户单位支付给个人的款项，超过使用现金限额的部分，应当以支票或者银行本票支付；确需全额支付现金的，经开户银行审核后，予以支付现金。

2）现金的库存限额

为保证企业的正常周转运营，企业必须持有一定数量的库存现金用于日常零星开支。原则上以开户单位3～5天的日常零星开支所需现金核定库存现金限额。边远地区和交通不发达地区的开户单位的库存现金限额可放宽，但最多不超过15天的日常零星开支。企业核定库存现金的限额后，若需要增加或者减少的，应当向开户银行提出申请，由开户银行核定。

3）现金收支的要求

（1）开户单位的现金收入应当于当日送存开户银行。当日送存确有困难的，由开户银行确定送存时间。

（2）开户单位支付现金，可以从本单位库存现金限额中支付或者从开户银行提取，不得从本单位的现金收入中直接支付（即坐支）。因特殊情况需要坐支现金的，应当事先报经开户银行审查批准，由开户银行核定坐支的范围和限额。坐支单位应当定期向开户银行报送坐支的金额和使用情况。

（3）企业从开户银行提取现金，应当写明用途，由本单位财会部门负责人签字盖章，经开户银行审核后，予以支付现金。

（4）因采购地点不固定，交通不便，生产或者市场急需，抢险救灾以及其他特殊情况必须使用现金的，开户单位应当向开户银行提出申请，由本单位财会部门负责人签字盖章，经开户银行审核后，予以支付现金。

（5）不准用不符合财务制度的凭证顶替库存现金（即白条抵库）；不准在单位之间相互借用现金；不准谎报用途套取现金；不准利用银行账户代其他单位和个人存入或支取现金；不准将单位收入的现金以个人名义存入储蓄；不准保留账外公款（即小金库）；不得未经批准坐支现金或者未按开户银行核定的坐支范围和限额坐支现金等。

4）建立健全现金核算与内部控制制度

（1）库存现金的核算要求：

①开户单位必须建立健全账目，逐笔记载现金支付，账目日清月结并做到账款相符。

②开户单位应当按对库存现金进行定期和不定期的清查，如发现挪用现金、白条抵库的情况应及时纠正；对超过限额留存的现金应及时送存银行；如账款不符，应查明原因，及时处理。

（2）库存现金的内部控制要求：

①建立单位货币资金内部控制制度。各单位应建立符合本单位业务特点和管理要求的货币资金内部控制制度并组织实施；单位负责人对本单位货币资金内部控制的建立和有效实施以及货币资金的安全完整负责。

②加强货币资金业务岗位管理。各单位应当建立货币资金业务的岗位责任制，不相容岗位相互分享、制约和监督；出纳人员不得兼管稽核、会计档案保管和收入、支出、费用、债权债务账目的登记工作；单位不得一人办理货币资金业务的全过程。

③严格货币资金的授权管理。单位应当对货币资金业务建立严格的授权审批制度；审批人应当在授权范围内进行审批，不得越权审批；经办人应当在职责范围内按审批人的批准意见办理货币资金业务，对越权审批的有权拒绝办理，并及时报告；对重要的货币资金支付业务，应当集体决策和审批，并建立责任追究制度。

④按照规定程序办理货币资金支付业务。货币资金的支付程序应该是：支付申请——支付审批——支付复核——支付办理。

2.2.2 库存现金的核算

企业应设置“库存现金”科目。该科目属资产类科目，借方登记库存现金的增加，贷方登记库存现金的减少，期末余额在借方，反映企业库存现金的余额。

1）库存现金收入的核算

企业收入现金的主要途径有：（1）职工交回的差旅费剩余款；（2）收取销售给不能转账的集体或个人销货款；（3）收取转账起点以下的小额销售款；（4）从银行提取现金。

【例 2-1】某企业于 2013 年 8 月发生以下业务：

(1) 业务员小张去北京出差，预借差旅费 1 500 元，出差回来报销差旅费，实际支出 1 200 元，退回剩余的款项。

借：库存现金	300	
管理费用	1 200	
贷：其他应收款——小张		1 500

(2) 零星销售产品收到销货款现金 700 元和增值税税款 119 元。

借：库存现金	819	
贷：主营业务收入		700
应交税费——应交增值税（销项税额）		119

(3) 企业签发现金支票从银行提取备用金 2 000 元。

借：库存现金	2 000	
贷：银行存款		2 000

2）库存现金支出的核算

符合《现金管理暂行条例》规定的条件，可以使用现金支付。

【例 2-2】续【例 2-1】，若小张在出差期间的实际支出为 2 000 元，且审查符合报销规定，则应根据相应的凭证编制会计分录如下：

借：管理费用	2 000	
贷：其他应收款——小张		1 500
库存现金		500

3）库存现金的清查

为了保障资产账户的安全，确保账实相符，企业应定期或不定期对财产进行清查。库存现金的清查要求出纳员于每日营业结束时清点核对，清查小组定期和不定期进行清查。现金清查应当采取实地盘点的方法，以现金实存数与库存现金日记账的余额相核对，以检查现金是否有短缺和溢余，并查明原因，从而检查企业遵守现金管理制度的情况。

清查小组每次清查完毕，无论账实是否相符，都要根据清查结果编制“库存现金清查盘点报告表”，列明账面余额、实存余额、盘盈数、盘亏数，并备注需记载事项（如盘盈或盘亏的原因）。

现金的短缺或溢余一般先通过“待处理财产损溢——待处理流动资产损溢”科目进行核算，待查明原因后，再根据不同原因及处理结果，将其转入有关科目。期末若未查明原因或未经批准，也应先进行处理。

（1）现金溢余（如：在现金清查中，发现现金比账面余额多出50元）

①先调整账面记录：

借：库存现金 50

贷：待处理财产损溢——待处理流动资产损溢 50

②查明应支付给有关人员或单位：

借：待处理财产损溢——待处理流动资产损溢 50

贷：其他应付款——张三 50

③原因不明的，经批准后：

借：待处理财产损溢——待处理流动资产损溢 50

贷：营业外收入 50

（2）现金短款（如：在现金清查中，发现现金比账面余额少100元）

①先调整账面记录：

借：待处理财产损溢——待处理流动资产损溢 100

贷：库存现金 100

②查明为责任人过失，应由责任人赔偿：

借：其他应收款——应收现金短缺款（或现金） 100

贷：待处理财产损溢——待处理流动资产损溢 100

③查明非人为损失，应由保险公司赔偿：

借：其他应收款——应收保险赔款 100

贷：待处理财产损溢——待处理流动资产损溢 100

④原因不明的，经批准后：

借：管理费用 100

贷：待处理财产损溢——待处理流动资产损溢 100

2.2 银行存款

银行存款是企业存放于银行或其他金融机构的货币资金。按照国家有关货币资金管理和《银行账户管理办法》的规定，凡是独立核算的企业都必须在当地金融机构开立银行存款账户，企业在日常生产经营中的款项收付除现金收支的范围以外，必须通过银行办理转账结算。

2.2.1 银行结算办法

1）银行汇票

银行汇票是指汇款人将款项交存当地银行，由银行签发给汇款人持往异地办理转账结算或支取现金的票据。单位、个体经济户和个人需要支付各种款项，均可使用银行汇票。银行汇票的汇款金额起点为500元。银行汇票的提示付款期为自出票日起1个月（不分大月、小月，统按次月对日计算；到期日如遇例假日顺延）。逾期的汇票，兑付银行不予受理。

汇款人申请办理银行汇票，应向签发银行填写“银行汇票委托书”，详细填明兑付地点、收款人名称、用途（军工产品可免填）等项内容。能确定收款人的，须详细填明单位、个体经济户名称或个人姓名；确定不了的，应填写汇款人指定人员的姓名。签发银行受理银行汇票委托书，在收妥款项后，据以签发银行汇票。

单位或个体经济户受理银行汇票时应审查下列内容：（1）收款人或被背书人确为本收款人；（2）银行汇票在付款期内，日期、金额等填写正确无误；（3）印章清晰，有压数机压印的金额；（4）银行汇票和解讫通知齐全、相符；（5）汇款人或背书人的证明或证件无误，背书人证件上的姓名与其背书相符。

经审查无误后在汇款金额以内，根据实际需要的款项办理结算，并将实际结算金额和多余金额准确、清晰地填入银行汇票和解讫通知的有关栏内（实际结算金额和多余金额如果填错，应用红线划去全数，在上方重填正确数字并加盖本单位或个体经济户印章，但只限更改一次）。银行汇票的多余金额应由签发银行退交汇款人。实际结算金额超过出票金额的，以出票金额进行结算，超出部分由收款人与客户协商另外付款。未填写实际结算金额或实际结算金额超过出票金额的银行汇票不得背书转让。

支取现金的，银行汇票上必须有签发银行按规定填明的“现金”字样才能办理。未填明“现金”字样，需要支取现金的，由兑付银行按照现金管理规定审查支付。持票人必须妥善保管银行汇票，严防遗失。银行汇票结算程序如图2-1所示。

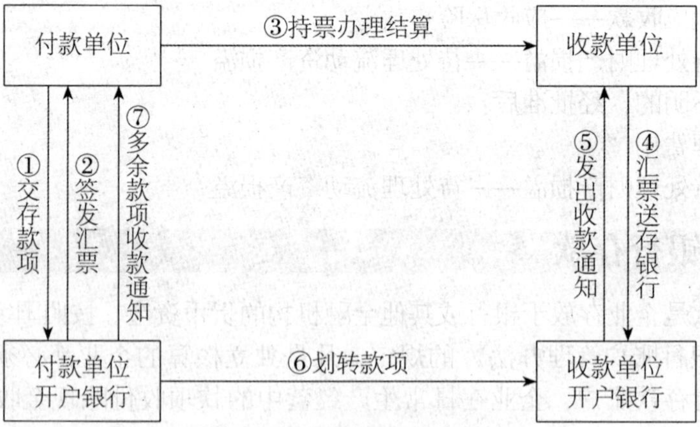

图2-1　银行汇票结算程序

采用银行汇票结算方式结算时，付款人收到银行汇票出票银行签发的银行汇票及汇款解讫通知，根据银行汇票委托书存根，借记“其他货币资金”科目，贷记“银行存款”或“库存现金”科目；在交易活动中将银行汇票转给收款人时，按实际结算金额，借记相关科目，贷记“其他货币资金”科目；收到银行汇票出票银行的汇票余额收款通知时，借记“银行存款”科目，贷记“其他货币资金”科目。收款人在交易活动中，收到付款人转让的银行汇票时，应及时根据实际结算金额填制银行进账单，连同银行汇票、汇款解讫通知送银行办理结算，收到银行进账单的回单，按实际结算金额，借记“银行存款”账户，贷记相关科目。

2）商业汇票

商业汇票是指由付款人或存款人（或承兑申请人）签发，由承兑人承兑，并于到期日向收款人或被背书人支付款项的一种票据。所谓承兑，是指汇票的付款人愿意负担起票面金额的支付义务的行为，通俗地讲，就是它承认到期将无条件地支付汇票金额的行为。商业汇票按其承兑人的不同，可以分为商业承兑汇票和银行承兑汇票两种。商业汇票的付款人为其承兑人。商业承兑汇票是指由收款人签发，经付款人承兑，或者由付款人签发并承兑的汇票；银行承兑汇票是指由付款人或承兑申请人签发，并由承兑申请人向开户银行申请，经银行审查同意承兑的汇票。

商业汇票结算是指利用商业汇票来办理款项结算的一种银行结算方式。与其他银行结算方式相比，商业汇票结算具有以下特点：

第一，商业汇票的适用范围与银行汇票等结算方式相比较窄，各企业、事业单位之间只有根据购销合同进行合法的商品交易，才能签发商业汇票。除商品交易以外，其他方面的结算，如劳务报酬、债务清偿、资金借贷等都不可以采用商业汇票结算方式。

第二，商业汇票的使用对象与银行汇票等结算方式相比也较少。商业汇票的使用对象是在银行开立账户的法人或者其他组织。使用商业汇票的收款人、付款人以及背书人、被背书人等必须同时具备两个条件：一是在银行开立账户；二是具有法人资格。因此，不具有法人资格的个体工商户、农村承包户、个人、法人的附属单位等单位或个人以及虽具有法人资格但没有在银行开立账户的单位都不能使用商业汇票。

第三，商业汇票可以由付款人签发，也可以由收款人签发，但都必须经过承兑。经过承兑以后的商业汇票才具有法律效力，并由承兑人负有到期无条件付款的责任。商业汇票到期，因承兑人无款支付或其他合法原因，债务人不能获得付款时，可以按照汇票背书转让的顺序，向前手行使追索权，依法追索票面金额；该汇票上的所有关系人都应负连带责任。商业汇票的承兑期限由交易双方商定，一般为3～6个月，最长不得超过6个月，属于分期付款结算方式的应一次签发若干张不同期限的商业汇票。

第四，商业汇票在同城、异地都可以使用，而且没有结算起点的限制。

第五，未到期的商业汇票可以到银行办理贴现，从而使结算和银行资金融通相结合，有利于企业及时地补充流动资金，以维持生产经营的正常进行。

第六，商业汇票一律采取记名形式，并允许背书转让。商业汇票到期后，一律通过银行办理转账结算，银行不支付现金。商业汇票的提示付款期限自汇票到期日起10日内。

（1）商业承兑汇票

采用商业承兑汇票结算方式，付款人应于汇票到期前将款项足额存到银行，银行在到期日凭票将款项划转给收款人、被背书人或贴现银行。如果到期日付款人账户的存款不足以支付票款，开户银行不承担付款责任，将汇票退回收款人、被背书人或贴现银行，由其自行处理，并对付款人处以罚款，按票面金额处以5%但不低于50元的罚款；如果付款单位拒付，其开户银行也将汇票退回收款人，纠纷由双方解决。

商业承兑汇票结算程序如图2–2所示。

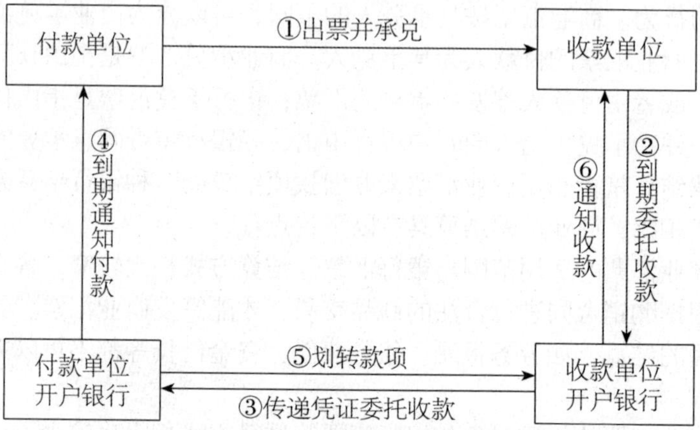

图2–2　商业承兑汇票结算程序

采用商业承兑汇票结算方式进行结算时，收款人收到由付款人签发并承兑的商业承兑汇票，应当按照票面金额借记“应收票据”科目，贷记“主营业务收入”、“应交税费”等科目。付款人将承兑后的商业汇票交付收款人时，借记“原材料”、“应交税费”等科目，贷记“应付票据”科目。

（2）银行承兑汇票

银行承兑汇票是指由收款人或承兑申请人签发，并由承兑申请人向银行申请，银行按有关规定审查同意后，与承兑申请人签订承兑协议，保证在指定日期无条件支付确定的金额给收款人或持票人的票据。银行承兑汇票按票面金额向承兑申请人收取5‰的手续费。

银行承兑汇票签发时应按交易双方的合同和协议，在一式四联的银行承兑汇票上逐项填写签发日期、收款人和承兑申请人全称、银行账号、开户银行、汇票金额、到期日、合同号码等内容，由签发人保留存根。

承兑申请人应于汇票到期前将票款足额交存银行。到期未能存足票款的，承兑银行除凭票向收款人、被背书人或贴现银行无条件支付款项外，还将按承兑协议的规定，对承兑申请人执行扣款，并将未扣回的承兑金额作为逾期贷款，同时每天按5‱计收罚息。

银行承兑汇票结算程序如图 2-3 所示。

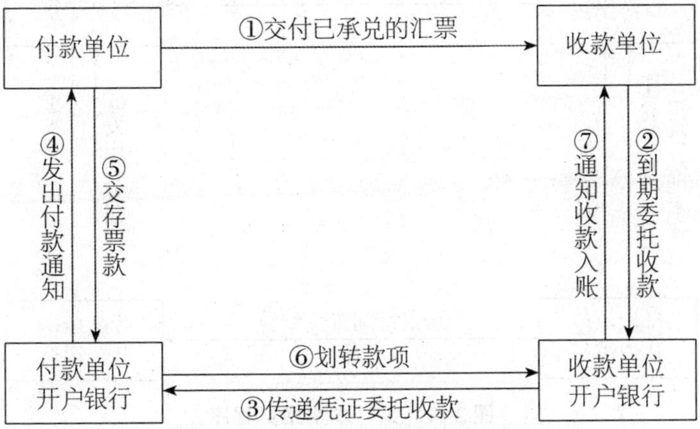

图 2-3　银行承兑汇票结算程序

采用银行承兑汇票结算方式结算时，承兑申请人委托银行承兑商业汇票，根据承兑银行的相关收费凭证，借记“财务费用”科目，贷记“银行存款”科目；将承兑后的银行承兑汇票交付收款人时，借记“原材料”、“应交税费”等科目，贷记“应付票据”科目；到期交存票款时借记“应付票据”科目，贷记“银行存款”科目。收款人收到由承兑银行承兑的银行承兑汇票，应当按照票面金额借记“应收票据”科目，贷记“应收账款”或“主营业务收入”、“应交税费”等科目。

3）银行本票

银行本票是指申请人将款项交存银行，由银行签发的承诺自己在见票时无条件支付确定的金额给收款人或者持票人的票据。银行本票按照其金额是否固定可分为不定额和定额两种。不定额银行本票是指凭证上金额栏是空白的，签发时根据实际需要填写金额，并用压数机压印金额的银行本票；定额银行本票是指凭证上预先印有固定面额的银行本票。定额银行本票面额为 1 000 元，5 000 元，10 000 元和 50 000元。

银行本票可以用于转账，填明“现金”字样的银行本票，也可以用于支取现金，现金银行本票的申请人和收款人均为个人。银行本票一律记名，允许背书转让，但是填明“现金”字样的银行本票不能背书转让。银行本票的提示付款期为自出票日起最长不超过 2 个月，在付款期内见票即付。在银行开立存款账户的持票人向开户银行提示付款时，应在银行本票背面“持票人向银行提示付款签章”处签章，签章须与预留银行签章相同。未在银行开立存款账户的个人持票人，持注明“现金”字样的银行本票向出票银行支取现金时，应在银行本票背面签章，记载本人身份证件名称、号码及发证机关。银行本票丧失，失票人可以凭人民法院出具的享有票据权利的证明，向出票银行请求付款或退款。

银行本票结算程序如图 2-4 所示。

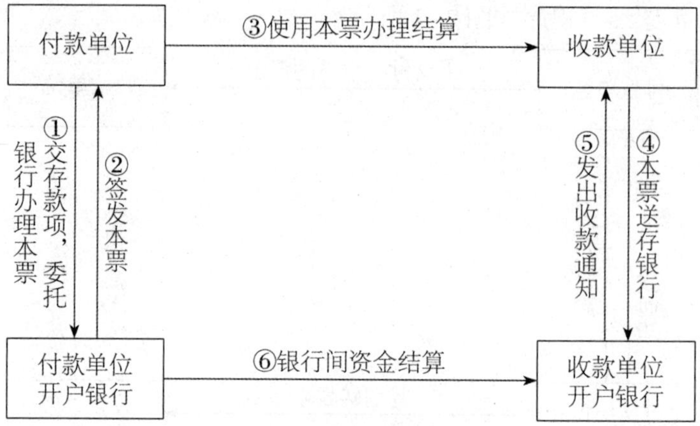

图 2-4　银行本票结算程序

采用银行本票结算方式结算的，当付款人收到出票银行签发的银行本票时，应当根据银行本票委托书存根，借记"其他货币资金——银行本票存款"科目，贷记"银行存款"或"库存现金"科目；在经营活动中将银行本票转让给收款人，借记"原材料"、"应交税费"等科目，贷记"其他货币资金——银行本票存款"科目。收款人在经营活动中收到付款人转让的银行本票，借记"其他货币资金——银行本票存款"科目，贷记"主营业务收入"、"应交税费"等科目；在银行本票付款期限内，将银行本票转让收款人的，借记相关科目，贷记"其他货币资金——银行本票存款"科目；收到本票送存银行或提现的，借记"银行存款"或"库存现金"科目，贷记"其他货币资金——银行本票存款"或其他相关科目。

4）支票

支票是指由出票人签发，委托办理支票存款业务的银行或者其他金融机构在见票时无条件支付确定的金额给收款人或持票人的票据。支票分为现金支票、转账支票和普通支票三种，其中，现金支票只能支取现金，转账支票只能用于转账，普通支票既可以支取现金也可以用于转账。但是，如果在普通支票左上角划两条平行线的支票即为划线支票，划线支票不能支取现金，只能转账。

支票的优点是使用方便，手续简便、灵活。支票一律为记名支票，转账支票可以背书转让，现金支票不得背书转让；支票的提示付款期为 10 天（从签发支票的当日起，如到期日遇节假日顺延）。支票签发的日期、大小写金额和收款人名称均不得更改，其他内容如果有误，可以划线更正，并须加盖预留银行印鉴证明。支票如果发生遗失，可以向付款银行申请挂失；挂失前已经支付的支票，银行不予受理。出票人印章与银行预留印鉴不符的支票、签发空头支票、使用支付密码但支付密码错误的支票，银行除将支票做退票处理外，还要按票面金额处以 5% 但不低于 1 000 元的罚款。同城票据交换地区内的单位和个人之间的一切款项结算，均可使用支票。自 2007 年 6 月 25 日起支票实现了全国通用，异地之间也可使用支票进行支付结算。

支票结算程序如图 2-5 所示。

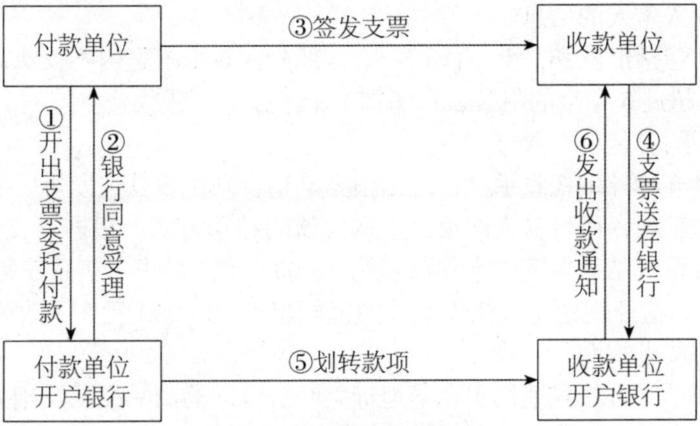

图 2-5　支票结算程序

5）汇兑

汇兑是汇款人委托银行将其款项支付给收款人的结算方式。单位和个人的各种款项的结算，均可使用汇兑结算方式。这种结算方式便于汇款人向异地的收款人主动付款，适用范围十分广泛。

汇兑根据划转款项的不同方法以及传递方式的不同可以分为信汇和电汇两种，由汇款人自行选择。信汇是汇款人向银行提出申请，汇出行将信汇委托书以邮寄方式寄给汇入行，授权汇入行向收款人解付一定金额的一种汇兑结算方式，提出申请的汇款人须向银行交存一定金额及手续费。电汇是汇款人将一定款项交存汇款银行，汇款银行通过电报或电传给目的地的分行或代理行（汇入行），指示汇入行向收款人支付一定金额的一种汇兑结算方式。在这两种汇兑结算方式中，信汇的优点是费用较低，缺点是速度相对较慢；而电汇的优点是速度快，缺点是汇款人要负担较高的电报电传费用，因而通常只在紧急情况下或者金额较大时适用。另外，为了确保电报的真实性，汇出行在电报上加注双方约定的密码；而信汇则不需要加密码，签字即可。

签发汇兑凭证必须记载下列事项：表明“信汇”或“电汇”的字样；无条件支付的委托、确定的金额；收款人名称；汇款人名称；汇入地点、汇入行名称；汇出地点、汇出行名称；委托日期；汇款人签章。汇兑凭证如果欠缺上述任一记载事项，那么银行将不予受理。

以邮储银行的电子汇兑为例，简单的汇兑流程是这样的：

①选择汇款方式：按收款人的地址汇款的叫按址汇款；按收款人在邮储银行开立的账户账号汇款的叫入账汇款；按自己设置的密码汇款的叫密码汇款；按某公司或企业单位指定的商务号汇款叫商务汇号汇款，包括信用卡还款都是通过商务汇款来办理的。

②填写汇款单：汇款单分两部分，最左边有注明，两大部分从上到下分别是机

器打印部分和客户填写部分。汇款人只需要填写客户填写部分的信息，其中包括收款人的和汇款人本人的信息。

③付款：包括汇款和汇费。注意：附言部分在6个字之内不收费，两个数字按1个字计算，超过6个字的附言，每多加1个字按1毛钱收费。

6）托收承付

托收承付亦称异地托收承付，是指根据购销合同由收款人发货后委托银行向异地付款人收取款项，由付款人向银行承认付款的结算方式。根据《支付结算办法》的规定，托收承付结算每笔的金额起点为10 000元，新华书店系统每笔的金额起点为1 000元。这一规定对原托收承付的金额起点100 000元作了改变。结算款项划回可用邮寄或电报两种方式。

托收承付结算方式只适用于在异地订立经济合同的商品交易及相关劳务款项的结算。该结算办法的最大特点是其适用范围受到严格限制。《支付结算办法》规定，托收承付的适用范围是：（1）使用该结算方式的收款单位和付款单位，必须是国有企业、供销合作社以及经营较好，并经开户银行审查同意的城乡集体所有制工业企业；（2）办理结算的款项必须是商品交易以及因商品交易而产生的劳务供应款项。代销、寄销、赊销商品款项，不得办理托收承付结算。办理托收承付时，除符合以上两个条件外，还必须具备以下3个前提条件：（1）收付双方使用托收承付结算必须签有符合《经济合同法》的购销合同，并在合同中注明使用异地托收承付结算方式；（2）收款人办理托收，必须具有商品确已发运的证件；（3）收付双方办理托收承付结算，必须重合同、守信誉。根据《支付结算办法》的规定，若收款人对同一付款人发货托收累计3次收不回货款的，收款人开户银行应暂停收款人向付款人办理托收；付款人累计3次提出无理拒付的，付款人开户银行应暂停其向外办理托收。

采用异地托收承付结算方式结算时，收款人办妥托收手续后，根据异地托收承付结算凭证回单及其他相关凭证，借记“应收账款”科目，贷记“主营业务收入”、“应交税费”等科目；收到银行的收款通知时（异地托收承付结算凭证的收款通知联），借记“银行存款”科目，贷记“应收账款”科目。付款人在收到银行的承付通知时（异地托收承付结算凭证的承付通知联），通知银行支付款项时，借记“在途物资”、“原材料”等科目，贷记“银行存款”科目。

7）委托收款

委托收款，是指收款人委托银行向付款人收取款项的结算方式。委托收款分邮寄和电报划回两种，由收款人自行选择。前者是以邮寄方式由收款人开户银行向付款人开户银行转送委托收款凭证、提供收款依据的方式；后者则是以电报方式由收款人开户银行向付款人开户银行转送委托收款凭证，提供收款依据的方式。

根据凭证传递方式的不同，委托收款可分为委托邮寄和委托电报划回两种，由收款人选用。委托邮寄和委托电报划回的凭证均为一式五联。第一联为回单，由银行盖章后退给收款单位；第二联为收款凭证，由收款单位开户银行作收入传票；第三联为支款凭证，由付款人开户银行作为付出传票；“委托邮寄”第四联为收账通知，是收款单位开户银行在款项收妥后给收款人的收账通知，“委托电报划回”第四联为发电报的依据，由付款单位开户银行凭此向收款单位开户银行拍发电报；第五联为付款通知，是付款人开户银行给付款单位按期付款的通知。

凡在银行或其他金融机构开立账户的单位和个体经济户的商品交易，公用事业单位向用户收取水电费、邮电费、煤气费、公房租金等劳务款项以及其他应收款项，无论是在同城还是异地，均可使用委托收款的结算方式。

采用委托收款结算方式结算时，收款人在办妥委托收款手续时，根据委托收款书回单及其他相关凭证，借记“应收账款”科目，贷记相关科目；收到银行的收款通知（委托收款书的收款通知联），借记“银行存款”科目，贷记“应收账款”科目。付款人收到银行的付款通知（委托收款书的付款通知联），同时在付款期内支付款项，借记“在途物资”、“应交税费”或“应付账款”等相关科目，贷记“银行存款”科目。

8）信用卡

信用卡是指商业银行向个人和单位发行的，凭以向特约单位购物、消费和向银行存取现金，且具有消费信用的特制载体卡片。使用信用卡结算具有以下 3 个优点：一是方便，可以凭卡在全国各地大中城市的有关银行提取存入现金，或在同城、异地的特约商场、商店、饭店、宾馆购物和消费；二是通用性，它可以用于支取现金，进行现金结算，也可以办理同城、异地的转账业务，可以代替支票、汇票等结算工具，具有银行户头的功能；三是在存款余额内消费，还可以善意透支。

在多数情况下，具有完全民事行为能力（中国大陆地区为年满 18 周岁的公民）的、有一定直接经济来源的公民，可以向发卡行申请信用卡。有时，法人也可以作为信用卡申请人。

申请信用卡的对象可以分为单位和个人。申请的单位是在我国境内具有独立法人资格的机构、企事业务单位、三资企业和个体工商户。每个单位申请信用卡可根据需要领取一张主卡和多张（5～10 张）附属卡。申请信用卡的个人则必须具有固定的职业和稳定的收入来源，并向银行提供担保。担保的形式包括个人担保、单位担保和个人资金担保。

单位卡账户的资金一律从其基本存款账户转账存入，不得交存现金，不得将销货收入的款项存入其账户。单位卡不得用于 10 万元以上的商品交易、劳务供应款项的结算。单位卡在使用过程中，需要向账户续存资金的，一律从其基本存款账户转账存入。

采用信用卡结算方式结算时，收到银行签发的信用证，根据银行进账单回单及信用证申请书的存根，借记“其他货币资金——信用卡存款”科目，贷记“银行存款”科目；交纳信用卡年费时，根据银行结算业务收费凭证，借记“财务费用”科目，贷记“银行存款”或“库存现金”科目；交纳信用卡保证金时，应根据银行进账单或者现金交款单回单，借记“其他应收款——存出保证金”科目，贷记

“银行存款”或“库存现金”科目；持卡人持卡消费或结算后，凭签购单和发票等原始凭证回财务部门报销时，应根据消费的内容，借记“在途物资”、“应交税费”或“管理费用”等科目，贷记“其他货币资金——信用卡存款”科目。

9）信用证

信用证是指开证银行应申请人的要求并按其指示向第三方开立的载有一定金额的，在一定的期限内凭符合规定的单据付款的书面保证文件。信用证是国际贸易中最主要、最常用的支付方式。信用证的当事人包括开证申请人、开证行、通知行、受益人、议付行、付款行。

信用证方式有3个特点：第一，信用证是一项自足文件。信用证不依附于买卖合同，银行在审单时强调的是信用证与基础贸易相分离的书面形式上的认证。第二，信用证方式是纯单据业务。信用证仅凭单付款，不以货物为准。只要单据相符，开证行就应无条件付款。第三，开证银行负首要付款责任。信用证是一种银行信用，它是银行的一种担保文件，开证银行对支付有首要付款的责任。

在国际贸易活动中，交易的双方可能互不信任，买方担心预付款后，卖方不按合同要求发货；卖方也担心在发货或提交货运单据后买方不付款。因此需要两家银行为买卖双方做保证人，代为收款交单，以银行信用代替商业信用。银行在这一活动中所使用的工具就是信用证。

正是因为信用证是银行有条件保证付款的证书，因此信用证结算方式成为在国际贸易活动中常见的结算方式。按照信用证结算方式的一般规定，买方先将货款交存银行，由银行开立信用证，通知异地卖方开户银行转告卖方，卖方按合同和信用证规定的条款发货，由银行代买方付款。

信用证结算的程序是：①开证申请人根据合同填写开证申请书并交纳押金或提供其他保证，请开证行开证。②开证行根据申请书的内容，向受益人开出信用证并寄交出口人所在地通知行。③通知行核对印鉴无误后，将信用证交受益人。④受益人审核信用证的内容与合同的规定相符后，按信用证的规定装运货物、备妥单据并开出汇票，在信用证有效期内，送议付行议付。⑤议付行按信用证条款审核单据无误后，把货款垫付给受益人。⑥议付行将汇票和货运单据寄开证行或其特定的付款行索偿。⑦开证行核对单据无误后，付款给议付行。⑧开证行通知开证人付款赎单。

采取信用证结算方式结算时，付款人收到信用证开证银行签发的信用证时，应根据信用证委托申请书的存根，借记“其他货币资金——信用证存款”科目，贷记“银行存款”科目；付款人收到供货单位信用证结算凭证及所附相关发票账单时，经核对无误后，借记“在途物资”、“应交税费”等科目，贷记“其他货币资金——信用证存款”科目；付款人收到信用证开证银行的收款通知，未用完的信用证存款余款收存银行，借记“银行存款”科目，贷记“其他货币资金——信用证存款”科目。

2.2.2 银行存款的会计核算

为了反映银行存款的收入、支出和结存情况，企业应设置“银行存款”科目，本科目借方登记银行存款的收入金额，贷方登记银行存款的支出金额，期末余额在借方，表示一定日期企业存放在银行的货币资金的结余数额。企业还必须设置银行存款日记账，由出纳员根据审核无误的原始凭证或者收付款凭证，逐日逐笔登记银行存款的增减变动情况。

1）银行存款收入的核算

【例2-3】某企业于2014年10月发生以下几笔与“银行存款”账户有关的经济业务：

（1）销售商品一批，收到对方开具的增值税发票上列示的价税款合计11 700元，其中货款10 000元，增值税款1 700元，款项已存入银行。

借：银行存款	11 700	
贷：主营业务收入		10 000
应交税费——应交增值税（销项税额）		1 700

（2）收到A公司前欠货款及税款58 500元。

借：银行存款	58 500	
贷：应收账款		58 500

2）银行存款支出的核算

【例2-4】续【例2-3】。

（1）企业的采购员外出采购材料，开出转账支票一张，用于支付所采购材料的货款及增值税款共35 100元，材料尚未到达，相关凭证已到达。

借：在途物资	30 000	
应交税费——应交增值税（进项税额）	5 100	
贷：银行存款		35 100

（2）开出普通支票一张9 000元，用于支付当期的广告费。

借：管理费用	9 000	
贷：银行存款		9 000

2.2.3 银行存款的清查

银行存款的清查是指企业定期或不定期地通过将银行存款日记账与银行对账单核对的方式对银行存款进行的清点查验，以保证银行存款首付结算的正确无误。在核对过程中，如出现账实不符，一般有两种原因：一是企业与银行存在未达账项，二是企业或银行记账有误。

所谓未达账项是企业与银行之间对同一项经济业务由于凭证传递上的时间差所形成的一方已登记入账，而另一方因未收到相关凭证，尚未登记入账的事项。企业和银行之间可能会发生以下四个方面的未达账项：

（1）银行已经收款入账，而企业尚未收到银行的收款通知因而未收款入账的款项，（简称银行已收而企业未收），如委托银行收款等。

（2）银行已经付款入账，而企业尚未收到银行的付款通知因而未付款入账的款项，（简称银行已付而企业未付），如借款利息的扣付、托收无承付等。

（3）企业已经收款入账，而银行尚未办理完转账手续因而未收款入账的款项，（简称企业已收而银行未收），如收到外单位的转账支票等。

（4）企业已经付款入账，而银行尚未办理完转账手续因而未付款入账的款项，（简称企业已付而银行未付），如企业已开出支票而持票人尚未向银行提现或转账等。

出现第（1）和第（4）种情况时，会使开户单位的银行存款账面余额小于银行对账单的存款余额；出现第（2）种和第（3）种情况时，会使开户单位的银行存款账面余额大于银行对账单的存款余额。无论出现上述哪种情况，都会使开户单位的银行存款账面余额与银行对账单的存款余额不一致，很容易开出空头支票。对此，企业必须编制“银行存款余额调节表”进行调节。

【例2-5】某企业2014年10月31日的银行存款日记账的余额为47 500元，银行对账单余额为52 000元，经查有下列未达账项：

（1）银行已代收货款6 200元，收款通知尚未到达企业，企业未入账。

（2）银行代扣电费600元，银行已入账，账单尚未到达企业，企业未入账。

（3）企业10月31日将转账支票5 800元存入银行，银行尚未入账。

（4）企业10月31日已开出转账支票4 700元，银行未入账。

根据上述未达账项，采用余额法编制“银行存款余额调节表”（见表2-1）。

表2-1

银行存款余额调节表

2014年10月31日

单位：元

项目	金额	项目	金额
企业账面存款余额	47 500	银行对账单余额	52 000
加：企业未记入的收入款项		加：银行未记入的收入款项	
（1）银行代收货款	6 200	（3）存入转账支票	5 800
减：企业未记的支付款项		减：银行未记的支付款项	
（2）银行代扣电费	600	（4）开出转账支票	4 700
调节后存款余额	53 100	调节后存款余额	53 100

经调节后，存款余额相等，若无其他事项，则说明“银行存款”账户是账实相符的，只是由于时间关系导致的未达账项，并不算真正的账实不符。由于未达账项存在而编制的“银行存款余额调节表”不作为记账依据，所以此处不做账务处理，等凭证传递到达后再分别进行处理。若在清查中发现有除未达账项以外的银行存款的短缺或溢余，则需要通过“待处理财产损溢——待处理流动资产损溢”科目做相应的会计处理。

2.3 其他货币资金

2.3.1 其他货币资金的概念

其他货币资金是指企业除现金和银行存款以外的其他各种货币资金，即存放地点和用途均与现金和银行存款不同的货币资金，主要包括外埠存款、银行汇票存款、银行本票存款、信用证存款和在途货币资金等。

为了反映和监督企业其他货币资金的使用情况，需设置“其他货币资金”总账账户，并根据需要下设“银行汇票”、“信用证保证金”、“存出投资款”、“外埠存款”、“信用卡”、“银行本票”等明细账户。“其他货币资金”账户为资产类账户，借方登记其他货币资金的增加数，贷方登记减少数。

2.3.2 其他货币资金的会计核算

1）外埠存款

外埠存款是指企业到外地进行临时或零星采购时，汇往采购地银行开立采购专户的款项。企业将款项委托当地银行汇往采购地开立专户时，将多余的外埠存款转回当地银行，根据银行的收账通知，借记“银行存款”科目，贷记本科目。

企业将款项委托当地银行汇往采购地开立专户时，借记本科目，贷记“银行存款”科目。收到采购员交来的供应单位发票账单等报销凭证时，借记“物资采购”或“原材料”、“应交税费——应交增值税（进项税额）”等科目，贷记本科目。将多余的外埠存款转回当地银行时，根据银行的收账通知，借记“银行存款”科目，贷记本科目。

【例 2-6】某企业 2014 年 6 月发生以下业务：

（1）企业将 50 000 元委托当地银行汇往采购地开立专户，用于异地采购。

借：其他货币资金——外埠存款	50 000	
贷：银行存款		50 000

（2）外出采购人员小张采购完毕，回公司报销用外埠存款支付材料的采购货款等款项，增值税专用发票上列示的货款为 40 000 元，增值税款为 6 800 元，材料尚未到达。

借：在途物资	40 000	
应交税费——应交增值税（进项税额）	6 800	
贷：其他货币资金——外埠存款		46 800

（3）采购结束，将多余的外埠存款转回当地银行，根据银行转来的收款通知入账。

借：银行存款	3 200	
贷：其他货币资金——外埠存款		3 200

外埠存款是企业到外地进行业务活动时，汇往外地银行开立账户的款项。由于空间和时间的限制，企业对外埠存款的管理受到了影响，因此必须做好控制工作。

2）银行汇票存款、银行本票存款

银行汇票存款是指企业为取得银行汇票，按照规定存入银行的款项。银行本票存款是指企业为取得银行本票，按照规定存入银行的款项。银行汇票和银行本票在存入款项及结算时的账务处理方法基本相同，只是“其他货币资金”下设的二级科目有区别。

【例2-7】某企业向银行申请办理银行汇票业务，银行在受理后，企业将200 000元交存银行，银行签发银行汇票及汇款解讫通知交付该企业。根据银行的委托书存根联回单，编制会计分录如下：

借：其他货币资金——银行汇票存款　　200 000

　贷：银行存款　　200 000

【例2-8】续【例2-7】，取得银行汇票后不久，该企业在办理采购业务时用银行汇票支付A公司货款及税款93 600元，其中材料买价80 000元，增值税13 600元。

根据相关凭证编制会计分录如下：

借：原材料　　80 000

　　应交税费——应交增值税（进项税额）　　13 600

　贷：其他货币资金——银行汇票存款　　93 600

收到出票行转来的收款通知，一笔106 400元的汇票款已收存银行。编制会计分录如下：

借：银行存款　　106 400

　贷：其他货币资金——银行汇票存款　　106 400

3）信用卡存款、信用证保证金存款

信用卡存款是指企业为取得信用卡按照规定存入银行的保证金；信用证保证金存款是指企业为取得信用证按规定存入银行的保证金。两者在存入款项及结算时的业务处里也是基本相同的，只是所属“其他货币资金”账户的二级科目名称不同，这里不再举例，类似的例子参照【例2-7】、【例2-8】。

4）存出投资款

存出投资款是指企业已存入证券公司但尚未进行有价证券投资的资金。企业向证券公司划出资金时，借记“其他货币资金——存出投资款”账户，贷记“银行存款”账户；购买股票债券时，借记“交易性金融资产”账户，贷记“其他货币资金——存出投资款”账户。

【例2-9】某公司于2014年10月10日从其银行存款账户划出1 000 000元至某证券公司，准备用于购买股票。

根据相关凭证，编制会计分录如下：

借：其他货币资金——存出投资款（某证券公司）　　1 000 000

　贷：银行存款　　1 000 000

10月26日，该公司购入甲公司股票10万股，支付价款780 000元，该股票用于短期投资。假设暂不考虑相关税费。

借：交易性金融资产——成本（甲股票） 780 000

贷：其他货币资金——存出投资款（某证券公司） 780 000

思考题

1. 货币资金包括哪些内容？
2. 库存现金的核算要求和内部控制要求分别是什么？
3. 哪些原因可能导致银行存款账实不符？
4. 银行结算方式有哪些？各自的适用范围是什么？
5. 其他货币资金的概念是什么？主要包括哪些内容？

练习题

一、单项选择题

1. 在我国会计核算中的货币资金指的是(　　)。

A. 库存现金　　B. 银行存款

C. 有价证券　　D. 库存现金、银行存款、其他货币资金

2. 不包括在现金使用范围内的业务是(　　)。

A. 结算起点以下的零星支出　　B. 向个人收购农副产品

C. 支付职工福利费　　D. 支付银行借款利息

3. 企业对银行本票存款进行核算所采用的科目是(　　)。

A. 库存现金　　B. 银行存款

C. 其他应收款　　D. 其他货币资金

4. 企业一般不得从本单位的现金收入中直接支付现金，因特殊情况需要支付现金的，应事先报经(　　)审查批准。

A. 本企业财务机构负责人　　B. 上级主管部门

C. 开户银行　　D. 营业外支出

5. 企业将款项汇往外地开立采购专用账户时，应借记的会计科目是(　　)。

A. “委托收款”　　B. “物资采购”

C. “应收账款”　　D. “其他货币资金”

6. 在企业的现金清查中，经检查仍无法查明原因的现金短款，经批准后应计入(　　)。

A. 财务费用　　B. 销售费用

C. 管理费用　　D. 营业外支出

7. 有一张 3 000 元的托收承付第四联凭证月末未从银行收回。在编制银行存款余额调节表时应(　　)。

A. 在“银行对账单余额”项下，加：3 000 元

B. 在“银行对账单余额”项下，减：3 000 元

C. 在“企业存款日记账余额”项下，加：3 000 元

D. 在“企业存款日记账余额”项下，减：3 000 元

8. 企业在银行开户的账户中，可以办理提现业务以发放工资的是(　　)。

A. 专用存款账户　　B. 基本存款账户

C. 临时存款账户　　D. 一般存款账户

9. 下列各项不属于其他货币资金的是(　　)。

A. 银行本票存款　　B. 存出投资款

C. 其他应收款　　D. 有价证券

10. 企业存放在银行的信用证存款，应通过(　　)科目进行核算。

A. “其他货币资金”　　B. “银行存款”

C. “其他应收款”　　D. “库存现金”

11. 对于将现金送存银行的业务，会计人员应编制的记账凭证是(　　)。

A. 现金付款凭证　　B. 银行收款凭证

C. 银行付款凭证　　D. 现金收款凭证

12. 下列凭证，不能用来登记总分类账的是(　　)。

A. 原始凭证　　B. 记账凭证

C. 科目汇总表　　D. 汇总记账凭证

13. 某企业在月末编制的试算平衡表中，全部账户的借方发生额合计为900 000元，除“预收账款”外其他账户的本月贷方发生额合计为 895 000 元，则预收账款账户(　　)。

A. 本月借方发生额为 5 000 元　　B. 本月贷方发生额为 5 000 元

C. 月末借方余额为 5 000 元　　D. 月末贷方余额为 5 000 元

14. 发出材料汇总表是一种(　　)。

A. 记账凭证　　B. 汇总凭证

C. 累计凭证　　D. 一次凭证

15. 按照现金管理制度的有关规定，指出下列不应使用现金支付的是(　　)。

A. 发放职工工资 35 000 元　　B. 支付商品价款 5 000 元

C. 支付职工医疗费 1 000 元　　D. 购买办公用品 500 元

二、多项选择题

1. 根据《支付结算办法》的规定，在托收承付结算方式下，付款人在承付期内，可向银行提出拒绝付款的理由有(　　)。

A. 经查验货物与合同规定不符的

B. 收款人在未协商的情况下提前交货的

C. 收款人逾期交货，付款人认为已不需要该项货物的

D. 赊销商品

2. 其他货币资金包括(　　)。

A. 存出投资款　　B. 外埠存款

C. 银行本票存款　　　　　　　D. 信用卡存款

3. 付款人向异地收款人支付款项时，可以直接使用“银行存款”的结算方式有(　　)。

A. 汇兑　　　　　　　　　　B. 银行汇票

C. 商业汇票　　　　　　　　D. 银行本票

4. 企业银行存款日记账与银行对账单不一致的原因有(　　)。

A. 记账差错　　　　　　　　B. 应收账款

C. 预收账款　　　　　　　　D. 未达账项

5. 只适用于异地交易的结算方式有(　　)。

A. 支票　　　　　　　　　　B. 银行汇票

C. 商业汇票　　　　　　　　D. 托收承付

6. 按照《现金管理暂时条例》的规定，开户单位可以使用现金的是(　　)。

A. 支付个人劳务报酬　　　　B. 向农民收购副产品

C. 各种劳保福利费用　　　　D. 出差人员必备差旅费

7. 采用银行承兑汇票结算，如承兑申请人账户不足支付票款，则(　　)。

A. 银行将汇票退给收款人，由其自行处理

B. 银行将对承兑申请人执行扣款

C. 银行将该款项转作逾期贷款处理

D. 银行将对尚未扣回的金额计收罚息

8. 企业备用金业务可以通过(　　)科目核算。

A. 库存现金　　　　　　　　B. 其他货币资金

C. 备用金　　　　　　　　　D. 其他应收款

9. 下列属于其他货币资金核算范围的项目有(　　)。

A. 外埠存款　　　　　　　　B. 银行汇票存款

C. 支票存款　　　　　　　　D. 信用证保证金存款

10. 下面不可以支付现金的项目有(　　)。

A. 向企业收购农产品　　　　B. 采购材料

C. 购买设备　　　　　　　　D. 向个人收购农产品

11. 根据中国人民银行有关支付结算办法的规定，下列结算方法正确的是(　　)。

A. 银行本票的付款期限为自出票日起 1 个月内

B. 在银行开立存款账户的法人以及其他组织之间必须具有真实的交易关系或债权债务关系，才能使用商业汇票

C. 单位可以将销货收入的款项存入其信用卡账户，但不得从单位卡中支取现金

D. 签发空头支票，银行除退票外，还按票面金额处以 5% 但不低于 1 000 元的罚款

12. 在下列事项中，符合现金管理有关规定的有(　　)。

A. 企业对于当日送存现金有困难的，由开户银行确定送存时间

B. 因特殊情况需要坐支现金的，可以坐支

C. 企业从开户银行提取现金，只要由本单位出纳人员签字盖章即可

D. 不准用银行账户代替其他单位和个人存入或支取现金

13. 以下不符合企业会计制度规定的做法的是(　　)。

A. 属于无法查明原因的现金溢余，经批准后冲减管理费用

B. 属于无法查明原因的现金短缺，经批准后计入管理费用

C. 企业内部周转使用备用金的，可以单独设置“备用金”科目，使用和报销有关备用金支出时都通过“备用金”科目核算

D. 外埠存款不计利息，除采购员差旅费可以支取少量现金外，一律转账

14. 下列符合企业银行存款开户的有关规定的是(　　)。

A. 一般存款账户可以办理工资、奖金等现金的支取

B 一般存款账户可以办理转账结算和现金缴存，但不能办理现金支取

C. 一个企业只能选择一家银行的一个营业机构开立一个基本存款账户

D. 一个企业不得在同一家银行的几个分支机构开立一般存款账户

15. 货币资金管理的基本要求(　　)。

A. 严格职责分工　　B. 实行收、支两条线

C. 实施内部稽核　　D. 实施定期轮岗制度

三、判断题

1. 企业持有的各种基金不包括在现金之内。(　　)

2. 对于使用定额备用金的部门，凭单据报销差旅费时，会计部门按报销金额应冲减“其他应收款”或“备用金”账户。(　　)

3. 信用卡的单位卡一律不得用于100 000元以上的商品交易、劳务供应款项的结算，也不得支取现金。(　　)

4. 企业只能选择一家银行的一个营业机构开立一个基本存款户，不得在同一家银行的几个分支机构同时开立一般存款户。(　　)

5. 根据现行《银行结算办法》的有关规定，异地托收承付结算方式可用于各种企业办理商品交易，以及因商品交易而产生的劳务供应的款项。(　　)

6. 收款人若收到一张银行本票或银行汇票时，应先记入“其他货币资金”账户。(　　)

7. 未达账项是指企业与银行之间，由于凭证传递上的时间差，一方已登记入账，而另一方尚未入账的账项。(　　)

8. 企业的各种存款都应该通过“银行存款”科目核算。(　　)

9. 企业平时核对银行存款，只需以银行对账单为准，就不会有什么问题。(　　)

10. 企业采用汇兑结算时，汇往外地的款项要先通过“其他货币资金——外埠

存款”科目核算。（ ）

11. 商业承兑汇票到期时，如果购货企业的存款不足支付票款，开户银行应将汇票退还销货企业，银行不负责付款。（ ）

12. 企业支出现金必须遵守国家的现金管理制度的规定。（ ）

13. 企业禁止签发空头支票。（ ）

14. 托收承付既可用于同城结算，也可用于异地结算。（ ）

15. 办理委托收款没有金额起点的限制。（ ）

四、业务处理题

1. 练习现金业务的核算。

（1）把现金 1 000 元存入银行。

（2）拨付总经理办公室备用金 2 000 元（实行定额备用金制度）。

（3）购买办公用品 500 元，以现金支付。

（4）用现金预支职工李某的差旅费 800 元。

（5）支付租用车辆的租金 600 元。

（6）从银行提取现金 2 000 元备用。

（7）职工李某报销差旅费 700 元，余款 100 元交回现金。

（8）销售一批产品，货款 600 元，应交增值税 102 元，收到现金。

（9）在现金清查中发现溢余 50 元，经批准转作营业外收入处理。

（10）在现金清查中发现短缺 100 元，原因待查。

（11）总经理办公室凭报销单据报销购买办公用品的零星开支 500 元，补付现金。

（12）办公室处理废旧报纸收入 50 元。

要求：根据以上经济业务编制会计分录。

2. 练习银行存款业务的核算。

（1）投资者投入货币资金 250 000 元，存入银行。

（2）以银行存款 200 000 元，归还短期借款。

（3）收到应收账款 50 000 元，存入银行。

（4）购进原材料一批，货款 100 000 元，增值税 17 000 元，材料已经验收入库，开出支票支付货款。

（5）以银行存款支付本月行政管理部门的电费 1 800 元。

（6）用银行存款上缴所得税税金 3 500 元。

（7）委托银行向外地某公司汇款 1 850 元，偿还前欠货款。

（8）销售一批商品 50 000 元，应交增值税 8 500 元，商品已发运，并向银行办妥托收手续。

（9）购买一批原材料 40 000 元，应交增值税 6 800 元，开出一张期限 3 个月的商业承兑汇票，材料尚未运达。

（10）销售给本市某公司乙产品一批，计价 30 000 元，应交增值税 5 100 元。

收到一张转账支票存入银行。

（11）销售甲产品计价 70 000 元，增值税 11 900 元，收到一张银行本票存入银行。

（12）收到银行转来的付款凭证，增值税专用发票上列明货款 10 000 元，增值税 1 700 元。有关单据上列明运杂费 500 元，经审查无误，当即承付。

（13）收到银行通知，前已托收的款项 58 500 元已收回。

（14）用银行存款支付广告费 5 000 元。

（15）从银行提取现金 50 000 元备发工资。

要求：根据以上业务，进行必要的计算和账务处理。

3. A 公司 2013 年 12 月 31 日的银行存款日记账余额是 384 830 元，银行送来的对账单上本企业银行存款余额是 392 109 元，经逐笔核对，发现以下几笔未达账项：

（1）企业委托银行代收货款 8 700 元，银行已经收到入账，企业尚未登账。

（2）银行代付水电费 261 元，企业尚未接到付款通知。

（3）企业 12 月 30 日送存转账支票 5 510 元，企业已入账，银行尚未登入企业存款账。

（4）企业 12 月 15 日开出现金支票一张，金额 4 350 元，用于支付购买办公用品费，但持票人尚未去银行支取。

要求：根据以上材料，编制“银行存款余额调节表”，A 公司 2003 年 12 月 31 日可动用的银行存款数额为多少？

4. 练习其他货币资金业务的核算。

（1）企业办理信用卡申领手续，缴存信用卡备用金存款 50 000 元。

（2）企业向银行提交“银行汇票委托书”，并将 200 000 元缴存银行，取得银行汇票。

（3）委托银行将 100 000 元汇往外地某银行开立临时存款账户。

（4）向银行申请面值 20 000 元的银行本票一张，本票已收到。

（5）用信用卡支付业务招待费 4 000 元。

（6）用银行汇票支付前欠货款 180 000 元。

（7）采购员从外地用临时存款购买原材料 80 000 元，增值税 13 600 元，材料尚在运输途中。

（8）银行通知，收到银行汇票及临时存款退回的余额。

要求：据以上业务，进行必要的计算和账务处理。

5. 某企业 2008 年 4 月发生经济业务如下：

（1）4 月 2 日，出纳员开出现金支票 3 000 元，补充库存现金。

（2）4 月 4 日，财审部报销办公用品款，以现金支付 160 元。

（3）4 月 7 日，李某出差预借差旅费 1 000 元，以现金支付。

（4）4 月 9 日，对现金进行清查，发现现金短款 200 元。期末无法查明原因，经批准计入当期费用。

（5）4 月 17 日，由当地银行汇往 B 市某银行临时采购货款 40 000 元。

（6）4 月 18 日，李某出差回来，报销差旅费 850 元。

（7）4 月 20 日，采购员在 B 市购买原材料，增值税专用发票注明价款 30 000 元，增值税额 5 100 元，材料尚未运到。剩余存款转回当地银行。

要求：根据上述业务编制会计分录。

第3章

存货

3.1 存货的确认和初始计量

3.1.1 存货的概念

存货是指企业在日常活动中持有以备出售的产成品或商品、处在生产过程中的在产品、在生产过程或提供劳务过程中耗用的材料、物料等。存货区别于固定资产等非流动资产的最基本的特征是，企业持有存货的最终的目的是为了出售，有些存货可供直接销售，如企业的产成品、商品等；有些存货需经过进一步加工后才能出售，如原材料等。

企业的存货按照经济用途划分为以下几类：

1）原材料

原材料是指企业在生产过程中经加工改变其形态或性质并构成产品主要实体的各种原料及主要材料、辅助材料、外购半成品（外购件）、修理用备件（备品备件）、包装材料、燃料等。为建造固定资产等各项工程而储备的各种材料，虽然同属于材料，但是由于用于建造固定资产等各项工程不符合存货的定义，因此不能作为企业的存货进行核算，而应该作为企业的工程物资进行核算。

2）在产品

在产品是指企业正在制造、尚未完工的产品，包括正在各个生产工序加工的产品和已加工完毕但尚未检验或已检验但尚未办理入库手续的产品。

3）半成品

半成品是指经过一定生产过程并已检验合格交付并半成品仓库保管，但尚未制造完工成为产成品，仍需进一步加工的中间产品。半成品不包括从一个生产车间转给另一个生产车间待继续加工的在产品以及不能单独计算成本的在产品。

4）产成品

产成品是指工业企业已经完成全部生产过程并验收入库，可以按照合同规定的条件送交订货单位，或者可以作为商品对外销售的产品。企业接受外来原材料加工制造的代制品和为外单位加工修理的代修品，制造和修理完成验收入库后，应视同企业的产成品。

5）商品

商品是指商品流通企业外购或委托加工完成验收入库用于销售的各种商品。

6）周转材料

周转材料是指企业能够多次使用、但又不符合固定资产定义的材料。比如为了包装本企业商品而储备的各种包装物，各种工具、管理用具、玻璃器皿、劳动保护用品以及在经营过程中周转使用的容器等低值易耗品，建造承包商的钢模板、木模板、脚手架等其他周转材料。但是，周转材料符合固定资产定义的，应当作为固定资产处理。

7）委托加工物资

委托加工物资是指企业委托外单位加工的各种材料、商品等物资。

3.1.2 存货的确认条件

作为资产，存货需要同时满足下列条件，才能予以确认：

1）与该存货有关的经济利益很可能流入企业

企业在确认存货时，需要判断与该项存货相关的经济利益是否很可能流入企业。在实务中，存货主要通过判断与该项存货所有权相关的风险和报酬是否转移到了企业来确定。其中，与存货所有权相关的风险，是指由于经营情况发生变化造成的相关收益的变动，以及由于存货滞销、毁损等原因造成的损失；与存货所有权相关的报酬，是指在出售该项存货或其经过进一步加工取得的其他存货时获得的收入，以及处置该项存货实现的利润等。

在通常情况下，取得存货的所有权是与存货相关的经济利益很可能流入企业的一个重要标志。例如，根据销售合同已经售出（取得现金或收取现金的权利）的存货，其所有权已经转移，与其相关的经济利益已不能再流入企业，此时，即使该项存货尚未运离企业，也不能再确认为企业的存货。又如，委托代销商品，由于其所有权并未转移至受托方，因而委托代销的商品仍应当确认为委托企业存货的一部分。总之，企业在判断与存货相关的经济利益能否流入企业时，主要结合该项存货所有权的归属情况进行分析确定。

2）该存货的成本能够可靠地计量

作为企业资产的组成部分，要确认存货，企业必须能够对其成本进行可靠地计量。存货的成本能够可靠地计量必须以取得确凿、可靠的证据为依据，并且具有可验证性。如果存货成本不能可靠地计量，那么就不能确认为一项存货资产。例如，企业承诺的订货合同，由于并未实际发生，不能可靠地确定其成本，因此就不能确认为购买企业的存货。又如，企业预计发生的制造费用，由于并未实际发生，不能可靠地确定其成本，因此不能计入产品成本。

3.1.3 存货的初始计量

存货应当按照成本进行初始计量。存货成本包括采购成本、加工成本和使存货到达目前场所和状态所发生的其他成本三个组成部分。企业在日常核算中采用计划成本法或售价金额法核算的存货成本，实质上也是存货的实际成本。当然，取得方式不同的存货，其实际成本的构成也有所不同。

1）外购的存货

企业外购存货主要包括原材料和商品。外购存货的成本即存货的采购成本。存货的采购成本，是指物资从采购到入库前所发生的全部支出，包括购买价款、相关税费、运输费、装卸费、保险费以及其他可归属于存货采购成本的费用。

商品流通企业在采购商品的过程中发生的运输费、装卸费、保险费以及其他可归属于存货采购成本的费用等进货费用，应计入所购商品的成本。在实务中，企业也可以先将进货费用进行归集，期末再根据所购商品的存销情况进行分摊。对于已售商品的进货费用，计入主营业务成本；对于未售商品的进货费用，计入期末存货成本。企业采购商品的进货费用金额较小的，可以在发生时直接计入当期销售费用。

（1）购买价款，是指在企业购入材料或商品的发票账单上列明的价款，但不包括按规定可以抵扣的增值税进项税额。

（2）相关税费，是指企业购买、自制或委托加工存货所发生的消费税、资源税和不能从增值税销项税额中抵扣的进项税额等。

（3）其他可归属于存货采购成本的费用，即在采购成本中除上述各项以外的可归属于存货采购成本的费用，如在存货采购过程中发生的仓储费、包装费、运输途中的合理损耗、入库前的挑选整理费用等。这些费用能分清负担对象的，应直接计入存货的采购成本；不能分清负担对象的，应选择合理的分配方法，分配计入有关存货的采购成本。分配方法通常包括按所购存货的重量或采购价格的比例进行分配。

同时，需要注意的是，计入存货采购成本的仓储费是指在存货采购过程中发生的仓储费用，如果是企业在存货采购入库后发生的仓储费用则不应计入存货的采购成本，而应当计入当期损益。但是，在生产过程中为达到下一个生产阶段所必需的仓储费用应计入存货成本。此外，非正常消耗的直接材料、直接人工及制造费用，应计入当期损益，不得计入存货成本。

此外，对于在采购过程中发生的物资毁损、短缺等情况，除合理的损耗应作为存货“其他可归属于存货采购成本的费用”计入采购成本外，其余应区别不同情况进行会计处理：（1）应从供货单位、外部运输机构等收回的物资短缺或其他赔款，冲减物资的采购成本；（2）因遭受意外灾害发生的损失和尚待查明原因的途中损耗，不得增加物资的采购成本，应暂作为待处理财产损溢进行核算，待查明原因后再作处理。

【例 3-1】某公司于 2014 年 1 月 10 日购入乙公司原材料一批，价税款共计 120 000元，其中贷款 100 000 元、增值税专用发票注明的增值税 17 000 元、运费 3 000元。款项已通过银行存款支付，但材料尚未收到。

根据增值税有关抵扣规定，符合条件的运费允许抵扣 7% 的增值税，因此增值税进项税额一共是 17 210 元（17 000+3 000×7%）。

借：在途物资　　102 790

　　应交税费——应交增值税（进项税额）　　17 210

　贷：银行存款　　120 000

企业外购的存货，由于结算方式和采购地点的不同，材料入库和货款的支付在时间上不完全同步，相应的账务处理也有所不同。

2）通过加工取得的存货

企业通过进一步加工而取得的存货，主要包括产成品、在产品、半成品、委托加工物资等。其成本由采购成本、加工成本构成。某些存货还包括为使存货达到目前场所和状态所发生的其他成本，如可直接认定的产品设计费用等。

（1）委托外单位加工的存货

委托外单位加工完成的存货，以实际耗用的原材料或者半成品、加工费、运输费、装卸费等费用以及按规定应计入成本的税金，作为实际成本。其在会计处理上主要包括拨付加工物资、支付加工费用和税金、收回加工物资和剩余物资等几个环节。

【例 3-2】某企业委托乙企业加工材料一批（属于应税消费品）。原材料成本为 300 000 元，支付的加工费为 60 000 元（不含增值税），消费税税率为 10%，材料加工完成并已验收入库，加工费用等已经支付。双方适用的增值税税率为 17%。

甲企业按实际成本核算原材料，有关账务处理如下：

（1）发出委托加工材料

借：委托加工物资——乙企业　　300 000

　贷：原材料　　300 000

（2）支付加工费和税金

消费税组成计税价格 =（300 000+60 000）÷（1−10%）= 400 000（元）

受托方乙企业代收代缴的消费税税额 = 400 000×10% = 40 000（元）

应交增值税税额 = 60 000×17% = 10 200（元）

①甲企业收回加工后的材料用于连续生产应税消费品的，则此环节征收的消费税可以在下一环节抵扣，不计入委托加工物资的成本。

借：委托加工物资——乙企业　　60 000

　　应交税费——应交增值税（进项税额）　　10 200

　　　　　——应交消费税　　40 000

　贷：银行存款　　110 200

②甲企业收回加工后的材料直接用于销售的，消费税直接计入委托加工物资的成本。

借：委托加工物资——乙企业　　100 000

　　应交税费——应交增值税（进项税额）　　10 200

　贷：银行存款　　110 200

（3）加工完成，收回委托加工材料

①甲企业收回加工后的材料用于连续生产应税消费品。

借：原材料　　360 000

　贷：委托加工物资——乙企业　　360 000

②甲企业收回加工后的材料直接用于销售。

借：库存商品　　400 000

　贷：委托加工物资——乙企业　　400 000

（2）自行生产的存货

自行生产的存货的初始成本包括投入的原材料或半成品、直接人工和按照一定方式分配的制造费用。制造费用是指企业为生产产品或提供劳务而发生的各项间接费用，包括企业生产部门（如生产车间）管理人员的薪酬、折旧费、办公费、水电费、机物料消耗、劳动保护费、季节性和修理期间的停工损失等。在生产车间只生产一种产品的情况下，企业归集的制造费用可直接计入该产品成本；在生产多种产品的情况下，企业应采用与该制造费用相关性较强的方法对其进行合理分配。制造费用通常采用的分配方法有：生产工人工时比例法、生产工人工资比例法、机器工时比例法和按年度计划分配法等，还可以按照耗用原材料的数量或成本、直接成本及产品产量分配制造费用。

【例 3-3】某企业本月投产一批产品，月末完工。经查，本批产品耗用 A 材料 10 000 元，B 材料 3 000 元，直接人工成本 5 000 元，分配计入的制造费用 2 000元。

根据相应的凭证编制会计分录如下：

借：库存商品　　20 000

　贷：原材料——A 材料　　10 000

　　　　　　——B 材料　　3 000

　　应付职工薪酬　　5 000

　　制造费用　　2 000

3）其他方式取得的存货

企业取得存货的其他方式主要包括接受投资者投入、非货币性资产交换、债务重组、企业合并、盘盈以及通过劳务取得等。

（1）接受投资者投入存货的成本，应当按照投资合同或协议约定的价值确定，但合同或协议约定价值不公允的除外。在投资合并或协议约定价值不公允的情况下，按照该项存货的公允价值作为其入账价值。

【例 3-4】A 公司是一般纳税人，适用的增值税税率 17%，采用实际成本法核算存货，2014 年 A 公司接受 B 公司以其生产的产品作为投资，该产品的公允价值为 1 000 000 元，取得的增值税专票标明的价款为 1 000 000 元，增值税税额为 170 000元，该产品是 A 公司生产所必需的材料。假定 A 公司的注册资本为 10 000 000元，B 公司享有 A 公司 10% 的股份，即 1 000 000 元（10 000 000×10%），则价值不公允，应以该产品的公允价值入账：

借：原材料　　1 000 000

　应交税费——应交增值税（进项税额）　　170 000

　贷：实收资本——B 公司　　1 000 000

　　资本公积——资本溢价　　170 000

（2）通过非货币性资产交换、债务重组、企业合并等方式取得的存货的成本，分别按照非货币性资产交换、债务重组和企业合并准则的相关规定确定。

（3）盘盈存货的成本。盘盈存货的成本应按其重置成本作为入账价值，并通过“待处理财产损溢”科目进行会计处理。按管理权限报经上级批准后，冲减当期管理费用。

4）通过提供劳务取得的存货

通过提供劳务取得的存货，其成本按从事劳务提供人员的直接人工和其他直接费用以及可归属于该存货的间接费用确定。

3.2 发出存货的计价

企业发出存货的计量，首先要确定发出存货的成本。企业发出的存货，可以按实际成本核算，也可以按计划成本核算，但在资产负债表日存货均应调整为其实际成本。在后面的讲解中，如无特别说明则是按实际成本计算。实际成本在存货的实际成本核算法下，同一种存货，可能是分次购入的或分批生产的，或是向不同厂商购买的以及不同时间购入的，其实际成本往往不同，不同批次生产的存货成本也会不完全相同。企业存货发出的计价方法一经确定，不得随意变更；如需变更，应按国家的有关规定进行相应的会计处理，并在附注中进行披露。

按《企业会计准则第 1 号——存货》的规定，企业发出存货可以采用的计价方法包括：先进先出法、移动加权平均法、月末一次加权平均法、个别计价法。对于性质和用途相似的存货应当采用相同的成本计算方法确定存货的发出成本；对于不能替代使用的存货、为特定项目专门购入或制造的存货以及提供劳务的成本，通常采用个别计价法确定发出存货的成本。对于已售存货，应当将其成本结转为当期损益，相应的存货跌价准备也应当予以结转。

3.2.1 先进先出法

1）先进先出法的概念

先进先出法是以先购入的存货应先发出这一实物流转假设为前提，对发出存货进行计价的方法。采用这种方法，先购入的存货成本在后购入存货成本之前转出，发出存货成本按存货取得的先后顺序分别予以确认，据此确定发出存货和期末存货的成本。

2）先进先出法的优缺点

采用先进先出法，发出存货成本按存货取得的先后顺序分别确认。

优点：①符合实物的流转过程；②使期末存货的成本比较接近现行的市场价值；③使企业不能随意挑选存货计价以调整当期利润。

缺点：①确认工作比较繁琐；②与现行收入配比的不是现行成本而是最前期的货品成本。

采用先进先出法，当物价上涨时，会高估企业当期的利润和存货的价值；反之会低估企业当期的利润和存货的价值。

3）先进先出法下发出存货的成本计算

【例 3-5】某企业于 2014 年 10 月 A 材料的期初结存和本期领购情况见表 3-1。

表 3-1　A 材料的期初结存和本期领购情况

10 月 1 日	期初结存	150 件	单价 60 元/件	共计 9 000 元
10 月 8 日	生产领用	70 件		
10 月 15 日	购进	100 件	单价 62 元/件	共计 6 200 元
10 月 20 日	生产领用	50 件		
10 月 24 日	生产领用	90 件		
10 月 28 日	购进	200 件	单价 68 元/件	共计 13 600 元
10 月 30 日	生产领用	60 件		

按照先进先出法计算发出存货的成本，则：

（1）10 月 8 日领用的 A 材料为期初结存的材料，领用后该批材料还结存 80 件。该批存货单价 60 元，领用成本共计 70×60＝4 200（元）。

（2）10 月 20 日领用的 A 材料仍然为期初结存的材料，领用后该批材料还结存 30 件。该批存货单价 60 元，领用成本共计 50×60＝3 000（元）。

（3）10 月 24 日领用的 A 材料，其中 30 件是期初结存，另外 60 件是 10 月 15 日购进。领用后，期初结存的材料全部发出，10 月 15 日购进的存货还结存 40 件。领用成本共计 30×60+60×62＝5 520（元）。

（4）10 月 30 日领用 A 材料 60 件中，有 40 件是 10 月 15 日购进的，另外 20 件是 10 月 28 日购进的，领用后 10 月 28 日购入的存货还结存 180 件，单价 68 元。领用成本共计 40×62+20×68＝3 840（元）。

本期发出存货成本共计 4 200+3 000+5 520+3 840＝16 560（元）

期末结存存货成本共计 180×68＝12 240（元）

4）发出存货的会计核算

【例 3-6】续【例 3-5】，月末根据相关原始凭证做出有关发货的会计分录如下：

借：生产成本　　16 560

　贷：原材料——A 材料　　16 560

3.2.2　移动加权平均法

1）移动加权平均法的概念

它是指在每次进货以后，立即为存货计算出新的平均单位成本，作为下次发货计价基础的一种方法。移动加权平均法的公式为：

$$\text{加权平均单价}=\left(\text{收入存货前结存存货实际成本}+\text{本期收入存货实际成本}\right)\div\left(\text{收入存货前结存存货数量}+\text{本期收入存货数量}\right)$$

本期发出存货实际成本=本期发出存货数量×加权平均单价

2）移动加权平均法的优缺点

采用移动加权平均法的优点是能够使管理当局及时了解存货的结存情况，计算出的平均单位成本及发出和结存的存货成本比较客观，但缺点是由于每次收货都要计算一次平均单价，计算工作量较大，因此对收发货较频繁的企业不适用。

3）移动加权平均法下发出存货的成本计算

【例3-7】仍然采用【例3-5】的资料，若该企业采用移动加权平均法核算发出存货的成本，则：

(1) 10月8日领用的A材料为期初结存的材料，领用后该批材料还结存80件。该批存货单价60元/件。

10月8日领用的A材料领用成本=70×60=4 200（元）

(2) 10月15日购进A材料后的移动加权平均单价=（4 800+6 200）÷（80+100）=61.11（元）

(3) 10月20日领用的A材料领用成本=50×61.11=3 055.50（元）

10月24日领用的A材料领用成本=90×61.11=5 499.90（元）

(4) 10月28日购进A材料后的移动加权平均单价=（2 444.4+13 600）÷（40+200）

=66.85（元/件）

(5) 10月30日领用的A材料领用成本=60×66.85=4 011（元）

本期发出存货成本=4 200+3 055.5+5 499.9+4 011=16 766.40（元）

期末结存存货成本=180×66.85=12 033（元）

4）移动加权平均法下发出存货的会计核算

【例3-8】续【例3-7】，月末根据相关原始凭证做出有关发货的会计分录如下：

借：生产成本　　16 766.40

　贷：原材料——A材料　　16 766.40

3.2.3 月末一次加权平均法

1）月末一次加权平均法的概念

月末一次加权平均法，又称全月一次加权平均法，是指以本月全部进货数量加月初存货数量作为权数，去除当月全部进货成本加本月初存货成本，计算出存货的加权单位成本，并以此为基础计算当月发出存货的成本和期末存货成本的一种方法。月末一次加权平均法的公式为：

$$\text{加权平均单价}=\left(\text{期初结存存货实际成本}+\text{本期收入存货实际成本}\right)\div\left(\text{期初结存存货数量}+\text{本期收入存货数量}\right)$$

本期发出存货实际成本=本期发出存货数量×加权平均单价

$$\text{期末存货成本}=\text{期初结存存货实际成本}+\text{本期收入存货实际成本}-\text{本期发出存货实际成本}=\text{期末结存存货数量}\times\text{加权平均单价}$$

2）月末一次加权平均法的优缺点

月末一次加权平均法的优点是较上述两种方法简便，只在月末计算一次加权平均单价，大大简化了平时的核算工作，而且在市场价格上涨或下跌时所计算出来的企业成本平均化，对存货成本的分摊较为折中。这种方法的缺点是平时无法从账上提供发出和结存存货的单价及金额，不利于存货的日常管理。

3）月末一次加权平均法下发出存货的成本计算

【例 3-9】仍然采用【例 3-5】的资料，若该企业采用月末一次加权平均法核算发出存货的成本，则：

加权平均单价=（9 000+6 200+13 600）÷（150+100+200）=64（元/件）

本期发出存货成本=（70+50+90+60）×64=17 280（元）

期末结存存货成本=（150-70+100-50-90+200-60）×64=11 520（元）

4）月末一次加权平均法下发出存货的会计核算

【例 3-10】续【例 3-9】，月末该企业根据相关原始凭证做出有关发货的会计分录如下：

借：生产成本　　17 280

　贷：原材料——A 材料　　17 280

3.2.4 个别计价法

个别计价法是指每次发出存货的实际成本按其购入时的实际成本分别计价的方法。个别计价法的成本计算准确符合实际情况，但在存货收发频繁情况下，其发出成本分辨的工作量较大。

3.2.5 各种存货计价方法的选择

存货计价方法的选择对企业利润、资产负债表存货项目以及企业的现金流量均有影响。

（1）存货计价方法对企业利润的计算有直接影响。采用不同的存货计价方法，企业的存货发出成本金额也就不同。例如在物价下跌的情况下，采用先进先出法计算出的存货发出成本比加权平均法计算出的存货成本要高，依此计算出来的本期利润就会偏低，所得税费用也会跟着减少，本期的净利润就会下降。

（2）存货计价方法对企业资产负债表存货项目的金额有直接影响。由于存货计价方法的不同，计算出的期末存货价值也就会不同。例如在物价下跌的情况下，采用先进先出法计算出来的期末存货价值比采用加权平均法计算出的期末存货价值低，而期末存货价值的大小又会直接影响流动资产的价值，进而影响反映企业偿债能力的指标——流动比率的大小。

（3）存货计价方法会影响企业的现金流量。由于存货计价方法的不同会影响企业利润的大小，而利润的大小又直接决定了企业的所得税金额和利润分配金额。企业的利润高，所得税金额就多，可供分配的利润就高，企业因支付所得税、支付投资者利润引起的现金流出就会增加；反之，则会减少。

3.2.6 特殊存货计价方法——计划成本法

1）计划成本法的核算原则

计划成本法是指企业存货的每一笔收入、发出和结存均按预先确定的成本计价，期末再一次性将其调为实际成本计价的核算方法。采用计划成本法的前提条件是合理制定每一品种、规格材料的计划成本。为控制采购成本，有些企业会对外购材料采用计划成本核算。材料的计划成本一般由企业采购部门会同财会等有关部门共同制定，制定的计划成本应尽可能接近实际成本。另外，购进材料的计划成本，其组成内容应与实际成本的构成一致，包括买价、运杂费和有关的税金等。

在计划成本法下，存货按计划成本入账，实际成本与计划成本之间的差异记入“材料成本差异”。实际成本大于计划成本所形成的差异为超支差异；实际成本小于计划成本所形成的差异为节约差异。存货发出时按计划成本发出，期末将期初材料成本差异和本期形成的差异，在发出存货与期末存货间进行分配。

$$\text{材料成本差异率}=\left(\text{期初结存材料成本差异}+\text{本期入库材料成本差异}\right)\div\left(\text{期初结存材料计划成本}+\text{本期入库材料计划成本}\right)\times100\%$$

这里应注意，本期入库材料计划成本不包括暂估入账材料的计划成本。

2）计划成本法的核算程序

这里以原材料为例说明计划成本的核算程序。为了核算在计划成本法下存货的收、发、结存情况，应设“材料采购”和“材料成本差异”两个科目。材料成本差异包括入库时的“转入差异”和出库时的“领料应分摊差异”两种。具体计算公式如下：

$$\text{入库时的材料成本差异}=\text{材料采购}-\text{原材料}$$

$$=\text{材料的实际购买价格（一般纳税人不含税）}-\text{已定的材料的单位计划成本}\times\text{材料采购数量}$$

（1）在购入原材料时，若发票账单已到，物资未到，企业按采购价格支付材料款及税金，在“材料采购”账户的借方按实际成本计价（税金另计），账务处理为：

借：材料采购（价款）

　　应交税费——应交增值税（进项税额）

　贷：银行存款或应付账款、应付票据等科目

（2）当材料已到达企业并验收入库时，企业按实际成本与计划成本之间的差异记入“材料成本差异”账户，若为超支差异则借记“原材料”、“材料成本差异”账户，贷记“材料采购”账户；若为节约差异则借记“原材料”（单位计划成本×采购数量）账户，贷记“材料采购”、“材料成本差异”账户。期末按计划成本结转材料成本，在企业领料以后，月末做材料成本差异的分配和转出。

领料应摊销的材料成本差异率=（月初结存的材料成本差异+本月购进的材料成本差异）÷（月初结存的计划成本+本月购进的计划成本）

领料应摊销的成本差异=领出材料的计划成本×材料成本差异率

借：基本生产成本或管理费用、销售费用、委托加工物资、其他业务成本等

　贷：材料成本差异（红字或蓝字）

（3）在会计期间结束时，将材料计划成本调整为实际成本。

【例 3-11】某企业购进原材料 100 吨，单价 620 元，材料计划成本为 600

元/吨。材料已到达企业并验收入库，买价及增值税款均以银行存款转账支付。

借：原材料（600×100）　　60 000
　　应交税费——应交增值税（进项税额）（62 000×17%）　　10 540
　　材料成本差异（620×100−600×100）　　2 000
　贷：银行存款（620×100+62 000×17%）　　72 540

本月生产领用原材料50吨，分录如下：

借：生产成本（600×50）　　30 000
　贷：原材料（600×50）　　30 000

月末摊销领用原材料应分摊的材料成本差异时，分录如下：

借：生产成本（20×50）　　1 000
　贷：材料成本差异（20×50）　　1 000

3）对计划成本法的评价

存货采用计划成本法核算，具有以下优点：

(1) 有利于简化会计处理程序。在计划成本法下，同一种存货只有一个企业成本，这样，存货业务在日常处理核算时，就不必逐批计算其收、发、结存的企业成本，存货明细账只需着重数量。这将大大简化记账手续。

(2) 有利于考核采购部门的工作业绩。存货采购成本的高低是衡量采购部门工作业绩的一个重要指标，采购价格的高低在一定程度上受采购部门人员的谈判水平、采购计划安排是否合理的影响。合理恰当的计划成本，则是衡量采购成本高低、采购人员工作业绩的重要尺度。

(3) 有利于考核耗用存货部门的工作业绩。在计划成本法下，由于发出存货采用计划成本计价，这样在耗用存货的数额中就剔除了价格变动的因素，因而有利于客观公正地分析有关部门的存货耗用数额，考核其工作业绩。因为就责任中心而言，存货耗用部门不能对采购存货的单价成本负责，而只能对存货的耗用数量负责。

3.3 存货的期末计量

企业应当定期或者至少于每年年度终了，对存货进行全面清查，由于存货遭受毁损、全部或部分陈旧过时或销售价格低于成本等原因，使存货成本不可收回的部分，应当按成本与可变现净值孰低的原则提取存货跌价准备。

3.3.1 存货期末计量的原则

在资产负债表日，存货应当按照成本与可变现净值孰低计量。其中，可变现净值，是指在日常活动中，存货的估计售价减去至完工时估计将要发生的成本、估计的销售费用以及相关税费后的金额；存货成本，是指期末存货的实际成本。当期末存货的成本低于其可变现净值的，应当按账面成本入账，不作调整；当期末存货的成本高于其可变现净值的，应当计提存货跌价准备，并计入当期损益。如果企业在存货成本的日常核算中采用计划成本法、售价金额核算法等简化核算方法，那么期末存货成本应为经调整后的实际成本。

企业应以确凿证据为基础计算确定存货的可变现净值。所谓存货的可变现净值的确凿证据，是指对确定存货的可变现净值有直接影响的客观证明，如产成品或商品的市场销售价格、与产成品或商品相同或类似商品的市场销售价格、销货方提供的有关资料和生产成本资料等。

企业预计的销售存货现金流量，并不完全等于存货的可变现净值。因为存货在销售过程中可能发生的销售费用和相关税费，以及为达到预定可销售状态还可能发生的加工成本等相关支出，构成现金流入的抵减项目。企业预计的销售存货现金流量，扣除这些抵减项目后，才能确定存货的可变现净值。

3.3.2 存货期末计量的方法

1）存货减值迹象的判断

（1）存货存在下列情况之一的，表明存货的可变现净值低于成本：

①该存货的市场价格持续下跌，并且在可预见的未来内无回升的希望；

②企业使用该项原材料所生产的产品的成本超过产品的销售价格；

③企业因产品更新换代，原有的库存原材料已不适应新产品的需要，而该原材料的市场价格又低于其账面成本；

④因企业所提供的商品或劳务不再能满足现有市场的需求，从而导致市场价格逐渐下跌；

⑤其他足以证明该项存货在实质上已经发生减值的情形。

（2）存货存在下列情形之一的，表明存货的可变现净值为零：

①已霉烂变质的存货；

②已过期且无转让价值的存货；

③生产中已不再需要，并且已无转让价值和使用价值的存货；

④其他足以证明已无任何价值的存货。

2）存货可变现净值的确定

（1）企业确定存货的可变现净值，应当以取得的确凿证据为基础，并且考虑持有存货的目的、资产负债表日后事项的影响等因素。

①确定存货可变现净值的确凿证据。确定存货可变现净值的确凿证据是指对确定存货的可变现净值有直接影响的客观证明。存货的采购成本、加工成本和其他成本及以其他方式取得的存货的成本，应当以取得外来原始凭证、生产成本资料、生产成本账簿记录等作为确凿证据；产成品或商品的市场价格，与产成品或商品相同或类似商品的市场销售价格，销货方提供的有关资料等。

②持有存货的目的。由于企业持有存货的目的不同，确定存货可变现净值的计算方法也不同。例如，直接用于出售的存货和用于继续加工的存货，其可变现净值的计量方法就不相同。因此，企业在确定存货的可变现净值时，应考虑持有存货的目的。在一般情况下，企业持有存货主要有两个目的：一是持有以备出售，如库存商品，这部分存货又分为有合同约定的存货和没有合同约定的存货；二是将在生产

过程中或提供劳务过程中耗用，如原材料。

③资产负债表日后事项等的影响。在确定资产负债表日存货的可变现净值时，不仅要考虑资产负债表日与该存货相关的价格与成本波动，而且还应考虑未来的相关事宜。也就是说，不仅限于在财务报告批准报出日之前发生的相关价格与成本波动，而且还应考虑在财务报告批准报出日以后期间发生的相关事宜。

（2）不同情况下存货可变现净值的确定。

①产成品、商品和用于出售的材料等直接用于出售的商品存货，其可变现净值为在正常生产经营过程中，该存货估计的售价（即市场销售价格）减去估计的销售费用和相关税费后的金额。

【例3-12】2014年，A公司根据市场需求的变化，决定停止生产丙产品。为减少不必要的损失，决定将在原材料中专门用于生产丙产品的外购丁材料全部出售，2014年12月31日其成本为2 000 000元，数量为10吨。据市场调查，丁材料的市场销售价格为100 000元/吨，同时销售10吨丁材料可能发生的销售费用及税金为10 000元。2014年12月31日丁材料的账面价值为多少？

丁材料的可变现净值=市场售价-销售时可能发生的相关税费=100 000×10-10 000=990 000（元）

由于丁材料成本2 000 000元＞可变现净值990 000元，所以按可变现净值确认存货的期末价值，同时计提存货跌价准备1 010 000元（2 000 000-990 000）。

借：资产减值损失——存货减值损失　　　　1 010 000

　贷：存货跌价准备——丁材料　　　　　　　　1 010 000

【例3-13】2014年12月31日，A公司生产的甲型设备的账面成本为2 000 000元，数量为20台，单位成本为每台100 000元。资产负债表日，甲型设备的市场销售价格（不含增值税）为120 000元每台。假定A公司没有签订有关甲型设备的销售合同。

甲型设备的可变现净值=市场售价-销售时可能发生的相关税费=120 000×20=2 400 000（元）

由于甲型设备的可变现净值2 400 000元＞成本2 000 000元（100 000×20），所以按成本确认存货的期末价值。

【例3-14】续【例3-13】，若A公司已经签订了有关甲型设备的销售合同，合同约定价格为2 200 000元，则按合同约定价格作为可变现净值。由于甲型设备的可变现净值2 200 000元＞成本2 000 000元，所以仍然按成本价2 000 000元确认存货的期末价值。

②需要经过加工的材料存货，如原材料、在产品、委托加工材料等，由于持有该材料的目的是用于生产产成品而不是出售，因此该材料存货的价值体现在用其生产的产成品上。如果其生产的产成品的可变现净值高于成本，那么该材料仍然应当按照成本计量；如果材料价格的下降表明产成品的可变现净值低于成本，那么该材料应当按照可变现净值计量。其可变现净值为在正常生产经营过程中，以该材料所生产的产成品的估计售价减去至完工时估计将要发生的成本、销售费用和相关税费

后的金额。

【例 3-15】2014 年 12 月 31 日，A 公司库存原材料乙材料的账面成本为 1 200 000元，市场购买价格为 1 100 000 元，假设不发生其他购买费用；由于乙材料价格下降，市场上用乙材料生产的 W5 型机器的售价下降了 10%。由此造成 A 公司 W5 型机器的售价总额由 3 000 000 元降为 2 700 000 元，但生产成本仍为 2 800 000元，将乙材料加工成 W5 型机器尚需投入 1 600 000 元，估计销售费用及税金为 100 000 元。

$$\frac{乙材料的}{可变现净值}=\frac{W5型机器的}{售价总额}-\frac{将乙材料加工成W5型}{机器尚需投入的成本}-\frac{估计销售费用}{及税金}$$

$$=2\ 700\ 000-1\ 600\ 000-100\ 000=1\ 000\ 000（元）$$

乙材料的成本 1 200 000 元。

由于乙材料的可变现净值 1 000 000 元 < 账面成本 1 200 000 元，因此乙材料的期末价值应为 1 000 000 元，即乙材料应按 1 000 000 元列示在 2014 年 12 月 31 日资产负债表的存货项目之中。

同时，应该计提存货跌价准备 = 1 200 000 - 1 000 000 = 200 000（元）。

根据相应凭证，编制会计分录如下：

借：资产减值损失——存货减值损失　　200 000

　贷：存货跌价准备——乙材料　　200 000

③为执行销售合同或者劳务合同而持有的存货，其可变现净值应当以合同价格为基础计算。

企业持有的同一项存货的数量多于销售合同或劳务合同订购数量的，应分别确定其可变现净值，并与其相对应的成本进行比较，分别确定存货跌价准备的计提或转回金额。超出合同部分的存货的可变现净值，应当以一般销售价格为基础计算。

$$\frac{可变}{现净值}=\frac{预计}{售价}-\frac{进一步加工所需的}{加工成本}-\frac{在销售过程中可能发生的}{相关税费和销售费用}$$

【例 3-16】2014 年 9 月 3 日，A 公司与希望公司签订了一份销售合同，双方约定：2015 年 1 月 20 日，A 公司应按每台 310 000 元的价格向希望公司提供 W1 型机器 12 台。2014 年 12 月 31 日，A 公司 W1 型机器的账面价值（成本）为 2 800 000元，数量为 10 台，单位成本为 280 000 元/台。2014 年 12 月 31 日，W1 型机器的市场销售价格为 300 000 元/台。

可变现净值 = 310 000×10 = 3 100 000（元）

【例 3-17】2014 年 9 月 3 日，A 公司与希望公司签订了一份销售合同，双方约定，2015 年 1 月 20 日，A 公司应按每台 310 000 元的价格向希望公司提供 W1 型机器 12 台。2014 年 12 月 31 日，A 公司 W1 型机器的账面价值（成本）为3 920 000元，数量为 14 台，单位成本为 280 000 元/台。2014 年 12 月 31 日，W1 型机器的市场销售价格为 300 000 元/台，估计销售费用及税金为 50 000 元。

可变现净值=（310 000×12）+（300 000×2）−50 000=4 270 000（元）

3.3.3 存货跌价准备的核算

1）存货跌价准备的计提

在资产负债表日，存货的成本高于可变现净值，企业应当计提存货跌价准备。

存货跌价准备通常应当按单个存货项目计提，但是，对于数量繁多、单价较低的存货，可以按照存货类别计提存货跌价准备。此外，在某些特殊的情况下，也可以将存货予以合并，作为计提存货跌价准备的基础。例如，与在同一地区生产和销售的产品系列相关、具有相同或类似的最终用途或目的，且难以与其他项目分开计量的存货，因其所处的经济环境、法律环境、市场环境等相同，具有类似的风险和报酬，可以按该产品系列合并计提存货跌价准备。

【例3-18】某公司按照“成本与可变现净值孰低”对期末存货进行计价。2013年12月31日，公司持有的W存货的账面成本为120 000元，由于市场价格下跌，预计可变现净值为102 000元，由此应计提的存货跌价准备为18 000元。应编制会计分录如下：

借：资产减值损失——计提的存货跌价准备　　18 000

　贷：存货跌价准备　　18 000

2）存货跌价准备的确认和回转

企业应在每一资产负债表日，比较存货成本与可变现净值，计算出应计提的存货跌价准备，再与已提数进行比较，若应提数大于已提数，应予补提。企业计提的存货跌价准备，应记入“资产减值损失”。

当以前减记存货价值的影响因素已经消失，减记的金额应当予以恢复，并在原已计提的存货跌价准备金额内转回，转回的金额记入“资产减值损失”。

【例3-19】续【例3-18】，假设2014年12月31日该材料的账面金额为100 000元，由于市场价格有所回升，使得W材料的预计可变现净值上升为110 000元。应计提的存货跌价准备为10 000元（120 000−110 000），由于上年已计提18 000元的存货跌价准备，超过本年的应计提数，因此本年应转回8 000元（18 000−10 000）。编制会计分录为：

借：存货跌价准备　　8 000

　贷：资产减值损失——计提的存货跌价准备　　8 000

【例3-20】续【例3-19】，假设2015年12月31日该材料的账面金额为100 000元，市场价格进一步回升，使得W材料的预计可变现净值上升为130 000元。可变现净值大于账面数，此时应全额转回已计提的存货跌价准备10 000元（18 000−8 000）。编制会计分录为：

借：存货跌价准备　　10 000

　贷：资产减值损失——计提的存货跌价准备　　10 000

值得注意的是，期末对存货进行计量时，如果同一类存货，其中一部分是有合同价格的，另一部分则没有合同价格，那么在这种情况下，企业应区分有无合同价格约定，分成两部分，分别确认其期末可变现净值，并与其对应的账面成本进行比较，从而分别确定是否应计提存货跌价准备，由此计提的存货跌价准备不得相互抵消。

【例 3-21】2013 年 10 月 30 日，A 公司与 B 公司签订了一份销售合同。双方约定，2014 年 2 月 20 日，A 公司应按每台 30 000 元的价格向 B 公司提供 F 设备 10 台。2013 年 12 月 31 日，A 公司 F 设备的账面价值（成本）为 435 000 元，数量为 15 台，单位成本为 29 000 元。2013 年 12 月 31 日，F 设备的市场销售价格为每台 28 000 元，估计销售费用及税金为 10 000 元。则：

已签订销售合同的存货 10 台，可变现净值 30 000 高于成本 29 000 元，此部分存货按成本入账；未签订销售合同的存货 5 台，可变现净值为 130 000 元（28 000 ×5-10 000），成本为 145 000 元（29 000×5），成本高于可变现净值，应计提该部分存货的跌价准备为 15 000 元（145 000-130 000）。

借：资产减值损失——计提的存货跌价准备　　15 000

　贷：存货跌价准备　　15 000

3）存货跌价准备的结转

企业计提了存货跌价准备，如果其中有部分存货已经销售，则企业在结转销售成本时，应同时结转对其已计提的存货跌价准备。

对于因债务重组、非货币性交易转出的存货，应同时结转已计提的存货跌价准备，但不冲减当期的管理费用，应按债务重组和非货币性交易的原则进行会计处理。

按存货类别计提存货跌价准备的，也应按比例结转相应的存货跌价准备。

【例 3-22】2013 年资产负债表日，A 公司库存甲材料 5 000 千克，每千克成本为 8 元，总成本 40 000 元。按照“成本与可变现净值孰低”的原则已计提的存货跌价准备合计为 3 000 元。2014 年 3 月，A 公司将库存的该批材料全部投入生产。确认发出存货成本，同时结转已经计提的存货跌价准备 3 000 元。

借：生产成本　　37 000

　　存货跌价准备　　3 000

　贷：原材料　　40 000

【例 3-23】某企业 2013 年 12 月 31 日有库存商品 100 件，单位成本为 1 000 元/件，共计 100 000 元。市场上该类商品的售价为 950 元/件，预计该批存货的可变现净值为 95 000 元，因此计提跌价准备 5 000 元。会计处理如下：

借：资产减值损失　　5 000

　贷：存货跌价准备　　5 000

【例 3-24】续【例 3-23】，2014 年 2 月份销售该部分存货 100 件，销售单价为 1 100 元/件，增值税税率为 17%，货款及税款暂未收到。由于销售价高于成本价，因此需结转跌价准备。会计处理如下：

借：应收账款　　128 700

贷：主营业务收入　　110 000

　　应交税费——应交增值税（销项税额）　　18 700

月末结转已销商品的成本，同时结转已计提的存货跌价准备。

借：主营业务成本　　95 000

　　存货跌价准备　　5 000

　贷：库存商品　　100 000

3.4 存货的清查

财产清查是企业资产管理的一项重要措施，存货作为企业的一项重要资产，也要定期或不定期的对其进行清查。存货的清查是指通过对存货的实地盘点，确定存货的实有数量，并与账面结存数核对，从而确定存货实存数与账存数是否相符的一种专门方法。

由于企业的存货品种多，收发频繁，在日常收发、保管过程中，难免由于计量错误、检验疏忽、自然损耗、核算错误、管理不善，以及贪污盗窃等原因造成账实不符。为了加强对存货的管理和控制，保证会计核算资料的真实、可靠，做到账实相符，企业必须对各种存货进行定期或不定期的清查盘点，确定实存数，然后将账存数与实存数进行账实核对。存货清查完毕，存在账实不符的，应编制存货盘点报告表，作为会计处理的相关依据。对于存货的盘盈、盘亏和毁损的数量，应及时查明原因和相关责任，按规定程序进行报批并做相关的会计处理。

为了反映企业在存货清查中查明的各项盘盈、盘亏和毁损情况，企业应设置“待处理财产损溢——待处理流动资产损溢”科目，该科目为资产类科目，借方登记存货的盘亏、毁损金额及盘盈转销的金额，贷方登记存货的盘盈金额及盘亏的转销金额。对于存货的盘盈或盘亏，应于期末前查明原因，并根据企业的管理权限，经上级部门批准后，在期末结账前处理完毕，本科目期末应无余额。

3.4.1 存货盘盈的会计处理

存货盘点结果，实存数大于账存数，为盘盈。企业发生存货盘盈时，应根据存货的种类，借记“原材料”、“库存商品”、“周转材料”等科目，贷记“待处理财产损溢——待处理流动资产损溢”科目。待盘盈的存货查明原因，按管理权限报经批准后，应当冲减当期管理费用，借记“待处理财产损溢——待处理流动资产损溢”科目，贷记“管理费用”科目。

【例 3-25】某公司在年末的财产清查中盘盈 A 材料 80 千克，后经查明是材料收发计量上的误差所致，经上级批准冲减当期的管理费用，该材料的单位成本为 50 元/千克。

(1) 批准前，根据存货盘点报告调整账面记录，会计处理如下：

借：原材料——A 材料　　4 000

　贷：待处理财产损溢——待处理流动资产损溢　　4 000

(2) 经上级领导批准冲减当期的管理费用后，会计处理如下：

借：待处理财产损溢——待处理流动资产损溢　　4 000

　　贷：管理费用　　4 000

3.4.2 存货盘亏、毁损的会计处理

存货的盘点结果，实存数小于账存数，为盘亏。存货发生的盘亏或毁损，应根据盘存的种类，借记“待处理财产损溢——待处理流动资产损溢”科目，贷记“原材料”、“库存商品”、“周转材料”等科目。按管理权限报经批准后，根据造成存货盘亏或毁损的原因，区别处理：①属于定额内损耗以及存货日常收发计量上的差错，属于正常损失，经批准后转作管理费用，借记“管理费用”科目，贷记“待处理财产损溢——待处理流动资产损溢”科目；②对于应由相关责任人赔偿的损失，应借记“其他应收款——××责任人”科目，贷记“待处理财产损溢——待处理流动资产损溢”科目；③对于由自然灾害等不可抗拒的原因而发生的存货损失，即非正常损失，应借记“营业外支出——非常损失”科目，贷记“待处理财产损溢——待处理流动资产损溢”科目；④对于无法收回的其他损失，经批准后记入管理费用，借记“管理费用”科目，贷记“待处理财产损溢——待处理流动资产损溢”科目。此外，购进的原材料等，对于其产生的增值税进项税额已抵扣的，如果由于管理不善等原因造成的毁损，应当将相应的进项税额转出；如果是自然灾害造成的损失，相应的进项税额不用转出。

【例3-26】某企业在存货清查中发现盘亏C材料100千克，该批材料购进时的实际单位成本为60元/千克。后查明原因，该批材料属于定额内合理损耗，经企业经理批准列为当期管理费用。

（1）批准处理前：

借：待处理财产损溢——待处理流动资产损溢　　6 000

　　贷：原材料——C材料　　6 000

（2）批准处理后：

借：管理费用　　6 000

　　贷：待处理财产损溢——待处理流动资产损溢　　6 000

【例3-27】某增值税一般纳税人企业因管理不善引发火灾，导致毁损库存的一批B材料，该批原材料共2 000千克，单位成本10元/千克，实际成本为20 000元。在清理过程中收回残料价值800元，保险公司赔偿11 600元。该材料在购进时产生的增值税进项税额3 400元。由于天灾影响，原材料购进产生的增值税进项税额不用转出。

（1）批准处理前：

借：待处理财产损溢——待处理流动资产损溢　　20 000

　　贷：原材料——B材料　　20 000

（2）批准处理后：

借：原材料——B材料　　800

借：其他应收款——某保险公司　　11 600

　　营业外支出　　7 600

　贷：待处理财产损溢——待处理流动资产损溢　　20 000

思考题

1. 存货量的多少对企业有没有影响？有什么影响？
2. 发出的存货有哪些计价方法？
3. 周转材料包括哪几种？
4. 如何确定本期应计提的存货跌价准备金额？
5. 什么是存货盘盈和盘亏？如何进行会计处理？

练习题

一、单项选择题

1. 甲公司为增值税一般纳税企业，购入原材料 150 千克，收到的增值税专用发票注明价款 900 万元，增值税额 153 万元。另发生运输费用 9 万元（可抵扣 7%），包装费 3 万元，途中保险费 2.70 万元。材料运抵企业后，验收入库的原材料为 148 千克，运输途中发生合理损耗 2 千克。该原材料的入账价值为(　　)万元。

A. 911.70　　B. 914.07

C. 913.35　　D. 914.70

2. 在下列各项支出中，一般纳税企业不计入存货成本的是(　　)。

A. 购入存货时发生的增值税进项税额　　B. 入库前的挑选整理费

C. 购买存货而发生的运输费用　　D. 购买存货而支付的进口关税

3. 我国会计准则规定，存货在取得时应以(　　)为入账价值。

A. 现行市价　　B. 取得时的实际成本

C. 换入时的公允价值　　D. 包括制造费用在内的全部成本

4. 按我国目前相关规定，投资者投入的存货，其入账价值应按(　　)确定。

A. 实际成本　　B. 可变净现值

C. 公允价值　　D. 投资各方确认的价值

5. 在发出存货的计价方法中，期末存货价值最接近期末进货成本的是(　　)。

A. 先进先出法　　B. 移动加权平均法

C. 加权平均法　　D. 计划成本法

6. 在物价持续下降的前提下，使当期利润最低的发出存货计价方法是(　　)。

A. 先进先出法　　B. 移动加权平均法

C. 加权平均法　　D. 计划成本法

7. 在下列各项资产中，不属于存货范围的有(　　)。

A. 委托加工材料

B. 货款已付正在运输途中的外购材料

C. 顾客交款并已开出提货单，而尚未提走的货物

D. 在产品

8. 某企业存货的日常核算采用毛利率法计算发出存货成本。该企业2013年1月份的实际毛利率为30%，本年度2月1日的存货成本为1 200万元，2月份购入存货成本为2 800万元，销售收入为3 000万元，销售退回为300万元。该企业2月末的存货成本为(　　)万元。

A. 1 300　　B. 1 900

C. 2 110　　D. 2 200

9. 某零售商店年初的库存商品成本为25万元，售价总额为36万元。当年购入商品的实际成本为60万元，售价总额为100万元。当年的销售收入为当年购入商品售价总额的80%。在采用零售价法的情况下，该商店年末的库存商品成本为(　　)万元。

A. 33.60　　B. 35

C. 30　　D. 40

10. 2013年年末，东方公司根据市场需求的变化，决定停止生产丙产品。为减少损失，公司决定将在原材料中专门用于生产丙产品的外购D材料全部出售，2013年12月31日其成本为200万元，数量为10吨。据市场调查，D材料的市场销售价格为10万元/吨，同时销售10吨D材料可能发生的销售费用及税金1万元。2013年12月31日，D材料的账面价值为(　　)万元。

A. 99　　B. 100

C. 90　　D. 200

11. 2013年12月31日，大海公司库存A材料的账面价值（成本）为400万元，市场购买价格总额为380万元，假设不发生其他购买费用，用A材料生产的甲产品的可变现净值为600万元，甲产品的成本为590万元。2013年12月31日，A材料的价值为(　　)万元。

A. 380　　B. 600

C. 400　　D. 590

12. 2013年12月31日，大海公司库存的B材料的账面价值（成本）为60万元，市场购买价格总额为55万元，假设不发生其他购买费用，由于B材料的市场销售价格下降，市场上用B材料生产的乙产品的市场价格也发生下降，用B材料生产的乙产品的市场价格总额由150万元下降为135万元，乙产品的成本为140万元，将B材料加工成乙产品尚需投入80万元，估计销售费用及税金为5万元。2013年12月31日，B材料的价值为(　　)万元。

A. 60　　B. 50

C. 55　　D. 80

13. 期末对存货采用成本与可变现净值孰低的原则计价时，其可变现净值的含

义(　　)。

A. 预计售价

B. 预计售价减去进一步加工成本和销售所必需的预计税金、费用

C. 现时重置成本

D. 现时重置成本加正常利润

14. 在编制资产负债表时，“存货跌价准备”账户的贷方余额应列为(　　)。

A. 存货的抵减项目并单独列示　　B. 在流动负债类下设项目反映

C. 存货　　D. 在流动资产类下设项目反映

15. 某企业2013年12月31日的存货账面余额为20 000元，预计可变现净值为19 000元。2014年12月31日的存货账面余额仍为20 000元，预计可变现净值为21 000元，则2014年年末应冲减的存货跌价准备为(　　)元。

A. 1 000　　B. 2 000

C. 9 000　　D. 3 000

二、多项选择题

1. 在下列项目中，应计入材料采购成本的有(　　)。

A. 制造费用

B. 进口关税

C. 运输途中的合理损耗

D. 一般纳税人购入材料支付的增值税

E. 采购价格

2. 影响存货入账价值的主要因素有(　　)。

A. 购货价格　　B. 管理费用

C. 制造费用　　D. 其他成本

E. 意外费用

3. 在下列各种物资中，应当作为企业存货核算的有(　　)。

A. 包装物　　B. 发出商品

C. 低值易耗品　　D. 工程物资

E. 生产成本

4. 在下列项目中，属于存货的有(　　)。

A. 已签订购货合同的商品　　B. 委托加工材料

C. 受托代销商品　　D. 特种储备物资

E. 委托代销商品

5. 下列属于企业库存商品的有(　　)。

A. 门市部存放的商品　　B. 委托外单位代管的商品

C. 委托代销的商品　　D. 陈列展览的商品

E. 受托代销的商品

6. 在下列项目中，应计入企业存货成本的有(　　)。

A. 进口原材料支付的关税

B. 自然灾害造成的原材料净损益

C. 入库前的挑选整理费用

D. 在生产过程中发生的制造费用

E. 入库前发生的途中合理损耗

7. 下列费用应当在发生时确认为当期损益，不计入存货成本的有(　　)。

A. 已验收入库的原材料发生的仓储费用

B. 非正常消耗的直接材料、直接人工和制造费用

C. 在生产过程中为达到下一个生产阶段所必需的仓储费用

D. 不能归属于使存货达到目前场所和状态的其他支出

E. 企业提供劳务所发生的从事劳务提供人员的直接人工和其他直接费用以及可归属的间接费用

8. 适用于商业企业的存货发出计价方法有(　　)。

A. 计划成本法

B. 先进先出法

C. 加权平均法

D. 售价金额核算法

9. 存货计价方法的选择对企业(　　)。

A. 损益的计算有直接影响

B. 资产总额的计算有直接影响

C. 所有者权益有关项目数额的计算有直接影响

D. 缴纳所得税的数额有一定影响

E. 结转当期销售成本的数额有一定影响

10. 关于存货发出的计价方法对企业损益的论述，下列说法正确的有(　　)。

A. 期初存货如果计价过低，当期的收益可能会因此而相应的增加

B. 期初存货如果计价过低，当期的收益可能会因此而相应的减少

C. 期末存货如果计价过低，当期的收益可能会因此而相应的增加

D. 期末存货如果计价过低，当期的收益可能会因此而相应的减少

E. 期初存货、期末存货的计价对本期收益不会产生影响

11. 委托加工材料的实际成本包括(　　)。

A. 加工中耗用材料的实际成本

B. 支付的加工费

C. 支付的消费税（委托加工后直接用于销售）

D. 支付的消费税（委托加工后继续用于生产的应税消费品）

E. 支付的增值税（一般纳税人）

12. 下列各项属于“材料成本差异”账户的贷方登记的内容有(　　)。

A. 实际成本大于计划成本的超支额

B. 实际成本小于计划成本的节约额

C. 分配计入发出各种材料成本的差异额

D. 调整库存材料计划成本时调整增加的计划成本

E. 调整库存材料计划成本时调整减少的计划成本

13. 依据《企业会计准则》的规定，在下列有关存货可变现净值的表述中，正确的有(　　)。

A. 为执行销售合同而持有的存货，通常应当以产成品或商品的合同价格作为其可变现净值的计算基础

B. 持有存货的数量多于销售合同的订购数量，超出部分的存货可变现净值应当以产成品或商品的合同价格作为计算基础

C. 没有销售合同约定的存货，应当以产成品或商品的市场销售价格作为其可变现净值的计算基础

D. 用于出售的材料，通常应当以市场销售价格作为其可变现净值的计算基础

E. 用于生产产品的材料，确定其可变现净值时的估计售价为所生产产品的估计售价

14. 在下列情形中，表明存货发生减值的有(　　)。

A. 原材料市价持续下跌，并且在可预见的未来内无回升的希望

B. 材料价格的下降表明产成品的可变现净值低于成本

C. 企业因产品更新换代，库存原材料已不适应新产品的需要，但该原材料的市场价格又高于其账面成本

D. 因企业所提供的商品或劳务已过时，导致其市场价格逐渐下跌

E. 企业因产品换代，库存原材料已不适应新产品的需要，而该原材料的市场价格又低于其账面成本

15. 计算存货的可变现净值时，应从预计售价中扣除的项目有(　　)。

A. 出售前发生的行政管理人员的工资　　B. 存货的账面成本

C. 在销售过程中发生的销售费用　　D. 出售前进一步加工的加工费用

E. 在销售过程中发生的相关佣金

三、判断题

1. 为建造固定资产等专项工程所耗用而存储的各种材料属于存货的范围。(　　)

2. 在存货成本的构成中，购货价格即为发票金额，附带成本是指购入存货在入库以前所需要支付的各种费用，税金是指各种流转税，制造费用是指企业为生产产品或提供劳务而发生的各种间接费用。(　　)

3. 存货的购货价格是指扣除商业折扣和现金折扣以后的金额。(　　)

4. 购入材料在运输途中发生的合理损耗不需要单独进行账务处理。(　　)

5. 在购货途中发生的一切损失或损耗都应计入存货的采购成本。(　　)

6. 存货发出的计价必须遵循成本流转与实物流转相一致的原则。(　　)

7. 企业发出各种材料应负担的材料成本差异一般在月末按照当月的材料成本差异率计算，如果在发出时就必须确定材料的实际成本，也可以采用上月的材料成本差异率计算。(　　)

8. 在通货膨胀情况下，先进先出法不符合谨慎性原则的要求。(　　)

9. 从存货的所有权来看，代销商品在出售以前，应作为委托方的存货处理；但是为了加强受托方对代销商品的核算和管理，受托方在资产负债表上应将受托代销商品作为存货反映。（ ）

10. 凡在盘存日期，法定所有权属于企业的一切物品，不论其存放何处或处于何种状态，都应作为企业的存货。（ ）

四、业务处理题

1. 练习发出存货的计价方法。

企业某月发生的材料收发业务如下：1 日，月初结存 200 件，单价 10.00 元；5 日，购入 500 件，单价 9.80 元；6 日，领用 100 件；8 日，领用 300 件；10 日，购入 200 件，单价 10.20 元；12 日，领用 200 件；18 日，领用 100 件；28 日，购入 300 件，单价 10.25 元。

要求：分别用先进先出法、月末一次加权平均法及移动加权平均法计算发出材料的成本。

2. 练习原材料按计划成本的核算。

某企业对甲材料按计划成本法核算，5 月初甲材料的账面余额为借方2 000 000 元，“材料成本差异”账户的余额为借方 40 000 元。该企业 5 月份发生如下经济业务：

（1）购入甲材料一批，增值税专用发票上注明的材料价款为 600 000 元，税款为 102 000 元。该批材料的计划成本为 660 000 元，货款已支付并验收入库。

（2）购入甲材料一批，普通发票上标明的价款为 200 000 元。材料的计划成本 190 000 元。材料已验收入库，并以银行存款支付全部货款。

（3）本月生产领用甲材料一批，计划成本为 400 000 元。

要求：计算发出材料应负担的材料成本差异，并编制相应的会计分录。

3. 练习原材料按计划成本发出的核算。

某工业企业月初库存某种材料 1 000 件，每件的计划成本为 100 元，材料成本差异分配率为-2%，本月发生的材料购买和发出业务如下：

（1）本月 5 日以商业承兑汇票方式购入该种材料 2 000 件，每件买价为 100 元，有关运杂费 4 000 元，专用发票列明应支付的增值税共计 34 000 元。

（2）本月 20 日以转账支票方式购进该种材料 1 000 件，专用发票列明每件买价为 99 元，另应支付的增值税为 16 830 元。

（3）本月发出材料汇总表列明，产品生产领用该种材料 1 500 件，生产部门一般性消耗 500 件，企业在建项目领用本月 5 日购入的该材料 1 200 件。

要求：根据上述资料计算月末材料成本差异分配率及各种部门领用材料应负担的材料成本差异，并做购料、发料及分配材料成本差异的有关会计分录（假定购进的材料都于当日验收入库）。

4. 练习存货短缺的核算。

（1）企业于本月 7 日购进商品一批，发票列明的数量共计 5 000 千克，单价为

20 元/千克，商业折扣为 2%，增值税税率为 17%。企业用一张 120 000 元的银行汇票支付货款，剩余款项已退回。本月 20 日到货，验收入库时发现短缺 100 千克，原因尚未查清。本月 25 日经查实上述短缺均属供货方少发，由企业向供货方索赔。

（2）企业于本月 5 日采用银行承兑汇票付款的方式购进甲材料 1 000 件，每件的发票单价为 100 元，并加收增值税 17 000 元；12 日收到货物验收入库时发现短缺 10 件，原因待查；20 日查明原因系意外事故所致，保险公司同意赔偿 80%，其余 20% 作为营业外支出处理，该种材料的计划单价为 95 元/件。

要求：做出必要的计算和会计处理。

5. 练习委托加工材料的处理。

企业委托某公司为其加工原材料一批，向其发出的委托加工材料计划成本共计 50 000 元，上月材料成本差异率为-3%，加工完成后应支付加工费 10 000 元及增值税 1 700 元，款项未付，用银行存款支付往返运费共计 1 000 元。该批委托加工的原材料现已验收入库，共计 100 件，每件的计划成本为 600 元。

要求：做出以上经济业务的全部会计分录。

6. 练习商品存货的核算。

某商业零售企业本月购进并验收入库商品的进价为 250 000 元（增值税税率为 17%），其售价为 350 000 元，本月售出商品的售价共计 200 000 元，月末计算的综合进销差价率为 30%。

要求：做出以上经济业务的有关的会计分录。

7. 练习周转材料的核算。

某企业的包装物按实际成本核算，发生如下经济业务：

（1）以银行存款购进包装物，实际成本 3 510 元（其中包括进项税 510 元）。

（2）生产领用包装物，用于包装产品，实际成本 400 元。

（3）销售产品领用不单独计价的包装物，实际成本 200 元。

（4）销售产品领用单独计价的包装物，实际成本 400 元，售价 585 元（其中包括增值税 85 元）。

（5）出租新包装物 100 个，包装物实际总成本 6 000 元，共收取押金 8 000 元，每月收取租金 700 元。包装物价值采用五五摊销法。

（6）承租单位退回包装物 80 个，退还押金 6 400 元。

（7）没收逾期未退回 20 个包装物的押金 1 600 元（其中销项税额为 232.50 元），摊销其成本的另外 50%。

（8）因入库回收的出租包装物多次出租，已无法使用，批准报废。报废时收回残料 200 元。

要求：做出以上经济业务的会计分录。

8. 练习存货清查的核算。

（1）经盘点，原材料盘亏的计划成本为 100 元。

（2）分摊应由盘亏负担的成本差异（假定差异率为 1%）。

（3）因自然灾害造成产品损失的计划成本为 20 000 元，假定成本差异率为 1%，估计残值为 200 元，保险公司同意赔偿 50%，保管人失职赔偿 25%，定额内损耗 5%。

要求：为以上业务编制会计分录（不考虑相关税金）。

9. 练习存货可变现净值的计算。

A 公司期末库存甲材料 20 吨，每吨的计划成本为 1 650 元，对应的材料成本差异账户为贷方余额 1 000 元。这些材料目前的市场价格为每吨 1 500 元，销售税费率为 8%。A 公司计划将这 20 吨甲材料用于生产 A 产品 10 件，A 产品每件的加工成本为 2 000 元，每件 A 产品目前的市场售价为 5 000 元。现有 B 公司已与 A 公司签订了定购 8 件 A 产品的合同，每件 A 产品的定购价格为 4 500 元。A 产品的销售税费率为 10%。

要求：计算甲材料的期末可变现净值和应计提的存货跌价准备。

10. 练习存货跌价准备的核算。

某股份公司对期末存货采用成本与可变现净值孰低的原则计量。A 存货的有关资料如下：

（1）2012 年 12 月 31 日 A 存货成本为 200 000 元，可变现净值为 190 000 元。

（2）2013 年 6 月 30 日 A 存货成本为 200 000 元，可变现净值为 188 000 元。

（3）2013 年 7 月 20 日售出实际成本为 80 000 元的 A 存货，收入 85 000 元。

（4）2013 年 12 月 31 日 A 存货成本为 200 000 元，可变现净值为 199 000 元。

（5）2014 年 6 月 30 日 A 存货成本为 200 000 元，可变现净值为 210 000 元。

要求：根据上述资料，编制与计提存货跌价准备业务有关的会计分录。

第4章

金融资产

4.1 金融资产及其分类

4.1.1 金融资产的概念

金融资产是指一切代表未来收益或资产合法要求权的凭证，亦称金融工具或证券，是单位或个人拥有的以价值形态存在的资产，是一种索取实物资产的权利。金融资产是企业资产的重要构成部分，库存现金、银行存款、应收账款、应收票据、应收利息、应收股利、其他应收款、贷款、垫款、债权投资、股权投资、基金投资和衍生金融工具等形成的资产均属于金融资产的范畴。金融资产最显著的特征是能够在市场交易中为其持有者提供即期或远期的现金流量。本章以下所指的金融资产不包括货币资金和长期股权投资。

4.1.2 金融资产的分类

在1993年最新公布的国民经济核算体系（SNA）中，从统计目的出发对金融资产作了以下分类：（1）货币黄金和特别提款权；（2）通货和存款；（3）股票以外的证券（包括金融衍生工具）；（4）贷款；（5）股票和其他权益；（6）保险专门准备金；（7）其他应收/应付账款。在SNA中的金融资产实际是按国民经济各个部门的资产负债表记录的这些统计对象所有金融资产和负债。对每一个部门来说，资产负债表显示的是该部门为筹集资金所发生的金融负债和该部门已经获得的金融资产，它提供了有关一个部门金融手段运用程度及该部门在债权、债务关系中所处地位的双重关系。

企业应当结合自身业务特点和风险管理要求，将取得的金融资产在初始确认时分为以下几类：（1）以公允价值计量且其变动计入当期损益的金融资产；（2）持有至到期投资；（3）贷款和应收款项；（4）可供出售金融资产。

4.2 以公允价值计量且其变动计入当期损益的金融资产

4.2.1 以公允价值计量且其变动计入当期损益的金融资产的概念及分类

当金融资产满足以下条件之一时，应将其直接指定为以公允价值计量且其变动计入当期损益的金融资产：（1）该指定可以消除或明显减少由于该金融资产或金融负债的计量基础不同所导致的相关利得或损失在确认或计量方面不一致的情况。（2）企业风险管理或投资策略的正式书面文件已载明，该金融资产组合、该金融负债组合、或该金融资产和金融负债组合，以公允价值为基础进行管理、评价并向关键管理人员报告。在通常情况下，只有直接指定能够产生更相关的会计信息时才能将某项金融资产指定为以公允价值计量且其变动计入当期损益的金融资产。

所谓公允价值，是指市场参与者在计量日发生的有序交易中，出售一项资产所能收到或转移一项负债所需支付的价格（2014 年发布的《企业会计准则第 39 号——公允价值计量》，以下简称《39 号公允价值计量准则》）。根据该定义，衡量公允价值的关键在于以市场为基础的计量，而不是特定主体的计量。因此，在计量公允价值时，企业应当采用在当前市场条件下，市场参与者在对资产或负债进行定价时可能采用的最优假设。

对于某些资产和负债而言，存在可供利用的市场交易或市场信息，但也有一些资产和负债，则没有可以利用的市场交易或市场信息。《39 号公允价值计量准则》要求，在这种情况下，企业计量公允价值时应当采用其他估价技术，并尽可能多地使用相关可观察输入值，尽可能少地使用不可观察输入值。

以公允价值计量且其变动计入当期损益的金融资产，可以进一步分为交易性金融资产和直接以公允价值计量且其变动进入当期损益的金融资产。

1）交易性金融资产

交易性金融资产应当满足以下条件之一：

（1）企业取得该金融资产的目的主要是为了在近期内出售或回购或赎回。例如，企业以低买高卖、赚取差价为目的从二级市场购入的股票、债券和基金等。

（2）属于进行集中管理的可辨认金融工具组合的一部分，具有客观证据表明企业近期采用短期获利方式对该组合进行管理。在这种情况下，即使在组合中有某个组成项目持有的期限稍长也不受影响。

（3）属于金融衍生工具。例如，远期合同、期货合同、互换和股权，以及具有远期合同、期货合同、互换和期权中一种或一种以上特征的工具，当其公允价值变动大于零时，应将其相关变动金额确认为交易性金融资产。但是，被企业指定为有效套期工具的衍生工具、属于财务担保合同的衍生工具以及在活跃市场中没有报价且其公允价值不能可靠计量的权益工具投资挂钩并须通过交付该权益工具结算的衍生工具除外。其中，财务担保合同，是指当特定债权人到期不能按照最初或修改后的债务工具条款偿付时，要求签发人向蒙受损失的合同持有人赔付特定金额的合同。

2）直接以公允价值计量且其变动进入当期损益的金融资产

企业不能随意将某项金融资产直接指定为以公允价值计量且其变动进入当期损益的金融资产。在通常情况下，只有符合下列条件之一的金融资产，才可以在初始确认时指定为以公允价值计量且其变动计入当期损益的金融资产：

（1）该指定可以消除或明显减少由于该金融资产的计量基础不同所导致的相关利得或损失在确认或计量方面不一致的情况。

设立这项条件，目的在于通过直接指定为以公允价值计量，并将其变动计入当期损益，以消除会计上可能存在的不配比现象。例如，按照《企业会计准则第 22

号——金融工具确认和计量》的规定，有些金融资产可以被指定或划分为可供出售金融资产，从而其公允价值变动计入所有者权益，但与之直接相关的金融负债却划分为以摊余成本进行后续计量的金融负债，从而导致会计上的“不配比”。但是，如果将以上金融资产和金融负债均直接指定为以公允价值计量且其变动计入当期损益的金融资产或金融负债，那么就能消除这种会计上不配比的现象。

（2）企业风险管理或投资策略的正式书面文件已载明，该金融资产组合或该金融资产和金融负债组合，以公允价值为基础进行管理、评价并向关键管理人员报告。可能是出于风险管理目的，也可能是为了明显消除或明显减少由于该金融资产的计量基础不同所带来的差异。

此项条件注重的是企业日常管理和评价业绩的方式，而不是关注在金融工具组合中各组成部分的性质。例如，风险投资机构、证券投资基金或类似会计主体，其金融活动的主要目的是在于从投资工具的公允价值变动中获取回报，他们在风险管理或投资策略的正式书面文件中对此也有清楚的说明。

那些在活跃市场中没有报价，公允价值不能可靠计量的权益工具投资，不得指定为以公允价值计量且其变动计入当期损益的金融资产。这里所说的活跃市场是指同时具备下列特征的市场：第一，市场内交易的对象具有同质性；第二，可随时找到自愿交易的买卖双方；第三，市场价格信息是公开的。

4.2.2　以公允价值计量且其变动计入当期损益的金融资产的会计核算

以公允价值计量且其变动计入当期损益的金融资产，在会计核算时需要设置“交易性金融资产”科目，该科目按照交易性金融资产的类别和品种，分别设置“成本”、“公允价值变动”等子目进行明细核算。该科目的账面价值，反应企业在一定日期交易性金融资产的公允价值。

1）取得交易性金融资产时的会计核算

企业在取得交易性金融资产时，按交易性金融资产的公允价值，借记“交易性金融资产——成本”科目，按发生的交易费用，借记“投资收益”科目，按实际支付的金额，贷记“银行存款”等科目。交易性金融资产的初始入账金额包括买价，但不包括相关的交易费用。这里要注意的是：（1）交易费用，只有交易性金融资产所发生的相关费用，直接计入当期损益；（2）包含的已宣告发放但尚未领取的股利或已经形成但尚未领取的利息，应当单独确认为应收股利或应收利息。

企业应当根据交易性质和相关资产或负债的特征等，判断初始确认时的公允价值是否与其交易价格相等。在企业取得资产或者承担负债的交易中，交易价格是取得该项资产所支付或者承担该项负债所需支付的价格（即进入价格）。公允价值是出售该项资产所能收到或者转移该项负债所需支付的价格（即脱手价格）。相关资产或负债在初始确认时的公允价值通常与其交易价格相等，但在下列情况中两者可能不相等：①交易发生在关联方之间，但企业有证据表明该关联交易是在市场条件下进行的除外。②交易是被迫的。③交易价格所代表的计量单元与《企业会计准则第39号——公允价值计量》第七条确定的计量单元不同。④交易市场不是相关资产或负债的主要市场（或最有利市场）。

【例4-1】假设某公司于2013年2月15日从深圳证券交易所购入甲公司的股票，假设该公司购买时每股支付5.10元，其中包括已经宣告发放但尚未领取的股利0.10元。假如该公司购买了1 000 000股，另支付佣金手续费20 000元。被投资企业于2013年6月10日发放现金股利。该公司将甲股票划分为交易性金融资产。

则会计处理为：

(1) 2013年2月15日取得股票时：

借：交易性金融资产——成本（甲股票）	5 000 000	
应收股利	100 000	
投资收益	20 000	
贷：银行存款		5 120 000

(2) 2013年6月10日收到股利时：

借：银行存款	100 000	
贷：应收股利		100 000

2）交易性金融资产持有期间的会计核算

交易性金融资产在持有期间取得的被投资单位宣告发放的现金股利或债权利息，计入当期收益，借记“银行存款”或“应收股利”、“应收利息”等科目，贷记“投资收益”科目。

【例4-2】续【例4-1】，假设甲公司于2014年5月10日宣告每股派现0.60元，5月25日除权，6月10日发放。投资企业于6月10日如期收到甲公司派发的现金股利。

(1) 5月10日宣告时暂不处理。5月25日甲股票除权日，会计处理为：

借：应收股利——甲公司	600 000	
贷：投资收益		600 000

(2) 6月10日收到甲公司派发的现金股利，会计处理为：

借：银行存款	600 000	
贷：应收股利——甲公司		600 000

3）资产负债表日交易性金融资产公允价值变动的会计核算

资产负债表日，应按照交易性金融资产公允价值的变动调整其账面价值，并将变动差额计入当期损益。资产负债表日，若交易性金融资产公允价值大于其账面价值，则借记“交易性金融资产——公允价值变动”科目，贷记“公允价值变动损益”科目；若交易性金融资产公允价值小于其账面价值，则借记“公允价值变动损益”科目，贷记“交易性金融资产——公允价值变动”科目。

【例4-3】续【例4-1】，2014年6月30日，该公司要编制半年报表，在资产负债日，要根据该股票变动后的公允价值调整账面记录，并确认为当期的公允价值变动损益。

(1) 假如6月30日甲股票下跌到3 800 000元，则：

借：公允价值变动损益　　1 200 000
　贷：交易性金融资产——公允价值变动（甲股票）　　1 200 000

(2) 假如6月30日甲股票上涨到6 000 000元，则做相反分录：

借：交易性金融资产——公允价值变动　　1 000 000
　贷：公允价值变动损益　　1 000 000

4）处置交易性金融资产时的会计核算

交易性金融资产的处置，主要是指交易性金融资产的出售。出售交易性金融资产时，应按实际收到的金额（出售价款扣除交易税费后的净额），借记“银行存款”等科目，按该项交易性金融资产的加权平均成本，贷记“交易性金融资产——成本”科目，按该项交易性金融资产分摊的公允价值变动，贷记或者借记“交易性金融资产——公允价值变动”科目，按其差额，贷记或者借记“投资收益”科目。同时，按该项交易性金融资产分摊的公允价值变动，借记或贷记“公允价值变动损益”科目，贷记或借记“投资收益”科目。

【例4-4】续【例4-1】，6月30日股票上涨到6 000 000元，则该公司2014年10月以3 500 000元将甲股票出售了500 000股。则会计处理为：

借：银行存款　　3 500 000
　贷：交易性金融资产——成本（甲股票）　　2 500 000
　　　　　　　　　　——公允价值变动　　500 000
　　投资收益　　500 000

同时，分摊资产负债表日确认的公允价值变动损益。会计处理为：

借：公允价值变动损益　　500 000
　贷：投资收益　　500 000

在上例中企业购买的是股票作为交易性金融资产，持有期间主要考虑公允价值的变动。当企业购买的债券作为交易性金融资产核算时，相对于股票作为交易性金融资产而言，债券持有期间会增加固定利息的核算。属于企业持有债券期间的利息，确认利息时借记“应收利息”科目，贷记“投资收益”科目；实际收到利息时借记“银行存款”科目，贷记“应收利息”科目。

4.3 持有至到期投资

4.3.1 持有至到期投资的概念和特征

1）持有至到期投资的概念

持有至到期投资，是指到期日固定、回收金额固定或可确定，且企业有明确意图和能力持有至到期的非衍生金融资产。企业的持有至到期投资，主要是债权性投资，因为股权性投资没有明确的到期日。虽然持有至到期投资一般具有长期性（1年以上），但是符合持有至到期投资条件的短期投资（1年以内）也可以划分为持有至到期投资。

2）持有至到期投资的特征

（1）企业在将某项非衍生金融资产划分为持有至到期投资时应注意其是否具备以下 3 个特征：

①到期日固定、回收金额固定或可确定；

②企业有明确意图将该金融资产持有至到期；

③企业有能力将该金融资产持有至到期。

（2）下列非衍生金融资产不应当划分为持有至到期投资：

①初始确认时被指定为以公允价值计量且其变动计入当期损益的非衍生金融资产不应当划分为持有至到期投资，而应该划分为交易性金融资产；

②初始确认时被指定为可供出售的非衍生金融资产不应当划分为持有至到期投资，而应该划分为可供出售金融资产；

③符合贷款和应收款项定义的非衍生金融资产不应当划分为持有至到期投资，而应该划分为贷款和应收款项。

3）持有至到期投资的提前处置或重分类

企业将某项资产划分为持有至到期投资后，可能会发生到期前将该金融资产予以处置或重分类的情况。这种情况的发生通常表明企业改变了将投资持有至到期的初衷。企业将尚未到期的某项持有至到期投资在本会计年度内予以出售或重分类为可供出售金融资产的金额，相对于该类投资（即企业内部持有至到期投资）在出售或重分类前的总额较大时，则企业在处置或者重分类后应立即将其剩余的持有至到期投资（即全部持有至到期投资扣除已处置或重分类的部分）重分类为可供出售金融资产，且在本会计年度及后两个完整的会计年度内不得再将该金融资产划分为持有至到期投资。

但是，下列情况除外：

（1）出售日或重分类日距离该项投资到期日或赎回日较近（如到期前 3 个月内），且市场利率变化对该项投资的公允价值没有显著影响。

（2）根据合同约定的定期偿付或提前还款方式收回所有初始本金后，再将剩余部分予以出售或重分类。

（3）出售或重分类是由于企业无法控制、预期不会重复发生且难以合理预计的独立事项所引起。这类事项主要包括：①因被投资单位信用状况严重恶化，由此将持有至到期投资予以出售；②因相关税收法规取消了持有至到期投资的利息可以税前抵扣的政策，或显著减少了可以税前抵扣的金额，由此将持有至到期投资予以出售；③因企业发生重大合并或重大处置，为保持现行利率风险头寸或维持现行信用风险政策，由此将持有至到期投资予以出售；④因法律、行政法规对允许投资的范围或特定投资品种的投资限额做出重大调整，由此将持有至到期投资予以出售；⑤因监管部门要求大幅度提高资产流动性，或大幅度提高持有至到期投资在计算资本充足率时的风险权重，由此将持有至到期投资予以出售。

4.3.2 持有至到期投资的会计核算

对于持有至到期投资，企业应设置“持有至到期投资”会计科目，用来核算企业持有至到期投资的价值。此科目属于资产类科目，应当按照持有至到期投资的类别和品种，分别“成本”、“利息调整”、“应收利息”、“应计利息”等科目进行明细核算。其中，“利息调整”实际上反映企业债券投资溢价和折价的相应摊销。

1）企业取得持有至到期投资的会计核算

企业取得的持有至到期投资，应按该投资的面值，借记本科目（成本），按支付的价款中包含的已到付息期但尚未领取的利息，借记“应收利息”科目，贷记“银行存款”等科目，按其差额，借记或贷记本科目（利息调整）。

2）资产负债表日持有至到期投资的会计核算

资产负债表日，持有至到期投资为分期付息、一次还本的债券投资的，应按票面利率计算确定的应收未收利息，借记“应收利息”科目，按持有至到期投资的摊余成本和实际利率计算确定的利息收入，贷记“投资收益”科目，按其差额，借记或贷记本科目（利息调整）。当溢价时，投资收益=票面利息-溢价摊销额；当折价时，投资收益=票面利息+折价摊销额。

持有至到期投资的溢（折）价摊销方法有直线摊销法和实际利率法两种。实际利率法，是指按照金融资产或金融负债（含一组金融资产或金融负债）的实际利率计算其摊余成本及各期利息收入或利息费用的方法。实际利率，是指将金融资产或金融负债在预期存续期间或适用的更短期间内的未来现金流量，折现为该金融资产或金融负债当前账面价值所使用的利率。确定实际利率时，应在考虑金融资产或金融负债所有合同条款的基础上来预计未来现金流量，但不应考虑未来信用损失。实际利率一经确定，不得随意变更，即使对浮动利率金融资产也是如此。

直线摊销法是指企业将债券的溢价或折价，平均摊销于债券到期前各持有期间的一种摊销方法，利息收益=应计利息±折价额或（溢价额）。直线法的优点是简便易行，所以在会计实务中被普遍采用；直线法的缺点是不能正确反映投资与收益之间的关系。投资与收益之间的正确关系是：当投资账面价值递增或递减时，投资收益也应与之递增或递减。

持有至到期投资为一次还本付息债券投资，应于资产负债表日按票面利率计算确定的应收未收利息，借记本科目（应计利息），按持有至到期投资摊余成本和实际利率计算确定的利息收入，贷记“投资收益”科目，按其差额，借记或贷记本科目（利息调整）。

收到在取得的持有至到期投资支付的价款中包含的已到付息期的债券利息，借记“银行存款”科目，贷记“应收利息”科目。收到分期付息、一次还本的持有至到期投资在持有期间支付的利息，借记“银行存款”，贷记“应收利息”科目。

3）持有至到期投资在持有期间发生减值的会计核算

持有至到期投资以摊余成本进行后续计量的，其发生减值时，应当在将该持有至到期投资的账面价值与预计未来现金流量现值之间的差额，确认为减值损失，计入当期损益。为了核算企业持有至到期投资的减值准备，企业应设置“持有至到期投资减值准备”科目。本科目应当按照持有至到期投资的类别和品种进行明细核算。资产负债表日，持有至到期投资发生减值的，按应减记的金额，借记“资产减值损失”科目，贷记本科目。已计提减值准备的持有至到期投资其价值在以后期间内又得以恢复，应在原已计提的减值准备金额内，按恢复增加的金额，借记本科目，贷记“资产减值损失”科目。本科目的期末贷方余额，反映企业已计提但尚未转销的持有至到期投资减值准备。

4）持有至到期投资重分类的会计核算

将持有至到期投资重分类为可供出售金融资产的，应在重分类日按照该项金融资产的公允价值借记“可供出售金融资产”科目，若有计提减值准备的还要借记“持有至到期投资减值准备”科目，借记或贷记“持有至到期投资——利息调整”科目，贷记“持有至到期投资——成本”、“持有至到期投资——应计利息”等科目。根据借贷差额确认为资本公积，借记或贷记“资本公积——其他资本公积”科目。

5）出售持有至到期投资的会计核算

出售持有至到期投资时，应按实际收到的金额，借记“银行存款”等科目，已计提减值准备的，借记“持有至到期投资减值准备”科目，按其账面余额，贷记本科目（成本、应计利息等），贷记或借记本科目（利息调整），按其差额，贷记或借记“投资收益”科目。

【例 4-5】甲公司于2010年1月1日购入不准备在5年内变现的A公司债券一批，划分为持有至到期投资。该债券票面利率为8%，债券面值为200 000元，期限为5年，实际支付价款为190 000元，无交易费用。该债券每半年付息一次，到期归还本金并支付最后一次利息。

（1）购入债券时，甲公司应做会计处理如下：

借：持有至到期投资——A公司债券（成本） 200 000

　贷：持有至到期投资——A公司债券（利息调整） 10 000

　　银行存款 190 000

（2）按期计算投资收益并摊销折价。假设不考虑资金的时间价值，采用直线摊销法，持有至到期投资折价摊销情况见表4-1。

在直线摊销法下，每期的利息调整额＝折价金额÷计息期数＝10 000÷10＝1 000（元）

债券的溢（折）价摊销除了可以采用直线摊销法外，还可以采用实际利率法。在实际利率法下计算摊销额如下：

按票面利率计算的利息＝票面价值×票面利率

按实际利率计算的利息＝（债券面值－债券折价＋上一期累积已摊销折价）×实际利率

应摊销折价＝按实际利率计算的利息－按票面计算的利息

假设甲公司购入债券时的实际市场利率为10%，2010年7月1日计息及摊销折价情况：

表 4-1　　　　　　　　**持有至到期投资折价摊销情况**　　　　　　　　单位：元

计息日期	应收利息 ①	投资收益 ②=①+③	利息调整 ③	债券摊余成本 ④=期初+③
2010 年 1 月 1 日	0	0	0	190 000
2010 年 7 月 1 日	8 000	9 000	1 000	191 000
2011 年 1 月 1 日	8 000	9 000	1 000	192 000
2011 年 7 月 1 日	8 000	9 000	1 000	193 000
2012 年 1 月 1 日	8 000	9 000	1 000	194 000
2012 年 7 月 1 日	8 000	9 000	1 000	195 000
2013 年 1 月 1 日	8 000	9 000	1 000	196 000
2013 年 7 月 1 日	8 000	9 000	1 000	197 000
2014 年 1 月 1 日	8 000	9 000	1 000	198 000
2014 年 7 月 1 日	8 000	9 000	1 000	199 000
2015 年 1 月 1 日	8 000	9 000	1 000	200 000

按票面利率计算的利息=票面价值×票面利率=（200 000×8%）÷2=8 000（元）

按实际利率计算的利息=（债券面值-债券折价+上一期累积已摊销折价）×实际利率

=（190 000×10%）÷2=9 500（元）

应折价摊销额=按实际利率计算的利息-按票面计算的利息=9 500-8 000=1 500（元）

其他时间的摊销计算方法以此类推。

（3）2010 年 7 月 1 日收到第一期利息并摊销折价：

借：银行存款　　　　8 000

　　持有至到期投资——A 公司债券（利息调整）　　　　1 000

　贷：投资收益　　　　9 000

（4）2010 年 12 月 31 日收到第二期利息并摊销折价：

借：应收利息　　　　8 000

　　持有至到期投资——A 公司债券（利息调整）　　　　1 000

　贷：投资收益　　　　9 000

（5）2014 年 12 月 31 日，甲公司将 A 公司债券全部出售，所得价款为 208 000 元，其中包括最后一期的未收利息 8 000 元。

确认最后一期的利息并摊销折价：

借：应收利息　　　　8 000

　　持有至到期投资——A 公司债券（利息调整）　　　　1 000

　贷：投资收益　　　　9 000

出售债券时：

借：银行存款　　　　208 000

贷：持有至到期投资——A公司债券（成本）　　200 000

投资收益　　8 000

【例4-6】甲公司2011年1月1日购入A公司同日发行的5年期一次还本、分期付息的债券。票面利率为8%，每张债券面值1 000元，甲公司购买了600张，实际支付价款为650 000元，不考虑相关税费。假定发行时的市场利率为6%，每年年末计息一次。

(1) 2011年1月1日购入A公司债券：

借：持有至到期投资——A公司债券（面值）　　600 000

——A公司债券（利息调整）　　50 000

贷：银行存款　　650 000

(2) 债券持有期间利息、收益的确认：

计息日，持有至到期投资为一次还本、分期付息债券的债券，按票面利率计算的票面利息，借记“应收利息”，按持有至到期投资的摊余成本和实际利率计算的实际利息，贷记“投资收益”，按上述两者差额，借记或贷记“持有至到期投资——利息调整”。债券持有期间利息、收益情况见表4-2。

表4-2　**债券持有期间利息、收益情况**　单位：元

年份	债券期初摊余成本 ①	票面利息 ②=600 000×8%	实际利息 ③=①×6%	利息调整摊销数 ④=②-③	该投资期末账面价值 ⑤=①-④
2011	650 000	48 000	39 000	9 000	641 000
2012	641 000	48 000	38 460	9 540	631 460
2013	631 460	48 000	37 888	10 112	621 348
2014	621 348	48 000	37 281	10 719	610 629
2015	610 629	48 000	37 371	10 629	600 000
合计		240 000	190 000	50 000	

2011年12月31日确认当期利息和投资收益，会计分录为：

借：应收利息　　48 000

贷：投资收益　　39 000

持有至到期投资——A公司债券（利息调整）　　9 000

实际收到利息时：

借：银行存款　　48 000

贷：应收利息　　48 000

其他年份计息和确认投资收益的处理类似。

(3) 持有至到期投资的到期兑现：

到期时，溢（折）价已摊销完毕，一次还本分期付息债券实际收到的金额为

面值，分期付息到期还本的债券实际收到的是面值和最后一期的利息。按实际收到的金额，借记“银行存款”科目，按面值贷记“持有至到期投资——债券面值”科目，或同时贷记“投资收益”和“持有至到期投资——利息调整”科目。

4.4 贷款和应收款项

4.4.1 贷款和应收款项的概念

贷款和应收款项是指在活跃市场中没有报价、回收金额固定或可确定的非衍生金融资产。例如金融企业发放的贷款和其他债权，非金融企业持有的现金和银行存款、销售商品或提供劳务形成的应收款项、企业持有的其他企业的债权（不包括在活跃市场上有报价的债务工具）等，只要符合贷款和应收款项的定义，就可以划分为这一类。本章所讲应收款项主要是指一般企业销售商品或提供劳务形成的应收债权，如应收账款、应收票据、预付账款和其他应收款。

与持有至到期投资相比较，贷款和应收款项的回收金额固定或是可确定以及非衍生金融资产这两个特征一样，两者的区别主要在于贷款和应收款项定义中特别强调的“在活跃市场中没有报价”。作为持有至到期投资核算的金融资产在活跃市场中一定是有报价的，也就是说如果企业购买的债券在活跃市场上没有报价，那么不能作为持有至到期投资核算。由此，也可以看出持有至到期投资与贷款和应收款项的主要区别是在活跃市场中是否有报价。企业不应当将下列非衍生金融资产划分为贷款和应收款项：(1) 准备立即出售或在近期出售的非衍生金融资产，这类非衍生金融资产应划分为交易性金融资产；(2) 在初始确认时被指定为以公允价值计量且其变动计入当期损益的非衍生金融资产；(3) 在初始确认时被指定为可供出售的非衍生金融资产；(4) 因债务人信用恶化以外的原因，使持有方可能难以收回几乎所有初始投资的非衍生金融资产，如企业所持有的证券投资基金或类似的基金等。

4.4.2 贷款和应收款项的核算

贷款和应收款项的会计处理原则，与持有至到期投资非常接近，都采用摊余成本进行后续计量。区别在于应收款项不需要核算每期的投资收益和应收利息，因为可以将其理解为票面利率为零的债券投资。相似点在于两者都采用摊余成本计量。企业的应收账款在不计提坏账准备的情况下，假定期初是 1 000 万元，期末还是用 1 000 万元来计量，这就意味着其本身的摊余成本就是 1 000 万元，还是在用摊余成本计量，只是没有利息调整的摊销，实际利率和票面利率都等于 0，所以摊余成本不变。

贷款和应收款项的核算要点：①金融企业按当前市场条件发放的贷款，应按发放贷款的本金和相关交易费用之和作为初始确认金额。一般企业对外销售商品或提供劳务形成的应收债权，通常应按从购货方应收的合同或协议价款作为初始确认金额。②贷款持有期间所确认的利息收入，应当根据实际利率计算。实际利率应在取得贷款时确定，在该贷款预期存续期间或适用的更短期间内保持不变。实际利率与合同利率差别较小的，也可按合同利率计算利息收入。③企业在收回或处置贷款和应收款项时，应将取得的价款与该贷款和应收款项账面价值之间的差额计入当期损益。

1）贷款的核算

核算贷款需要设置的会计科目有“贷款——本金”、“贷款——利息调整”、“贷款损失准备”、“贷款——已减值”。“贷款”科目期末的借方余额，反映企业按规定发放尚未收回贷款的摊余成本。

(1) 未发生减值的贷款。当企业发放贷款时，借记“贷款——本金”科目，贷记“吸收存款”等科目，根据两者的差额借记或贷记“贷款——利息调整”。

在资产负债表日，借记“应收利息”（按贷款的合同本金与合同利率确定）、贷记“利息收入”科目（按贷款的摊余成本和实际利率确定），按两者差额借记或贷记“贷款——利息调整”科目。

收回贷款时，借记“吸收存款”等科目，贷记“贷款——本金”、“应收利息”、“利息收入”等科目。

(2) 发生减值的贷款。当贷款发生减值时，借记“资产减值损失”科目，同时借记“贷款——已减值”科目，贷记“贷款损失准备”和“贷款”（本金，利息调整）科目。

利息收入，借记“贷款损失准备”科目（按贷款摊余成本和实际利率计算确定的利息收入），贷记“利息收入”。同时，将按合同本金和合同利率确定的应收利息金额进行表外登记。

收回贷款，借记“吸收存款”、“贷款损失准备”等科目，贷记“贷款——已减值”、“资产减值损失”科目（差额）。

(3) 确实无法收回的贷款，借记“贷款损失准备”科目，贷记“贷款——已减值”科目。

(4) 已确认并转销以后又收回的贷款，借记“贷款——已减值”科目，同时借记“吸收存款”等科目，贷记“贷款损失准备”、“贷款——已减值”、“资产减值损失”（差额）等科目。

【例4-7】2013年1月1日，甲银行向某客户发放一笔贷款4 000 000元，期限2年，合同利率10%，按季计结息。假定该贷款发放时无交易费用，实际利率与合同利率相同，每半年对贷款进行一次减值测试。其他资料如下：2013年3月31日、6月30日、9月30日和12月31日，分别确认贷款利息100 000元。6月30日和12月31日综合分析与该贷款有关的因素发现该贷款不存在减值迹象。2014年3月31日、6月30日、9月30日，分别确认贷款利息100 000元。2014年12月31日收到贷款本金和最后一期利息。假定不考虑其他因素，甲银行的账务处理如下：

(1) 2013年1月1日发放贷款：

借：贷款——本金　　　　4 000 000

贷：吸收存款　　4 000 000

（2）2013年3月31日、6月30日、9月30日和12月31日，分别确认贷款利息：

借：应收利息　　100 000

　贷：利息收入　　100 000

借：吸收存款　　100 000

　贷：应收利息　　100 000

（3）2014年3月31日、6月30日、9月30日，分别确认贷款利息：

借：应收利息　　100 000

　贷：利息收入　　100 000

借：吸收存款　　100 000

　贷：应收利息　　100 000

（4）2014年12月31日收到贷款本金和最后一期利息：

借：吸收存款　　4 100 000

　贷：贷款——本金　　4 000 000

　　利息收入　　100 000

2）应收款项

应收款项是指企业因销售商品、提供劳务等经营活动应收取的款项，具体来讲包括应收的货款、增值税、代垫运杂费和包装费等。

企业应收账款通常没有标明利率，与实际交易价格相差很少，所以应收账款通常按照实际交易价格计量。由于应收账款是在销售时形成的债权，所以在应收账款计价时要考虑商业折扣和现金折扣两个因素。

商业折扣是指企业为促进商品销售而在商品标价上给予的价格扣除，应收账款按扣除商业折扣后的金额核算。现金折扣是指债权人为鼓励债务人在规定的期限内付款而向债务人提供的债务扣除，应收账款按现金折扣前的金额入账。现金折扣的金额计入当期财务费用。

企业核算应收账款必须设置“应收账款”科目，本科目核算因销售商品、提供劳务等经营活动应收取的款项，可按债务人进行明细核算。本科目期末如为借方余额，反映企业尚未收回的应收账款；期末如为贷方余额，反映企业预收的账款。按规定，企业向购货单位预收账款，如果预收账款的情况不多，可将预收账款直接记入“应收账款”科目核算。但在期末编制财务报表时，需要对“应收账款”科目的明细科目余额进行分析，分别填列“应收账款”和“预收账款”。

【例4-8】甲公司2014年3月15日向乙公司销售A产品一批，A产品原价40 000元，为了建立长期业务，给予乙公司10%的商业折扣。甲公司开出的增值税专用发票上列示的货款为36 000元，增值税税款为6 120元。产品已交付并办妥托收手续。同时，甲公司为了吸引乙公司及时付款，给出的现金折扣的条件是“2/10，1/20，N/30”。

（1）商业折扣，按折扣后的金额入账：

借：应收账款——乙公司　　42 120

　贷：主营业务收入　　36 000

　　　应交税费——应交增值税（销项税额）　　6 120

（2）若乙公司10天内付款，则享受现金折扣：

实际收款额＝42 120×（1－2%）＝41 277.60（元）

现金折扣额＝42 120×2%＝842.40（元）

借：银行存款　　41 277.60

　　财务费用　　842.40

　贷：应收账款——乙公司　　42 120

（3）若乙公司在第30天时才付款，则不享受现金折扣：

借：银行存款　　42 120

　贷：应收账款——乙公司　　42 120

3）应收票据

应收票据是指企业因销售商品、提供劳务等而收到的商业汇票。商业汇票按承兑人不同，分为银行承兑汇票和商业承兑汇票；商业汇票按是否计息，分为不带息商业汇票和带息商业汇票。

企业在对应收票据进行核算的过程中，应设置“应收票据”科目。本科目可按开出、承兑商业汇票的单位进行明细核算；科目期末的借方余额，反映企业持有商业汇票的票面金额。

【例4-9】甲公司于2014年3月1日向乙公司销售商品一批，货款为50 000元，增值税税率为17%，同日收到乙公司签发的用于支付货款及税款的3个月期商业汇票一张。2014年5月1日甲公司将该票据向银行申请贴现，贴现利率为12%。

（1）2014年3月1日取得应收票据：

借：应收票据——乙公司　　58 500

　贷：主营业务收入　　50 000

　　　应交税费——应交增值税（销项税额）　　8 500

（2）2014年5月1日将商业汇票向银行贴现：

贴现利息＝58 500×12%÷12＝585（元）

甲公司实际收到的金额＝58 500－585＝57 915（元）

借：银行存款　　57 915

　　财务费用　　585

　贷：应收票据——乙公司　　58 500

【例4-10】续【例4-9】，若甲公司4月10日向丙公司购买一批材料，价款为60 000元，增值税税款为10 200元。甲公司将从乙公司取得的商业汇票背书转让给材料供应商丙公司，用于抵偿所购材料的货款及税款，不足部分暂欠。

借：原材料　60 000

　　应交税费——应交增值税（进项税额）　10 200

　　贷：应收票据——乙公司　58 500

　　　　应付账款——丙公司　11 700

【例 4-11】续【例 4-9】，若甲公司在持有乙公司开具的商业汇票期间没有贴现或背书转让，该票据于 2014 年 5 月 31 日到期，款项收到存入银行，则会计处理为：

借：银行存款　58 500

　　贷：应收票据　58 500

4）预付账款

预付账款是指企业按照购货合同或劳务合同的规定，预先支付给供货方或提供劳务方的账款。企业应设置“预付账款”科目核算企业按照合同规定预付的款项，可按供货单位进行明细核算。本科目期末如为借方余额，反映企业预付的款项；期末如为贷方余额，反映企业尚未补付的款项。

企业进行在建工程预付的工程价款，借记“预付账款”科目，贷记“银行存款”科目。按工程进度结算工程价款，借记“在建工程”科目，贷记“预付账款”、“银行存款”等科目。

预付款项情况不多的企业，也可以将预付的款项直接记入“应付账款”科目的借方，不单独设置“预付账款”科目，但在期末编制财务报表时，需要对“应付账款”科目的明细账进行分析，分别填列“应付账款”和“预付账款”科目。

【例 4-12】2013 年 12 月 20 日，甲公司因业务发展的需要，需向上海宝钢集团订购特种材料——C 材料。按公司与上海宝钢集团所签订的协议，公司通过银行划转 20 000 元的定金。12 月 31 日，上海宝钢集团按协议发来 C 材料 1 000 千克，单价为 100 元/千克，增值税税额为 17 000 元，材料已验收入库。余款于 2014 年 1 月 25 日支付。

（1）交付定金的会计分录：

借：预付账款——上海宝钢　20 000

　　贷：银行存款　20 000

（2）收到 C 材料的会计分录：

借：原材料——C 材料　100 000

　　应交税费——应交增值税（进项税额）　17 000

　　贷：预付账款——上海宝钢　117 000

甲公司欠上海宝钢的金额 = 117 000 - 20 000 = 97 000（元）

（3）2014 年 1 月 25 日付清余款时的会计分录：

借：预付账款——上海宝钢　97 000

　　贷：银行存款　97 000

5）其他应收款

其他应收款是企业应收款项的另一重要组成部分。“其他应收款”科目核算企业除买入返售金融资产、应收票据、应收账款、预付账款、应收股利、应收利息、应收代位追偿款、应收分保账款、应收分保合同准备金、长期应收款等以外的其他各种应收及暂付款项。其他应收款通常包括暂付款，是指企业在商品交易业务以外发生的各种应收、暂付款项。

企业核算其他应收款应设置“其他应收款”科目，本科目应当按照其他应收款的项目和对方单位（或个人）进行明细核算。企业发生其他各种应收、暂付款项时，借记本科目，贷记有关科目；收回或转销各种款项时，借记“库存现金”、“银行存款”、“赔付成本”等科目，贷记本科目。本科目期末的借方余额，反映企业尚未收回的其他应收款。

【例4-13】某企业设立管理部门定额备用金。某部门的定额备用金核定定额为1 500元，2014年5月1日财务部门开出现金支票向管理部门交付备用金。5月15日，某部门交来普通发票300元，报销该部门购买办公用品的支出，财务部门以现金补足该定额备用金。

(1) 5月1日，交付备用金：

借：其他应收款——备用金（某部门）　　1 500

　贷：银行存款　　1 500

(2) 5月15日，报销办公用品的支出，报销之后财务部门以现金补足该定额备用金：

借：管理费用　　300

　贷：其他应收款——备用金　　300

借：其他应收款——备用金　　300

　贷：库存现金　　300

4.5 可供出售金融资产

可供出售金融资产实际上是美国会计实务中各方利益调和的一个结果。在20世纪80年代，美国出现了大规模的储贷危机。在这种情况下，证监会、证交会作为银行上市公司的监管者要求将贷款按照期末的公允价值来反映，按照当时的处理思路这样就会影响利润表，需要在利润表中确认大量的损失，而银行家、企业所有者不同意这样做，因为按照公允价值反映，同时将公允价值变动计入了利润表，银行的损益就出现了大幅度的波动，就会影响到银行的业绩，进而会影响到股价。

为了协调双方的矛盾，于是便产生了可供出售金融资产的处理方法，即要用公允价值反映，但是公允价值的变动不计入利润表，而是计入资产负债表的资本公积。

4.5.1 可供出售金融资产的概念

可供出售金融资产是指企业初始确认时即被指定为可供出售的非衍生金融资

产，以及没有划分为以公允价值计量且其变动计入当期损益的金融资产、持有至到期投资、贷款和应收款项的金融资产。例如，企业购入的在活跃市场上有报价的股票、债券和基金等，没有划分为以公允价值计量且其变动计入当期损益的金融资产或持有至到期投资等金融资产的，可归为此类。

初始分类时划分为可供出售金融资产的金融资产，若管理层的管理意图和风险管理策略发生变化，在符合条件的前提下可以重分类为持有至到期投资，但不可以重分类为交易性金融资产。

4.5.2 可供出售金融资产的会计核算

企业核算购入的可供出售金融资产需要设置“可供出售金融资产”科目。本科目可按可供出售金融资产的类别和品种分别设置“成本”、“利息调整”、“应计利息”、“公允价值变动”等明细科目进行核算。本科目核算企业持有的可供出售金融资产的价值，包括划分为可供出售的股票投资、债券投资等金融资产。可供出售金融资产发生减值的，可以在本科目设置“减值准备”明细科目进行核算，也可以单独设置“可供出售金融资产减值准备”科目进行核算。本科目期末的借方余额，反映企业可供出售金融资产的公允价值。

可供出售金融资产的会计处理，与以公允价值计量且其变动计入当期损益的金融资产的会计处理有类似之处，但并不完全相同，具体而言：初始确认时，都应按公允价值计量，但对于可供出售金融资产，相关交易费用应计入其初始入账金额；在资产负债表日，都应按公允价值计量，但对于可供出售金融资产，其公允价值变动不是计入当期损益，而应计入所有者权益。

企业在对可供出售金融资产进行会计处理时，还应注意以下几个方面：第一，企业在取得的可供出售金融资产支付的价款中包含的已到付息期但尚未领取的债券利息或已宣告但尚未发放的现金股利，应单独确认为应收项目。可供出售金融资产在持有期间取得的利息或现金股利，应当计入当期投资收益。在资产负债表日，可供出售金融资产应当按公允价值计量，且公允价值变动计入资本公积（其他资本公积）。第二，可供出售金融资产发生的减值损失，应计入当期损益；如果可供出售金融资产是外币货币性金融资产，则其形成的汇兑差额也应计入当期损益。采用实际利率法计算的可供出售金融资产的利息，应当计入当期损益；可出售权益工具投资的现金股利，应当在被投资单位宣告发放股利时计入当期损益。第三，处置可供出售金融资产时，应将取得的价款与该金融资产账面价值之间的差额计入当期投资收益；同时，将原来直接计入所有者权益的公允价值变动累计额对应处置部分的金额转出，计入投资收益。

1）取得可供出售金融资产的会计核算

当企业取得可供出售金融资产时，如果是股权投资，则借记“可供出售金融资产——成本”（买价-已宣告未发放的股利+交易费用）、“应收股利”等科目，贷记“银行存款”科目；如果是债券投资则借记“可供出售金融资产——成本”（面值）、“可供出售金融资产——应计利息”“ 可供出售金融资产——利息调整”

（溢价时）、“应收利息” 等科目，贷记 “银行存款”、“可供出售金融资产——利息调整”（折价时）等科目。

可供出售金融资产发生的减值损失，应计入当期损益；若是外币货币性金融资产，其汇兑差额也计入当期损益。

【例 4-14】A 公司于 2014 年 4 月 1 日从二级市场购入甲公司股票 10 000 股，每股市价 20 元，发生交易费用 5 000 元，款项均以银行存款支付。企业将其划分为可供出售金融资产进行管理和核算。

2014 年 3 月 1 日购入股票时，会计处理为：

借：可供出售金融资产——成本　　205 000

　贷：银行存款　　205 000

2）可供出售金融资产在持有期间计提利息或者获取现金股利的会计核算

在持有可供出售金融资产期间收到被投资单位宣告发放的现金股利，计入当期损益，借记 “应收股利” 科目，贷记 “投资收益” 科目；收到股利时，借记 “银行存款” 等科目，贷记 “应收股利” 科目。

可供出售债券在持有期间的计息同持有至到期投资的核算相似，只需替换总账科目为 “可供出售金融资产”。

3）资产负债表日，按公允价值调整可供出售金融资产的价值

（1）如果是股权投资，期末的公允价值高于账面价值时，借记 “可供出售金融资产——公允价值变动” 科目，贷记 “资本公积——其他资本公积” 科目；期末的公允价值低于账面价值时，做相反的会计处理。

【例 4-15】续【例 4-14】，2014 年 7 月 30 日，甲公司股票市价为每股 18 元。

2014 年 7 月 30 日确认公允价值变动时，会计处理为：

借：资本公积——其他资本公积　　25 000

　贷：可供出售金融资产——公允价值变动　　25 000

（2）如果是债券投资，期末的公允价值高于其摊余成本时，借记 “可供出售金融资产——公允价值变动” 科目，贷记 “资本公积——其他资本公积” 科目；期末的公允价值低于其摊余成本，做相反的会计处理。需要特别注意的是，此公允价值的调整不影响每期利息收益的计算，即每期的利息收益始终用期初的摊余成本乘以当初的内含报酬率来测算。

4）可供出售金融资产减值的一般会计核算

可供出售金融资产发生减值时，借记 “资产减值损失” 科目，贷记 “资本公积——其他资本公积”（当初公允价值净贬值额）、“可供出售金融资产——公允价值变动” 科目。已计提减值准备又恢复原有价值时，借记 “可供出售金融资产——公允价值变动” 科目，贷记 “资产减值损失” 科目。

如果该可供出售金融资产为股票等权益工具投资在发生减值后转回，则借记 “可供出售金融资产——公允价值变动” 科目，贷记 “资本公积——其他资本公积” 科目。

【例4-16】续【例4-14】、【例4-15】，2014年12月31日，甲公司股票市价为每股15元。

2014年12月31日确认资产减值损失时：

借：资产减值损失　　55 000

　贷：资本公积——其他资本公积　　25 000

　　可供出售金融资产——公允价值变动　　30 000

5）出售可供出售金融资产时的会计核算

如果是债券投资，借记“银行存款”、“资本公积——其他资本公积”（持有期间公允价值的调整额可能列借方也可能列贷方）等科目，贷记“可供出售金融资产——成本”、“可供出售金融资产——公允价值变动”（持有期间公允价值的调整额可能列贷方也可能列借方）、“可供出售金融资产——利息调整”、“可供出售金融资产——应计利息”等科目，根据借贷倒挤出的差额借记或贷记“投资收益”科目。

如果是股权投资，借记“银行存款”、“资本公积——其他资本公积”（持有期间公允价值的调整额可能列借方也可能列贷方）等科目，贷记“可供出售金融资产——成本”、“可供出售金融资产——公允价值变动”（持有期间公允价值的调整额可能列贷方也可能列借方）等科目，根据借贷倒挤出的差额借记或贷记“投资收益”科目。

【例4-17】续【例4-16】，2015年3月20日，A公司以每股16元的价格将其出售，款项收到存入银行。

2015年3月20日 出售该股票：

借：银行存款　　160 000

　　可供出售金融资产——公允价值变动　　55 000

　贷：可供出售金融资产——成本　　205 000

　　投资收益　　10 000

【例4-18】A公司于2014年3月1日从证券市场上购入B公司于2013年3月1日发行的债券作为可供出售金融资产，该债券期限为5年，票面年利率为10%，每年的3月5日支付上年度的利息。实际利率为8%。A公司购入债券的面值10 000 000元，实际支付11 160 000元，按年计提利息。

会计处理如下：

(1) 2014年3月1日购入时：

借：可供出售金融资产——成本　　10 000 000

　　　　　　　　——利息调整　　160 000

　　应收利息　　1 000 000

　贷：银行存款　　11 160 000

(2) 2014年3月5日收到利息时：

借：银行存款　　1 000 000

贷：应收利息　　1 000 000

4.6 金融资产减值

4.6.1 金融资产减值准备的计提范围

金融资产在初始确认时划分为四类：（1）以公允价值计量且其变动计入当期损益的金融资产，包括交易性金融资产和指定为以公允价值计量且其变动计入当期损益的金融资产；（2）持有至到期投资；（3）贷款和应收款项；（4）可供出售金融资产。

其中，以公允价值计量且其变动计入当期损益的金融资产期末以公允价值计量，当公允价值发生变化时，增加或减少该项金融资产的账面价值，同时将变动价值确认为公允价值变动损益，不涉及减值测试，无需计提减值准备。

持有至到期投资、贷款和应收款项、可供出售金融资产这三类金融资产，如果在资产负债表日有客观证据表明它们发生了减值，则需要计提减值准备，确认减值损失。需要注意的是，可供出售金融资产只有在该资产期末价值下降的幅度较大或持续的时间较长的情况下，才计提减值准备，否则可以按公允价值调整该资产的期末账面价值，并将变动计入资本公积。客观证据是指金融资产在初始确认后实际发生的，对该金融资产的预计未来现金流量有影响，且企业能够对该影响进行可靠计量的事项。

此外，需要注意区分跌价和减值，跌价是金融资产在证券市场中正常的价格波动，跌价通常是暂时性的、可恢复的、小幅的贬值；减值则是非暂时性的、难以恢复的、大幅的贬值。只有出现了减值的客观证据，才能判断为减值。在某个时点，“跌价”与“确认减值”只可能出现其中之一，二者不可能同时出现。

金融资产减值的证据：（1）发生严重财务困难；（2）权益性工具发生严重或非暂时性下跌；（3）预计未来现金流量确已减少且可计量；（4）债务人很可能倒闭或进行其他重组（债务重组一般都不是好事情）；（5）债务人违反了合同条款；（6）对债务人做出让步；（7）无法在活跃市场继续交易；（8）发生重大不利变化使投资成本无法收回。

4.6.2 持有至到期投资、贷款和应收款项的减值

在资产负债表日，计算持有至到期投资、贷款和应收款项的摊余成本及预计未来现金流量现值，如果其摊余成本低于预计未来现金流量现值，则确认资产减值损失，金额为摊余成本与预计未来现金流量现值的差额。预计未来现金流量现值的计算，应按照该金融资产的原实际利率折现确定，并考虑相关担保物的价值。另外，持有至到期投资、应收款项还可以采用合同规定的现行实际利率作为折现率。若有客观证据表明该金融资产的价值已经恢复，且客观上与确认该损失后发生的事项有关，应按恢复增加的金额予以转回，但转回后的账面价值不应超过在未计提减值准备情况下该金融资产在转回日的摊余成本，具体会计处理如下：

1）持有至到期投资

发生减值时，借记“资产减值损失”科目，贷记“持有至到期投资减值准备”科目，当减值损失转回时，做相反的会计分录。

2）贷款

在《企业会计准则》中，“贷款”科目主要核算企业（银行）的贷款、企业（保险）的保户质押贷款、企业（典当）的质押与抵押贷款等。

当发生减值时，借记“资产减值损失”科目，贷记“贷款损失准备”科目，同时，借记“贷款——已减值”科目，贷记“贷款——本金”、“贷款——利息调整”科目。

在资产负债表日，应按贷款的摊余成本及实际利率计算确定利息收入，借记“贷款损失准备”科目，贷记“利息收入”科目；同时，按合同本金及合同利率计算的应收利息作表外登记。

若能收回减值贷款，则借记“吸收存款”（实际收到的金额）等科目，借记“贷款损失准备”（相关贷款损失准备金额）科目，贷记“贷款——已减值”（相关贷款余额）科目、贷记“贷款减值损失”（差额）科目。

若无法收回减值贷款，经批准对其予以转销时，借记“贷款损失准备”科目，贷记“贷款——已减值”科目，同时，在表外登记减少应收利息。

贷款减值已转销又收回时，借记“贷款——已减值”科目（原转销的已减值贷款余额），贷记“贷款损失准备”科目，同时，借记“吸收存款”（实际收到的金额）等科目，贷记“贷款——已减值”（原转销的已减值贷款余额）科目。

若贷款价值已经恢复，减值损失可以转回，此时，借记“贷款损失准备”科目，贷记“资产减值损失”科目。其中，浮动利率贷款在计算未来现金流量现值时，折现率可以采用合同规定的现行实际利率。

3）应收款项

企业的应收款项包括应收账款、应收票据、预付账款、其他应收款等。

当发生减值时，借“资产减值损失”科目，贷记“坏账准备——应收账款坏账准备”、“坏账准备——应收票据坏账准备”、“坏账准备——其他应收款坏账准备”等科目。短期应收款项的预计未来现金流量与其现值相差很小，故在确定减值损失时，可不对其预计未来现金流量进行折现，即判定短期应收款项是否发生减值只要比较该短期应收款项的摊余成本和预计未来现金流量的大小，减值损失的大小是该短期应收款项的摊余成本和预计未来现金流量的差额。

存在大量性质类似的持有至到期投资、贷款和应收款项的企业，可以将它们划分为单项金额重大和单项金额不重大的金融资产，分别进行减值测试，具体见表4-3。

在实务中，企业可依据具体情况确定单项金额重大的标准，该标准一经确定，不能随意更改。

表 4-3　　**单项金额重大和单项金额不重大的金融资产的减值测试**

<table>
<tr><th>分类标准</th><th>减值测试方法</th><th>未发生减值</th><th>发生减值</th></tr>
<tr><td rowspan="2">单项金额重大</td><td>单独进行测试</td><td rowspan="2">将其包括在具有类似信用风险特征的金融资产组合中进行测试</td><td rowspan="3">确认减值损失</td></tr>
<tr><td>单独进行测试</td></tr>
<tr><td>单项金额不重大</td><td>将其包括在具有类似信用风险特征的金融资产组合中进行再测试</td><td>不确认减值损失</td></tr>
</table>

4.6.3　可供出售金融资产减值

可供出售金融资产是否发生减值，主要看其公允价值是否持续下降，如果出现下列情况之一，就可以认定该可供出售金融资产已发生减值，应当确认减值损失：①可供出售金融资产的公允价值发生较大幅度下降（通常指达到或超过 20% 的情形）；②综合考虑各种相关因素后，预期这种下降趋势属于非暂时性的（通常指该资产的公允价值持续低于其成本达到或超过 6 个月的情形）。

可供出售金融资产公允价值下降时，借记"资本公积——其他资本公积"科目，贷记"可供出售金融资产——公允价值变动"科目。

可供出售金融资产发生减值时，借记"资产减值损失"（账面价值与预计未来现金流量现值的差额）科目，贷记"资本公积——其他资本公积"（所有者权益中转出原计入资本公积的累计损失额）科目，贷记"可供出售金融资产——公允价值变动"（差额）科目。

【例 4-19】A 公司 2014 年年初购入股票 1 000 000 元，公司将其划归为可供出售金融资产，年末该股票的公允价值为 900 000 元。

A 公司年末应进行如下会计处理：

借：资本公积——其他资本公积　　100 000

　贷：可供出售金融资产——公允价值变动　　100 000

【例 4-20】续【例 4-19】，2014 年 6 月 30 日该股票的公允价值再次下跌至 800 000 元，并且 A 公司预期这种下降趋势属于非暂时性的。

会计处理如下：

借：资产减值损失　　200 000

　贷：可供出售金融资产——公允价值变动　　100 000

　　　资本公积——其他资本公积　　100 000

对于股票这类可供出售的权益工具，若公允价值已上升且客观上与原减值损失确认后发生的事项相关，可通过所有者权益类科目转回。借记"可供出售金融资产——公允价值变动"科目，贷记"资本公积——其他资本公积"科目。对于可供出售的债务工具，其减值损失转回时，借记"可供出售金融资产——公允价值变动"科目，贷记"资产减值损失"科目。

另外，对于在活跃市场中没有报价且公允价值不能可靠计量的权益工具投资，或与该权益工具挂钩并须通过交付该权益工具结算的衍生金融资产发生的减值，在该权益工具确认减值损失后，不得转回。

思考题

1. 可供出售金融资产有什么特点？
2. 判断一项投资是否作为持有至到期投资的标准是什么？
3. 如何确定金融资产是否发生减值？
4. 可供出售金融资产的减值与其公允价值的变动有何区别？
5. 交易性金融资产与可供出售金融资产公允价值变动的会计处理有何不同？

练习题

一、单项选择题

1. 长江公司于 2013 年 2 月 10 日销售给大海公司一批商品，应收账款为 1 200 万元。长江公司于 2013 年 6 月 30 日计提坏账准备 150 万元。2013 年 12 月 31 日，该笔应收账款的未来现金流量现值为 950 万元。2013 年 12 月 31 日，该笔应收账款应计提的坏账准备为(　　)万元。

A. 300　　B. 100　　C. 250　　D. 0

2. 对于已确认减值损失的可供出售债务工具，在随后的会计期间其公允价值已上升且客观上与原减值损失确认后发生的事项有关的，原确认的减值损失应当予以转回并记入(　　)科目。

A. “资产减值损失”　B. “投资收益”　C. “资本公积”　D. “营业外收入”

3. 当出售可供出售金融资产时，应按实际收到的金额，借记“银行存款”等科目，按其账面余额，贷记“可供出售金融资产”科目，按应从所有者权益中转出的公允价值累计变动额，借记或贷记“资本公积——其他资本公积”科目，按其差额，贷记或借记(　　)科目。

A. “投资收益”　B. “资本公积”　C. “营业外支出”　D. “营业外收入”

4. 在资产负债表日，可供出售金融资产（债券）的公允价值高于其摊余成本的差额时，会计处理为，借记“可供出售金融资产”科目，贷记(　　)科目。

A. “资本公积——其他资本公积”　B. “投资收益”

C. “资产减值损失”　D. “公允价值变动损益”

5. 企业将持有至到期投资在到期前处置或重分类，通常表明其违背了将投资持有至到期的最初意图。如果处置或重分类为其他类金融资产的金额相对于该类投资（即企业全部持有至到期投资）在出售或重分类前的总额较大，则企业在处置或重分类后应立即将其剩余的持有至到期投资（即全部持有至到期投资扣除已处置或重分类的部分）重分类为(　　)。

A. 贷款　B. 应收款项

C. 可供出售金融资产　　　　　　　　D. 交易性金融资产

6. 甲公司以2.55元的价格购入某期限为15年，距到期还有8年的某封闭基金100万份，计划持有至该基金到期，该基金前日净值为3元，购入时折价率为15%，该企业下述会计处理正确的是(　　)。

A. 划分为持有至到期投资，其入账价值为2 550 000元

B. 划分为持有至到期投资，其入账价值为3 000 000元

C. 划分为交易性金融资产，其入账价值为3 000 000元

D. 划分为可供出售金融资产，其入账价值为2 550 000元

7. 将持有至到期投资重分类为可供出售金融资产的，应在重分类日按其公允价值，借记“可供出售金融资产”科目，按其账面余额，贷记“持有至到期投资”科目，按其差额，贷记或借记(　　)科目。

A. “资本公积”　　　　　　　　B. “投资收益”

C. “营业外收入”　　　　　　　D. “资产减值损失”

8. 企业划分为以公允价值计量且其变动计入当期损益的金融资产在发生下列有关业务时，不应贷记“投资收益”的是(　　)。

A. 企业在股票持有期间获得的现金股利

B. 企业转让交易性金融资产收到的价款大于其账面价值的差额

C. 在资产负债表日，持有的股票市价大于其账面价值

D. 企业在债券持有期间获得的利息

9. 关于金融资产的重分类，下列说法正确的是(　　)。

A. 交易性金融资产可以和持有至到期投资进行重分类

B. 交易性金融资产和可供出售金融资产之间不能进行重分类

C. 可供出售金融资产可以随意和持有至到期投资进行重分类

D. 交易性金融资产在符合一定条件时可以和持有至到期投资进行重分类

10. 甲公司于2014年6月1日销售一批产品给丙公司，价款为600 000元，增值税税额为102 000元，双方约定丙公司应于2017年9月30日付款。甲公司于2014年7月10日将应收丙公司的账款出售给工商银行，出售价款为520 000元。在甲公司与工商银行签订的协议中规定：在应收丙公司账款到期且丙公司不能按期偿还时，银行不能向甲公司追偿。甲公司已收到款项并存入银行。甲公司出售应收账款时应做的会计分录为(　　)。

A. 借：银行存款　　520 000
　　　营业外支出　　182 000
　　贷：应收账款　　　702 000

B. 借：银行存款　　520 000
　　　财务费用　　182 000
　　贷：应收账款　　　702 000

C. 借：银行存款　　520 000

借：营业外支出　　　　　　　　　182 000
　贷：短期借款　　　　　　　　　　　　702 000

D. 借：银行存款　　　　　　　　　520 000
　贷：短期借款　　　　　　　　　　　　520 000

11. 未发生减值的持有至到期投资如为分期付息、一次还本的债券投资，应于资产负债表日按票面利率计算确定的应收未收利息，借记“应收利息”科目，按持有至到期投资的摊余成本和实际利率计算确定的利息收入，贷记“投资收益”科目，按其差额，借记或贷记(　　)科目。

A. “持有至到期投资——利息调整”

B. “持有至到期投资——成本”

C. “持有至到期投资——应计利息”

D. “持有至到期投资——债券溢折价”

12. 甲企业于2014年1月1日以680万元的价格购进当日发行的面值为600万元的公司债券。其中债券的买价为675万元，相关税费为5万元。该公司债券的票面利率为8%，期限为5年，一次还本付息。该企业准备该债券持有至到期，则记入“持有至到期投资”科目的金额为(　　)万元。

A. 680　　B. 600　　C. 675　　D. 670

13. 活跃市场的特征不包括(　　)。

A. 市场内的交易对象具有同质性　　B. 可随时找到自愿交易的买方和卖方

C. 市场价格信息是公开的　　D. 市场价格信息是不公开的

14. 企业在出售交易性金融资产时，应按实际收到的金额，借记“银行存款”科目，按该金融资产的成本，贷记“交易性金融资产——成本”科目，按该项交易性金融资产的公允价值变动，贷记或借记“交易性金融资产——公允价值变动”科目，按其差额，贷记或借记(　　)科目。

A. “公允价值变动损益”　　B. “投资收益”

C. “资本公积”　　D. “营业外收入”

15. 在持有交易性金融资产期间被投资单位宣告发放现金股利或在资产负债表日按债券的票面利率计算利息时，借记“应收股利”或“应收利息”科目，贷记(　　)科目。

A. “交易性金融资产”　　B. “投资收益”

C. “公允价值变动损益”　　D. “短期投资”

二、多项选择题

1. 企业从二级市场购入的债券，其初始确认金额不应包括(　　)。

A. 支付给券商的佣金

B. 支付给代理机构的手续费

C. 实际支付的价款中包含的已到付息期但尚未领取的债券利息

D. 已宣告未发放的现金股利

2. 下列说法正确的有(　　)。

A. 在实际支付的价款中包含的尚未到付息期的债券利息，不计入该资产的成本

B. 为购入交易性金融资产所支付的相关费用，不计入该资产的成本

C. 为购入交易性金融资产所支付的相关费用，应计入该资产的成本

D. 交易性金融资产在持有期间，收到的现金股利，应确认投资收益

3. 在资产负债表日，交易性金融资产的公允价值超过其账面余额的差额应(　　)。

A. 借记“交易性金融资产——公允价值变动”科目

B. 借记“公允价值变动损益”科目

C. 贷记“交易性金融资产——公允价值变动”科目

D. 贷记“公允价值变动损益”科目

4. 企业应当在初始确认金融资产时，将其划分为(　　)。

A. 以公允价值计量且其变动计入当期损益的金融资产

B. 持有至到期投资

C. 贷款和应收款项

D. 可供出售金融资产

5. 表明金融资产发生减值的客观证据，包括(　　)。

A. 发行方或债务人发生严重财务困难

B. 债务人违反了合同条款

C. 债权人出于经济或法律等方面因素的考虑，对发生财务困难的债务人做出让步

D. 因发行方发生重大财务困难，该金融资产无法在活跃市场继续交易

6. 关于金融资产之间的重分类的叙述正确的有(　　)。

A. 交易性金融资产可以重分类为可供出售金融资产

B. 交易性金融资产可以重分类为持有至到期投资

C. 持有至到期投资可以重分类为可供出售金融资产

D. 可供出售金融资产可以重分类为持有至到期投资

7. 在金融资产的初始计量中，关于交易费用的处理，正确的有(　　)。

A. 交易性金融资产发生的相关交易费用应当直接计入当期损益

B. 可供出售金融资产发生的相关交易费用应当计入初始确认金额

C. 持有至到期投资发生的相关交易费用应当计入初始确认金额

D. 交易性金融资产发生的相关交易费用应当计入初始确认金额

8. 金融资产的摊余成本是指该金融资产的初始确认金额经下列(　　)调整后的结果。

A. 扣除已收回的本金

B. 减去采用实际利率法将该初始确认金额大于到期日金额之间的差额进行摊

销形成的累计摊销额

C. 扣除已发生的减值损失

D. 加上采用实际利率法将该初始确认金额小于到期日金额之间的差额进行摊销形成的累计摊销额

9. 在下对各项中，会引起持有至到期投资账面价值发生增减变动的有(　　)。

A. 计提持有至到期投资减值准备

B. 确认分期付息持有至到期投资利息

C. 确认到期一次付息持有至到期投资利息

D. 公允价值变动

10. 关于金融资产的后续计量，下列说法正确的有(　　)。

A. 在资产负债表日，企业应将“以公允价值计量且其变动计入当期损益”的金融资产的公允价值变动计入当期损益

B. 持有至到期投资在其持有期间应当按照摊余成本和实际利率计算确认利息收入，计入投资收益

C. 在资产负债表日，可供出售金融资产应当以公允价值计量，且公允价值变动计入资本公积

D. 在资产负债表日，可供出售金融资产应当以公允价值计量，且公允价值变动计入当期损益

11. 在下列各项中，构成应收账款入账价值的有(　　)。

A. 增值税销项税额　　B. 商业折扣

C. 代购货方垫付的保险费　　D. 销售货款

12. 在下列各项中，应记入“坏账准备”科目贷方的有(　　)。

A. 按规定提取的坏账准备

B. 当期发生的坏账损失

C. 收回已确认为坏账并转销的应收账款

D. 冲回多提的坏账准备

13. 在下列各项中，会影响应收账款账面价值的有(　　)。

A. 收回前期的应收账款　　B. 发生赊销商品的业务

C. 收回已转销的坏账　　D. 结转到期不能收回的票据

14. 下列关于现金折扣与商业折扣的说法，正确的是(　　)。

A. 商业折扣是指在商品标价上给予的扣除

B. 现金折扣是指债权人为鼓励债务人早日付款，而向债务人提供的债务扣除

C. 存在商业折扣的情况下，企业应收账款入账金额应按扣除商业折扣后的实际售价确认

D. 在我国会计实务中采用总价法核算存在现金折扣的交易

15. 下列关于可供出售金融资产，描述正确的有(　　)。

A. 包括初始确认时即被指定为可供出售的非衍生金融资产

B. 该项目按公允价值计量

C. 持有期间取得的利息或现金股利，应当计入当期损益

D. 按历史成本计量

三、判断题

1. 企业作为交易性金融资产持有的股票投资，在其持有期间对于被投资单位宣告发放的现金股利，应在实际收到被投资单位发放的现金股利时确认应收项目，并计入当期投资收益。（　）

2. 在资产负债表日，交易性金融资产应当按照公允价值计量，公允价值与账面余额之间的差额计入当期损益。（　）

3. 持有至到期投资、贷款和应收款项等金融资产的减值损失一经确认，不得转回。（　）

4. 对于已确认减值损失的可供出售权益工具，在随后的会计期间其公允价值已上升且客观上与原减值损失确认后发生的事项有关的，原确认的减值损失应当予以转回，计入当期损益。（　）

5. 可供出售金融资产发生减值后，利息收入应当按照票面利率计算确认。（　）

6. 持有至到期投资重分类为可供出售金融资产，在重分类日该投资的账面价值与公允价值之间的差额计入公允价值变动损益。（　）

7. 持有至到期投资在其持有期间应当按照摊余成本和票面利率计算确认利息收入。（　）

8. 购入的股权投资由于没有固定的到期日，不符合持有至到期投资的条件，因此不能划分为持有至到期投资。（　）

9. 可出售金融资产符合一定条件时可重分类为交易性金融资产。（　）

10. 可供出售金融资产在持有期间取得的利息或现金股利，应当计入当期损益。（　）

11. 交易性金融资产期末按公允价值计量，期末不能计提减值准备，可供出售金融资产期末也按公允价值计量，因此期末也不能计提减值准备。（　）

12. 可供出售金融资产在有些情况下可重分类为持有至到期投资。（　）

13. 在购买债券时支付的价款中包含的已到付息期尚未领取的短期债券投资利息计入应收利息科目，实际收到该利息时，借记“银行存款”，贷记“应收利息”，不计入当期损益。（　）

14. 发行方或者债务人发生严重财务困难，这类事件不属于金融资产减值的客观证据。（　）

15. 金融企业按当前市场条件发放的贷款，应按发放贷款的本金和相关交易费用之和作为初始确认金额。（　）

四、业务处理题

1. A 公司发生以下业务：

（1）2013 年 1 月 10 日，A 公司购入 B 公司发行的公司债券，该笔债券于 2012 年 10 月 1 日发行，面值为 6 000 万元，票面利率为 5%，债券利息按年支付。A 公司将其划分为交易性金融资产，支付价款为 6 400 万元（其中包含已宣告发放的债券利息 75 万元），另支付交易费用 50 万元。2013 年 3 月 2 日，A 公司收到该笔债券利息 75 万元。

（2）2013 年 6 月 30 日，A 公司购买的该笔债券的市价为 6 380 万元；2013 年 12 月 31 日，A 公司购买的该笔债券的市价为 6 270 万元。

（3）2014 年 3 月 2 日，A 公司收到债券利息 300 万元。

（4）2014 年 4 月 10 日，A 公司出售所持有 B 公司的公司债券，售价为 6 500 万元。

要求：根据上述资料进行会计处理。

2. 某股份有限公司 2014 年有关交易性金融资产的资料如下：

（1）3 月 1 日以银行存款购入 A 公司股票 50 000 股，并准备随时变现，每股买价 16 元，同时支付相关税费 4 000 元。

（2）4 月 20 日 A 公司宣告发放的现金股利每股 0. 40 元。

（3）4 月 21 日又购入 A 公司股票 50 000 股，并准备随时变现，每股买价 18. 40 元（其中包含已宣告发放尚未领取的股利每股 0. 40 元），同时支付相关税费 6 000 元。

（4）4 月 25 日收到 A 公司发放的现金股利 20 000 元。

（5）6 月 30 日 A 公司股票市价为每股 16. 4 元。

（6）7 月 18 日该公司以每股 17. 50 元的价格转让 A 公司股票 60 000 股，扣除相关税费 10 000 元，实得金额为 1 040 000 元。

（7）12 月 31 日 A 公司股票市价为每股 18 元。

要求：根据上述经济业务编制有关会计分录。

3. 2014 年 1 月 1 日，甲保险公司支付价款 514. 122 元购入某公司发行的 3 年期公司债券，该公司债券的票面总金额为 500 元，票面年利率为 4%，实际利率为 3%，利息于每年年末支付，本金到期支付。甲保险公司将该公司债券划分为可供出售金融资产。2014 年 12 月 31 日，该债券的市场价格为 500. 047 元。假定不考虑交易费用和其他因素的影响。

要求：进行甲保险公司的账务处理。

4. 2013 年 5 月 6 日，甲公司支付货款 5 080 000 元（含交易费用 5 000 元和已宣告发放现金股利 75 000），购入乙公司发行的股票 2 000 000 股，占乙公司有表决权股份的 0. 5%。甲公司将其划分为可供出售金融资产。

2013 年 5 月 10 日，甲公司收到乙公司发放的现金股利 75 000 元。

2013 年 6 月 30 日，该股票市价为每股 2. 60 元。

2013 年 12 月 31 日，甲公司仍持有该股票；当日，该股票市价为每股 2. 50 元。

2014 年 5 月 9 日，乙公司宣告发放股利 20 000 000 元。

2014 年 5 月 13 日，甲公司收到乙公司发放的现金股利。

2014 年 5 月 20 日，甲公司以每股 2. 45 元的价格将股票全部转让。

要求：进行甲公司的账务处理。

5. 2012 年 1 月 1 日，甲公司按面值从债券二级市场购入乙公司公开发行的债券 10 000 张，每张面值 200 元，票面利率 3%，划分为可供出售金融资产。2012 年 12 月 31 日，该债券的市场价格为每张 200 元。2013 年，乙公司因投资决策失误，发生严重财务困难，但仍可支付该债券当年的票面利息。2013 年 12 月 31 日，该债券的公允价值下降为每张 160 元。甲公司预计，如乙公司不采取措施，该债券的公允价值预计会持续下跌。

2014 年，乙公司调整产品结构并整合其他资源，致使上年发生的财务困难大为好转。2014 年 12 月 31 日，该债券（即乙公司发行的上述债券）的公允价值已上升至每张 190 元。假定甲公司初始确认该债券时计算确定的债券实际利率为 3%，且不考虑其他因素。

要求：进行甲公司有关的账务处理。

6. 2012 年 1 月 1 日，A 公司从股票二级市场以每股 30 元的价格购入 B 公司发行的股票 2 000 000 股，占 B 公司有表决权股份的 5%，对 B 公司无重大影响，划分为可供出售金融资产。2012 年 5 月 10 日，A 公司收到 B 公司发放的上年现金股利 800 000 元。2012 年 12 月 31 日，该股票的市场价格为每股 26 元。A 公司预计该股票的价格下跌是暂时的。

2013 年，B 公司因违犯相关证券法规，受到证券监管部门查处。受此影响，B 公司股票的价格发生下跌，至 2013 年 12 月 31 日，该股票的市场价格下跌到每股 12 元。

2014 年，B 公司整改完成，加之市场宏观面好转，股票价格有所回升，至 12 月 31 日，该股票的市场价格上升至每股 20 元。

假定 2013 年和 2014 年均未分派现金股利，不考虑其他因素。

要求：进行 A 公司账务处理。

7. A 公司为增值税一般纳税企业，适用的增值税税率为 17%。2014 年 6 月，发生下列业务：

（1）3 月 2 日，向 B 公司赊销某商品 100 件，每件标价 200 元，实际售价 180 元（售价中不含增值税额），已开增值税专用发票。商品已交付 B 公司。代垫 B 公司运杂费 2 000 元。现金折扣条件为 2/10，1/20，N/30。

（2）3 月 4 日，销售给乙公司商品一批，增值税发票上注明价款为 20 000 元，增值税额 3 400 元，乙公司以一张期限为 60 天，面值为 23 400 元的无息商业承兑汇票支付。该批商品成本为 16 000 元。

（3）3 月 8 日，收到 B 公司 3 月 2 日所购商品货款并存入银行。

（4）3 月 11 日，A 公司从甲公司购买原材料一批，价款 20 000 元，按合同规定先预付 40% 购货款，其余货款验货后支付。

（5）3 月 20 日，因急需资金，A 公司将收到的乙公司的商业承兑汇票拿到银行办理贴现，年贴现率为 10%。

（6）3 月 21 日，收到从甲公司购买的原材料，并验收入库，余款以银行存款支付。增值税专用发票注明价款 20 000 元，增值税 3 400 元。

要求：编制上述业务的会计分录（假定现金折扣不考虑增值税因素）。

8. 甲企业采用应收账款余额百分比法计提坏账准备，计提比例为 0.5%。2013 年年末坏账准备科目为贷方余额 7 000 元。2008 年甲企业应收账款及坏账损失发生情况如下：

（1）1 月 20 日，收回上年已转销的坏账损失 20 000 元。

（2）6 月 4 日，获悉应收乙企业的账款 45 000 元，由于该企业破产无法收回，确认坏账损失。

（3）2014 年 12 月 31 日，甲企业应收账款余额为 1 200 000 万元。

要求：编制上述有关坏账准备的会计分录。

9. 甲股份有限公司为上市公司（以下简称甲公司），有关购入、持有和出售乙公司发行的不可赎回债券的资料如下：

2014 年 1 月 1 日，甲公司支付价款 1 100 000 元（含交易费用），从活跃市场购入乙公司当日发行的面值为 1 000 000 元、5 年期的不可赎回债券。该债券票面年利率为 10%，利息按单利计算，到期一次还本付息，实际年利率为 6.4%。当日，甲公司将其划分为持有至到期投资，按年确认投资收益。2014 年 12 月 31 日，该债券未发生减值迹象。

2015 年 1 月 1 日，该债券市价总额为 1 200 000 元。当日，为筹集生产线扩建所需资金，甲公司出售债券的 80%，将扣除手续费后的款项 955 000 元存入银行；该债券剩余的 20% 重分类为可供出售金融资产。

要求：

（1）编制 2014 年 1 月 1 日甲公司购入该债券的会计分录。

（2）计算 2014 年 12 月 31 日甲公司该债券投资收益、应计利息和利息调整摊销额，并编制相应的会计分录。

（3）计算 2015 年 1 月 1 日甲公司售出该债券的损益，并编制相应的会计分录。

（4）计算 2015 年 1 月 1 日甲公司该债券剩余部分的摊余成本，并编制重分类为可供出售金融资产的会计分录。

10. 甲公司 2014 年 10 月 10 日自证券市场购入乙公司发行的股票 1 000 000 股，共支付价款 8 600 000 元，其中包括交易费用 40 000 元。购入时，乙公司已宣告但尚未发放的现金股利为每股 0.16 元。甲公司将购入的乙公司股票作为交易性金融资产核算。2014 年 12 月 2 日，甲公司出售该交易性金融资产，收到价款 9 600 000 元。

要求：写出购入和出售时的会计分录。

第5章

长期股权投资

长期股权投资是指投资方对被投资单位实施控制、重大影响的权益性投资，以及对其合营企业的权益性投资。从本质上来看，长期股权投资属于企业的金融资产。根据企业管理层的管理意图，企业的股权投资可以划分为交易性金融资产、可供出售金融资产和长期股权投资。在确定能否对被投资单位实施控制时，投资方应当按照《企业会计准则第33号——合并财务报表》的有关规定进行判断。投资方能够对被投资单位实施控制的，被投资单位为其子公司。投资方属于《企业会计准则第33号——合并财务报表》规定的投资性主体且子公司不纳入合并财务报表的情况除外。

重大影响，是指投资方对被投资单位的财务和经营政策有参与决策的权力，但并不能够控制或者与其他方一起共同控制这些政策的制定。在确定能否投资方对被投资单位施加重大影响时，应当考虑投资方和其他方持有的被投资单位当期可转换公司债券、当期可执行认股权证等潜在表决权因素。投资方能够对被投资单位施加重大影响的，被投资单位为其联营企业。

在确定被投资单位是否为合营企业时，应当按照《企业会计准则第40号——合营安排》的有关规定进行判断。

外币长期股权投资的折算，适用《企业会计准则第19号——外币折算》。风险投资机构、共同基金以及类似主体持有的、在初始确认时按照《企业会计准则第22号——金融工具确认和计量》的规定以公允价值计量且其变动计入当期损益的金融资产，投资性主体对不纳入合并财务报表的子公司的权益性投资，以及本准则未予规范的其他权益性投资，适用《企业会计准则第22号——金融工具确认和计量》。长期股权投资的披露，适用《企业会计准则第41号——在其他主体中权益的披露》。

5.1 长期股权投资的初始计量

长期股权投资的初始计量包括以下两类：

5.1.1 企业合并形成的长期股权投资

企业合并形成的长期股权投资，应当按照下列规定确定其初始投资成本：

1）同一控制下的企业合并

同一控制下的企业合并，合并方以支付现金、转让非现金资产或承担债务方式作为合并对价的，应当在合并日按照被合并方所有者权益在最终控制方合并财务报表中的账面价值的份额作为长期股权投资的初始投资成本。长期股权投资初始投资成本与支付的现金、转让的非现金资产以及所承担债务账面价值之间的差额，应当调整资本公积；资本公积不足冲减的，调整留存收益。

合并方以发行权益性证券作为合并对价的，应当在合并日按照被合并方所有者权益在最终控制方合并财务报表中的账面价值的份额作为长期股权投资的初始投资成本。按照发行股份的面值总额作为股本，长期股权投资初始投资成本与所发行股份面值总额之间的差额，应当调整资本公积；资本公积不足冲减的，调整留存收益。

上述在按照合并日应享有被合并方账面所有者权益的份额确定长期股权投资的初始投资成本时，前提是合并前合并方与被合并方采用的会计政策应当一致。如果企业合并前合并方与被合并方采用的会计政策不同的，应基于一贯性原则，统一合并方与被合并方的会计政策。在按照合并方的会计政策对被合并方资产、负债的账面价值进行调整的基础上，计算确定形成长期股权投资的初始投资成本。

在合并日，按取得被合并方所有者权益账面价值的份额，借记“长期股权投资”科目，按享有被投资单位已宣告但尚未发放的现金股利或利润，借记“应收股利”科目；按支付的合并对价的账面价值，贷记有关资产或借记有关负债科目，贷记“资本公积——资本溢价或股本溢价”。若为借方差额，则依次冲减资本公积、盈余公积、未分配利润。

【例 5-1】2010 年 6 月 30 日，A 公司向同一集团内 B 公司的原股东定向增发 10 000 000 股普通股（每股面值为 1 元，市价为 7.85 元），取得 B 公司 100% 的股权，并于当日起能够对 B 公司实施控制，合并后 B 公司仍维持其独立法人资格继续经营。两公司在企业合并前采用的会计政策相同。合并日，B 公司所有者权益的总额为 42 000 000 元。B 公司在合并后维持其法人资格继续经营，合并日 A 公司应确认对 B 公司的长期股权投资，其成本为合并日享有 B 公司账面所有者权益的份额，账务处理为：

借：长期股权投资	42 000 000	
贷：股本		10 000 000
资本公积——股本溢价		32 000 000

【例 5-2】某集团内有一子公司，支付资产账面价值 10 000 000 元，公允价值 15 000 000 元，取得另一子公司 60% 股权，合并日被合并方所有者权益账面价值为 16 000 000 元。

长期股权投资成本 = 16 000 000×60% = 9 600 000（元）

差额 400 000 元调整资本公积或留存收益。

借：长期股权投资	9 600 000	
资本公积——资本或股本溢价	400 000	
贷：有关资产		10 000 000

同一控制下企业合并形成的长期股权投资，如子公司按照改制时的资产、负债评估价值调整账面价值的，母公司应当按照取得子公司经评估确认净资产的份额作

为长期股权投资的成本，该成本与支付对价的差额调整所有者权益。

2）非同一控制下的企业合并

非同一控制下的企业合并，购买方在购买日应当按照《企业会计准则第20号——企业合并》的有关规定确定的合并成本作为长期股权投资的初始投资成本。

合并方或购买方为企业合并发生的审计、法律服务、评估咨询等中介费用以及其他相关管理费用，应当于发生时计入当期损益。

参与合并的企业在合并前后不受同一方或相同的多方最终控制的，为非同一控制下的企业合并。非同一控制下的企业合并的特征是在不存在一方或多方控制的情况下，一个企业购买另一个或多个企业股权或净资产的行为。参与合并的各方，在合并前后均不属于同一方或多方最终控制。非同一控制下企业合并的主要特点：其一，参与合并的各方不受同一方或相同的多方控制，是非关联的企业之间进行的合并，合并大多是出自企业自愿的行为；其二，在交易过程中，各方出于自身的利益考虑会进行激烈的讨价还价，交易以公允价值为基础，交易对价相对公平合理。

在非同一控制下的控股合并中，购买方应当按照确定的企业合并成本作为长期股权投资的初始投资成本。企业合并成本包括购买方付出的资产、发生或承担的负债、发行的权益性证券的公允价值以及为进行企业合并发生的各项直接相关费用之和。

购买日，按企业合并成本借记“长期股权投资”科目，发生的直接费用记入“投资收益”科目；按享有被投资单位已宣告但尚未发放的现金股利或利润借记“应收股利”科目；按支付的合并对价的账面价值贷记有关资产或借记有关负债，发生的直接相关费用贷记“银行存款”科目，差额部分借记或贷记当期损益。若以固定资产或无形资产作价投资，产生的贷方差额记入“营业外收入——处置非流动资产利得”，借方差额记入“营业外支出——处置非流动资产损失”。

【例5-3】A公司于2014年7月31日取得B公司70%的股权，取得该部分股权后能够控制B公司的生产经营决策。为核实B公司的资产价值，A公司聘请资产评估机构对B公司的资产进行评估，支付评估费用200 000元。在合并中，A公司支付的有关资产在购买日的账面价值与公允价值见表5-1。在本例中假定合并前A公司与B公司不存在任何关联方关系。

表5-1 **有关资产在购买日的账面价值与公允价值**

评估时间：2014年7月31日 单位：元

项目	账面价值	公允价值
土地使用权（自用）	4 000 000	6 400 000
专利技术	1 600 000	2 000 000
银行存款	1 600 000	1 600 000
合计	7 200 000	10 000 000

注：A公司与B公司在合并前不存在任何关联方关系，应作为非同一控制下的

企业合并处理。A 公司对于合并形成的对 B 公司的长期股权投资，应进行的账务处理为：

借：长期股权投资	10 000 000	
投资收益	200 000	
贷：无形资产——土地使用权		4 000 000
——专利技术		1 600 000
银行存款		1 800 000
营业外收入——处置非流动资产利得		2 800 000

通过多次交换交易，分步取得股权最终形成企业合并的，企业合并成本为每一单项交换交易的成本之和。其中：达到企业合并前对持有的长期股权投资采用成本法核算的，长期股权投资在购买日的成本应为原账面余额加上购买日为取得进一步的股份新支付对价的公允价值之和；达到企业合并前对长期股权投资采用权益法等方法核算的，购买日应对权益法下长期股权投资的账面余额进行调整，将有关长期股权投资的账面余额调整至最初取得成本（被投资单位在购买日前发放现金股利或利润的，应考虑该因素影响），在此基础上加上购买日新支付对价的公允价值作为购买日长期股权投资的成本。

5.1.2　除企业合并形成的长期股权投资以外，其他方式取得的长期股权投资

除企业合并形成的长期股权投资以外，其他方式取得的长期股权投资，应当按照下列规定确定其初始投资成本：

1）以支付现金方式取得的长期股权投资

以支付现金取得的长期股权投资，应当按照实际支付的购买价款作为初始投资成本。初始投资成本包括与取得长期股权投资直接相关的费用、税金及其他必要支出。借记“长期股权投资”科目，被投资单位已宣告发放的现金股利或利润借记“应收股利”科目，贷记“银行存款”等科目。

【例 5-4】为建立永久的原材料产地，保证原材料的持续供应，2014 年 8 月 2 日，A 股份有限公司在公开交易的股票市场上购买了 B 股份有限公司 1 000 000 股股票，价值为 6 000 000 元，占其股本总额的 60%。

根据上述经济业务，A 公司的会计处理如下：

借：长期股权投资	6 000 000	
贷：银行存款		6 000 000

2）以发行权益性证券方式取得的长期股权投资

以发行权益性证券取得的长期股权投资，应当按照发行权益性证券的公允价值作为初始投资成本。为发行权益性证券支付的手续费、佣金等与发行权益行证券直接相关的费用，不构成取得长期股权投资的成本，这部分费用应自权益性证券的溢价发行收入中扣除，溢价收入不足扣除的，应冲减盈余公积和未分配利润。

【例 5-5】2014 年 3 月，A 公司通过增发 20 000 000 股（每股面值 1 元）自身的股份取得对 B 公司 20% 的股权，按照增发前后的平均股价计算，该 20 000 000

股股份的公允价值为46 000 000元。为增发该部分股份，A公司支付了600 000元的佣金和手续费。取得B公司该部分股权后，A公司能够对B公司施加重大影响。

借：长期股权投资——B公司（成本）　　46 000 000

　贷：股本　　20 000 000

　　　资本公积——股本溢价　　26 000 000

借：资本公积——股本溢价　　600 000

　贷：银行存款　　600 000

3）通过非货币性资产交换取得的长期股权投资

通过非货币性资产交换取得的长期股权投资，其初始投资成本应当按照《企业会计准则第7号——非货币性资产交换》的有关规定确定。

所谓非货币性资产交换，是指交易双方主要以存货、固定资产、无形资产和长期股权投资等非货币性资产进行的交换。该交换不涉及或只涉及少量的货币性资产（即补价）。在实务工作中，交易双方通过非货币性资产交换一方面可以满足各自生产经营的需要，同时可在一定程度上减少货币性资产的流出。例如某企业需要另一个企业拥有的一项设备，另一个企业需要上述企业生产的产品作为原材料，双方就可能会出现非货币性资产交换。

非货币性资产具有商业实质且公允价值能够可靠计量的，采用下面的处理方法：

$$\text{换入资产成本}=\text{换出资产公允价值}+\text{应支付的相关税费}+\text{支付的补价（或-收到的补价）}$$

【例5-6】A公司以一项专利技术换入B公司持有的对甲公司的长期股权投资。交换日A公司专利技术的账面原价是8 000 000元，累计摊销1 600 000元，已计提减值准备300 000元，公允价值6 000 000元；B公司持有的长期股权投资账面余额8 000 000元，已计提减值准备600 000元，公允价值6 000 000元。

交换日A公司账务处理如下：

借：长期股权投资——甲公司（成本）　　6 000 000

　　累计摊销　　1 600 000

　　无形资产减值准备　　300 000

　　营业外支出　　100 000

　贷：无形资产——专利技术　　8 000 000

交换日B公司账务处理如下：

借：无形资产——专利技术　　6 000 000

　　长期股权投资减值准备　　600 000

　　投资收益　　1 400 000

　贷：长期股权投资——甲公司（成本）　　8 000 000

4）通过债务重组取得的长期股权投资

通过债务重组取得的长期股权投资，其初始投资成本应当按照《企业会计准则第12号——债务重组》的有关规定确定。

5.1.3 投资成本中包含的已宣告但尚未发放现金股利或利润的处理

企业无论是以何种方式取得长期股权投资，在取得投资时，对于被投资单位已经宣告但尚未发放的现金股利或利润应作为应收项目单独核算，不构成长期股权投资成本。

【例5-7】为建立永久的原材料产地，保证原材料的持续供应，2014年1月2日，A股份有限公司在公开交易的股票市场上购买了B股份有限公司1 000 000股股票，价值为6 000 000元，占其股本总额的60%。A公司取得B公司投资时，B公司已经宣告每股发放0.50元现金股利。则A公司的会计处理为：

借：长期股权投资——B公司（成本）	5 500 000	
应收股利——B公司	500 000	
贷：银行存款		6 000 000

5.2 长期股权投资的后续计量

企业取得的长期股权投资，在确定其初始投资成本后的持续持有期间，根据对被投资单位的影响程度等情况的不同，应分别采用成本法及权益法进行核算。

5.2.1 成本法和权益法核算的范围

成本法是指投资按成本计价的方法，适用于投资企业能够对被投资单位实施控制的长期股权投资。

权益法，是指投资以初始投资成本计量后，在投资持有期间根据投资企业享有被投资单位所有者权益份额的变动对投资的账面价值进行调整的方法。投资企业对被投资单位具有共同控制或重大影响（主要针对联营企业和合营企业而言）的长期股权投资，应当采用权益法核算。

5.2.2 长期股权投资的成本法

采用成本法核算的长期股权投资应当按照初始投资成本计价，追加或收回投资应当调整长期股权投资的成本。被投资单位宣告分派的现金股利或利润，应当确认为当期投资收益。

除取得投资时实际支付的价款或对价中包含的已宣告但尚未发放的现金股利或利润外，投资企业应当按照享有被投资单位宣告发放的现金股利或利润确认投资收益，不再划分是否属于投资前或投资后被投资单位实现的净利润。借记“应收股利”科目，贷记“投资收益”科目。

投资企业在确认自被投资单位取得的现金股利或利润后，有迹象表明相关长期股权投资发生减值的，应进行减值测试，长期股权投资的可收回金额低于账面价值的，应当计提减值准备。

【例5-8】A企业2013年1月1日以银行存款购入B公司55%的股份，并准备长期持有。实际投资成本600 000元。B公司于2013年5月3日宣告分派2012年度的现金股利30 000元。假设B公司2013年1月1日股东权益合计为1 200 000

元，其中股本为 1 000 000 元，未分配利润为 200 000 元；2013 年实现净利润 100 000元；2014 年5 月3 日宣告分派现金股利 50 000 元。

A 企业的会计处理如下：

(1) 2013 年1 月1 日投资时：

借：长期股权投资——B 公司　　600 000

　贷：银行存款　　600 000

(2) 2013 年5 月3 日宣告发放现金股利时：

借：应收股利　　30 000

　贷：投资收益　　30 000

(3) 2014 年5 月3 日宣告发放现金股利时：

借：应收股利　　50 000

　贷：投资收益　　50 000

5.2.3 长期股权投资的权益法

投资方对联营企业和合营企业的长期股权投资，应当按照《企业会计准则第2号——长期股权投资》第十条至第十三条规定，采用权益法核算。

投资方对联营企业的权益性投资，其中一部分通过风险投资机构、共同基金、信托公司或包括投连险基金在内的类似主体间接持有的，无论以上主体是否对这部分投资具有重大影响，投资方都可以按照《企业会计准则第22 号——金融工具确认和计量》的有关规定，对间接持有的该部分投资选择以公允价值计量且其变动计入损益核算，并对其余部分采用权益法核算。

长期股权投资权益法的使用主要涉及初始投资成本的调整、投资损益的确认、取得现金股利或利润的处理、超额亏损的确认和被投资单位除净损益外所有者权益的其他变动的会计处理。

企业采用权益法核算长期股权投资时，应在“长期股权投资”科目下，按照被投资单位结合“成本”、“损益调整”和“其他权益变动”进行明细核算。

1) 初始投资或追加投资

企业在对长期股权投资进行初始投资或追加投资时，先将初始投资成本入账，再确定是否将初始投资成本进行调整。

初始投资成本大于投资时应享有被投资单位可辨认净资产公允价值份额的，不调整已确认的初始投资成本；长期股权投资的初始投资成本小于投资时应享有被投资单位可辨认净资产公允价值份额的，其差额应当计入当期损益，同时调整长期股权投资的初始成本。被投资单位可辨认净资产公允价值，是指取得长期股权投资时，被投资单位可辨认资产的公允价值减去负债及或有负债公允价值后的余额。

【例 5-9】乙公司于2013 年12 月20 日支付7 000 000 元取甲企业30%的股权，取得投资时被投资单位可辨认净资产的公允价值为20 000 000 元，乙公司能够对甲企业施加重大影响。

公司根据上述经济业务，作如下的会计处理：

借：长期股权投资——甲（成本） 7 000 000
　贷：银行存款 7 000 000

长期股权投资的初始投资成本7 000 000元大于投资时应享有被投资单位可辨认净资产公允价值份额20 000 000×30% =6 000 000（元），因此不调整长期股权投资的初始投资成本。

在上例中，如果乙公司投资时被投资甲企业可辨认净资产公允价值为25 000 000元，则公司的账务处理如下：

借：长期股权投资——甲（成本） 7 000 000
　贷：银行存款 7 000 000

长期股权投资的初始投资成本7 000 000元小于投资时应享有被投资单位可辨认净资产公允价值份额25 000 000×30% =7 500 000（元），调整长期股权投资的初始投资成本，并确认营业外收入。

借：长期股权投资——甲（成本） 500 000
　贷：营业外收入 500 000

2）投资损益的确定

投资方取得长期股权投资后，应当按照应享有或应分担的被投资单位实现的净损益和其他综合收益的份额，分别确认投资收益和其他综合收益，同时调整长期股权投资的账面价值。采用权益法核算的长期股权投资，在确认应享有或应分担被投资单位的净利润或净亏损时，在被投资单位账面净利润的基础上，应考虑以下因素对被投资单位净利润的影响并进行适当调整：

（1）被投资单位采用的会计政策及会计期间与投资企业不一致的，应按投资企业的会计政策及会计期间对被投资单位的财务报表进行调整，以调整后的净利润为基础计算确认投资收益和其他综合收益等。

（2）以取得投资时被投资单位的固定资产、无形资产的公允价值为基础计提的折旧额或摊销额，相对于被投资单位已计提的折旧额、摊销额之间存在差额的，应按其差额对被投资单位净损益进行调整，并按调整后净损益和持股比例计算确认投资损益。在进行有关调整时，应当考虑重要性的项目。

（3）被投资单位有关长期资产以投资企业取得时的公允价值为基础计算确定的减值准备金额对被投资单位净利润的影响。

【例5-10】续【例5-9】，乙公司于2013年12月20日支付7 000 000元取得甲企业30%的股权，取得投资时被投资单位可辨认净资产的公允价值为20 000 000元，除部分项目外，甲企业其他资产、负债的公允价值与账面价值相同，乙公司能够对甲企业施加重大影响。其中，存货账面价值5 000 000元，公允价值7 000 000元；固定资产账面原值10 000 000元，已提折旧2 000 000元，公允价值12 000 000元，甲企业预计使用20年，乙公司取得该项投资后还能继续使用16年；无形资产账面原值6 000 000元，已摊销1 200 000元，公允价值8 000 000元，甲企业原计划使用10年，预计乙公司取得该项投资后还能继续使用8年。

假定甲企业2014年实现净利润5 000 000元，其中在乙公司取得投资时的账面存货有80%对外出售。乙公司与甲企业的会计年度及采用的会计政策相同。

乙公司在计算应享有的投资收益时，应在甲公司实现净利润的基础上，根据取得投资时有关资产的账面价值与其公允价值差额的影响进行调整（不考虑所得税影响）。

存货公允价值与账面价值的差额应调减的利润 =（7 000 000−5 000 000）×80%
=1 600 000（元）

固定资产公允价值与账面价值之间的差额应调整增加的折旧额 =12 000 000÷16−10 000 000÷20=250 000（元）

无形资产公允价值与账面价值之间的差额应调整增加的摊销额 =8 000 000÷8−6 000 000÷10=400 000（元）

调整后的净利润=5 000 000−1 600 000−250 000−400 000=2 750 000（元）

乙公司应享有份额=2 750 000×30%=825 000（元）

公司根据上述经济业务，作如下的会计处理：

借：长期股权投资——甲（损益调整）　　825 000

　贷：投资收益　　825 000

存在下列情况之一的，可以按照被投资单位的账面净损益与持股比例计算确认投资损益，但应当在附注中说明这一事实及其原因：第一种情况，无法可靠确定投资时被投资单位各项可辨认资产等的公允价值；第二种情况，投资时被投资单位可辨认资产等的公允价值与账面价值之间的差额较小；第三种情况，由于其他原因导致的无法对被投资单位净损益进行调整。

3）取得现金股利或利润

投资方按照被投资单位宣告分派的利润或现金股利计算应享有的部分，相应减少长期股权投资的账面价值。按照权益法核算的长期股权投资，投资企业自被投资单位取得的现金股利或利润，应分情况处理：

（1）未超过已确认投资收益的，借记“应收股利”科目，贷记“长期股权投资——损益调整”科目。

【例5−11】续【例5−10】，假设甲企业2015年2月宣告并分派上年的现金股利2 000 000元。

2 000 000×30%=600 000（元），600 000元 < 825 000元，所以乙企业会计处理为：

借：应收股利　　600 000

　贷：长期股权投资——损益调整　　600 000

（2）超过已确认投资收益，但未超过投资后被投资单位实现的账面净利润中本企业应享有的份额，借记“应收股利”科目，贷记“长期股权投资——损益调整”科目，差额部分贷记“投资收益”科目。

【例5−12】续【例5−10】，假设甲企业2015年2月宣告并分派上年的现金股利3 000 000元。

3 000 000×30% =900 000（元），825 000 元 < 900 000 元 < 1 500 000 元，所以乙企业会计处理为：

借：应收股利　　900 000

　贷：长期股权投资——损益调整　　825 000

　　投资收益　　75 000

（3）超过已确认投资收益，也超过投资后被投资单位实现的账面净利润中本企业应享有的份额，借记“应收股利”科目，贷记“长期股权投资——损益调整”科目，贷记“投资收益”科目，超过当年应记利润部分贷记“长期股权投资——成本”科目。

【例 5-13】续【例 5-10】，假设甲企业 2015 年 2 月宣告并分派上年的现金股利 6 000 000 元。

6 000 000×30% =1 800 000（元），1 800 000 元 > 1 500 000 元。

借：应收股利　　1 800 000

　贷：长期股权投资——损益调整　　825 000

　　　　——成本　　300 000

　　投资收益　　675 000

4）被投资单位发生的超额亏损

投资企业在分担被投资单位发生的亏损时，应当按照下列顺序进行处理：

首先，冲减长期股权投资的账面价值；

其次，长期股权投资的账面价值不足以冲减的，应当以其他实质上构成对被投资单位净投资的长期权益账面价值为限继续确认投资损失，冲减长期应收项目（长期应收款）等的账面价值；

最后，经过上述处理，按照投资合同或协议约定企业仍承担额外义务的，应按预计承担的义务确认预计负债，计入当期投资损失。

除按上述顺序已确认的损失之外仍有额外损失的，应在账外作被查登记，不再予以确认。

【例 5-14】甲公司持有乙企业 40% 的股权，2013 年 12 月 31 日投资的账面价值为 10 000 000 元，包括投资成本以及因乙企业以前期间实现净利润而确认的投资收益。2014 年由于投资失败，乙企业发生亏损 20 000 000 元。假定甲公司在取得投资的时点上，乙企业各项可辨认资产、负债的公允价值与其账面价值相等，双方所采用的会计政策及会计期间也相同。

根据上述经济业务，甲公司在乙企业发生亏损时，确认投资损失 8 000 000 元（20 000 000×40%）的会计处理如下：

借：投资收益　　8 000 000

　贷：长期股权投资——乙（损益调整）　　8 000 000

【例 5-15】续【例 5-14】，若被投资单位乙企业于 2014 年度发生亏损 30 000 000元，甲公司账上还有应收乙企业的长期应收款 500 000 元（该长期应收款从实质上构成对乙企业的长期权益）。

根据上述经济业务，甲公司在乙企业发生亏损时，由于应承担的亏损额为12 000 000元（30 000 000×40%），超出投资的账面价值以及长期应收款，确认投资损失的会计处理如下：

借：投资收益　　10 500 000

　贷：长期股权投资——乙（损益调整）　　10 000 000

　　长期应收款——乙　　500 000

此时由甲公司负担的超额亏损额1 500 000元在账外进行备查登记。

5）被投资单位除净损益以外所有者权益的其他变动

在采用权益法核算的情况下，投资企业对于被投资单位除净损益以外所有者权益的其他变动，在持股比例不变的情况下，企业按照持股比例计算应享有或承担的部分，调整长期股权投资的账面价值并计入所有者权益。被投资企业资本公积增加时，借记“长期股权投资——其他权益变动”科目，贷记“资本公积——其他资本公积”科目；被投资企业资本公积减少时，作相反的分录。

【例5-16】甲企业持有乙公司30%的股份，当期乙公司因持有的可供出售金融资产公允价值变动计入资本公积的金额为5 000 000元，除该事项外，乙公司当期实现的净利润为30 000 000元。假定甲企业和乙公司采用的会计政策、会计期间相同，投资时乙公司有关资产公允价值与其账面价值亦相同，无其他内部交易。

甲企业应确认享受的乙公司所有者权益变动，其中：

损益调整=30 000 000×30%=9 000 000（元）

其他权益变动=5 000 000×30%=1 500 000（元）

会计处理为：

借：长期股权投资——乙（损益调整）　　9 000 000

　　　　——乙（其他权益变动）　　1 500 000

　贷：投资收益　　9 000 000

　　资本公积——其他资本公积（乙）　　1 500 000

5.2.4 长期股权投资的减值

每年年末企业应对持有的长期股权投资的账面价值逐项进行检查，如果由于市价持续下跌或被投资单位经营状况变化等原因，导致其可收回金额低于长期股权投资的账面价值，应将可收回金额低于长期股权投资账面价值的差额，确认为当期投资损失。新准则分两种情形对长期股权投资减值准备进行了规定：一种是按照本准则规定的成本法核算的、在活跃市场中没有报价、公允价值不能可靠计量的长期股权投资；另一种是其他按照本准则核算的长期股权投资。（1）按照本准则规定的成本法核算的、在活跃市场中没有报价、公允价值不能可靠计量的长期股权投资，对于此类情形的长期股权投资减值准备根据《企业会计准则第22号——金融工具确认和计量》第四十五条进行处理，在活跃市场上没有报价且其公允价值不能可靠计量的权益工具投资，应当将该权益工具投资的账面价值，与按类似金融资产当时市场收益率对其未来现金流量折现确定的现值之间的差额，确认为减值损失，计入当期损益，同时按第四十八条的规定，该减值损失不得转回。企业是否计提减值准备，应根据下列情形进行判断：第一，影响被投资企业经营的政治或法律等环境的变化（如税收、贸易等法规的颁布或修订），而导致被投资单位出现巨额亏损；第二，被投资单位提供的商品或劳务因产品过时或消费者偏好改变，使其市场份额减少甚至丧失，而导致被投资单位财务状况和现金流量发生严重恶化；第三，被投资企业所从事产生的生产技术或竞争者数量等发生变化；第四，被投资单位进行清理整顿、清算或出现其他不能持续经营的迹象。（2）其他按本准则核算的长期股权投资的减值应当按照《企业会计准则第 8 号——资产减值》处理。长期股权投资的减值是指长期股权投资可收回金额低于其账面价值所发生的损失。可收回金额应根据该长期股权投资的公允价值减去处置费用后的净额与资产预计未来现金流量的现值两者之间的较高者来决定。被投资企业存在下列迹象的，表明资产可能发生了减值：（1）市场价格持续 2 年低于账面价值。（2）该项投资暂停交易 1 年。（3）被投资单位当年发生严重亏损。（4）被投资单位持续 2 年发生亏损。（5）被投资单位进行清理整顿、清算或出现其他不能持续经营的情形。当投资企业持有的长期股权投资出现上述情形之一的，即可视为该项投资已发生减值损失，可以计提减值准备。

投资方与被投资单位发生的未实现内部交易损失，按照《企业会计准则第 8 号——资产减值》等的有关规定属于资产减值损失的，应当全额确认。企业核算长期股权投资的减值要设置“长期股权投资减值准备”科目。相对而言，长期股权投资减值这种估算是事后的，客观一些，不同时间计提的减值准备金额具有不确定性。

“长期股权投资减值准备”科目可按被投资单位进行明细核算。资产负债表日，长期股权投资发生减值的，按应减值的金额，借记“资产减值损失”科目，贷记本科目。处置长期股权投资时，应同时结转已计提的长期股权投资减值准备。本科目期末贷方余额，反映企业已计提但尚未转销的长期股权投资减值准备。长期股权投资减值准备一经计提在以后期间不得转回。

5.3 长期股权投资核算方法的转换

长期股权投资在持有期间，因各方面情况的变化，可能导致其核算需要由一种方法转换为另外的方法，具体包括成本法转换为权益法和权益法转换为成本法两种情况。

长期股权投资发生变化导致会计核算方法改变的情况主要有以下几种：（1）投资企业对被投资单位财务和经营政策从共同控制或重大影响转变为控制。（2）投资企业对被投资单位财务和经营政策从控制转变为共同控制或重大影响。

5.3.1 成本法转换为权益法

企业因处置部分长期股权投资导致对被投资单位不再具有控制的情况下，长期股权投资采用权益法核算。也会发生五个方面的变化。(1) 时间变化。(2) 投资额变化。(3) 持股比例变化。(4) 核算方法变化。(5) 被投资单位所有者权益发生变化。

发生上述情形时，首先对处置部分的长期股权投资账面价值进行会计处理。

其次按照处置部分投资后的持股比例对长期股权投资的账面价值进行调整。按照处置部分投资后的账面价值与剩余持股比例与初始投资时应享有被投资单位可辨认净资产公允价值的份额进行比较，前者大于后者不做处理；前者小于后者，调整留存收益。根据被投资单位所有者权益发生的变化，是由于净损益的变化导致的，按剩余持股比例作为留存收益调整；是由于所有者权益的其他变化导致的，调整资本公积。

5.3.2 权益法转换为成本法

权益法下长期股权投资的账面价值作为按照成本法核算的初始投资成本。因追加投资导致的，会计处理时，将追加投资额入账；将原长期股权投资账面价值转账。

【例 5-17】A 公司于 2014 年 3 月以 40 000 000 元取得 B 公司 30% 的股权，因能够派人参与 B 公司的生产经营决策，对所取得的长期股权投资按照权益法核算，并于 2014 年年末确认对 B 公司的投资收益 1 500 000 元，假定该项投资的初始投资成本与投资时应享有被投资单位可辨认净资产公允价值的份额相等。

投资时 A 公司账务处理如下：

借：长期股权投资——B（成本）	40 000 000	
贷：银行存款		40 000 000

2014 年年末确认投资收益：

借：长期股权投资——B（损益调整）	1 500 000	
贷：投资收益		1 500 000

2015 年 4 月，A 公司又斥资 50 000 000 元取得 B 公司另外 30% 的股权。假定 A 公司在取得对 B 公司的长期股权投资以后，B 公司并未宣告发放现金股利或利润；A 公司按净利润的 10% 计提盈余公积。

本例中 A 公司是通过分步购买最终取得对 B 公司的控制权，形成企业合并。此时应由权益法向成本法转换。企业合并成本为 90 000 000 元（40 000 000 + 50 000 000）。在购买日，A 公司应进行以下账务处理：

借：盈余公积（1 500 000×10%）	150 000	
利润分配——未分配利润	1 350 000	
贷：长期股权投资——B（损益调整）		1 500 000
借：长期股权投资——B（成本）	50 000 000	
贷：银行存款		50 000 000

企业合并成本 = 40 000 000+50 000 000 = 90 000 000（元）

5.3.3 长期股权投资的重分类

《企业会计准则第2号——长期股权投资》自2014年修订后，原来不具有共同控制、重大影响的投资不再确认为长期股权投资，而确认为以公允价值计量的金融资产。因此，当投资企业对被投资企业的持股比例发生变化时，除了原来由共同控制到控制，将权益法转换为成本法；或者企业减持导致由控制到共同控制，将成本法转换为权益法；另外两种情况是，企业因追加投资导致具有共同控制或重大影响，此时应将以公允价值计量的金融资产重新分类为长期股权投资；或者处置部分长期股权投资导致持股比例发生变动，不再具有共同控制或重大影响，此时应将长期股权投资重新分类为以公允价值计量的金融资产。

1）追加投资导致的以公允价值计量的金融资产重新分类为长期股权投资

因追加投资等原因导致的金融资产与长期股权投资权益法转换，应以公允价值重新计量初始投资成本；投资方因处置部分股权投资等原因丧失了对被投资单位的共同控制或重大影响，导致的长期股权投资权益法与金融资产的转换，应以公允价值重新计量金融资产。

投资方因追加投资等原因能够对被投资单位施加重大影响或实施共同控制但不构成控制的，应当按照《企业会计准则第22号——金融工具确认和计量》确定的原持有的股权投资的公允价值加上新增投资成本之和，作为改按权益法核算的初始投资成本。

计算公式为：

改按权益法核算的初始投资成本=确定的原持有的股权投资的公允价值+新增投资成本

原持有的股权投资分类为可供出售金融资产的，其公允价值与账面价值之间的差额，以及原计入其他综合收益的累计公允价值变动应当转入改按权益法核算的当期损益。

【例5-18】A公司于2013年11月15日取得B公司5%的股权作为可供出售金融资产，取得成本为18 000 000元，2013年12月31日其公允价值为20 000 000元。2014年2月10日，A公司又从市场上取得B公司15%股权，实际支付款项63 000 000元，原5%投资在该日的公允价值为21 000 000元。从2014年2月10日起，A公司能够对B公司施加重大影响。2014年2月10日B公司可辨认净资产公允价值为440 000 000元。

（1）2013年11月15日初次购入该项资产时：

借：可供出售金融资产——成本　　18 000 000

　贷：银行存款　　18 000 000

（2）2013年12月31日调整公允价值变动：

借：可供出售金融资产——公允价值变动　　2 000 000

　贷：资本公积——其他资本公积　　2 000 000

（3）2014年2月10日追加投资时，因能施加重大影响，改为长期股权投资核算：

借：长期股权投资　　　　　　　　　　　　63 000 000

　贷：银行存款　　　　　　　　　　　　　　　　63 000 000

借：长期股权投资　　　　　　　　　　　　21 000 000

　贷：可供出售金融资产——成本　　　　　　　　18 000 000

　　　　　　　　　　——公允价值变动　　　　　2 000 000

　　投资收益　　　　　　　　　　　　　　　　　1 000 000

借：资本公积——其他资本公积　　　　　　　2 000 000

　贷：投资收益　　　　　　　　　　　　　　　　2 000 000

应确认的营业外收入＝440 000 000×20%－（63 000 000+21 000 000）＝4 000 000（元）

借：长期股权投资　　　　　　　　　　　　4 000 000

　贷：营业外收入　　　　　　　　　　　　　　　4 000 000

2）处置投资导致的长期股权投资重新分类为以公允价值计量的金融资产

投资方因处置部分股权投资等原因丧失了对被投资单位的共同控制或重大影响的，处置后的剩余股权应当改按《企业会计准则第 22 号——金融工具确认和计量》核算，其在丧失共同控制或重大影响之日的公允价值与账面价值之间的差额计入当期损益。原股权投资因采用权益法核算而确认的其他综合收益，应当在终止采用权益法核算时采用与被投资单位直接处置相关资产或负债相同的基础进行会计处理。

投资方因处置部分股权投资等原因丧失了对被投资单位的共同控制或重大影响的，处置后的剩余股权应当改按《企业会计准则第 22 号——金融工具确认和计量》核算，其在丧失共同控制或重大影响之日的公允价值与账面价值之间的差额计入当期损益。原股权投资因采用权益法核算而确认的其他综合收益，应当在终止采用权益法核算时采用与被投资单位直接处置相关资产或负债相同的基础进行会计处理。

【例 5-19】（1）2013 年 7 月 1 日，甲公司以银行存款 28 000 000 元购入 A 公司 40% 的股权，对 A 公司具有重大影响，A 公司可辨认净资产的公允价值为 75 000 000元。

借：长期股权投资——成本　　　　　　　　28 000 000

　贷：银行存款　　　　　　　　　　　　　　　　28 000 000

借：长期股权投资——成本

　　　　　　　　　　　2 000 000（75 000 000×40%－28 000 000）

　贷：营业外收入　　　　　　　　　　　　　　　2 000 000

（2）2013 年 A 公司全年实现净利润 40 000 000 元。

借：长期股权投资——损益调整　　16 000 000（40 000 000×40%）

　贷：投资收益　　　　　　　　　　　　　　　　16 000 000

（3）2014 年 1—6 月期间，A 公司宣告并发放现金股利 20 000 000 元，实现净利润 7 400 000 元。

借：应收股利　　　　　　　　　　　8 000 000（20 000 000×40%）

　贷：长期股权投资——损益调整　　　　　　　　　　　　　　　8 000 000

借：长期股权投资——损益调整　　　2 960 000（7 400 000×40%）

　贷：投资收益　　　　　　　　　　　　　　　　　　　　　　2 960 000

（4）2014 年 7 月 1 日，甲公司决定出售其持有的 A 公司 25% 的股权，出售股权后甲公司持有 A 公司 15% 的股权，对 A 公司不再具有重大影响。因此，需将原长期股权投资改按可供出售金融资产进行会计核算。出售取得价款为 28 000 000 元，剩余 15% 的股权公允价值为 17 200 000 元。

①出售时（出售时长期股权投资的账面价值构成为投资成本 30 000 000 元、损益调整 10 960 000 元）：

借：银行存款　　　　　　　　28 000 000

　贷：长期股权投资——成本　　　　　18 750 000（30 000 000÷40%×25%）

　　　　　　　　　——损益调整　　　6 850 000（10 960 000÷40%×25%）

　　　投资收益　　　　　　　　　　　2 400 000

②在丧失共同控制或重大影响之日的公允价值与账面价值之间的差额计入当期损益：

借：可供出售金融资产　　　　17 200 000

　贷：长期股权投资——成本　　　　　11 250 000（30 000 000−18 750 000）

　　　　　　　　　——损益调整　　　4 110 000（10 960 000−6 850 000）

　　　投资收益　　　　　　　　　　　1 840 000

5.4 长期股权投资的处置

企业处置长期股权投资时，应相应结转与所售股权相对应的长期股权投资的账面价值，出售所得价款与处置长期股权投资账面价值之间的差额，应当计入当期损益。采用权益法核算的长期股权投资，在处置该项投资时，采用与被投资单位直接处置相关资产或负债相同的基础，按相应比例对原计入其他综合收益的部分进行会计处理。

具体来说，企业处置长期股权投资时，按实际取得的价款，借记“银行存款”等科目，按已计提的减值准备金额，借记“长期股权投资减值准备”科目，按照长期股权投资的账面余额，贷记“长期股权投资”科目，按尚未领取的现金股利或利润，贷记“应收股利”科目，按其差额，借记或贷记“投资收益”科目。按照权益法核算的长期股权投资，因被投资单位所有者权益发生变化，按照持股比例计算享有的份额相应计入资本公积的，在处置长期股权投资时，应按相应比例进行结转，借记或贷记“资本公积——其他资本公积”科目，贷记或借记“投资收益”科目。

【例 5-20】甲企业对乙企业的长期股权投资，账面价值 10 000 000 元，已计提减值准备 500 000 元，现将该项投资全部出售，出售得款 8 000 000 元。

根据相应会计凭证，会计处理如下：

借：银行存款	8 000 000	
投资收益	1 500 000	
长期股权投资减值准备	500 000	
贷：长期股权投资——乙企业		10 000 000

思考题

1. 企业持有的哪些权益性投资应划分为长期股权投资？
2. 成本法和权益法应分别适用于什么样的长期股权投资？
3. 成本法和权益法的核算要点分别有哪些？
4. 同一控制和非同一控制的区别何在？
5. 处置长期股权投资时，成本法和权益法是否有区别？

练习题

一、单项选择题

1. 投资企业对被投资企业具有共同控制或重大影响的长期股权投资，采用(　　)核算。

A. 成本法　　B. 权益法　　C. 直线法　　D. 备抵法

2. 在成本法下，被投资企业宣告分派的现金股利或利润，确认为当期的(　　)。

A. 投资收益　　B. 长期股权投资　　C. 持有至到期投资　D. 资本公积

3. 甲、乙公司为同一母公司的子公司。2014 年 1 月 20 日，甲公司与乙公司签订协议，以 2 000 万元购入乙公司的全资子公司 D 公司 60% 的股权，合并日 D 公司所有者权益账面价值为 3 000 万元，假定不考虑相关税费，合并日甲公司确认长期股权投资的账面价值为(　　)万元。

A. 2 000　　B. 2 020　　C. 1 800　　D. 1 920

4. 长期股权投资的特点不包括(　　)。

A. 长期持有

B. 获取经济利益，并承担相应风险

C. 纯粹以盈利为目的

D. 除股票投资外，长期股权投资通常不能随时出售

5. 根据《企业会计准则第 2 号——长期股权投资》，长期股权投资的初始投资成本小于投资时应享有被投资单位可辨认净资产公允价值份额的差额记入(　　)科目核算。

A. “长期股权投资——股权投资差额”　B. “营业外收入”

C. 不进行处理　　D. “资本公积——其他资本公积”

6. 2014 年 3 月 20 日，甲公司以银行存款 1 000 万元及一项土地使用权取得其

母公司控制的乙公司80%的股权，并于当日起能够对乙公司实施控制。合并日，该土地使用权的账面价值为3 200万元，公允价值为4 000万元；乙公司净资产的账面价值为6 000万元，公允价值为6 250万元。假定甲公司与乙公司的会计年度和采用的会计政策相同，不考虑其他因素，在甲公司的下列会计处理中，正确的是(　)。

A. 确认长期股权投资5 000万元，不确认资本公积

B. 确认长期股权投资5 000万元，确认资本公积800万元

C. 确认长期股权投资4 800万元，确认资本公积600万元

D. 确认长期股权投资4 800万元，冲减资本公积200万元

7. 甲公司和A公司均为M集团公司内的子公司，2014年1月1日，甲公司以2 600万元购入A公司60%的普通股权，并准备长期持有，甲公司同时支付相关税费20万元。A公司2010年1月1日的所有者权益账面价值总额为4 000万元，可辨认净资产的公允价值为4 800万元。甲公司应确认的长期股权投资初始投资成本为(　　)万元。

A. 2 600　　B. 2 620　　C. 2 400　　D. 2 880

8. A、B两家公司属于非同一控制下的独立公司。A公司于2014年2月1日以本企业的无形资产对B公司投资，取得B公司60%的股份，该无形资产原值1 500万元，已摊销300万元，已提取减值准备50万元，2月1日该无形资产公允价值为1 250万元，A公司支付评估和法律咨询费用5万元。B公司2014年2月1日所有者权益为2 000万元。A公司该项长期股权投资的成本为(　　)万元。

A. 1 205　　B. 1 200　　C. 1 255　　D. 1 250

9. 共同控制的特点是(　　)。

A. 合营各方均受到合营合同的限制和约束

B. 任何一个合营方均不能单独控制合营企业的生产经营活动

C. 涉及合营企业基本经营活动的决策需要合营各方一致同意

D. 以上都对

10. 同一控制下，长期股权投资的初始投资成本与支付的现金之间的差额，应(　　)。

A. 调整资本公积　　B. 确认营业外收入（支出）

C. 确认投资收益　　D. 不做处理

11. 下列哪项不是“重大影响”的体现(　　)。

A. 在被投资单位的董事会中派有代表　　B. 参与被投资单位的政策制定过程

C. 与彼投资单位之间发生重要交易　　D. 向被投资单位派出财务人员

12. 成本法适用于(　　)。

A. 投资企业对被投资单位具有共同控制

B. 投资企业对被投资单位具有重大影响

C. 投资企业能够对被投资企业实施控制

D. 以上都对

13. 2014 年 1 月 1 日，A 公司以 1 500 万元取得 B 公司 30% 的股权，能够对 B 公司施加重大影响，取得投资时被投资单位可辨认净资产的公允价值为 6 000 万元。B 公司于 2014 年度共实现净利润 700 万元。不考虑其他因素，则 2014 年年末 A 公司该项长期股权投资的账面价值为(　　)万元。

A. 2 200　　B. 2 010　　C. 1 710　　D. 1 800

14. 根据《企业会计准则第 2 号——长期股权投资》的规定，长期股权投资采用权益法核算时，下列各项最终不会引起长期股权投资账面价值变动的是(　　)。

A. 被投资单位持有的可供出售权益工具的公允价值上升

B. 被投资单位发生净亏损

C. 被投资单位计提盈余公积

D. 被投资单位宣告发放现金股利

15. M 公司 2012 年年初以银行存款 680 万元作为对价取得 N 公司 30% 的股权。当年 N 公司亏损 800 万元；2013 年 N 公司亏损 2 000 万元；2014 年 N 公司实现净利润 600 万元（假定这些利润、亏损金额与投资方认定的金额相同，不需要再进行调整）。2014 年 M 公司投资收益的金额为(　　)万元。

A. 48　　B. 32　　C. 20　　D. 0

二、多项选择题

1. 关于同一控制下的企业合并，下列说法正确的有(　　)。

A. 合并方以支付现金、转让非现金资产或承担债务方式作为合并对价的，应当在合并日按照取得被合并方所有者权益账面价值的份额作为长期股权投资的初始投资成本

B. 合并方以支付现金、转让非现金资产或承担债务方式作为合并对价的，应当在合并日按照取得被合并方可辨认净资产公允价值的份额作为长期股权投资的初始投资成本

C. 长期股权投资初始投资成本与支付的现金、转让的非现金资产以及所承担债务账面价值之间的差额，应当调整资本公积；资本公积不足冲减的，调整留存收益

D. 长期股权投资初始投资成本与支付的现金、转让的非现金资产以及所承担债务账面价值之间的差额，应当计入当期损益

2. 采用权益法核算时，在下列各项中，不会引起长期股权投资账面价值发生变动的有(　　)。

A. 收到被投资单位分派的股票股利　　B. 被投资单位实现净利润

C. 被投资单位以资本公积转增资本　　D. 被投资单位提取盈余公积

3. 按长期股权投资准则规定，在下列事项中，投资企业应采用成本法核算的有(　　)。

A. 投资企业能够对被投资单位实施控制的长期股权投资

B. 投资企业对被投资单位不具有共同控制或重大影响，并且在活跃市场中没有报价、公允价值不能可靠计量的长期股权投资

C. 投资企业对被投资单位不具有共同控制或重大影响，但在活跃市场中有报价、公允价值能够可靠计量的投资

D. 投资企业对被投资单位具有共同控制的长期股权投资

4. 关于长期股权投资权益法核算，下列说法正确的有(　　)。

A. 长期股权投资的初始投资成本大于投资时应享有被投资单位可辨认净资产公允价值份额的，不调整长期股权投资的初始投资成本

B. 长期股权投资的初始投资成本大于投资时应享有被投资单位可辨认净资产公允价值份额的，其差额确认为负商誉

C. 长期股权投资的初始投资成本大于投资时应享有被投资单位可辨认净资产公允价值份额的，其差额确认为当期损益

D. 长期股权投资的初始投资成本小于投资时应享有被投资单位可辨认净资产公允价值份额的，其差额应调整留存收益，同时调整长期股权投资的成本

5. 关于长期股权投资的处置，下列说法正确的有(　　)。

A. 采用成本法核算的长期股权投资，处置长期股权投资时，其账面价值与实际取得价款的差额，应当计入当期损益

B. 采用权益法核算的长期股权投资，因被投资单位除净损益以外所有者权益的其他变动而计入所有者权益的，处置该项投资时应当将原计入所有者权益的部分按相应比例转入当期损益

C. 采用成本法核算的长期股权投资，处置长期股权投资时，其账面价值与实际取得价款的差额，应当计入所有者权益

D. 处置长期股权投资时，其账面余额与实际取得价款的差额，应当计入当期投资收益，将长期股权投资减值准备冲减资产减值损失

6. 在企业合并中发生的审计、法律服务、评估咨询等费用，正确的会计处理方法有(　　)。

A. 同一控制下企业合并计入企业合并成本

B. 同一控制下企业合并计入当期损益

C. 非同一控制下企业合并计入企业合并成本

D. 非同一控制下企业合并计入当期损益

7. 长期股权投资采用权益法核算，发生以下业务时，投资企业不需要进行会计处理的有(　　)。

A. 因被投资单位重大会计差错、会计政策变更而调整前期留存收益

B. 被投资单位提取法定盈余公积

C. 因被投资单位以盈余公积转增资本、盈余公积弥补亏损

D. 被投资单位以税前利润补亏

8. 在权益法下，“长期股权投资”账户下设置的明细账有(　　)。

A. 成本　　B. 股权投资差额　　C. 损益调整　　D. 其他权益变动

9. 采用权益法核算，能引起投资企业“长期股权投资”账面价值增减变动的会计事项有(　　)。

A. 收到股票股利　　B. 收到现金股利

C. 被投资单位实现的净损益　　D. 被投资企业宣告分派现金股利

10. 长期股权投资应根据企业对被投资企业投资额的大小，以及对被投资企业经营决策和财务决策影响程度的高低分别采用(　　)。

A. 直接转销法　　B. 直线法　　C. 权益法　　D. 成本法

11. 共同控制的特点是(　　)。

A. 合营各方均受到合营合同的限制和约束

B. 任何一个合营方均不能单独控制合营企业的生产经营活动

C. 涉及合营企业基本经营活动的决策需要合营各方一致同意

D. 合营各方不一定受合同约束

12. 权益法核算时，不应作为投资企业当期投资收益确认的项目有(　　)。

A. 被投资企业宣告发放的股票股利

B. 被投资企业宣告发放的现金股利

C. 收到投资时购买价款中包含的现金股利

D. 被投资单位发生超额亏损

13. 除企业合并形成的长期股权投资以外，其他方式取得的长期股权投资，主要包括(　　)。

A. 以支付现金取得的长期股权投资

B. 以发行权益性证券取得的长期股权投资

C. 以非货币性资产交换取得的长期股权投资

D. 以债务重组取得的长期股权投资

14. 长期股权投资与金融资产在下列情况下通常需要相互转换(　　)。

A. 减少投资使得投资企业对被投资企业由控制变为施加重大影响

B. 减少投资使得投资企业对被投资企业由具有重大影响变为不能施加重大影响

C. 追加投资使得投资企业对被投资企业由共同控制变为控制

D. 追加投资使得投资企业对被投资企业由不能共同控制或有重大影响转变为具有重大影响

15. 长期股权投资在下列情况下通常采用权益法(　　)。

A. 投资企业对被投资企业实施控制

B. 投资企业对被投资企业不具有共同控制或重大影响

C. 投资企业对被投资企业具有共同控制

D. 投资企业对被投资企业具有重大影响

三、判断题

1. 只有企业合并才能形成长期股权投资。 （ ）

2. 不具有控制、共同控制、重大影响的权益性投资一定采用成本法核算。 （ ）

3. 控股合并形成的长期股权投资采用成本法核算。 （ ）

4. 当投资企业对被投资企业的股权投资终止采用权益法核算时，对于终止前被投资企业实现的净利润，仍按权益法进行处理；对于被投资企业发生的亏损，则采用成本法处理。 （ ）

5. 同一控制下的企业合并，长期股权投资的初始成本与支付现金、转让非现金资产以及承担相应债务的账面价值之间的差额，应当调整资本公积，不足冲减的，调整留存收益。 （ ）

6. 同一控制下的企业合并，合并方以发行权益性证券作为合并对价的，应当在合并日按照取得被合并方所有者权益账面价值的份额作为长期股权投资的初始投资成本。 （ ）

7. 同一控制下的企业合并，合并方以发行权益性证券作为合并对价的，应当按照发行股份的面值总额作为股本，长期股权投资的初始投资成本与所发行股份的面值总额之间的差额，应当调整资本公积，不足冲减的，调整留存收益。 （ ）

8. 除企业合并形成的长期股权投资以外，以支付现金取得的长期股权投资所直接支付的相关费用、税金及其他必要支出，计入财务费用。 （ ）

9. 除企业合并形成的长期股权投资以外，以发行权益性证券取得的长期股权投资，应当按照发行权益性证券的面值作为初始投资成本。 （ ）

10. 投资企业对被投资企业具有共同控制或重大影响的长期股权投资，应当采用成本法核算。 （ ）

11. 长期股权投资通常会长期持有，不会轻易变现。 （ ）

12. 除股票投资外，长期股权投资绝对不能出售。 （ ）

13. 追加投资导致持股比例变化可能需要将以公允价值计量的金融资产重分类为长期股权投资。 （ ）

14. 处置部分长期股权投资后，不再对被投资企业存在共同控制和重大影响的，通常由长期股权投资重分类为以公允价值计量的金融资产。 （ ）

15. 无论是权益法还是成本法，在处置长期股权投资时，处理方法是一样的。 （ ）

四、业务处理题

1. 长江股份有限公司（本题下称“长江公司”）为上市公司，2013—2015 年企业合并、长期股权投资有关资料如下：

（1）2014 年 1 月 1 日，长江公司向 A 公司定向发行 1 000 万元普通股（每股面值 1 元，每股市价 10 元）作为对价，取得 A 公司拥有的甲公司 80% 的股权，并于当日取得控制权。在本次并购前，A 公司与长江公司不存在关联方关系。

为进行本次并购，长江公司发生评估费、审计费以及律师费共计100万元，为定向发行股票，长江公司支付了证券商佣金、手续费共计200万元。

2014年1月1日，甲公司资产账面价值为24 000万元，负债账面价值为16 000万元，净资产账面价值为8 000万元，经评估后甲公司可辨认净资产公允价值为25 000万元，负债公允价值为16 000万元，可辨认净资产公允价值为9 000万元。长江公司在购买日，确认长期股权投资初始投资成本10 100万元。

（2）2014年甲公司发生亏损2 400万元，长江公司在个别报表上确认了投资损失3 840万元。

（3）长江公司于2014年7月1日从证券市场上购入乙公司（系上市公司）股票2 040万元，其中包括已宣告但尚未发放的现金股利40万元，另外支付相关税金和手续费2万元。购入股票后，长江公司拥有乙公司1%表决权资本，对乙公司生产经营决策不具有重大影响。长江公司拟长期持有该股票，将其作为长期股权投资，确定的初始投资成本为2 002万元。

要求：

（1）根据资料（1），分析、判断长江公司合并甲公司属于何种合并类型，并说明理由。

（2）根据资料（1），分析、判断长江公司确定的长期股权投资初始投资成本是否正确，如不正确，请指出正确的处理办法。

（3）根据资料（2），分析、判断长江公司对甲公司应采用何种后续计量方法，并指出长江公司对甲公司确认的投资损失是否正确。

（4）根据资料（3），分析、判断长江公司对持有的乙公司股票会计处理是否正确，并说明理由。

2. 长江公司于2013年1月1日以一项固定资产、一批库存商品作为对价取得B公司股票400万股，每股面值1元，占B公司实际发行在外股数的30%。该项固定资产原值为500万元，累计折旧50万元，尚未计提固定资产减值准备，公允价值为500万元，转让时应交增值税85万元；库存商品的成本为650万元，已计提存货跌价准备为50万元，市场销售价格为600万元，应交增值税102万元。长江公司采用权益法核算此项投资。

2013年1月1日，B公司可辨认净资产的公允价值为4 000万元。取得投资时B公司的固定资产公允价值为300万元，账面价值为200万元，固定资产的预计尚可使用年限为10年，预计净残值为0，按照年限平均法计提折旧；无形资产公允价值为100万元，账面价值为50万元，无形资产的预计尚可使用年限为10年，预计净残值为0，按照直线法摊销。B公司其他资产、负债的公允价值与账面价值相同。

2013年年末，B公司实现净利润250万元，提取盈余公积25万元。2013年6月5日，B公司出售一批商品给长江公司，商品成本为400万元，售价为600万元，长江公司将购入的商品作为存货。至2013年年末，长江公司已将从B公司购入商品的60%出售给外部独立的第三方。2014年B公司发生亏损5 000万元，2014年B公司因可供出售金融资产增加资本公积100万元。假定长江公司账上有应收B公司长期应收款60万元且B公司无任何清偿计划。2014年年末，长江公司从B公司购入的商品剩余部分仍未实现对外销售。

要求：

（1）编制长江公司2013年年初始投资的相关会计分录。

（2）编制长江公司2013年年末确认投资收益的会计分录。

（3）编制长江公司2014年关于长期股权投资的相关会计分录。（金额单位以万元表示）

3. 甲公司2012—2015年与投资业务的有关资料如下：

（1）2012年11月1日，甲公司与乙公司签订股权转让协议。该股权转让协议规定：甲公司收购乙公司持有A公司股份总额的30%，收购价格为230万元，收购价款于协议生效后以银行存款支付；该股权协议生效日为2013年1月1日。

该股权转让协议于2012年12月25日分别经甲公司和乙公司临时股东大会审议通过，并依法报经有关部门批准。

（2）2013年1月1日，A公司股东权益总额为800万元，其中股本为400万元，资本公积为100万元，未分配利润为300万元（均为2012年度实现的净利润）。

（3）2013年1月1日，A公司董事会提出2012年利润分配方案。该方案如下：按实现净利润的10%提取法定盈余公积，不分配现金股利。对该方案进行会计处理后，A公司股东权益总额仍为800万元，其中股本为400万元，资本公积为100万元，盈余公积为30万元，未分配利润为270万元。假定2013年1月1日，A公司可辨认净资产的公允价值为800万元。假定取得投资时被投资单位各项资产的公允价值与账面价值的差额不具重要性。

（4）2013年1月1日，甲公司以银行存款支付收购股权价款230万元，并办理了相关的股权划转手续。

（5）2013年5月1日，A公司股东大会通过2012年度利润分配方案。该分配方案如下：按实现净利润的10%提取法定盈余公积；分配现金股利100万元。

（6）2013年6月5日，甲公司收到A公司分派的现金股利。

（7）2013年6月30日，A公司因可供出售金融资产公允价值上升确认资本公积50万元。

（8）2013年度，A公司实现净利润160万元。

（9）2014年5月4日，A公司股东大会通过2013年度利润分配方案。该方案如下：按实现净利润的10%提取法定盈余公积；不分配现金股利。

（10）2014年度，A公司发生净亏损200万元。

（11）2014年12月31日，甲公司对A公司投资的预计可收回金额为200万元。

（12）2015 年 1 月 5 日，甲公司将其持有的 A 公司股份全部对外转让，转让价款 195 万元，相关的股权划转手续已办妥，转让价款已存入银行。假定甲公司在转让股份过程中没有发生相关税费。

要求：

（1）确定在甲公司收购 A 公司股权交易中的“股权转让日”。

（2）编制甲公司与上述经济业务有关的会计分录（假定不考虑内部交易和所得税的影响）。(答案中的金额单位用万元表示)

第6章

固定资产

6.1 固定资产的确认和初始计量

6.1.1 固定资产的确认

1）固定资产的定义

企业使用期限超过1年的房屋、建筑物、机器、机械、运输工具以及其他与生产、经营有关的设备、器具、工具等都属于固定资产。不属于生产经营主要设备的物品，单位价值在2 000元以上，并且使用年限超过2年的，也应当作为固定资产。根据这一规定，对属于生产经营用的固定资产，只规定使用时间一个条件；对不属于生产经营主要设备的物品，同时规定了使用时间和单位价值标准两个条件。这样规定，可以不因价格变化引起的固定资产单位价值标准调整而调整。另外，一项财产是否属于固定资产，还要视企业持有这项财产的目的是否为了长期使用，是否为了用于生产经营来确定。

此外，这里所定义的固定资产还必须是有形资产。有些无形资产可能是为生产商品、提供劳务、出租或经营管理而持有，其使用寿命也超过一个会计年度，但是由于没有实物形态，所以不属于固定资产。

2）固定资产的分类

（1）固定资产按经济用途分为生产经营用固定资产和非生产经营用固定资产。

（2）固定资产按使用情况分为使用中固定资产、未使用固定资产和不需用固定资产。

（3）固定资产按所有权分为自有固定资产和租入固定资产。

3）固定资产的确认条件

一项固定资产在符合定义中的两个特征的前提下，还应当同时符合以下两个条件才能加以确认。

（1）与该固定资产有关的经济利益很可能流入企业。

资产最重要的特征是预期会给企业带来经济利益，企业在确认固定资产时，需要判断与该项固定资产有关的经济利益是否很可能流入企业。在实务中，判断与固定资产有关的经济利益是否很可能流入企业，主要判断与该固定资产所有权相关的风险和报酬是否转移到了企业。与固定资产所有权相关的风险，是指由于经营情况变化造成的相关收益的变动以及由于资产闲置、技术陈旧等原因造成的损失。与固定资产所有权相关的报酬是指在固定资产使用寿命内使用该资产而获得的收入，以及处置该资产所实现的利得等。

通常，取得固定资产的所有权是判断与固定资产所有权有关的风险和报酬转移到企业的一个重要标志。但是，所有权是否转移不是判断与固定资产所有权相关的风险和报酬转移到企业的唯一标志。在有些情况下，某项固定资产的所有权虽然不属于企业，但是，企业能够控制与该项固定资产有关的经济利益流入企业，这就意味着与该固定资产所有权相关的风险与报酬实质上已经转移到企业。在这种情况下，企业应将该项固定资产予以确认。例如，融资租入的固定资产，企业虽然不拥有固定资产的所有权，但与固定资产所有权相关的风险和报酬实质上已经转移到了企业，因此符合固定资产确认的第一个条件。对于购置的环保设备和安全设备等资产，其使用不能直接为企业带来经济利益，但是有助于企业从相关资产中获得经济利益，或者将减少企业未来经济利益的流出，因此对于这类设备企业应将其确认为固定资产。例如，为净化环境或者满足国家有关排污标准的需要购置的环保设备，这些设备的使用虽然不会为企业带来直接的经济利益，却有助于企业提高对废水、废气、废渣的处理能力，有利于净化环境，企业为此将减少未来由于污染环境而需要支付的环境净化费或者罚款，因此也符合固定资产确认的第一个条件。

（2）该固定资产的成本能够可靠地计量。

成本能够可靠地计量是资产确认的一项基本条件，企业在确定固定资产成本时必须取得确凿证据，但是有时需要根据所获得的最新资料对固定资产的成本进行合理估计。比如，企业对于已经达到预定可使用状态但尚未办理竣工决算的固定资产，需要根据工程预算、工程造价或工程实际发生的成本等资料按估计价值确定其成本，在办理竣工决算后再按照实际成本调整原来的暂估价值。在这种情况下，由于企业能够合理的估计出固定资产的成本，也视同固定资产的成本能够可靠地计量。

此外，固定资产的各组成部分，如果各自具有不同的使用寿命或者以不同的方式为企业提供经济利益，从而适用不同的折旧率或者折旧方法，此时，各组成部分实际上是以独立的方式为企业提供经济利益。因此，企业应将其各组成部分单独确认为单项固定资产。比如，飞机的引擎，如果其与飞机机身具有不同的使用寿命，适用不同的折旧率或者折旧方法，则企业应单独将引擎确认为一项固定资产。

6.1.2 固定资产的初始计量

固定资产应当按照成本进行初始计量。固定资产的成本，是指企业构建某项固定资产达到预定可使用状态前所发生的一切合理、必要的支出。这些支出包括直接发生的价款、不能抵扣的相关税费、运杂费、包装费和安装成本等，也包括间接发生的支出，如应承担的借款利息、外币借款折算差额以及应分摊的其他间接费用。

企业取得固定资产的方式一般包括外购、自行建造、投资者投入、融资租赁、债务重组等，按取得方式不同，固定资产的初始计量方法也各不相同。

1）外购不需要安装的固定资产

外购不需要安装的固定资产，按购买价款、相关税费、使固定资产达到预定可使用状态前所发生的可归属于该项资产的运输费、装卸费等作为入账价值。购入时，借记“固定资产”科目，贷记“银行存款”等科目。

【例 6-1】某企业购入一台不需安装的生产用设备，增值税专用发票列示该设备价格 30 000 元，增值税税额 5 100 元，假定未产生其他相关税费，款项全部以银行存款付清。

借：固定资产　　30 000

　　应交税费——应交增值税（进项）　　5 100

　贷：银行存款　　35 100

2）外购需要安装的固定资产

外购需要安装的固定资产，先通过“在建工程”账户核算，安装完毕后再转入“固定资产”账户。购入时，借记“在建工程”科目，贷记“银行存款”等科目；领用安装材料、支付安装费及工资费用时，借记“在建工程”科目，贷记“原材料”、“应交税费——应交增值税（进项税额转出）”、“应付职工薪酬”等科目；安装完毕交付使用时，借记“固定资产”科目，贷记“在建工程”科目。

【例 6-2】2014 年 5 月 10 日，某企业购入一台需要安装的生产用设备，取得的增值税专用票上注明的设备买价为 50 000 元，增值税税额为 8 500 元，支付运输费为 700 元（不考虑运费能否抵扣增值税），皆以银行存款支付。安装设备时，领用材料物资价值 1 000 元，购进该批材料时支付的增值税税额为 170 元，支付工资 3 500 元。

（1）支付设备价款、税金、运输费合计 58 500 元：

借：在建工程　　50 700

　　应交税费——应交增值税（进项税额）　　8 500

　贷：银行存款　　59 200

（2）领用安装材料，支付工资等费用：

借：在建工程　　4 670

　贷：应交税费——应交增值税（进项税额转出）　　170

　　　原材料　　1 000

　　　应付职工薪酬　　3 500

（3）设备安装完毕交付使用：

固定资产的入账价值 = 50 700 + 4 670 = 55 370（元）

借：固定资产　　55 370

　贷：在建工程　　55 370

3）自行建造的固定资产

自行建造固定资产的成本，由建造该项资产达到预定可使用状态前所发生的必要支出构成，包括：

（1）在建造过程中发生的全部支出入账（料、工、费）。

（2）在建工程借款利息费用的处理：与建造固定资产有关的利息支出，在资产达到预定可使用状态之前，符合资本化条件的，应计入购建固定资产的成本；不符合的资本化条件的，应计入当期损益。

【例 6-3】甲企业自建厂房一幢，购入为工程准备的各种物资 800 000 元，支付的增值税税额为 136 000 元，全部用于工程建设。领用本企业生产的水泥一批，实际成本为 70 000 元，税务部门确定的计税价格为 100 000 元，增值税税率 17%；工程人员应计工资 180 000 元，支付的其他费用 50 000 元。工程完工并达到预定可使用状态。

(1) 购入工程物资时：

借：工程物资　　936 000

　贷：银行存款　　936 000

(2) 工程领用工程物资时：

借：在建工程　　936 000

　贷：工程物资　　936 000

(3) 工程领用本企业生产的水泥，视同销售，成本及增值税销项税额共同计入在建工程的成本：

借：在建工程　　87 000

　贷：库存商品　　70 000

　　　应交税费——应交增值税（销项税额）　　17 000

(4) 分配工程人员工资时：

借：在建工程　　180 000

　贷：应付职工薪酬　　180 000

(5) 支付工程发生的其他费用时：

借：在建工程　　50 000

　贷：银行存款等　　50 000

(6) 工程完工转入固定资产成本＝936 000+87 000+180 000+50 000＝1 253 000（元）

借：固定资产　　1 253 000

　贷：在建工程　　1 253 000

此外，高危行业企业按照国家规定提取的安全生产费属于专项储备，应当计入相关产品的成本或者当期损益，借记“生产成本”等科目，贷记“专项储备——安全生产费”科目。企业使用提取的安全生产费，属于费用性支出的，直接冲减专项储备。企业使用提取的安全生产费形成固定资产的，应当通过“在建工程”科目归集所发生的支出，待安全项目完工达到预定可使用状态时确认为固定资产；同时，按照形成固定资产的成本冲减专项储备，并确认相同金额的累计折旧，借记“专项储备——安全生产费”科目，贷记“累计折旧”科目。该固定资产在以后期间不再计提折旧。计提安全生产检查费时，借记“生产成本”等科目，贷记“专项储备——安全生产费”科目；支付安全生产检查费时，借记“专项储备——安全生产费”科目，贷记“银行存款”科目。

【例 6-4】甲公司为大中型煤矿企业，属于高瓦斯的矿井，按照国家规定该煤炭生产企业按原煤实际产量每吨 30 元从成本中提取。2014 年 5 月 31 日，甲公司“专项储备——安全生产费”贷方科目余额为 20 000 000 元。

（1）2014 年 6 月份按照原煤实际产量计提安全生产费 1 000 000 元：

借：生产成本　　1 000 000

　贷：专项储备——安全生产费　　1 000 000

（2）2014 年 6 月份支付安全生产检查费 10 000 元，以银行存款支付：

借：专项储备——安全生产费　　10 000

　贷：银行存款　　10 000

（3）2014 年 6 月份购入一批需要安装的用于改造和完善矿井瓦斯抽采等安全防护设备，取得增值税专用发票注明价款为 2 000 000 元，增值税为 340 000 元，立即投入安装，安装中应付安装人员薪酬 30 000 元：

借：在建工程　　2 000 000

　　应交税费——应交增值税（进项税额）　　340 000

　贷：银行存款　　2 340 000

借：在建工程　　30 000

　贷：应付职工薪酬　　30 000

（4）2014 年 7 月份安装完毕达到预定可使用状态：

借：固定资产　　2 030 000

　贷：在建工程　　2 030 000

借：专项储备——安全生产费　　2 030 000

　贷：累计折旧　　2 030 000

期末，资产负债表“固定资产”项目列报金额 = 0；“专项储备”项目列报金额 = 2 000 000 + 1 000 000 − 10 000 − 2 030 000 = 960 000（元）。

4）投资者投入的固定资产

投资者投入的固定资产按投资合同或协议价格作为入账价值（不公允的除外）。在收到固定资产投资的时候，借记“固定资产”科目，贷记“实收资本”等科目。

5）融资租赁取得的固定资产

租赁有经营租赁和融资租赁两种形式。如果一项租赁在实质上没有转移与租赁资产所有权相关的全部风险和报酬，那么该项租赁应认定为经营租赁。经营租赁的会计处理比较简单，只需要将应付或支付的租金按一定的方法计入相关资产成本或当期损益。融资租赁则是企业租入的某项固定资产在实质上转移了与资产所有权相关的全部风险和报酬。

融资租赁的固定资产，在租赁期开始日，将租赁固定资产的公允价值与最低租赁付款额两者现值中较低者作为租入固定资产的入账价值。将最低付款额作为长期应付款的入账价值，其差额作为未确认融资费用。未确认融资费用应当在租赁期内各个期间按实际利率法进行分摊。

【例 6-5】甲企业于2014年年初因扩大规模需要融资租入乙公司设备一台，公允价值为600 000元，租赁合同规定：设备租赁期为4年，该设备尚可使用10年，租赁合同规定的利率为8%，每年年末支付租赁款180 000元，租赁期满企业可以无偿留购该设备。

(1) 企业租入固定资产时：

最低租赁付款额的现值=各期支付的租赁费+留购款

=180 000×（P/A，8%，4）=180 000×3. 3121=596 178（元）

固定资产的公允价值为600 000元。融资固定资产入账价值为最低租赁付款额现值、公允价值两者之中的较低者。

借：固定资产——融资租入固定资产　　596 178

　　未确定融资费用　　123 822

　贷：长期应付款——乙公司（应付融资租赁款）　　720 000

(2) 在租期内每年年末支付租赁款时：

借：长期应付款——乙公司（应付融资租赁款）　　180 000

　贷：银行存款　　180 000

(3) 2014—2017年年末分摊未确认融资费用时：

未确认融资费用摊销额见表6-1。

表6-1　　2014—2017 年年末未确认融资费用摊销额　　单位：元

时间	租金 ①	确认的融资费用 ②=期初④×8%	应付本金减少数 ③=①-②	应付本金总额 ④=期初④-③
2014年年初				596 178
2014年年末	180 000	47 694. 24	132 305. 76	463 872. 24
2015年年末	180 000	37 109. 78	142 890. 22	320 982. 02
2016年年末	180 000	25 678. 56	154 321. 44	166 660. 58
2017年年末	180 000	13 339. 42*	166 660. 58	
合计	720 000	123 822	596 178	

注：*为抵消摊销时的计算误差，2017年年末确认的融资费用作了稍微的调整。

借：财务费用　　47 694. 24

　贷：未确认融资费用　　47 694. 24

其他年份摊销时分录相同，数据见表6-1。

(4) 每月计提该项固定资产折旧时：

每月折旧费用=596 178÷（4×12）=12 420. 38（元）

借：制造费用　　12 420. 38

　贷：累计折旧　　12 420. 38

(5) 期满无偿得到设备时：

借：固定资产——生产经营用固定资产　　596 178

贷：固定资产——融资租入固定资产　596 178

6）非货币性资产交换取得的固定资产

非货币性资产交换取得的固定资产同时满足下列条件的，应当以公允价值和应支付的相关税费作为换入资产的入账价值：①交换具有商业实质；②换入资产或换出资产的公允价值能够可靠地计量。

未同时满足上述条件时，以换出资产的账面价值和应支付的相关税费作为换入资产的入账价值。

7）债务重组取得的固定资产

债务重组取得的固定资产，债权人对受让的固定资产按公允价值作为入账价值。

8）存在弃置义务的固定资产

对于特殊行业的特定固定资产，在确定其初始成本时，还应考虑弃置费用。所谓弃置费用是指国家法律和行政法规、国际公约等规定，企业承担的环境保护和生态恢复等义务所确定的支出，如核电站核设施等的弃置和恢复环境义务。

弃置费用，企业应该根据《企业会计准则第 13 号——或有事项》的规定核算。此外，弃置费用需要考虑资金的时间价值，按照现值计算确定计入固定资产成本和相应的预计负债。在固定资产的使用寿命内按照预计负债的摊余成本和实际利率计算确定的利息费用在发生时计入当期财务费用。一般工商企业的固定资产发生的报废清理费用不属于弃置费用，应当在发生时作为固定资产处置费用处理。

【例 6-6】经国家审批，某企业计划建造一个核电站，其主体设备核反应堆将会对当地的生态环境产生一定的影响。根据法律规定，企业应在该项设备使用期满后将其拆除，并对造成的污染进行整治。2015 年 1 月 1 日，该项设备建造完成并交付使用，建造成本共 80 000 000 元。预计使用寿命为 10 年，预计弃置费用为 1 000 000元。假定折现率（即为实际利率）为 10%。

（1）计算已完工的固定资产的成本：

核反应堆属于特殊行业的特定固定资产，确定其成本时应考虑弃置费用。2015 年 1 月 1 日：

核反应堆弃置费用的现值＝1 000 000×（P/F，10%，10）

＝1 000 000×0. 3855＝385 500（元）

固定资产入账价值＝80 000 000+385 500＝80 385 500（元）

借：固定资产　80 385 500

　贷：在建工程　80 000 000

　　预计负债　385 500

（2）计算第 1 年应负担的利息：

第 1 年应负担的利息＝385 500×10%＝38 550（元）

借：财务费用　38 550

　贷：预计负债　38 550

（3）计算第2年应负担的利息（按实际利率法计算）：

第2年应负担的利息＝（385 500+38 550）×10%＝42 405（元）

借：财务费用 42 405

贷：预计负债 42 405

在以后会计年度，企业应当按照实际利率法计算确定每年的财务费用，计算公式为：

该年财务费用＝该年预计负债的期初余额×实际利率

6.2 固定资产的后续计量

固定资产的后续计量主要包括固定资产折旧的计提、减值损失的确定，以及后续支出的确定。

6.2.1 固定资产折旧

1）固定资产折旧的概念

固定资产折旧指在一定时期内为弥补固定资产损耗按照规定的固定资产折旧率提取的固定资产折旧，或按国民经济核算统一规定的折旧率虚拟计算的固定资产折旧。它反映了固定资产在当期生产中的转移价值。企业应当根据固定资产的性质和使用情况，合理确定固定资产的使用寿命和预计净残值。固定资产的使用寿命、预计净残值一经确定，不得随意变更。

2）固定资产折旧的范围

《企业会计准则第4号——固定资产》规定，企业应对所有的固定资产计提折旧，但是已提足折旧仍继续使用的固定资产和单独计价入账的土地除外。提前报废的固定资产也不再计提折旧。

计提折旧的固定资产包括：（1）房屋建筑物；（2）在用的机器设备、食品仪表、运输车辆、工具器具；（3）季节性停用及修理停用的设备；（4）以经营租赁方式租出的固定资产和以融资租赁式租入的固定资产。融资租入的固定资产，应当采用与自有固定资产相一致的折旧政策，并按租赁合同确定租入资产的折旧期间。

不计提折旧的固定资产包括：（1）已提足折旧仍继续适用的固定资产；（2）以前年度已经估价单独入账的土地；（3）提前报废的固定资产；（4）以经营租赁方式租入的固定资产和以融资租赁方式租出的固定资产。

已达到预定可使用状态但尚未办理竣工决算的固定资产，应当按照估计价值确定其成本，并计提折旧；待办理竣工决算后再按实际成本调整原来的暂估价值，但不需要调整原已计提的折旧额。

处于更新改造过程停止使用的固定资产，应将其账面价值转入在建工程，不再计提折旧。在更新改造项目达到预定可使用状态转为固定资产后，再按照重新确定的使用寿命、预计净残值和折旧方法计提折旧。

因进行大修理而停用的固定资产，应当照提折旧，计提的折旧额应计入相关资产成本或当期损益。

3）固定资产折旧的方法

企业计提固定资产折旧的方法有多种，基本上即可以分为两类，即直线法(包括年限平均法和工作量法）和加速折旧法（包括年数总和法和双倍余额递减法)，企业应当根据固定资产所含经济利益预期实现的方式选择不同的方法。企业的折旧方法不同，计提的折旧额相差很大。企业应当按月计提固定资产折旧，当月增加的固定资产，当月不计提折旧，从下月起计提折旧；当月减少的固定资产，当月仍计提折旧，从下月起停止计提折旧。固定资产的折旧方法一经确定，不得随意变更。

（1）平均年限法

平均年限法，又称年限平均法，属于直线折旧的方法，是指将固定资产的应计折旧额均衡地分摊到固定资产预定使用寿命内的一种方法。采用这种方法计算的每期折旧额相等，初级会计通常使用这种折旧方法。其计算公式如下：

年折旧率=（1- 预计净残值率）÷ 预计使用寿命（年）×100%

或者，年折旧率=（固定资产原价-预计净残值）÷预计使用寿命（年）×100%

月折旧率=年折旧率÷12

月折旧额=固定资产原价×月折旧率

【例6-7】A公司有一台机器设备原始价值为500 000元，预计使用寿命为8年，预计净残值为20 000元。

每年的折旧额=（500 000-20 000）÷8=60 000（元）

每月的折旧额=60 000÷12=5 000（元）

使用年限平均法计算固定资产的折旧比较简单。但是，由于平均年限法只着重于固定资产使用时间的长短，不考虑固定资产使用的强度和效率，这样，每期折旧费用总是相等的。如果某一年使用率高，生产的产品产量增多，那么每一单位的产品分摊的折旧费用势必降低，产品单位成本就下降；反之，则上升。所以用平均年限法分摊固定资产成本，看似各年平均其实并不均匀。因此，这种折旧方法仅适合各个时期使用程度和使用效率大致相同的固定资产。

（2）工作量法

工作量法是根据实际工作量计算每期应提折旧额的一种方法。计算公式如下：

单位工作量折旧额=固定资产原价×（1 - 预计净残值率）÷预计总工作量

某项固定资产月折旧额=该项固定资产当月工作量×单位工作量折旧额

【例6-8】A公司的一辆中型载货汽车原价为250 000元，预计行驶里程为600 000千米，预计净残值率为5%，本月行驶10 000千米；假设甲公司没有为该汽车计提减值准备，则该汽车本月折旧额为多少？

每公里折旧=250 000×（1-4%）÷600 000=0.4（元）

本月折旧额=0.4×10 000=4 000（元）

工作量法的优点是按照实际使用过程磨损程度计算，能正确反映运输工具、精密设备等使用程度，而且把折旧费用与业务成果联系起来。缺点是：第一，即使每年的折旧费用是变动的，工作量法仍然类似于直线法。因为它假定每一服务单位分配等量的折旧费，但是，假定每一服务单位的成本相等是没有根据的。而且，由于在后期有些服务单位尚有待于日后使用，整个服务价值的降低事实上并不是均匀的，除非假定利率为零。第二，工作量法未能考虑到修理和维修费用的递增，以及操作效率或收入的递减等因素。因此，工作量法适用于那些在使用期间负担程度差异很大，提供的经济效益很不均衡的固定资产。

（3）双倍余额递减法

双倍余额递减法属于加速折旧的一种方法，是在不考虑固定资产残值的情况下，用直线法折旧率的两倍作为固定的折旧率乘以逐年递减的固定资产期初净值，得出各年应提折旧额的方法。这种方法是假设固定资产的服务潜力在前期消耗较大，在后期消耗较少，因此，在固定资产的使用前期多提折旧，使用后期少提折旧，从而实现加速折旧。其计算公式为：

设备入账账面价值为 X，预计使用 N（N 足够大）年，残值为 Y。

第一年折旧 $C_1 = X \cdot \frac{N}{2}$

第二年折旧 $C_2 = (X-C_1) \cdot \frac{N}{2}$

第三年折旧 $C_3 = (X-C_1-C_2) \cdot \frac{N}{2}$

……

最后两年需改为直线法折旧。

【例 6-9】某企业于 2014 年 12 月 5 日购置并投入使用一项常年处于震动、超强度使用的设备产，原价为 500 000 元，预计使用年限为 8 年，预计净残值 15 000 元，未计提减值准备。该固定资产经税务部门批准，按双倍余额递减法计提折旧。

要求：计算该固定资产每年的折旧额。

注：年折旧率 = 2÷8×100% = 25%

双倍余额递减法下该固定资产每年的折旧额见表 6-2。

表 6-2　**双倍余额递减法下该固定资产每年的折旧额计算表**　金额单位：元

年份	预计残值	年初账面价值	年折旧率	年折旧额	累计折旧
2015	15 000	500 000	25%	125 000	125 000
2016	15 000	375 000	25%	93 750	218 750
2017	15 000	281 250	25%	70 313	289 063
2018	15 000	210 937	25%	52 734	341 797
2019	15 000	158 203	25%	39 551	381 348
2020	15 000	118 652	25%	29 663	411 011
2021	15 000	88 987		36 994	448 005
2022	15 000	51 993		36 995	485 000

(4) 年数总和法

设备入账账面价值为 X，预计使用 N 年，预计残值为 Y，则第 M 年计提折旧为$\frac{(X-Y)\cdot(N-M+1)}{(N+1)\cdot\frac{N}{2}}$。

【例 6-10】续【例 6-9】，假定该企业采用年数总和法。

年数总和法下该固定资产每年的折旧额见表 6-3。

表 6-3　**年数总和法下该固定资产每年的折旧额计算表**　金额单位：元

年份	尚可使用年限	原值-净残值	年折旧率	年折旧额	累计折旧
2015	8	485 000	$\frac{8}{36}$	107 778	107 778
2016	7	485 000	$\frac{7}{36}$	94 306	202 084
2017	6	485 000	$\frac{6}{36}$	80 833	282 917
2018	5	485 000	$\frac{5}{36}$	67 361	350 278
2019	4	485 000	$\frac{4}{36}$	53 889	404 167
2020	3	485 000	$\frac{3}{36}$	40 417	444 584
2021	2	485 000	$\frac{2}{36}$	26 944	471 528
2022	1	485 000	$\frac{1}{36}$	13 472	485 000

4) 固定资产折旧的会计处理

固定资产应当按月计提折旧，计提的折旧应通过“累计折旧”科目核算。本科目贷方登记按期计提的折旧额，借方登记因不同原因减少固定资产而应转销的已提固定资产折旧，余额在贷方，表示企业现有固定资产的已提折旧的累计数。

通常，企业基本生产车间所使用的固定资产，其计提的折旧应计入当期制造费用；管理部门所使用的固定资产，其计提的折旧应计入管理费用；销售部门所使用的固定资产，其计提的折旧应计入销售费用；在自行建造固定资产过程中所使用的固定资产，其计提的折旧应计入在建工程成本；经营租出的固定资产，其计提的折旧应计入其他业务成本；闲置不用的固定资产，其计提的折旧应计入管理费用。

【例 6-11】A 公司使用年限平均法对固定资产计提折旧。2014 年 1 月份根据“固定资产折旧计算表”，根据使用部门确定的折旧额分配方案为：车间 410 000 元，管理部门 80 000 元，销售部门 30 000 元。该企业编制会计分录为：

借：制造费用　410 000

　　管理费用　80 000

　　销售费用　30 000

贷：累计折旧　　520 000

5）固定资产使用寿命、预计净残值和折旧方法的复核

由于固定资产的使用寿命通常长于1年，在使用过程中由于经济、技术环境的变化，可能影响固定资产的使用寿命、预计净残值，因此，企业至少应当于每年年度终了，对固定资产的使用寿命、预计净残值和折旧方法进行复核。使用寿命预计数与原先估计数有差异的，应当调整固定资产使用寿命。预计净残值与原先估计数有差异的，应当调整预计净残值。与固定资产有关的经济利益预期实现方式有重大改变的，企业应当改变固定资产的折旧方法。固定资产的使用寿命、预计净残值和折旧方法的改变都应当作为会计估计变更处理，并在报表附注中予以披露。

6.2.2　固定资产减值损失

固定资产由于发生损坏、技术陈旧或者其他经济原因，导致其可收回金额低于其账面价值，这种情况称之为固定资产减值。企业的固定资产可按固定资产的账面价值与可收回金额孰低计量，按可收回金额低于账面价值的差额计提减值准备。资产的可收回金额是指资产的公允价值减去处置费用后的净额与资产预计未来现金流量的现值两者之间的较高者。

由于市场环境的变化等原因，企业在经营活动中存在着各种风险和不确定因素，所以企业在进行会计核算时，应当遵循谨慎性原则，即要求企业在面临不确定因素的情况下做出职业判断时，应当保持必要的谨慎，充分估计到各种风险和损失，不高估资产或收益，也不少计负债或费用。我国关于资产减值准备规定不仅说明了谨慎性原则的重要性，也是为了避免资产的虚增导致企业利润的虚增，同时保证了企业财务资料的真实性、可比性。

企业应当于每期期末对固定资产进行检查，如发现存在下列情况，应当计算固定资产的可收回金额，以确定固定资产是否已经发生减值：（1）固定资产的市价在当期大幅度下跌，其跌幅明显高于因时间的推移或正常使用而预计的下跌，并且预计短期内不可能恢复；（2）企业所处的经营环境，如技术、市场、经济或法律环境，或者产品营销市场在当期发生或在近期发生重大变化，并对企业产生负面影响；（3）同期市场利率等大幅度提高，进而很可能影响企业计算固定资产可收回金额的折现率，进而导致固定资产可收回金额大幅度降低；（4）固定资产陈旧过时以致被市场淘汰，或发生实体损坏等；（5）固定资产预计使用方式发生重大不利变化，如企业计划终止或重组该资产所属的经营业务、提前处置资产等情形，导致对企业产生负面影响；（6）其他有可能表明资产已发生减值的情况。

当存在下列情况之一时，应当按照该项固定资产的账面价值全额计提固定资产减值准备：（1）长期闲置不用，在可预见的未来不会再使用，且已无转让价值的固定资产；（2）由于技术进步等原因，已不可再使用的固定资产；（3）虽然固定资产尚可使用，但使用后产生大量不合格品的固定资产；（4）已遭毁损，以至于不再具有使用价值和转让价值的固定资产；（5）其他实质上已经不能再给企业带来经济利益的固定资产。

【例 6-12】A 公司使用的某大型机床设备，其购置价格为 150 000 元，已提折旧 100 000 元，由于该大型机床设备生产出的产品在市场中已经过时被淘汰，公司决定停产该类产品，该大型机床也闲置不用，预计未来不可能再使用该大型机床，也无法将其转让出去，则会计处理为：

借：资产减值损失——固定资产减值损失　　50 000

　贷：固定资产减值准备　　50 000

假设年末将该大型机床报废，产生清理费用 1 000 元，残料价值 1 100 元，则会计分录为：

借：累计折旧　　100 000

　　固定资产减值准备　　50 000

　贷：固定资产　　150 000

借：固定资产清理　　1 000

　贷：银行存款　　1 000

借：银行存款　　1 100

　贷：固定资产清理　　1 100

借：固定资产清理　　100

　贷：营业外收入　　100

6.2.3 固定资产的后续支出

对于符合固定资产确认条件的后续支出，应予以资本化，计入固定资产成本；否则，予以费用化，应当在发生时计入当期损益。

1）资本化的后续支出

将固定资产进行更新改造的，如符合资本化条件，应将该固定资产的原价、已计提的累计折旧和减值准备转销，将其账面价值转入“在建工程”，并停止计提折旧；待更新改造等工程达到达到预定可使用状态时，再从在建工程转为固定资产，并按重新确定的使用寿命、预计净残值和折旧方法计提折旧。

当后续支出涉及替换原固定资产的某组成部分，且发生的后续支出符合固定资产确认条件时，应将其计入固定资产成本，同时将被替换部分的账面价值扣除。

对固定资产进行定期检查发生的大修理费用，符合资本化条件的，可以计入固定资产成本，不符合资本化条件的，应当费用化，计入当期损益。此外，固定资产在定期大修理间隔期间，照提折旧。固定资产发生的可资本化的后续支出，通过“在建工程”科目核算。

【例 6-13】A 公司因生产的甲产品适销对路，现有生产线的生产能力已经难以满足公司业务发展的需要，公司决定对现有生产线进行改扩建，以提高其生产能力。改扩建前该生产线的原价为 6 000 000 元，采用年限平均法计提折旧，已提折旧 2 000 000 元，假定该生产线未发生减值。2014 年 3 月 1 日至 5 月 30 日，经过 3 个月的改扩建工程，该生产线完工，于 6 月初正式投产。在改扩建期间发生支出共计 5 000 000 元，其中领用工程物资 4 000 000 元，发生改扩建人员的工资 600 000

元，使用银行存款支付其他费用400 000元。

根据上述资料，A公司会计处理如下：

(1) 固定资产转入改扩建时：

借：在建工程	4 000 000	
累计折旧	2 000 000	
贷：固定资产		6 000 000

(2) 发生改扩建工程支出时：

借：在建工程	5 000 000	
贷：银行存款		400 000
应付职工薪酬		600 000
工程物资		4 000 000

(3) 改扩建完成，达到预定可使用状态时：

借：固定资产	9 000 000	
贷：在建工程		9 000 000

改扩建完成后，从在建工程转为固定资产后，再按重新确定的使用寿命、预计净残值和折旧方法计提折旧。

2）费用化的后续支出

与固定资产有关的后续支出，若不能同时满足固定资产确认的两个条件，则应将其支出计入当期损益，作为费用化的后续支出。

【例6-14】2015年2月，A公司对现有的一台生产用设备进行日常维护，在维护过程中领用本企业原材料一批，价值10 000元，产生维护人员工资6 000元，假定没有其他相关税费，则会计分录为：

借：管理费用	16 000	
贷：原材料		10 000
应付职工薪酬		6 000

6.3 固定资产处置

6.3.1 固定资产终止确认的条件

固定资产处置包括固定资产的出售、转让、报废或毁损、对外投资、非货币性资产交换、债务重组等。企业出售、转让、报废固定资产或发生固定资产毁损，应当将处置收入扣除账面价值和相关税费后的金额计入当期损益。固定资产满足下列条件之一的，应当予以终止确认：

(1) 该固定资产处于处置状态

处于处置状态的固定资产不再用于生产商品、提供劳务、出租或经营管理，因此不再符合固定资产的定义，应予终止确认。

(2) 该固定资产预期通过使用或处置不能产生经济利益

固定资产确认的条件之一是“与该固定资产有关的经济利益很可能流入企

业”。如果一项固定资产预期通过使用或处置不能产生经济利益，就不再符合固定资产的定义和确认条件，因此应予以终止确认。

6.3.2 固定资产处置的步骤

企业因出售、报废或毁损、对外投资、非货币性资产交换、债务重组等处置固定资产，其会计处理一般经过以下几个步骤：

（1）固定资产转入清理。固定资产转入清理时，按固定资产的账面价值，借记“固定资产清理”科目，按已计提的累计折旧，借记“累计折旧”科目，按已计提的减值准备，借记“固定资产减值准备”科目，按固定资产账面余额，贷记“固定资产”科目。

（2）发生的清理费用。固定资产在清理过程中发生的有关费用以及应支付的相关税费，借记“固定资产清理”科目，贷记“银行存款”、“应交税费”等科目。

（3）出售收入和残料等的处理。企业收回出售固定资产的价款、残料价值和变价收入等，应冲减清理支出。按实际收到的出售价款以及残料变价收入等，借记“银行存款”、“原材料”等科目，贷记“固定资产清理”科目。

（4）保险赔偿的处理。企业计算或收到的应由保险公司或过失人赔偿的损失，应冲减清理支出，借记“其他应收款”、“银行存款”等科目，贷记“固定资产清理”科目。

（5）清理净损益的处理。固定资产清理完成后的净损失，属于在生产经营期间正常的处理损失，借记“营业外支出——处置非流动资产损失”科目，贷记“固定资产清理”科目；属于生产经营期间由于自然灾害等非正常原因造成的，借记“营业外支出——非常损失”科目，贷记“固定资产清理”科目。固定资产清理完成后的净收益，借记“固定资产清理”科目，贷记“营业外收入——处置非流动资产利得”科目。

【例6-15】2014年2月，A公司出售一台设备，其购入价为300 000元，其间已发生减值10 000元，售价为120 000元。该设备已计提折旧150 000元，另在固定资产出售过程中以银行存款支付清理费等10 000元。现已办理了财产转移手续。

（1）固定资产转入清理时：

借：固定资产清理	140 000	
累计折旧	150 000	
固定资产减值准备	10 000	
贷：固定资产		300 000

（2）发生清理费用时：

借：固定资产清理	10 000	
贷：银行存款		10 000

（3）取得清理收入时：

借：银行存款	120 000	

借：营业外支出——处置非流动资产损失　　30 000
　贷：固定资产清理　　150 000

6.4 固定资产的清查

企业应当定期或不定期对固定资产进行清查，且应当在年度终了前进行一次全面的盘点清查，并对在清查过程中发生的盘盈和盘亏，正确地进行处理。固定资产是一种价值较高、使用期限较长的有形资产，因此，盘盈、盘亏的固定资产应较为少见。

6.4.1 盘盈固定资产

1）调整以前年度损益

盘盈的固定资产，一般作为前期差错，因此盘盈额用于调整以前年度损益。处理步骤如下：

第一，发生盘盈时，按重置成本调整账面记录，借记“固定资产”科目，贷记“以前年度损益调整”科目。

第二，按重置成本的25%调整应交所得税，借记“以前年度损益调整”科目，贷记“应交税费——应交所得税”科目。

第三，按重置成本的75%结转以前年度损益调整，借记“以前年度损益调整”科目，贷记“利润分配——未分配利润”科目。

第四，按确认利润的10%提取法定盈余公积，借记“利润分配——未分配利润”科目，贷记“盈余公积——法定盈余公积”科目。

2）调整当期损益

若是盘盈的固定资产经批准后调整当期损益，则处理步骤比较简单。当发生盘盈时，借记“固定资产”科目，贷记“待处理财产损溢——待处理固定资产损溢”科目；经批准后处理时，借记“待处理财产损溢——待处理固定资产损溢”科目，贷记“营业外收入”科目。

6.4.2 盘亏固定资产

盘亏的固定资产一般在扣除已计提折旧、减值准备和相关赔偿后的差额作为营业外支出。发生盘亏时，借记“待处理财产损溢——待处理固定资产损溢”、“累计折旧”、“固定资产减值准备”等科目，贷记“固定资产”科目。经批准后处理时，借记“其他应收款”、“营业外支出”等科目，贷记“待处理财产损溢——待处理固定资产损溢”科目。

思考题

1. 固定资产的确认条件是什么？如何理解这些确认条件？
2. 固定资产的折旧方法有哪些？各有什么特点？
3. 固定资产发生减值怎么办？
4. 固定资产提前报废的账务处理是怎样的？

5. 如何进行固定资产盘盈、盘亏的会计处理?

练习题

一、单项选择题

1. 某企业管理部门的车辆委托汽车修理厂进行经常性修理，支付修理费 3 000 元，用银行转账支付。其借方应记入的账户是( )。

A. “管理费用”　B. “固定资产”　C. “制造费用”　D. “待摊费用”

2. 2013 年 12 月 31 日甲股份有限公司进行盘点，发现有一台使用中的机器设备未入账，该机器八成新，该型号机器设备存在活跃市场，市场价格为 750 000 元。固定资产入账价值为( )元。

A. 750 000　B. 1 350 000　C. 150 000　D. 600 000

3. 甲公司的一台机器设备采用工作量法计提折旧。原价为 153 万元，预计生产产品产量为 450 万件，预计净残值率为 3%，本月生产产品 7. 65 万件。则该台机器设备的本月折旧额为( )万元。

A. 2. 67 903　B. 2. 62 959　C. 2. 52 297　D. 2. 52 284

4. 某企业 2013 年 6 月期初的固定资产原值为 10 500 万元。6 月增加了一项固定资产入账价值为 750 万元，同时 6 月减少了固定资产原值 150 万元；则 6 月份该企业应提折旧的固定资产原值为( )万元。

A. 11 100　B. 10 650　C. 10 500　D. 10 350

5. 在下列固定资产中，当月应计提折旧的有( )。

A. 当月购入并投入使用的机器　B. 以经营租赁方式租入的生产用设备

C. 上月融资租入的固定资产　D. 已提足折旧额的厂房

6. 甲企业购入一台需要安装的设备，取得增值税专用发票上注明的设备买价为 80 000 元，增值税为 13 600 元，支付的运输费为 3 000 元（不考虑运费抵扣的问题），设备安装时领用的工程材料价值 2 000 元（不含税），购进该批工程用材料的增值税为 340 元，设备安装时支付有关人员工资 2 500 元，则该固定资产的成本为( )元。

A. 87 500　B. 87 840　C. 101 440　D. 101 100

7. 某设备的账面原价为 100 000 元，预计使用年限为 5 年，预计净残值为 5 000元，按双倍余额递减法计提折旧，该设备在第 3 年应计提的折旧额为( )元。

A. 14 400　B. 19 000　C. 24 000　D. 12 000

8. 企业盘盈的固定资产，应在报告批准后，转入( )科目。

A. “资本公积”　B. “其他业务收入”

C. “以前年度损益调整”　D. “营业外收入”

9. 在下列固定资产中，应计提折旧的是( )。

A. 未提足折旧提前报废的房屋　B. 闲置的房屋

C. 已提足折旧继续使用的房屋　　　　D. 经营租赁租入的房屋

10. 甲公司因自然灾害毁损了一批设备，其账面原值为120万元，已提折旧45万元，支付清理费0.75万元，保险公司赔款30万元，设备残值变价收入7.50万元，则应记入当期“营业外支出”的金额为(　　)万元。

A. 45　　B. 82.50　　C. 37.50　　D. 38.25

11. 某设备账面原价80 000元，预计使用年限5年，预计净残值5 000元，按年数总和法计提折旧，则第三年应计提的折旧额为(　　)元。

A. 15 000　　B. 30 000　　C. 10 000　　D. 5 000

12. H公司以一栋房产对D公司直接投资，房产账面原价300万元，已提折旧30万元，双方确认的价值为350万元，营业税税率为5%，则D公司由此增加的“实收资本”金额为(　　)万元。

A. 350　　B. 400　　C. 270　　D. 290

13. 某大型生产线达到预定可使用状态前进行联合试车发生的费用应记入(　　)账户。

A. “长期待摊费用”　　B. “营业外支出”

C. “在建工程”　　D. “管理费用”

14. 某企业2014年11月1日购入一项固定资产，原价498万元，预计使用5年，预计净残值5万元，采用双倍余额递减法计提折旧，该固定资产2015年应计提的折旧额为(　　)万元。

A. 98.6　　B. 119.52　　C. 185.92　　D. 192.56

15. 在建工程项目达到预定可使用状态前试生产产品对外出售取得的收入应(　　)。

A. 冲减工程成本　　B. 计入营业外收入

C. 冲减营业外支出　　D. 计入其他业务收入

二、多项选择题

1. 履约成本是指在租赁期内为租赁资产支付的各种使用成本，包括(　　)。

A. 技术咨询费和服务费　　B. 人员培训费

C. 维修费、保险费　　D. 佣金、律师费、差旅费、谈判费

2. 下列固定资产的相关损失项目，应计入营业外支出的是(　　)。

A. 在建造过程中的在建工程项目发生非正常的毁损损失

B. 在筹建期间出售固定资产发生的净损失

C. 期末固定资产预计可收回金额低于其账面价值的损失

D. 经批准结转的固定资产盘亏损失

3. 在当期发生的下列事项中，不影响当期损益有的(　　)。

A. 在建工程领用本企业生产的商品应交的所得税

B. 在建工程领用本企业生产的商品应交的增值税

C. 在建工程项目全部报废所发生的损失

D. 在建工程在试运营过程中所取得的收入

4. 在下列各项中，引起固定资产账面价值发生增减变化的有(　　)。

A. 对固定资产计提折旧　　B. 发生固定资产改良支出

C. 发生固定资产修理支出　　D. 计提固定资产减值准备

5. 固定资产清理核算的内容包括(　　)。

A. 固定资产出售　　B. 固定资产盘亏

C. 固定资产报废　　D. 固定资产对外捐赠

6. 在计提固定资产折旧的初期就需考虑固定资产净残值的折旧方法是(　　)。

A. 年限平均法　　B. 工作量法

C. 双倍余额递减法　　D. 年数总和法

7. “固定资产清理”账户借方登记的项目有(　　)。

A. 清理费用　　B. 转入清理的固定资产净值

C. 结转的清理净损失　　D. 结转的清理净收益

8. 在下列固定资产中，不需要计提折旧的有(　　)。

A. 已提足折旧仍继续使用的固定资产　　B. 单独作价入账的土地

C. 以融资租赁方式租入的设备　　D. 提前报废的固定资产

9. 企业在确定固定资产的使用寿命时，主要应当考虑下列因素(　　)。

A. 该资产的预计生产能力或实物产量

B. 该资产的有形损耗

C. 该资产的无形损耗

D. 有关资产使用的法律或者类似的限制

10. 如果固定资产发生减值，应当计提相应的固定资产减值准备。以下表明固定资产发生减值的情形有(　　)。

A. 固定资产市价大幅度下跌，其跌幅明显高于因时间推移或正常使用而预计的下跌，并且预计在近期内不可能恢复

B. 企业所处经营环境，如技术、市场、经济或法律环境，或者产品营销市场在当期发生或在近期发生重大变化，并对企业产生负面影响

C. 同期市场利率大幅度提高，进而很可能影响企业计算固定资产可收回金额的折现率，并导致固定资产可收回金额大幅度降低

D. 固定资产陈旧过时或发生实体损坏

11. 下列各类机器设备应计提折旧的有(　　)。

A. 融资租入的机器设备　　B. 经营租入的机器设备

C. 已季节性停用的机器设备　　D. 已提足折旧继续使用的机器设备

12. 下列各项应计入固定资产成本的有(　　)。

A. 固定资产进行日常修理发生的人工费用

B. 在房屋建造过程中领用的原材料所负担的增值税

C. 固定资产达到预定可使用状态后发生的专门借款利息

D. 固定资产达到预定可使用状态前发生的工程物资盘亏净损失

13. 发生固定资产盘亏时，企业一般以固定资产的账面价值扣除下列哪些项目后的余额计入营业外支出(　　)。

A. 已计提折旧　　B. 已计提的减值准备

C. 保险公司的赔偿　　D. 以上均不扣除

14. 下列说法正确的有(　　)。

A. 购置的不需要经过建造过程即可使用的固定资产，按实际支付的买价、包装费、运输费、安装成本、缴纳的有关税金等作为入账价值

B. 自行建造的固定资产，按建造该项固定资产达到预定可使用状态前发生的全部支出作为入账价值

C. 投资者投入的固定资产按投资方原账面价值作为入账价值

D. 融资租入固定资产按租赁开始日租赁资产的原账面价值与最低租赁付款额的现值中的较低者作为入账价值

15. 下列属于加速折旧方法的是(　　)。

A. 平均年限法　　B. 工作量法

C. 双倍余额递减法　　D. 年数总和法

三、判断题

1. 盘盈的固定资产，按重置完全价值确定其入账价值。(　　)

2. 备品备件和维修设备通常确认为存货，但某些备品备件和维修设备需要与相关固定资产组合发挥效用，例如民用航空运输企业的高价周转件，此时应将其确认为固定资产。(　　)

3. 已计提减值准备的固定资产其价值又得以恢复，则应将其恢复的价值全部确认为当期损益。(　　)

4. 企业已全额计提减值准备的固定资产，仍需正常计提折旧。(　　)

5. 投资者作为投资投入企业的固定资产应按投出单位固定资产的账面价值作为入账价值。(　　)

6. 企业购置计算机硬件所附带的，未单独计价的软件，应与所购置的计算机硬件一并作为固定资产管理。(　　)

7. 企业未使用、不需用的固定资产均不计提折旧。(　　)

8. 工作量法计提折旧的特点是每年提取的折旧额相等。(　　)

9. 当月增加的固定资产当月计提折旧，当月减少的固定资产当月不再计提折旧。(　　)

10. 企业固定资产一经入账，其入账价值均不得作任何变动。(　　)

11. 单独作价入账的土地也需要计提折旧。(　　)

12. 固定资产的盘亏在收回保险公司的赔偿后，通常作为营业外支出处理。(　　)

13. 固定资产是为生产商品、提供劳务、出租、出售或经营管理目的而持有

的。（ ）

14. 固定资产的使用寿命一般超过一个会计年度。（ ）

15. 处于处置状态的固定资产应当在会计处理上终止确认。（ ）

四、业务处理题

1. 甲公司为一家制造性企业。2014 年 4 月 1 日，为降低采购成本，向乙公司一次性购进了三套不同型号且具有不同生产能力的设备 A、B 和 C，甲公司为该批设备共支付货款 15 600 000 元，增值税进项税额 2 652 000 元，包装费 84 000 元，全部以银行存款支付；假定设备 A、B 和 C 分别满足固定资产的定义及其确认条件，公允价值分别为：5 852 000 元、7 189 600 元、3 678 400 元；甲公司实际支付的货款等于计税价格，不考虑其他相关税费。

要求：计算出各固定资产的成本，并列出会计分录。

2. A 公司 2009 年 12 月 10 日增发新股，接受 B 公司以一项生产用大型设备抵缴认股款 600 万元，B 公司获得 70 万股。已知该固定资产账面原价 800 万元，已提折旧 300 万元，预计该资产尚可使用 6 年，净残值为 0，采用直线法摊销。

2011 年 12 月 31 日，由于与该固定资产相关的经济因素发生不利变化，致使其发生减值，A 公司估计可收回金额为 280 万元。

2013 年 12 月 31 日，A 公司发现导致该固定资产 2011 年发生减值损失的不利因素已经大部分消失，且估计此时可收回金额为 180 万元。

2014 年 12 月 31 日，A 公司将该固定资产出售得 100 万元，款项已收。假定不考虑所得税及其他相关税费影响。

要求：做出 A 公司的账务处理。

3. 2010 年年初，B 公司自行建造生产用厂房一座，购入为工程准备的物资价款 300 000 元，支付的增值税为 51 000 元，所购物资全部领用。该工程项目应负担建设人员工资 44 000 元。2010 年年底，该工程交付使用，预计可使用 20 年，净残值率 5%，直线法计提折旧。2014 年年末，一场重大水灾发生导致厂房报废，清理时以银行存款支付费用 15 000 元，残料变卖收入为 25 000 元，已收到存入银行。另外收到保险公司赔偿清单，金额 70 000 元，款项尚未到账。

要求：做出 B 公司关于该厂房的全部账务处理。

第7章

无形资产

7.1 无形资产的确认和初始计量

7.1.1 无形资产概述

无形资产，是指企业拥有或者控制的没有实物形态的可辨认非货币性资产。无形资产具有以下特征：

1）由企业拥有或者控制并能为其带来未来经济利益的资源

预计能为企业带来未来经济利益，是作为一项资产的本质特征，无形资产也不例外。在通常情况下，企业拥有或者控制的无形资产应当拥有其所有权并且能够为企业带来未来经济利益。但在某些情况下并不需要企业拥有其所有权，如果企业有权获得某项无形资产产生的未来经济利益，并能约束其他方获得这些经济利益，则表明企业控制了该无形资产。例如，对于会产生经济利益的技术知识，若其受版权、贸易协议约束（如果允许）等法定权利的保护，那么说明该企业控制了相关利益。

客户关系、人力资源等，由于企业无法控制其带来的未来经济利益，因此不符合无形资产的定义，不应将其确认为无形资产。

2）无形资产不具有实物形态

无形资产通常表现为某种权利、某项技术或是某种获取超额利润的综合能力，它们不具有实物形态。比如，土地使用权、非专利技术等。需要指出的是，某些无形资产的存在有赖于实物载体。比如，计算机软件需要存储在介质中，但这并不改变无形资产本身不具有实物形态的特性。在确定一项包含无形和有形要素的资产是属于固定资产，还是属于无形资产时，需要通过判断来加以确定，通常以哪个要素更重要作为判断的依据。例如，计算机控制的机械工具没有特定计算机软件就不能运行时，则说明该软件构成相关硬件不可缺少的组成部分，该软件应作为固定资产处理；如果计算机软件不是相关硬件不可缺少的组成部分，则该软件应作为无形资产处理。

无形资产的无形性主要表现在以下两个方面：

（1）存在形式的无形性。无形资产是一种特殊的经济资源，它以知识形态存在于企业中，它的具体表现形式是各种计算公式、文字、图纸、图案、图表、配方等以及企业生产经营者在长期的实践中摸索的不成文的经验、技巧、诀窍等。这些资源存在于企业中，不容易使人们感觉到它的存在，也因此往往被人们所忽视。

（2）作用的无形性。无形资产在企业的生产经营过程中并不直接作用于劳动对象发挥作用，而是以特殊的方式将其作用体现在有形资产和企业的经营过程中，如产品的配方、特有的制造工艺、计算机软件、商标权、外观设计专利权等。使用它们，可能在相当程度上增大了固定资产的使用效率、节约了原材料的消耗、提高了产品的质量、减少了产品的生产工时、扩大了产品的销售量等，从而降低了产品成本，增大了企业利润。

3）无形资产具有可辨认性

要作为无形资产进行会计处理，该资产必须是能够区别于其他资产可单独辨认的，如企业持有的专利权、非专利技术、商标权等。从可辨认性角度考虑，商誉是与企业整体价值联系在一起的，而无形资产的定义要求无形资产是可辨认的，此特征可将无形资产与商誉清楚地区分开来。企业合并中取得的商誉代表了购买方为从不能单独辨认并独立确认的资产中获得预期未来经济利益而付出的代价。这些未来经济利益可能产生于取得的可辨认资产之间的协同作用，也可能产生于购买者在企业合并中准备支付的，但不符合在财务报表上确认的条件的资产。从计量上来讲，商誉是企业合并成本大于合并中取得的各项可辨认资产、负债公允价值份额的差额，代表的是企业未来现金流量大于每一单项资产产生的未来现金流量的合计金额，其存在无法与企业自身区分开来，由于不具有可辨认性，虽然商誉也是没有实物形态的非货币性资产，但不构成无形资产。资产满足以下条件之一的，符合无形资产定义中的可辨认性标准：

（1）能够从企业中分离或划分出来，并能单独或者与相关合同、资产或负债一起，用于出售、转移、授予许可、租赁或交换。

（2）源自合同性权利或其他法定权利，无论这些权利是否可以从企业或其他权利和义务中转移或者分离出来。

内部产生的品牌、报刊名、刊头、客户名单等方面的支出不能与整个业务开发成本区分开来，因此不能确认为无形资产。

4）无形资产属于非货币性资产

非货币性资产，是指企业持有的货币资产和将以固定或可确定的金额收取的资产以外的其他资产。无形资产由于没有发达的交易市场，一般不容易转化为现金，在持有过程中为企业带来未来经济利益的情况不确定，不属于以固定或可确定的金额收取的资产，因而属于非货币性资产。货币性资产主要有现金、银行存款、应收款项、应收票据和短期有价证券等，它们的共同特点是直接表现为固定的货币数额，或表现为在将来收到一定货币数额的权利。应收款项等资产虽然也没有实物形态，但由于上述特点被归属于货币性资产。

7.1.2　无形资产的构成内容

无形资产最主要的特征是不具有实物形态，但不具有实物形态的资产不一定都是无形资产。现已达成共识的是，无形资产应是不具有实物形态的非流动资产，即无形资产的价值不能一次转移到产品成本中。在无形资产理论研究和实务中，不同学科对其涵盖的内容有所区别，如：在经济学中所涉及的无形资产具体存在形式已接近30种，美国一些评估公司在进行资产评估时涉及的无形资产也已达到23种之多，且有日益增多的趋势；在我国的资产评估实务中适用单项评估和整体评估的无形资产目前有12种。《企业会计准则第6号——无形资产》强调了无形资产的可辨认性，其界定的无形资产包括：专利权、非专利技术、商标权、著作权、土地使用权和特许权等。

1）专利权

专利权是指国家专利主管机关依法授予发明创造专利申请人，对其发明创造在法定期限内所享有的专有权利，包括发明专利权、实用新型专利权、外观设计专利权。发明是指对产品、方法或其他改进所提出的新的技术方案；实用新型是指对产品的形状、构造或者其结合所提出的适于实用的新的技术方案；外观设计是指对产品的形状、图案或者其结合以及色彩与形状、图案的结合所做出的富有美感并适用于工业应用的新设计。发明专利权的期限为20年，实用新型专利权和外观设计专利权的期限为10年。

2）非专利技术

非专利技术，或称专有技术，是指那些没有申请专利的、发明人垄断的、不公开的、具有使用价值的先进技本、资料、知识、经验、技巧的总称，它一般包括工业专有技术、商业贸易专有技术（保密的有关市场、用户和竞争对手的情报）、管理专有技术（保密的经营方式、管理方法、培训方法）。

3）商标权

商标权是指企业专门在某种指定的商品上使用特定的名称、图案或标记的特殊权利。《中华人民共和国商标法》规定：经商标局核准注册的商标为注册商标，商标注册人享有商标专用权，受法律保护。商标权的有效期限为10年，期满前可继续申请延长注册期。

4）著作权

著作权，亦称版权，是指法律保障书籍著作人，美术、艺术作品创作人及他们的出版企业制造与出版著作的专门权利。著作权包括发表权、署名权、修改权、保护作品完整权，还包括复制权、发行权、出租权、展览权、表演权、放映权、广播权、信息网络传播权、摄制权、改编权、翻译权、汇编权以及应当由著作权人享有的其他权利。

5）土地使用权

土地使用权是指国家准许企业在一定期间对国有土地享有开发、利用、经营的权利。《中华人民共和国土地管理法》规定，我国土地实行公有制，任何单位和个人不得侵占、买卖或者以其他形式非法转让土地。企业依法获得的土地使用权可依法转让。

6）特许权

特许权也称专营权，是指政府特许的或由一个企业出让给另一个企业的从事某项业务或产品生产或销售的专营权。由政府授权的专营权，如水、电、邮电通讯等专营权，以及烟草专卖权等；由企业之间依照签订购合同而转让的专营权，如连锁店等。会计上的无形资产是指后一种通过支付费用而获取的特许经营权。

7.1.3 无形资产的确认条件

无形资产的确认是指将符合无形资产确认条件的项目作为企业的无形资产加以记录并将其列入企业资产负债表的过程。《企业会计准则第 6 号——无形资产》规定，无形资产应当在符合定义的前提下，同时满足以下两个确认条件时，才能予以确认：

1）与该无形资产有关的经济利益很可能流入企业

作为无形资产确认的项目，必须具备其所产生的经济利益很可能流入企业这一条件。在通常情况下，无形资产产生的未来经济利益可能包括在销售商品、提供劳务的收入当中，或者企业使用该项无形资产而减少或节约了成本，或者体现在获得的其他利益当中。例如，生产加工企业在生产工序中使用了某种知识产权，使其降低了未来生产成本。

在会计实务中，要判断无形资产所创造的经济利益是否很可能流入企业，需要实施职业判断。在实施这种判断时，需要对无形资产在其预计使用寿命内可能存在的各种经济因素做出合理估计，并且应当有确凿的证据支持。例如，企业是否有足够的人力资源、高素质的管理队伍、相关的硬件设备、相关的原材料等来配合无形资产为企业创造经济利益。同时，更为重要的是关注一些外界因素的影响。例如，是否存在与该无形资产相关的新技术、新产品冲击，或据其生产的产品是否存在市场等。在实施判断时，企业管理层应对在无形资产的预计使用寿命内存在的各种因素做出最稳健的估计。

2）该无形资产的成本能够可靠地计量

成本能够可靠地计量是确认资产的一项基本条件，对于无形资产而言，这个条件显得更为重要。例如，企业内部产生的品牌、报刊名、刊头、客户名单和实质上类似项目的支出，由于不能与整个业务开发成本区分开来，成本无法可靠计量，因此，不应确认为无形资产。

7.1.4 无形资产的初始计量

无形资产通常按照实际成本进行初始计量，即以取得无形资产并使之达到预定用途而发生的全部支出作为无形资产的成本。对于不同来源取得的无形资产，其成本构成也不尽相同。

1）外购无形资产的成本

外购无形资产的成本，包括购买价款、相关税费以及直接归属于使该项资产达到预定用途所发生的其他支出。具体来说，购入的无形资产，应按实际支付的价款，借记“无形资产”账户，贷记“银行存款”等账户。其中，直接归属于使该项资产达到预定用途所发生的其他支出包括使无形资产达到预定用途所发生的专业服务费用、测试无形资产是否能够正常发挥作用的费用等，但不包括为引入新产品进行宣传发生的广告费、管理费用及其他间接费用，也不包括在无形资产已经达到预定用途以后发生的费用。

【例7-1】2014年1月4日ABC公司购入一项专利技术，发票价值为45 000元，款项已通过银行转账支付。ABC公司的会计处理如下：

借：无形资产　　45 000

　贷：银行存款　　45 000

购买无形资产的价款超过正常信用条件延期支付，实质上具有融资性质的，无形资产的成本应以购买价款的现值为基础确定。实际支付的价款与购买价款的现值之间的差额作为未确认融资费用，在信用期间内采用实际利率法进行摊销，摊销金额除满足借款费用资本化条件应当计入无形资产成本外，均应当在信用期间内确认为财务费用，计入当期损益。

2）投资者投入无形资产的成本

投资者投入无形资产的成本，应当按照投资合同或协议约定的价值确定，但合同或协议约定的价值不公允的，应按无形资产的公允价值作为无形资产的初始成本入账。具体来说，投资者投入的无形资产，应按合同或协议约定的价值或公允价值，借记“无形资产”账户，贷记“实收资本”或“股本”等账户。

【例7-2】ABC公司的注册资本为1 000 000元。2014年6月15日，ABC公司接受某公司以专利权进行投资。该专利权的账面价值为420 000元，双方经协商确认的价值为440 000元，占ABC公司注册资本的18%。假定不考虑其他相关税费。ABC公司的会计处理如下：

借：无形资产　　440 000

　贷：股本——乙公司　　180 000

　　　资本公积——股本溢价　　260 000

3）通过非货币性资产交换和债务重组等方式取得无形资产的成本

企业采用非货币性资产交换、债务重组、政府补助和企业合并等方式取得的无形资产，其成本应当分别按照《企业会计准则第7号——非货币性资产交换》、《企业会计准则第12号——债务重组》、《企业会计准则第16号——政府补助》、《企业会计准则第20号——企业合并》确定。

4）土地使用权的处理

企业取得的土地使用权，通常应当按照取得时所支付的价款及相关税费确认为无形资产，但属于投资性房地产的土地使用权，应当按照投资性房地产进行会计处理。

土地使用权用于自行开发建造厂房等地上建筑物时，土地使用权的账面价值不与地上建筑物合并计算其成本，而仍作为无形资产进行核算，土地使用权与地上建筑物分别进行摊销和计提折旧，但下列情况除外：

（1）房地产开发企业取得的土地使用权用于建造对外出售的房屋建筑物，相关的土地使用权应当计入所建造的房屋建筑物成本。

（2）企业外购房屋建筑物所支付的价款中包括土地使用权和建筑物的价值的，应当对实际支付的价款按照合理的方法（例如公允价值相对比例）在土地使用权与地上建筑物之间进行分配；如果确实无法在土地使用权与地上建筑物之间进行合理分配的，应当全部作为固定资产，按照固定资产确认和计量的原则进行会计处理。

企业改变土地使用权的用途，停止自用土地使用权而用于赚取租金或资本增值时，应将其转为投资性房地产。

7.2 内部研究开发支出的确认和计量

7.2.1 研究阶段与开发阶段的区分

《企业会计准则第6号——无形资产》规定，自行开发的无形资产，应将研究开发项目分为研究阶段和开发阶段。关于研究阶段与开发阶段的具体划分，企业应当根据自身的实际情况以及相关信息加以判断。

1）研究阶段

研究，是指为了获取并理解新的科学或技术知识等进行的独创性的有计划的调查。研究活动的例子包括：意在获取知识而进行的活动；研究成果或其他知识的应用研究、评价和最终选择；材料、设备、产品、工序、系统或服务替代品的研究；新的或经改进的材料、设备、产品、工序、系统或服务的可能替代品的配制、设计、评价和最终选择等。

研究阶段基本上是探索性的，是为进一步的开发活动进行资料及相关方面的准备，已经进行的研究活动将来是否会转入开发、开发后是否会形成无形资产等均具有较大的不确定性。在这一阶段一般不会形成阶段性成果。

2）开发阶段

开发，是指在进行商业性生产或使用前，将研究成果或其他知识应用于某项计划或设计，以生产出新的或具有实质性改进的材料、装置、产品等。开发活动的例子包括：生产前或使用前的原型和模型的设计、建造和测试；含新技术的工具、夹具、模具和冲模的设计；不具有商业性生产经济规模的试生产设施的设计、建造和运营；新的或经改造的材料、设备、产品、工序、系统或服务所选定的替代品的设计、建造和测试等。

相对于研究阶段而言，开发阶段应当是已完成研究阶段后的工作，在很大程度上具备了形成一项新产品或新技术的基本条件。

7.2.2 研究支出与开发支出的确认

1）研究支出

考虑到研究阶段的探索性及其成果的不确定性，企业无法证明其能够带来未来经济利益的无形资产的存在，因此，对于企业内部研究开发项目，研究阶段的相关支出，应当在发生时全部费用化，计入当期损益（管理费用）。

2）开发支出

考虑到进入开发阶段的研发项目往往形成成果的可能性较大，因此，如果企业能够证明开发支出符合无形资产的定义及相关确认条件，则可将其确认为无形资产。具体来讲，对于企业内部研究开发项目，开发阶段的支出同时满足了下列条件的才能予以资本化，确认为无形资产，否则应当计入当期损益（管理费用）。

(1) 完成该无形资产以使其能够使用或出售在技术上具有可行性。企业在判断无形资产的开发在技术上是否具有可行性时，应当以目前阶段的成果为基础，并提供相关证据和材料，证明企业进行开发所必需的技术条件等已经具备，不存在技术上的障碍或其他不确定性。例如，企业已经完成了全部计划、设计和测试活动，这些活动是使资产能够达到设计规划书中的功能、特征和技术所必需的活动，或经过专家鉴定等。

(2) 具有完成该无形资产并使其能够具有使用或出售的意图。企业研发项目形成成果以后，是对外出售，还是使自己使用并从使用中获得经济利益，应当由企业管理层的意图而定。企业管理层应当能够说明其开发无形资产的目的，并具有完成该项无形资产开发并使其能够使用或出售的可能性。

(3) 无形资产产生经济利益的方式，包括能够证明运用该无形资产生产的产品存在市场或无形资产自身存在市场，无形资产将在内部使用的，应当证明其有用性。如果有关的无形资产在形成以后，主要是用于生产新产品，企业应当对运用该无形资产生产的产品的市场情况进行可靠预计，应当能够证明所生产的产品存在市场，并能够带来经济利益的流入；如果有关的无形资产在开发以后主要是用于对外出售的，则企业应当能够证明市场上存在对该类无形资产的需求，其开发以后存在外在的市场可以出售并能够带来经济利益的流入；如果无形资产开发以后，不是用于生产产品，也不是用于对外出售，而是在企业内部使用的，则企业应能够证明其对企业的有用性。

(4) 有足够的技术、财务资源和其他资源支持，以完成该无形资产的开发，并有能力使用或出售该无形资产。这一条件主要包括：第一，为完成该项无形资产的开发具有技术上的可靠性。开发无形资产并使其形成成果在技术上的可靠性，是继续开发活动的关键。因此，必须有确凿的证据证明企业继续开发该项无形资产有足够的技术支持和技术能力。第二，财务资源和其他资源支持。财务资源和其他资源支持是能够完成该项无形资产开发的经济基础，因此，企业必须能够证明可以取得无形资产开发所必需的财务和其他资源，以及获得这些资源的相关计划。第三，能够证明企业可以取得无形资产开发所必需的技术、财务和其他资源，以及获得这些资源的相关计划等。例如企业的自有资金不足以提供支持的，应当能够证明存在外部其他方面的资金支持，如银行等金融机构声明愿意为该无形资产的开发提供所需资金等。第四，有能力使用或出售该项无形资产以取得收益。

(5) 归属于该无形资产开发阶段的支出能够可靠地计量。企业对于开发活动所发生的支出应单独核算。例如，直接发生的开发人员的薪酬、材料费以及相关设备折旧费等。在企业同时从事多项开发活动的情况下，所发生的支出同时用于支持多项开发活动的，应按照合理的标准在各项开发活动之间进行分配；无法合理分配的，应予费用化计入当期损益，不计入开发活动的成本。

3）无法区分研究支出和开发支出

无法区分研究支出和开发支出的，应当在发生时予以费用化，计入当期损益（管理费用）。

7.2.3 内部开发的无形资产的计量

内部开发活动形成的无形资产的成本，由可直接归属于该资产的创造、生产并使该资产能够以管理层预定的方式运作的所有必要支出组成。可直接归属成本包括：开发该无形资产时耗费的材料、劳务成本、注册费、在开发该无形资产过程中使用的其他专利权和特许权的摊销、按照借款费用的处理原则可以资本化的利息费用等。在开发无形资产过程中发生的，除上述可直接归属于无形资产开发活动之外的其他销售费用、管理费用等间接费用，在无形资产达到预定用途前发生的可辨认的无效和初始运作损失，为运行该无形资产发生的培训支出等不构成无形资产的开发成本。

值得强调的是，内部开发无形资产的成本仅包括在满足资本化条件的时点至无形资产达到预定用途前发生的支出总和，对于同一项无形资产在开发过程中达到资本化条件之前已经费用化计入当期损益的支出不再进行调整。

7.2.4 内部研究开发费用的会计处理

企业自行开发无形资产发生的研发支出，不满足资本化条件的，借记“研发支出——费用化支出”科目，满足资本化条件的，借记“研发支出——资本化支出”科目，贷记“原材料”、“银行存款”、“应付职工薪酬”等科目。

研究开发项目达到预定用途形成无形资产的，应按“研发支出——资本化支出”科目的余额，借记“无形资产”科目，贷记“研发支出——资本化支出”科目。

期末，应将不符合资本化条件的研发支出转入当期管理费用，借记“管理费用”科目，贷记“研发支出——费用化支出”科目；将符合资本化条件但尚未完成的开发费用继续保留在“研发支出”科目中，待开发项目达到预定用途形成无形资产时，再将其发生的实际成本转入无形资产。

外购或以其他方式取得的、正在研发过程中应予资本化的项目，应按确定的金额，借记“研发支出——资本化支出”科目，贷记“银行存款”等科目。以后发生的研发支出，应当比照上述原则进行会计处理。

企业自创的无形资产，如专利权、非专利技术等，其研制开发的时间较长，而且能否成功具有较大的不确定性。从理论上讲，凡是研制开发无形资产的支出均应资本化，但基于会计的稳健原则，现行会计准则规定：在企业进行研究与开发过程中发生的支出，先通过“研发支出”账户予以归集，并分别设置“费用化支出”和“资本化支出”明细账进行明细核算。企业发生的研究开发支出，不满足资本化条件的，借记“研发支出——费用化支出”科目；满足资本化条件的，借记“研发支出——资本化支出”科目，贷记“原材料”、“应付职工薪酬”、“银行存款”等科目。月末，将费用化的研发支出作为当期的费用处理，借记“管理费用”科目，贷记“研发支出——费用化支出”科目。如果开发项目达到预定用途形成无形资产，满足其资本化的条件，则将开发阶段的资本化支出转为无形资产，借记“无形资产”科目，贷记“开发支出——资本化支出”科目。

【例 7-3】2014 年 1 月 1 日，甲公司的董事会批准研发某项新型技术，该公司董事会认为，研发该项目具有可靠的技术和财务等资源的支持，并且一旦研发成功将降低该公司的生产成本。2015 年 1 月 31 日，该项新型技术研发成功并已经达到预定用途。在研发过程中所发生的直接相关的必要支出情况如下：

（1）2014 年度发生材料费用 9 000 000 元，人工费用 4 500 000 元，计提专用设备折旧 750 000 元，以银行存款支付其他费用 3 000 000 元，总计 17 250 000 元，其中，符合资本化条件的支出为 7 500 000 元。

（2）2015 年 1 月 31 日前发生材料费用 800 000 元，人工费用 500 000 元，计提专用设备折旧 50 000 元，其他费用 20 000 元，总计 1 370 000 元。

在本例中，甲公司经董事会批准研发某项新型技术，并认为完成该项新型技术无论从技术方面，还是财务等方面都能够得到可靠的资源支持，一旦研发成功将降低公司的生产成本，并且有确凿的证据予以支持。因此，符合条件的开发费用可以资本化。

其次，甲公司在开发该项新型技术时，累计发生了 18 620 000 元的研究与开发支出，其中符合资本化条件的开发支出为 8 870 000 元，符合“归属于该无形资产开发阶段的支出能够可靠地计量”的条件。

甲公司的账务处理为：

（1）2014 年度发生研发支出：

借：研发支出——××技术（费用化支出）　　9 750 000
　　　　　　——××技术（资本化支出）　　7 500 000
　贷：原材料　　9 000 000
　　　应付职工薪酬　　4 500 000
　　　累计折旧　　750 000
　　　银行存款　　3 000 000

（2）2014 年 12 月 31 日，将不符合资本化条件的研发支出转入当期管理费用：

借：管理费用——研究费用　　9 750 000
　贷：研发支出——××技术（费用化支出）　　9 750 000

（3）2015 年 1 月份发生研发支出：

借：研发支出——××技术（资本化支出）　　1 370 000
　贷：原材料　　800 000
　　　应付职工薪酬　　500 000
　　　累计折旧　　50 000
　　　银行存款　　20 000

（4）2015 年 1 月 31 日，该项新型技术已经达到预定用途：

借：无形资产——××技术　　8 870 000
　　贷：研发支出——××技术（资本化支出）　　8 870 000

7.3 无形资产的后续计量

7.3.1 无形资产使用寿命的确定

无形资产的后续计量包括无形资产的摊销和减值计提等问题。无形资产完成初始确认和计量后，在其后使用期间内应以成本减去累计摊销额和累计减值损失后的余额计量。要确定无形资产在使用过程中的累计摊销额，首先应估计其使用寿命，使用寿命有限的无形资产才需要在估计使用寿命内采用系统合理的方法进行摊销，对于使用寿命不确定的无形资产则不需要摊销。无形资产摊销的会计处理主要涉及“累计摊销”账户。

“累计摊销”账户用于企业对使用寿命有限的无形资产计提的累计摊销进行会计处理，属于“无形资产”的备抵调整账户，其贷方记录企业计提的无形资产摊销额，借方登记处置无形资产转出的累计摊销额，期末贷方余额反映企业无形资产的累计摊销额。

无形资产的后续计量以其使用寿命为基础。企业应当于取得无形资产时分析判断其使用寿命。无形资产的使用寿命有限的，应当估计该使用寿命的年限或者构成使用寿命的产量等类似计量单位数量；无法预见无形资产为企业带来经济利益期限的，应当视为使用寿命不确定的无形资产。

1）估计无形资产使用寿命应考虑的因素

无形资产的使用寿命包括法定寿命和经济寿命两个方面：有些无形资产的使用寿命受法律、规章或合同的限制，称为法定寿命；经济寿命则是指无形资产可以为企业带来经济利益的年限。

在估计无形资产的使用寿命时，应当综合考虑各方面相关因素的影响，其中通常应当考虑的因素有：

（1）运用该资产生产的产品通常的寿命周期、可获得的类似资产使用寿命的信息。

（2）技术、工艺等方面的现实情况及对未来发展的估计。

（3）以该资产生产的产品或提供的服务的市场需求情况。

（4）现在或潜在的竞争者预期将采取的行动。

（5）为维持该资产产生未来经济利益的能力预期的维护支出，以及企业预计支付有关支出的能力。

（6）对该资产的控制期限，以及对该资产使用的法律或类似限制，如特许使用期间、租赁期等。

（7）与企业持有的其他资产使用寿命的关联性等。

2）无形资产使用寿命的确定

（1）源自合同性权利或其他法定权利取得的无形资产，其使用寿命通常不应超过合同性权利或其他法定权利的期限。例如，企业以支付土地出让金方式取得一块土地50年的使用权，如果企业准备持续持有，在50年期间内没有计划出售，该项土地使用权预期为企业带来未来经济利益的期间为50年。但如果企业使用资产的预期期限短于合同性权利或其他法定权利规定的期限的，则应当按照企业预期使用的期限来确定其使用寿命。例如，企业取得的某项实用新型专利权，法律规定的保护期限为10年，企业预计运用该项实用新型专利权所生产的产品在未来6年内会为企业带来经济利益，则该项专利权的预计使用寿命为6年。

如果合同性权利或其他法定权利能够在到期时因续约等延续，则仅当有证据表明企业续约不需要付出重大成本时，续约期才能够包括在使用寿命的估计中。在下列情况下，一般说明企业无须付出重大成本即可延续合同性权利或其他法定权利：有证据表明合同性权利或法定权利将被重新延续，如果在延续之前需要第三方同意，则还需有第三方将会同意的证据；有证据表明为获得重新延续所必需的所有条件将被满足，以及企业为延续持有无形资产所付出的成本相对于预期从重新延续中流入企业的未来经济利益相比不具有重要性。如果企业为延续无形资产持有期间而付出的成本与预期从重新延续中流入企业的未来经济利益相比具有重要性，则从本质上来看是企业获得的一项新的无形资产。

（2）没有明确的合同或法律规定无形资产的使用寿命的，企业应当综合各方面因素判断，例如，企业经过努力，聘请相关专家进行论证、与同行业的情况进行比较以及参考企业的历史经验等，来确定无形资产为企业带来未来经济利益的期限。

（3）经过上述努力仍确实无法合理确定无形资产为企业带来经济利益的期限的，才能将其作为使用寿命不确定的无形资产。例如，企业取得了一项在过去几年中市场份额领先的畅销产品的商标，该商标按照法律规定还有5年的使用寿命，但是在保护期届满时，企业可每10年以较低的手续费申请延期，同时有证据表明企业有能力申请延期。此外，有关的调查表明，根据产品生命周期、市场竞争等方面的情况综合判断，该商标将在不确定的期间内为企业带来现金流量。综合各方面情况，该商标可视为使用寿命不确定的无形资产。又如，企业通过公开拍卖取得一项出租车运营许可，按照所在地的规定，以现有出租车运营许可权为限，不再授予新的运营许可权，而且在旧的出租车报废以后，有关的运营许可权可用于新的出租车。企业估计在有限的未来，将持续经营出租车行业。对于该运营许可权，由于其能为企业带来未来经济利益的期限从目前情况来看，无法可靠地估计，因而应将其视为使用寿命不确定的无形资产。

3）无形资产使用寿命的复核

企业至少应当于每年年度终了，对使用寿命有限的无形资产的使用寿命进行复核。如果有证据表明无形资产的使用寿命与以前估计不同的，应当改变其摊销期限，并按照会计估计变更进行处理。例如，企业使用的某项专利权，原预计使用寿命为10年，使用至第3年年末时，该企业计划再使用2年即不再使用，为此，在第3年年末，企业应当变更该项无形资产的使用寿命，并作为会计估计变更进行处理。又如，某项无形资产计提了减值准备，这可能表明企业原估计的摊销期限需要做出变更。

企业应当在每个会计期间对使用寿命不确定的无形资产的使用寿命进行复核。如果有证据表明该无形资产的使用寿命是有限的，应当按照《企业会计准则第28号——会计政策、会计估计变更和差错更正》进行处理，并按照使用寿命有限的无形资产的处理原则进行会计处理。

7.3.2 使用寿命有限的无形资产摊销

使用寿命有限的无形资产，应以成本减去累计摊销额和累计减值损失后的余额进行后续计量。无形资产的减值参见本书“资产减值”的相关内容。这里重点介绍使用寿命有限的无形资产摊销的处理。使用寿命有限的无形资产，应在其预计的使用寿命内采用系统合理的方法对应摊销金额进行摊销。

1）应摊销金额

无形资产的应摊销金额，是指其成本扣除预计残值后的金额。已计提减值准备的无形资产，还应扣除已计提的无形资产减值准备累计金额。无形资产的残值一般为零，但下列情况除外：

（1）有第三方承诺在无形资产使用寿命结束时购买该无形资产；

（2）可以根据活跃市场得到预计残值信息，并且该市场在无形资产使用寿命结束时很可能存在。

无形资产的残值意味着，在其经济寿命结束之前，企业预计将会处置该无形资产，并且在该处置中获得利益。估计无形资产的残值应以资产处置时的可收回金额为基础，此时的可收回金额是指在预计出售日，出售一项使用寿命已满且处于类似使用状况下，同类无形资产预计的处置价格（扣除相关税费）。残值确定以后，在持有无形资产的期间内，至少应于每年年末进行复核，预计其残值与原估计金额不同的，应按照会计估计变更进行处理。如果无形资产的残值重新估计以后高于其账面价值的，则无形资产不再摊销，直至残值降至低于账面价值时再恢复摊销。

2）摊销期和摊销方法

无形资产的摊销期自其可供使用（即其达到预定用途）时起至终止确认时止。

企业选择的无形资产摊销方法，应当能够反映与该项无形资产有关的经济利益的预期实现方式，并一致地运用于不同会计期间。无形资产的具体摊销方法有多种，包括直线法、产量法等。例如，受技术陈旧因素影响较大的专利权和专有技术等无形资产，可采用类似固定资产加速折旧的方法进行摊销；有特定产量限制的特许经营权或专利权，应采用产量法进行摊销。无法可靠确定其预期实现方式的，应当采用直线法进行摊销。

企业至少应当于每年年度终了，对使用寿命有限的无形资产的使用寿命及摊销方法进行复核，如果有证据表明无形资产的使用寿命及摊销方法与以前估计不同的，应当改变其摊销年限和摊销方法，并按照会计估计变更进行会计处理。

3）使用寿命有限的无形资产摊销的会计处理

无形资产的摊销金额一般应计入当期损益，但如果某项无形资产是专门用于生产某种产品或其他资产的，其所包含的经济利益是通过转入到所生产的产品或其他资产中实现的，则该无形资产的摊销金额应当计入相关资产的成本。例如，一项专门用于生产某种产品的专利技术，其摊销金额应构成所生产产品成本的一部分，计入制造该产品的制造费用。

【例 7-4】2013 年 1 月 1 日，甲公司从外单位购得一项新专利技术用于产品生产，支付价款 75 000 000 元，款项已支付。该项专利技术的法律保护期间为 15 年，公司预计运用该项专利生产的产品在未来 10 年内会为公司带来经济利益。假定这项无形资产的净残值为零，并按年采用直线法摊销。

在本例中，甲公司外购的专利技术的预计使用期限（10 年）短于法律保护期间（15 年），则应当按照企业预期使用期限来确定其使用寿命，同时这也就表明该项专利技术是使用寿命有限的无形资产，且该项无形资产用于产品生产，因此，应当将其摊销金额计入相关产品的成本。

甲公司的账务处理如下：

（1）取得无形资产时：

借：无形资产——专利权　　75 000 000

　贷：银行存款　　75 000 000

（2）按年摊销时：

借：制造费用——专利权摊销　　7 500 000

　贷：累计摊销　　7 500 000

2015 年 1 月 1 日，就上述专利技术，第三方向甲公司承诺在 3 年内以其最初取得时公允价值的 60% 购买该项专利技术，从公司管理层目前的持有计划来看，准备在 3 年内将其出售给第三方。为此，甲公司应当在 2015 年变更该项专利技术的估计使用寿命为 3 年，变更净残值为 45 000 000 元（75 000 000×60%），并按会计估计变更进行处理。

2015 年该项无形资产的摊销金额为 5 000 000 元（（75 000 000−7 500 000×2−45 000 000）÷3）。

甲公司 2015 年对该项专利技术按年摊销的账务处理为：

借：制造费用——专利权摊销　　5 000 000

　贷：累计摊销　　5 000 000

7.3.3 使用寿命不确定无形资产减值测试

根据可获得的相关信息判断，有确凿证据表明无法合理估计其使用寿命的无形资产，应作为使用寿命不确定的无形资产。对于使用寿命不确定的无形资产，在持有期间内不需要进行摊销，但应当至少在每年年度终了按照《企业会计准则第 8 号——资产减值》的有关规定进行减值测试。如果经减值测试表明已发生减值，则需要计提相应的减值准备，具体账务处理为：借记“资产减值损失”科目，贷记“无形资产减值准备”科目。

【例 7-5】2013 年 1 月 1 日，甲公司自行研发的某项非专利技术已经达到预定可使用状态，累计研究支出为 800 000 元，累计开发支出为 2 500 000 元（其中符合资本化条件的支出为 2 000 000 元）。有关调查表明，根据产品生命周期、市场竞争等方面情况综合判断，该非专利技术将在不确定的期间内为企业带来经济利益。

由此，该非专利技术可视为使用寿命不确定的无形资产，在持有期间内不需要进行摊销。

2014 年年底，甲公司对该项非专利技术按照资产减值的原则进行减值测试，经测试表明其已发生减值。2014 年年底，该非专利技术的可收回金额为1 800 000 元。

甲公司的账务处理为：

(1) 2013 年 1 月 1 日，非专利技术达到预定用途：

借：无形资产——非专利技术　　2 000 000

　贷：研发支出——资本化支出　　2 000 000

(2) 2014 年 12 月 31 日，非专利技术发生减值：

资产减值金额＝2 000 000－1 800 000＝200 000（元）

借：资产减值损失——非专利技术　　200 000

　贷：无形资产减值准备——非专利技术　　200 000

7.4 无形资产的处置和报废

无形资产的处置和报废，主要是指无形资产对外出租、转让，或者是无法为企业带来未来经济利益时，应予转销并终止确认。

7.4.1 无形资产出租

无形资产出租是指企业将所拥有的无形资产使用权让渡给他人，并收取租金。根据《企业会计准则第 14 号——收入》的规定，此类交易属于企业让渡资产使用权，因而相关所得应作为收入处理。企业取得出租无形资产的收入时，借记“银行存款”等科目，贷记“其他业务收入”科目；结转无形资产的摊销时，借记“其他业务成本”科目；贷记“累计摊销”科目；按收入计算的营业税等税费，借记“营业税金及附加”科目。

【例 7-6】2014 年 1 月 13 日，甲公司将某商标权出租给乙公司使用，租期为 4 年，每年收取租金 150 000 元，租金收入适用的营业税税率为 5%。甲公司在出租期间内不再使用该商标权。该商标权系甲公司于 2010 年 1 月 1 日购入的，初始入账价值为 1 800 000 元，预计使用年限为 15 年，采用直线法摊销。假定不考虑除营业税以外的其他税费并按年摊销该项商标权。

甲公司的账务处理为：

(1) 每年取得租金：

借：银行存款　　150 000
　贷：其他业务收入——出租商标权　　150 000

(2) 按年对该商标权进行摊销并计算应交的营业税：

借：其他业务成本——商标权摊销　　120 000
　　营业税金及附加　　7 500（150 000×5%）
　贷：累计摊销　　120 000
　　　应交税费——应交营业税　　7 500

7.4.2 无形资产转让

企业拥有的无形资产，可以依法转让或出售，企业出售无形资产，表明企业放弃该无形资产的所有权，应将所取得的价款与该无形资产账面价值的差额计入当期损益。企业出售无形资产不属于企业的日常活动，出售无形资产的所得不适用《企业会计准则第14号——收入》。因此，出售无形资产的所得应以净额核算和反映。

无形资产在转让时，其取得的转让收入借记“银行存款”等科目，按已计提的减值准备借记“无形资产减值准备”，按已计提的累计摊销，借记“累计摊销”科目，按处置无形资产的账面余额，贷记“无形资产”科目，按支付的相关税费，贷记“银行存款”、“应交税费——应交营业税”等科目，按其差额，贷记“营业外收入——处置非流动资产得利”科目或借记“营业外支出——处置非流动资产损失”科目。

【例7-7】甲企业出售一项商标权，所得价款为1 200 000元，应缴纳的营业税为60 000元（不考虑其他税费）。该商标权成本为3 000 000元，出售时已摊销金额为1 800 000元，已计提的减值准备为300 000元。

甲企业的账务处理为：

借：银行存款　　1 200 000
　　累计摊销　　1 800 000
　　无形资产减值准备——商标权　　300 000
　贷：无形资产——商标权　　3 000 000
　　　应交税费——应交营业税　　60 000
　　　营业外收入——处置非流动资产利得　　240 000

如果甲企业出售商标权，所得价款为700 000元，应交纳的营业税为35 000元（不考虑其他税费）。甲企业的账务处理为：

借：银行存款　　700 000
　　累计摊销　　1 800 000
　　无形资产减值准备——商标权　　300 000
　　营业外支出——处置非流动资产损失　　235 000
　贷：无形资产——商标权　　3 000 000
　　　应交税费——应交营业税　　35 000

7.4.3　无形资产报废

如果无形资产预期不能为企业带来未来经济利益，例如，某无形资产已被其他新技术所替代或超过法律保护期，不能再为企业带来经济利益的，则不再符合无形资产的定义，应将其报废并予以转销，其账面价值转作当期损益。

转销时，应按已计提的累计摊销额，借记“累计摊销”科目，按已计提的减值准备，借记“无形资产减值准备”科目，按无形资产账面余额，贷记“无形资产”科目，按其差额，借记“营业外支出——处置非流动资产损失”科目。

【例7-8】甲企业原拥有一项非专利技术，采用直线法进行摊销，预计使用期限为10年。现该项非专利技术已被内部研发成功的新技术所替代，并且根据市场调查，由于该非专利技术生产的产品已没有市场，预期不能再为企业带来任何经济利益，故应当予以转销。转销时，该项非专利技术的成本为9 000 000元，已摊销6年，累计计提减值准备2 400 000元，该项非专利技术的残值为0。假定不考虑其他相关因素。

甲企业的账务处理为：

借：累计摊销	5 400 000	
无形资产减值准备——专利权	2 400 000	
营业外支出——处置非流动资产损失	1 200 000	
贷：无形资产——专利权		9 000 000

思考题

1. 无形资产的含义是什么？其主要内容包括哪些？
2. 取得无形资产有哪些主要方式？在每种方式下其取得成本该如何计量？
3. 自行开发无形资产时，其研究与开发阶段该如何划分，它们的会计处理有何不同？
4. 在确定无形资产的摊销期限时应考虑哪些因素？无形资产的成本应如何摊销？
5. 无形资产的摊销与计提减值准备对会计信息披露有何影响？

练习题

一、单项选择题

1. 甲公司出售所拥有的一项无形资产，取得收入300万元，营业税税率为5%。该无形资产取得时的实际成本为400万元，已摊销120万元，已计提减值准备55万元。甲公司出售该项无形资产应计入当期损益的金额为(　　)万元。

A. -100　　B. -20　　C. 300　　D. 60

2. 某企业试研究开发一项新专利，累计发生各种研究费用2万元，可资本化的开发费用3万元。开发成功后申请专利权时，发生律师费及注册费2万元，另发生广告费3万元。该项专利权的入账价值为(　　)万元。

A. 5　　B. 8　　C. 7　　D. 10

3. 某企业转让一项专利权，与此有关的资料如下：该项专利权的账面余额为50万元，已摊销20万元，计提资产减值准备5万元，取得转让价款28万元，应交营业税税额1.40万元。假设不考虑其他因素，该企业应确认的转让无形资产的净收益是(　　)万元。

A. -2　　B. 1.6　　C. 3　　D. 8

4. 无形资产的摊销一般应记入(　　)科目。

A. "其他业务成本"　　B. "长期待摊费用"

C. "销售费用"　　D. "管理费用"

5. 企业自行开发无形资产的研究支出，在实际发生时记入(　　)科目。

A. "无形资产"　　B. "管理费用"

C. "研发支出"　　D. "累计摊销"

6. 企业摊销管理用的无形资产时，借记"管理费用"科目，贷记的科目是(　　)。

A. "无形资产"　　B. "累计摊销"

C. "累计折旧"　　D. "无形资产减值准备"

7. 在下列各项中，不会引起无形资产账面价值发生增减变动的是(　　)。

A. 对无形资产计提减值准备　　B. 发生无形资产后续支出

C. 摊销无形资产　　D. 转让无形资产所有权

8. 在下列各项中，不属于企业的无形资产的是(　　)。

A. 专利权　　B. 商标权　　C. 土地使用权　　D. 商誉

9. 企业出售无形资产取得的净收益，应当计入(　　)。

A. 主营业务收入　　B. 其他业务收入

C. 投资收益　　D. 营业外收入

10. 某企业2012年1月1日以80 000元购入一项专利权，预计使用年限为10年，法律规定的有效年限为8年，采用直线法进行摊销。2014年1月1日，该企业将该专利权以70 000元对外出售，出售无形资产适用的营业税税率为5%。出售该专利权实现的营业外收入为(　　)元。

A. 2 500　　B. 6 000　　C. 6 500　　D. 10 000

二、多项选择题

1. 企业对使用寿命有限的无形资产进行摊销时，其摊销额应根据不同情况分别计入(　　)。

A. 管理费用　　B. 制造费用

C. 财务费用　　D. 其他业务成本

2. 关于无形资产摊销的下列说法中，正确的是(　　)。

A. 使用寿命有限的无形资产，其应摊销金额应当在使用寿命内系统合理摊销

B. 企业摊销无形资产，应当自无形资产可供使用当月起开始摊销，处置当月

开始摊销

C. 无形资产摊销年限不超过 10 年

D. 使用寿命不确定的无形资产不应摊销

3. 根据会计准则规定，企业在自行开发并取得专利权的过程中所发生的下列费用，不计入该专利权入账价值的有(　　)。

A. 依法取得专利权发生的聘请律师和注册费

B. 开发过程中发生的合理资本化条件的开发支出

C. 研究过程中领用的材料

D. 研究过程中发生的人工费

4. 在下列各项中，企业应确认为无形资产的有(　　)。

A. 吸收投资取得的土地使用权　　B. 应转让补交的土地出让金

C. 企业因合并产生的商誉　　D. 无偿拨款取得的土地使用权

5. 在企业自行开发并取得的专利权发生的下列费用中，可能会计入专利权入账价值的有(　　)。

A. 开发阶段耗用的材料费　　B. 开发阶段人员的薪酬

C. 研究过程中发生的材料费　　D. 研究阶段人员的人工费

6. 出售无形资产的转让成本包括(　　)。

A. 出售无形资产的洽谈费用及差旅费　　B. 出售无形资产取得的净收益

C. 无形资产的摊余价值　　D. 出售无形资产应缴纳的税金

三、判断题

1. 无形资产成本在取得的当月开始摊销，处置的无形资产在处置的当月不再摊销。(　　)

2. 无形资产的摊销应当采用直线法。(　　)

3. 企业自行研发的无形资产，研发阶段的支出应费用化，计入当期损益。(　　)

4. 如果某项无形资产包含的经济利益通过相关资产实现，则应将摊销金额计入其他业务成本(　　)

5. 无形资产的摊销应记入“其他业务成本”。(　　)

6. 无形资产是指没有实物形态的非货币性长期资产。(　　)

7. 无形资产在摊销时，当月增加的无形资产当月不进行摊销，下月起开始摊销。(　　)

8. 企业的商誉应当作为无形资产入账。(　　)

9. 企业的无形资产都应在规定的期限内进行摊销。(　　)

10. 企业所处置的无形资产形成的净损失应计入营业外支出。(　　)

四、业务处理题

甲上市公司自行研究开发一项专业技术，与该项项专业技术有关的资料如下：

(1) 2014 年 1 月，该项研发活动进入开发阶段，以银行存款支付的开发费用

280 万元，其中满足资本化条件的支出为 150 万元。2014 年 7 月 1 日，开发活动结束并按法律程序申请取得专利权，供企业行政管理部门使用。

（2）该项专利权法律的规定有效期为 5 年，采用直线法摊销。

（3）2014 年 12 月 1 日，将该项专利权转让，实际取得价款为 160 万元，应交营业税 8 万元，款项已存入银行。

要求：

（1）编制甲上市公司发生开发支出的会计分录。

（2）编制甲上市公司计入费用化开发支出的会计分录。

（3）编制甲上市公司取得专利权的会计分录。

（4）计算甲上市公司 2014 年 7 月专利权摊销金额并编制会计分录。

（5）编制甲上市公司转让专利权的会计分录。

（会计分录涉及的科目要求写出明细科目，答案中的金额单位用万元表示）

第8章

投资性房地产

8.1 投资性房地产的定义、特征及范围

8.1.1 投资性房地产的定义与特征

房地产是土地和房屋及其权属的总称。在我国，土地归国家或集体所有，企业只能取得土地使用权。因此，房地产中的土地是指土地使用权。房屋是指土地上的房屋等建筑物及构筑物。随着我国社会主义市场经济的发展和完善，房地产市场日益活跃，企业持有的房地产除了作为自身生产经营活动的场所和对外销售之外，还出现了将房地产用于赚取租金或增值收益的活动，这些活动甚至是个别企业的主营业务。用于出租或增值的房地产就是投资性房地产，它在用途、状态、目的等方面与企业自用的厂房、办公楼等作为生产经营场所的房地产和房地产开发企业用于销售的房地产是不同的。《企业会计准则第3号——投资性房地产》规范了投资性房地产的确认、计量和披露。

根据投资性房地产准则的规定，投资性房地产是指为赚取租金或资本增值，或者两者兼有而持有的房地产。投资性房地产应当能够单独计量和出售。投资性房地产主要具有以下特征：

1）投资性房地产是一种经营性活动

投资性房地产的主要形式是出租建筑物和土地使用权，这实质上属于一种让渡资产使用权的行为。房地产租金就是让渡资产使用权取得的使用费收入，是企业为完成其经营目标所从事的经营性活动以及与之相关的其他活动形成的经济利益总流入。投资性房地产的另一种形式是持有并准备增值后转让的土地使用权，尽管其增值收益通常与市场供求、经济发展等因素相关，但目的是为了增值后转让以赚取增值收益，也是企业为完成其经营目标所从事的经营性活动以及与之相关的其他活动形成的经济利益总流入。

2）投资性房地产在用途、状态、目的等方面区别于作为生产经营场所的房地产和用于销售的房地产

企业持有的房地产除了用作自身管理、生产经营活动场所和对外销售之外，出现了将房地产用于赚取租金或增值收益的活动，甚至成为个别企业的主营业务。这就需要将投资性房地产单独作为一项资产核算和反映，与自用的厂房、办公楼等房地产和作为存货（已建完工商品房）的房地产加以区别，从而更加清晰地反映企业所持有房地产的构成情况和盈利能力。

8.1.2 投资性房地产的范围

根据投资性房地产准则的规定，投资性房地产的范围限定为已出租的土地使用权、持有并准备增值后转让的土地使用权、已出租的建筑物。

1）属于投资性房地产的项目

（1）已出租的土地使用权

已出租的土地使用权，是指企业通过出让或转让方式取得的、以经营租赁方式出租的土地使用权。企业取得的土地使用权通常包括在一级市场上以交纳土地出让金的方式取得的土地使用权，也包括在二级市场上接受其他单位转让的土地使用权。例如，甲公司与乙公司签署了土地使用权租赁协议，甲公司以年租金720万元租赁使用乙公司拥有的40万平方米土地使用权，那么，自租赁协议约定的租赁期开始日起，这项土地使用权属于乙公司的投资性房地产。

对于以经营租赁方式租入土地使用权再转租给其他单位的，不能确认为投资性房地产。

（2）持有并准备增值后转让的土地使用权

持有并准备增值后转让的土地使用权，是指企业取得的、准备增值后转让的土地使用权。这类土地使用权很可能给企业带来资本增值收益，符合投资性房地产的定义。例如，企业发生转产或厂址搬迁，部分土地使用权停止自用，管理层决定继续持有这部分土地使用权，待其增值后转让以赚取增值收益。

企业依法取得土地使用权后，应当按照国有土地有偿使用合同或建设用地批准书规定的期限动工开发建设。根据1999年4月26日国土资源部发布的《闲置土地处理办法》的规定，土地使用者依法取得土地使用权后，未经原批准用地的人民政府同意，超过规定的期限未动工开发建设的建设用地属于闲置土地。具有下列情形之一的，也可以认定为闲置土地：①国有土地有偿使用合同或者建设用地批准书未规定动工开发建设日期，自国有土地有偿使用合同生效或者土地行政主管部门建设用地批准书颁发之日起满1年未动工开发建设的；②已动工开发建设但开发建设的面积占应动工开发建设总面积不足1/3或者已投资额占总投资额不足25%且未经批准中止开发建设连续满1年的；③法律、行政法规规定的其他情形。《闲置土地处理办法》还规定，经法定程序批准，对闲置土地可以选择延长开发建设时间（不超过1年）、改变土地用途、办理有关手续后继续开发建设等方案。

按照国家有关规定认定的闲置土地，不属于持有并准备增值后转让的土地使用权，也就不属于投资性房地产。

（3）已出租的建筑物

已出租的建筑物是指企业拥有产权并以经营租赁方式出租的房屋等建筑物，包括自行建造或开发活动完成后用于出租的建筑物。例如，甲公司将其拥有的某栋厂房整体出租给乙公司，租赁期2年。对于甲公司而言，自租赁期开始日起，该栋厂房属于投资性房地产。企业在判断和确认已出租的建筑物时，应当把握以下要点：

第一，用于出租的建筑物是指企业拥有产权的建筑物。企业以经营租赁方式租入再转租的建筑物不属于投资性房地产。例如，甲企业与乙企业签订了一项经营租赁合同，乙企业将其持有产权的一栋办公楼出租给甲企业，为期5年。甲企业一开始将该办公楼用于自行经营餐馆。2年后，由于连续亏损，甲企业将餐馆转租给丙公司，以赚取租金差价。在这种情况下，对于甲企业而言，该栋楼不属于其投资性房地产。对于乙企业而言，该栋楼则属于投资性房地产。

第二，已出租的建筑物是指企业已经与其他方签订了租赁协议，约定以经营租赁方式出租的建筑物。自租赁协议规定的租赁期开始日起，经营租出的建筑物才属于已出租的建筑物。企业计划用于出租但尚未出租的建筑物，不属于已出租的建筑物。例如，甲企业在当地房地产交易中心通过竞拍取得一块土地的使用权。甲企业按照合同规定对这块土地进行了开发，并在这块土地上建造了一栋商场，拟用于整体出租，但尚未找到合适的承租人。在本例中，这栋商场不属于投资性房地产。直到甲企业与承租人签订经营租赁合同，自租赁期开始日起，这栋商场才能转换为投资性房地产；同时，相应的土地使用权（无形资产）也应当转换为投资性房地产。

第三，企业将建筑物出租，按租赁协议向承租人提供的相关辅助服务在整个协议中不重大的，应当将该建筑物确认为投资性房地产。例如，企业将其办公楼出租，同时向承租人提供维护、保安等日常辅助服务，企业应当将其确认为投资性房地产。例如，甲企业在中关村购买了一栋写字楼，共12层。其中1层经营出租给某家大型超市，2~5层经营出租给乙公司，6~12层经营出租给丙公司。甲企业同时为该写字楼提供保安、维修等日常辅助服务。在本例中，甲企业将写字楼出租，同时提供的辅助服务不重大。对于甲企业而言，这栋写字楼属于甲企业的投资性房地产。

2）不属于投资性房地产的项目

下列房地产不属于投资性房地产：

（1）自用房地产，即为生产商品、提供劳务或者经营管理而持有的房地产，包括自用建筑物（固定资产）和自用土地使用权（无形资产）。

（2）作为存货的房地产，通常是指房地产开发企业在正常经营过程中销售的或为销售而正在开发的商品房和土地。

如果某项房地产部分用于赚取租金或资本增值、部分自用（即用于生产商品、提供劳务或经营管理），能够单独计量和出售的、用于赚取租金或资本增值的部分，应当确认为投资性房地产；不能够单独计量和出售的、用于赚取租金或资本增值的部分，不确认为投资性房地产。该项房地产自用的部分，以及不能够单独计量和出售的、用于赚取租金或资本增值的部分，应当确认为固定资产或无形资产。

8.2 投资性房地产的确认和初始计量

8.2.1 投资性房地产的确认和初始计量

投资性房地产只有在符合定义，并同时满足下列条件时，才能予以确认：①与该投资性房地产有关的经济利益很可能流入企业。②该投资性房地产的成本能够可靠地计量。

投资性房地产在初始计量时，应当按照成本进行计量。

1）外购投资性房地产的确认和初始计量

企业外购的房地产，只有在购入的同时开始对外出租或用于资本增值，才能作为投资性房地产加以确认。

企业购入房地产，自用一段时间之后再改为出租或用于资本增值的，应当先将外购的房地产确认为固定资产或无形资产，自租赁期开始日或用于资本增值之日起，才能从固定资产或无形资产转换为投资性房地产。

企业外购投资性房地产时，应当按照取得时的实际成本进行初始计量。取得时的实际成本，包括购买价款、相关税费和可直接归属于该资产的其他支出。采用成本模式进行后续计量的，企业应当在购入投资性房地产时，借记“投资性房地产”科目，贷记“银行存款”等科目；采用公允价值模式进行后续计量的，企业应当在购入投资性房地产时，借记“投资性房地产——成本”科目，贷记“银行存款”等科目。

2）自行建造投资性房地产的确认和初始计量

企业自行建造的房地产，只有在自行建造活动完成（即达到预定可使用状态）的同时开始对外出租或用于资本增值，才能将自行建造的房地产确认为投资性房地产。自行建造的投资性房地产的成本，由建造该项房地产达到预定可使用状态前发生的必要支出构成。

企业自行建造房地产达到预定可使用状态后一段时间才对外出租或用于资本增值的，应当先将自行建造的房地产确认为固定资产、无形资产或存货，自租赁期开始日或用于资本增值之日开始，从固定资产、无形资产或存货转换为投资性房地产。

自行建造的投资性房地产，其成本由建造该项资产达到预定可使用状态前发生的必要支出构成，包括土地开发费、建筑成本、安装成本、应予资本化的借款费用、支付的其他费用和分摊的间接费用等。采用成本模式进行后续计量的，应按照确定的自行建造投资性房地产成本，借记“投资性房地产”科目，贷记“在建工程”或“开发产品”科目。采用公允价值模式进行后续计量的，应按照确定的自行建造投资性房地产成本，借记“投资性房地产——成本”科目，贷记“在建工程”或“开发产品”科目。

【例 8-1】2014 年 2 月，甲公司从其他单位购入一块使用期限为 50 年的土地，并在这块土地上开始自行建造两栋厂房。2014 年 11 月，甲公司预计厂房即将完工，与乙公司签订了经营租赁合同，将其中的一栋厂房租赁给乙公司使用。租赁合同约定，该厂房于完工时开始起租。2014 年 12 月 5 日，两栋厂房同时完工。该土地使用权的成本为 9 000 000 元；至 2014 年 12 月 5 日，土地使用权已摊销 165 000 元；两栋厂房的实际造价均为 12 000 000 元，能够单独出售。为简化处理，假设两栋厂房分别占用这块土地的一半面积，并且以占用的土地面积作为土地使用权的划分依据。假设甲公司采用成本模式进行后续计量。

甲公司的账务处理如下：

土地使用权中的对应部分同时转换为投资性房地产 = 9 000 000×（12 000 000÷24 000 000）
= 4 500 000（元）

借：固定资产——厂房　　12 000 000
　　投资性房地产——厂房　　12 000 000
　贷：在建工程——厂房　　24 000 000

借：投资性房地产——已出租土地使用权　4 500 000
　贷：无形资产——土地使用权　　4 500 000（9 000 000÷2）

8.2.2　与投资性房地产有关的后续计量

1）资本化的后续支出

与投资性房地产有关的后续支出，满足投资性房地产确认条件的，应当计入投资性房地产的成本。例如，企业为了提高投资性房地产的使用效能，往往需要对投资性房地产进行改建、扩建而使其更加坚固耐用，或者通过装修改善其室内装潢，改扩建或装修支出满足确认条件的，应当将其资本化。

采用成本模式计量的，投资性房地产进入改扩建或装修阶段后，应当将其账面价值转入在建工程。借记"投资性房地产——在建"、"投资性房地产累计折旧"等科目，贷记"投资性房地产"科目。发生资本化的改良或装修支出，通过"投资性房地产——在建"科目归集，借记"投资性房地产——在建"科目，贷记"银行存款"、"应付账款"等科目。改扩建或装修完成后，借记"投资性房地产"科目，贷记"投资性房地产——在建"科目。

采用公允价值模式计量的，投资性房地产进入改扩建或装修阶段，借记"投资性房地产——在建"科目，贷记"投资性房地产——成本"、"投资性房地产——公允价值变动"等科目；在改扩建或装修完成后，借记"投资性房地产——成本"科目，贷记"投资性房地产——在建"科目。

企业对某项投资性房地产进行改扩建等再开发且将来仍作为投资性房地产的，再开发期间应继续将其作为投资性房地产，再开发期间不计提折旧或摊销。

【例 8-2】2014 年 5 月，甲公司与乙公司的一项厂房经营租赁合同即将到期。该厂房原价为 50 000 000 元，已计提折旧 10 000 000 元。为了提高厂房的租金收入，甲公司决定在租赁期满后对该厂房进行改扩建，并与丙公司签订了经营租赁合同，约定自改扩建完工时将该厂房出租给丙公司。2014 年 5 月 31 日，甲公司与乙公司的租赁合同到期，该厂房随即进入改扩建工程。2014 年 12 月 31 日，该厂房改扩建工程完工，共发生支出 5 000 000 元，均已支付，即日按照租赁合同出租给丙公司。假定甲公司采用成本计量模式。

在本例中，改扩建支出属于后续支出，假定符合《企业会计准则第 3 号——投资性房地产》第六条的规定，应当计入投资性房地产的成本。

甲公司的账务处理如下：

（1）2014 年 5 月 31 日，投资性房地产转入改扩建工程：

借：投资性房地产——厂房（在建） 40 000 000

　　投资性房地产累计折旧 10 000 000

　贷：投资性房地产——厂房 50 000 000

（2）2014 年 5 月 31 日至 2014 年 12 月 31 日，发生改扩建支出：

借：投资性房地产——厂房（在建） 5 000 000

　贷：银行存款 5 000 000

（3）2014 年 12 月 31 日，改扩建工程完工：

借：投资性房地产——厂房 45 000 000

　贷：投资性房地产——厂房（在建） 45 000 000

【例 8-3】2014 年 5 月，甲公司与乙公司的一项厂房经营租赁合同即将到期。为了提高厂房的租金收入，甲公司决定在租赁期满后对该厂房进行改扩建，并与丙公司签订了经营租赁合同，约定自改扩建完工时将该厂房出租给丙公司。2014 年 5 月 31 日，与乙公司的租赁合同到期，该厂房随即进入改扩建工程。2014 年 5 月 31 日，该厂房账面余额为 20 000 000 元，其中成本 16 000 000 元，累计公允价值变动 4 000 000 元。2014 年 11 月 30 日该厂房改扩建工程完工，共发生支出 3 000 000 元，均已支付，即日按照租赁合同出租给丙公司。假定甲公司采用公允价值计量模式。

甲公司的账务处理如下：

（1）2014 年 5 月 31 日，投资性房地产转入改扩建工程：

借：投资性房地产——厂房（在建） 20 000 000

　贷：投资性房地产——厂房（成本） 16 000 000

　　　　　　　　——厂房（公允价值变动） 4 000 000

（2）2014 年 5 月 31 日至 2014 年 11 月 30 日，发生改扩建支出：

借：投资性房地产——厂房（在建） 3 000 000

　贷：银行存款 3 000 000

（3）2014 年 11 月 30 日，改扩建工程完工：

借：投资性房地产——厂房（成本） 23 000 000

　贷：投资性房地产——厂房（在建） 23 000 000

2）费用化的后续支出

与投资性房地产有关的后续支出，不满足投资性房地产确认条件的，如企业对投资性房地产进行日常维护所发生的支出，应当在发生时计入当期损益，借记“其他业务成本”等科目，贷记“银行存款”等科目。

8.3 投资性房地产的后续计量

投资性房地产的后续计量有成本模式和公允价值模式两种，通常应当采用成本模式计量，满足特定条件时也可以采用公允价值模式计量。但是，同一企业只能采用一种模式对所有投资性房地产进行后续计量，不得同时采用两种计量模式。

在极少数情况下，采用公允价值对投资性房地产进行后续计量的企业，有证据表明，当企业首次取得某项投资性房地产（或某项现有房地产在完成建造或开发活动或改变用途后首次成为投资性房地产）时，该投资性房地产的公允价值不能持续可靠取得的，应当对该投资性房地产采用成本模式计量直至处置，并且假设无残值。但是，采用成本模式对投资性房地产进行后续计量的企业，即使有证据表明，企业首次取得某项投资性房地产时，该投资性房地产的公允价值能够持续可靠取得的，该企业仍应对该投资性房地产采用成本模式进行后续计量。

8.3.1 采用成本模式计量的投资性房地产

企业通常应当采用成本模式对投资性房地产进行后续计量。采用成本模式进行后续计量的投资性房地产，应当遵循以下会计处理规定。

（1）按照固定资产或无形资产的有关规定，按期（月）计提折旧或摊销，借记“其他业务成本”等科目，贷记“投资性房地产累计折旧（摊销）”科目。

（2）取得的租金收入，借记“银行存款”等科目，贷记“其他业务收入”等科目。

（3）投资性房地产存在减值迹象的，适用资产减值的有关规定。经减值测试后确定发生减值的，应当计提减值准备，借记“资产减值损失”科目，贷记“投资性房地产减值准备”科目。已经计提减值准备的投资性房地产，其减值损失在以后的会计期间不得转回。

【例 8-4】甲公司将一栋写字楼出租给乙公司使用，确认为投资性房地产，采用成本模式进行后续计量，假设这栋办公楼的成本为 72 000 000 元，按照年限平均法计提折旧，使用寿命为 20 年，预计净残值为零。经营租赁合同约定，乙公司每月等额支付甲公司租金 400 000 元。

甲公司的账务处理如下：

（1）每月计提折旧：

每月计提的折旧 =（72 000 000÷20）÷12 = 300 000（元）

借：其他业务成本——出租写字楼折旧	300 000	
贷：投资性房地产累计折旧		300 000

（2）每月确认租金收入：

借：银行存款（或其他应收款）	400 000	
贷：其他业务收入——出租写字楼租金收入		400 000

8.3.2 采用公允价值模式计量的投资性房地产

只有存在确凿证据表明投资性房地产的公允价值能够持续可靠取得的情况下，企业才可以采用公允价值模式对投资性房地产进行后续计量。企业一旦选择采用公允价值计量模式，就应当对其所有的投资性房地产均采用公允价值模式进行后续计量。

1）公允价值模式后续计量应满足的条件

采用公允价值模式进行后续计量的投资性房地产，应当同时满足以下两个条件：

（1）投资性房地产所在地有活跃的房地产交易市场。所在地，通常是指投资性房地产所在的城市。对于大中型城市，应当为投资性房地产所在的城区。

（2）企业能够从活跃的房地产交易市场上取得同类或类似房地产的市场价格及其他相关信息，从而对投资性房地产的公允价值做出合理的估计。

同类或类似的房地产，对建筑物而言，是指所处地理位置和地理环境相同、性质相同、结构类型相同或相近、新旧程度相同或相近、可使用状况相同或相近的建筑物；对土地使用权而言，是指同一位置区域、所处地理环境相同或相近、可使用状况相同或相近的土地。

投资性房地产的公允价值是指在公平交易中，熟悉情况的当事人之间自愿进行房地产交换的价格。确定投资性房地产的公允价值时，应当参照在活跃市场上同类或类似房地产的现行市场价格（市场公开报价）；无法取得同类或类似房地产现行市场价格的，应当参照活跃市场上同类或类似房地产的最近交易价格，并考虑交易情况、交易日期、所在区域等因素，从而对投资性房地产的公允价值做出合理的估计；也可以基于预计未来获得的租金收益和相关现金流量予以计量。

2）公允价值模式后续计量的会计处理

采用公允价值模式进行后续计量的投资性房地产，应当遵循以下会计处理规定：

（1）不对投资性房地产计提折旧或摊销。企业应当以资产负债表日投资性房地产的公允价值为基础调整其账面价值，公允价值与原账面价值之间的差额计入当期损益。

资产负债表日，投资性房地产的公允价值高于原账面价值的差额，借记“投资性房地产——公允价值变动”科目，贷记“公允价值变动损益”科目；公允价值低于原账面价值的差额，作相反的账务处理。

（2）取得的租金收入，借记“银行存款”等科目，贷记“其他业务收入”等科目。

【例 8-5】2014 年 9 月，甲公司与乙公司签订租赁协议，约定将甲公司新建造的一栋写字楼租赁给乙公司使用，租赁期为 10 年。

2014 年 12 月 1 日，该写字楼开始起租，写字楼的工程造价为 80 000 000 元，公允价值也为相同金额。该写字楼所在区域有活跃的房地产交易市场，而且能够从房地产交易市场上取得同类房地产的市场报价，甲公司决定采用公允价值模式对该项出租的房地产进行后续计量。

在确定该投资性房地产的公允价值时，甲公司选取了与该处房产所处地区相近，结构及用途相同的房地产，参照公司所在地房地产交易市场上的平均销售价格，结合周边市场信息和自有房产的特点。2014 年 12 月 31 日，该写字楼的公允价值为 84 000 000 元。

甲公司的账务处理如下：

(1) 2014 年 12 月 1 日，甲公司出租写字楼

借：投资性房地产——写字楼（成本） 80 000 000

  贷：固定资产——写字楼 80 000 000

(2) 2014 年 12 月 31 日，按照公允价值调整期账面价值，公允价值与原账面价值之间的差额计入当期损益

借：投资性房地产——写字楼（公允价值变动） 4 000 000

  贷：公允价值变动损益——投资性房地产 4 000 000

8.3.3 投资性房地产后续计量模式的变更

为保证会计信息的可比性，企业对投资性房地产的计量模式一经确定，不得随意变更。只有在房地产市场比较成熟、能够满足采用公允价值模式条件的情况下，才允许企业对投资性房地产从成本模式计量变更为公允价值模式计量。由成本模式转为公允价值模式的，应当作为会计政策变更处理，将计量模式变更时公允价值与账面价值的差额，调整期初留存收益。企业变更投资性房地产计量模式，符合《企业会计准则第 3 号——投资性房地产》规定的，应当按照计量模式变更日投资性房地产的公允价值，借记"投资性房地产——成本"科目，按照已计提的折旧或摊销，借记"投资性房地产累计折旧（摊销）"科目，原已计提减值准备的，借记"投资性房地产减值准备"科目，按照原账面余额，贷记"投资性房地产"科目，按照公允价值与其账面价值之间的差额，贷记或借记"利润分配——未分配利润"、"盈余公积"等科目。

已采用公允价值模式计量的投资性房地产，不得从公允价值模式转为成本模式。

8.4 投资性房地产的转换和处置

8.4.1 房地产的转换

1）房地产的转换形式及转换日

房地产的转换是指房地产用途的变更。企业有确凿证据表明房地产用途发生改变，满足下列条件之一的，应当将投资性房地产转换为其他资产或者将其他资产转换为投资性房地产：

(1) 投资性房地产开始自用，即将投资性房地产转为自用房地产。在这种情况下，转换日为房地产达到自用状态，企业开始将其用于生产商品、提供劳务或者经营管理的日期。

(2) 作为存货的房地产，改为出租，通常是指房地产开发企业将其持有的开发产品以经营租赁的方式出租，存货相应地转换为投资性房地产。在这种情况下，转换日为房地产的租赁期开始日。租赁期开始日，是指承租人有权行使其使用租赁资产权利的日期。

(3) 自用建筑物停止自用，改为出租，即企业将原本用于生产商品、提供劳务或者经营管理的房地产改用于出租，固定资产相应地转换为投资性房地产。在这

种情况下，转换日为租赁期开始日。

(4) 自用土地使用权停止自用，改用于赚取租金或资本增值，即企业将原本用于生产商品、提供劳务或者经营管理的土地使用权改用于赚取租金或资本增值，该土地使用权相应地转换为投资性房地产。在这种情况下，转换日为自用土地使用权停止自用后，确定用于赚取租金或资本增值的日期。

(5) 房地产企业将用于经营出租的房地产重新开发用于对外销售，从投资性房地产转为存货。在这种情况下，转换日为租赁期满，企业董事会或类似机构做出书面决议明确表明将其重新开发用于对外销售的日期。

以上所指确凿证据包括两个方面：一是企业董事会或类似机构应当就改变房地产用途形成正式的书面决议；二是房地产因用途改变而发生实际状态上的改变，如从自用状态改为出租状态。

2）房地产转换的会计处理

(1) 成本模式下的转换

①投资性房地产转换为自用房地产。

企业将采用成本模式计量的投资性房地产转换为自用房地产时，应当按该项投资性房地产在转换日的账面余额、累计折旧、减值准备等，分别转入“固定资产”、“累计折旧”、“固定资产减值准备”等科目，按其账面余额，借记“固定资产”或“无形资产”科目，贷记“投资性房地产”科目，按已计提的折旧或摊销，借记“投资性房地产累计折旧（摊销）”科目，贷记“累计折旧”或“累计摊销”科目，原已计提减值准备的，借记“投资性房地产减值准备”科目，贷记“固定资产减值准备”或“无形资产减值准备”科目。

【例8-6】2014年8月31日，租赁期满，甲公司将出租在外的厂房收回，公司董事会就将该厂房用于本公司生产产品形成了书面决议，2014年9月1日开始用于本公司生产产品。该项房地产在转换前采用成本模式计量，截至2014年8月31日，账面价值为45 000 000元，其中，原价60 000 000元，累计已提折旧15 000 000元。

甲公司的账务处理如下：

2014年9月1日

借：固定资产——厂房	60 000 000	
投资性房地产累计折旧	15 000 000	
贷：投资性房地产——厂房		60 000 000
累计折旧——厂房		15 000 000

②投资性房地产转换为存货。

企业将采用成本模式计量的投资性房地产转换为存货时，应当按照该项房地产在转换日的账面价值，借记“开发产品”科目，按照已计提的折旧或摊销，借记“投资性房地产累计折旧（摊销）”科目，原已计提减值准备的，借记“投资性房地产减值准备”科目，按其账面余额，贷记“投资性房地产”科目。

③自用房地产转换为投资性房地产。

企业将自用土地使用权或建筑物转换为采用成本模式计量的投资性房地产时，应当按该项建筑物或土地使用权在转换日的原价、累计折旧、减值准备等，分别转入“投资性房地产”、“投资性房地产累计折旧（摊销）”、“投资性房地产减值准备”科目，按其账面余额，借记“投资性房地产”科目，贷记“固定资产”或“无形资产”科目，按已计提的折旧或摊销，借记“累计折旧”或“累计摊销”科目，贷记“投资性房地产累计折旧（摊销）”科目，原已计提减值准备的，借记“固定资产减值准备”或“无形资产减值准备”科目，贷记“投资性房地产减值准备”科目。

【例 8-7】甲公司拥有一栋本公司总部办公使用的办公楼，公司董事会就将该栋办公楼用于出租形成了书面决议。2014 年 4 月 10 日，甲公司与乙公司签订了经营租赁协议，将这栋办公楼整体出租给乙公司使用，租赁期开始日为 2014 年 6 月 1 日，租期为 5 年。2014 年 6 月 1 日，这栋办公楼的账面余额为 500 000 000 元，已计提折旧 5 000 000 元。假设甲公司所在城市不存在活跃的房地产交易市场。

2014 年 6 月 1 日甲公司的账务处理如下：

借：投资性房地产——办公楼	500 000 000	
累计折旧	5 000 000	
贷：固定资产——办公楼		500 000 000
投资性房地产累计折旧		5 000 000

④作为存货的房地产转换为投资性房地产。

企业将作为存货的房地产转换为采用成本模式计量的投资性房地产时，应当按该项存货在转换日的账面价值，借记“投资性房地产”科目，原已计提跌价准备的，借记“存货跌价准备”，按其账面余额，贷记“开发产品”等科目。

【例 8-8】甲公司是从事房地产开发的企业，2014 年 4 月 10 日，甲公司董事会就将其开发的一栋写字楼不再出售改用做出租形成了书面决议。甲公司遂与乙公司签订了租赁协议，将此写字楼整体出租给乙公司使用，租赁期开始日为 2014 年 6 月 1 日，租赁期为 5 年。2014 年 6 月 1 日，该写字楼的账面余额为 500 000 000 元，未计提存货跌价准备，转换后采用成本模式进行后续计量。

2014 年 6 月 1 日甲公司的账务处理如下：

借：投资性房地产——写字楼	500 000 000	
贷：开发产品		500 000 000

（2）公允价值模式下的转换

①投资性房地产转换为自用房地产。

企业将采用公允价值模式计量的投资性房地产转换为自用房地产时，应当以其转换当日的公允价值作为自用房地产的账面价值，公允价值与原账面价值的差额计入当期损益。转换日，按该项投资性房地产的公允价值，借记“固定资产”或“无形资产”科目，按该项投资性房地产的成本，贷记“投资性房地产——成本”

科目，按该项投资性房地产的累计公允价值变动，贷记或借记“投资性房地产——公允价值变动”科目，按其差额，贷记或借记“公允价值变动损益”科目。

【例 8-9】2014 年 11 月 1 日，租赁期满，甲公司将出租的写字楼收回，公司董事会就将该写字楼作为办公楼用于本公司的行政管理形成了书面决议。2014 年 11 月 1 日，该写字楼正式开始自用，相应由投资性房地产转换为自用房地产，当日的公允价值为 72 000 000 元。该项房地产在转换前采用公允价值模式计量，原账面价值为 70 000 000 元，其中，成本为 67 000 000 元，公允价值变动为增值3 000 000 元。

甲公司的账务处理如下：

借：固定资产——写字楼	72 000 000	
贷：投资性房地产——写字楼（成本）		67 000 000
——写字楼（公允价值变动）		3 000 000
公允价值变动损益——投资性房地产		2 000 000

②投资性房地产转换为存货。

企业将采用公允价值模式计量的投资性房地产转换为存货时，应当以其转换当日的公允价值作为存货的账面价值，公允价值与原账面价值的差额计入当期损益。

转换日，按该项投资性房地产的公允价值，借记“开发产品”等科目，按该项投资性房地产的成本，贷记“投资性房地产——成本”科目；按该项投资性房地产的累计公允价值变动，贷记或借记“投资性房地产——公允价值变动”科目；按其差额，贷记或借记“公允价值变动损益”科目。

③自用房地产转换为投资性房地产。

企业将自用土地使用权或建筑物转换为采用公允价值模式计量的投资性房地产时，应当按该项土地使用权或建筑物在转换日的公允价值，借记“投资性房地产——成本”科目，按已计提的累计摊销或累计折旧，借记“累计摊销”或“累计折旧”科目，原已计提减值准备的，借记“无形资产减值准备”、“固定资产减值准备”科目，按其账面余额，贷记“无形资产”或“固定资产”科目；同时，转换日的公允价值小于账面价值的，按其差额，借记“公允价值变动损益”科目，转换日的公允价值大于账面价值的，按其差额，贷记“资本公积——其他资本公积”科目。待该项投资性房地产处置时，因转换计入资本公积的部分应转入当期损益。

【例 8-10】2013 年 8 月，甲公司打算搬迁至新建办公楼，由于原办公楼处于商业繁华地段，甲公司准备将其出租，以赚取租金收入，经公司董事会批准形成书面决议。2013 年 12 月底，甲公司完成了搬迁工作，原办公楼停止自用。2014 年 1 月 1 日，甲公司与乙公司签订了租赁协议，租赁期为 3 年。

在该例中，甲公司应当于租赁期开始日（2014 年 1 月 1 日），将自用房地产转换为投资性房地产。该办公楼所在地房的地产交易活跃，公司能够从市场上取得同类或类似房地产的市场价格及其他相关信息，假设甲公司对出租的该办公楼采用公允价值模式计量。假设2014年1月1日，该办公楼的公允价值为380 000 000元，其原价为550 000 000元，已提折旧150 000 000元。

2014年1月1日甲公司的账务处理如下：

借：投资性房地产——办公楼（成本）　　380 000 000
　　公允价值变动损益——投资性房地产　　20 000 000
　　累计折旧　　150 000 000
　贷：固定资产　　550 000 000

④作为存货的房地产转换为投资性房地产。

企业将作为存货的房地产转换为采用公允价值模式计量的投资性房地产时，应当按该项房地产在转换日的公允价值，借记“投资性房地产——成本”科目，原已计提跌价准备的，借记“存货跌价准备”科目，按其账面余额，贷记“开发产品”等科目；同时，转换日的公允价值小于账面价值的，按其差额，借记“公允价值变动损益”科目，转换日的公允价值大于账面价值的，按其差额，贷记“资本公积——其他资本公积”科目。待该项投资性房地产处置时，因转换计入资本公积的部分应转入当期损益。

【例8-11】2014年4月15日，甲房地产开发公司董事会形成书面决议，将其开发的一栋写字楼用于出租。甲公司遂与乙公司签订了租赁协议，租赁期开始日为2014年6月1日，租赁期为5年。2014年6月1日，该写字楼的账面余额为400 000 000元，公允价值为430 000 000元。

2014年6月1日甲公司的账务处理如下：

借：投资性房地产——写字楼（成本）　　430 000 000
　贷：开发产品　　400 000 000
　　　资本公积——其他资本公积——公允价值变动（投资性房地产）
　　　　30 000 000

8.4.2 投资性房地产的处置

当投资性房地产被处置，或者永久退出使用且预计不能从其处置中取得经济利益时，应当终止确认该项投资性房地产。企业出售、转让、报废投资性房地产或者发生投资性房地产毁损，应当将处置收入扣除其账面价值和相关税费后的金额计入当期损益。此外，企业因其他原因，如非货币性资产交换等而减少投资性房地产，也属于投资性房地产的处置。

1）成本模式计量的投资性房地产的处置

处置采用成本模式计量的投资性房地产时，应当按实际收到的金额，借记“银行存款”等科目，贷记“其他业务收入”科目；按该项投资性房地产的账面价值，借记“其他业务成本”科目，按其账面余额，贷记“投资性房地产”科目，按照已计提的折旧或摊销，借记“投资性房地产累计折旧（摊销）”科目，原已计提减值准备的，借记“投资性房地产减值准备”科目。

【例8-12】甲公司将其出租的一栋写字楼确认为投资性房地产。在租赁期届满后，甲公司将该栋写字楼出售给乙公司，合同价款为200 000 000元，乙公司已用银行存款付清。假设这栋写字楼原采用成本模式计量。出售时，该栋写字楼的成本为180 000 000元，已计提折旧20 000 000元，不考虑相关税费。

甲公司的账务处理如下：

借：银行存款	200 000 000	
贷：其他业务收入		200 000 000
借：其他业务成本	160 000 000	
投资性房地产累计折旧	20 000 000	
贷：投资性房地产——写字楼		180 000 000

2）公允价值模式计量的投资性房地产的处置

处置采用公允价值模式计量的投资性房地产时，应当按实际收到的金额，借记“银行存款”等科目，贷记“其他业务收入”科目；按该项投资性房地产的账面余额，借记“其他业务成本”科目，按其成本，贷记“投资性房地产——成本”科目，按其累计公允价值变动，贷记或借记“投资性房地产——公允价值变动”科目。同时结转投资性房地产累计公允价值变动。若存在原转换日计入资本公积的金额，也一并结转。

思考题

1. 如何界定投资性房地产？
2. 投资性房地产入账价值的确认标准是什么？
3. 什么是投资性房地产的后续计量？
4. 如何进行投资性房地产后续计量模式的变更？
5. 什么是投资性房地产的后续支出？

练习题

一、单项选择题

1. 在下列各项中，属于投资性房地产的是(　　)。

A. 房地产企业开发的准备出售的房屋

B. 房地产企业开发的已出租的房屋

C. 企业持有的准备建造房屋的土地使用权

D. 企业以经营租赁方式租入的建筑物

2. 在下列各项中，属于投资性房地产的有(　　)。

A. 企业拥有并自行经营的饭店

B. 企业自用的办公楼

C. 房地产开发企业正在开发的商品房

D. 企业持有拟增值后转让的土地使用权

3. 在下列项目中，不属于投资性房地产的有(　　)。

A. 企业已出租的建筑物

B. 已出租的房屋租赁期届满，收回后继续用于出租但暂时空置

C. 房地产企业持有并准备增值后出售的建筑物

D. 企业持有并准备增值后转让的土地使用权

4. 甲企业为房地产开发企业，现有存货商品房一栋，实际开发成本为9 000万元，2014年3月31日，甲公司将该商品房以经营租赁方式提供给乙公司使用，租赁期为10年。甲公司对该商品房采用成本模式进行后续计量并按年限平均法计提折旧，预计使用寿命为50年，预计净残值为零。假定不考虑其他因素，下列关于甲公司2014年12月31日资产负债表项目列报正确的是(　　)。

A. 存货为9 000万元　　B. 固定资产8 865万元

C. 投资性房地产为8 820万元　　D. 投资性房地产为8 865万元

二、多项选择题

1. 关于房地产转换后的入账价值的确定，下列说法正确的有(　　)。

A. 在成本模式下的房地产转换，应当将房地产转换前的账面价值作为转换后的账面价值

B. 采用公允价值模式计量的投资性房地产转换为自用房地产时，应当以其转换当日的公允价值作为自用房地产的账面价值

C. 采用公允价值模式计量的投资性房地产转换为自用房地产时，应当以其转换当日的公允价值作为自用房地产的账面价值，公允价值与原账面价值的差额计入资本公积

D. 自用房地产或存货转换为采用公允价值模式计量的投资性房地产时，投资性房地产按照转换当日的账面价值计价

2. 下列项目属于投资性房地产的有(　　)。

A. 已出租的建筑物

B. 已出租的土地使用权

C. 持有并准备增值后转让的土地使用权

D. 按照国家有关规定认定的闲置土地

3. 下列各项不属于投资性房地产的有(　　)。

A. 房地产开发企业开发的准备出售的房屋

B. 房地产开发企业拥有的已出租建筑物

C. 企业持有的准备建造房屋的土地使用权

D. 企业持有并准备增值后转让的建筑物

4. 在下列关于公允价值模式计量的投资性房地产的表述中，不正确的有(　　)。

A. 企业对投资性房地产采用公允价值模式计量的，存在减值迹象时，应当按照资产减值的有关规定进行减值测试

B. 企业对投资性房地产采用公允价值模式计量的，不需对投资性房地产计提

折旧或进行摊销

C. 企业持有的采用公允价值模式计量的投资性房地产，公允价值高于账面余额的差额计入其他业务收入

D. 企业对投资性房地产采用公允价值模式计量的，取得的租金收入一般计入其他业务收入

5. 关于投资性房地产的有关支出，下列说法正确的有(　　)。

A. 在成本模式计量下当月增加的房屋当月不计提折旧

B. 在成本模式计量下当月增加的土地当月进行摊销

C. 在公允模式计量下当月增加的房屋从下月开始计提折旧

D. 在成本模式计量下当月增加的土地当月不进行摊销

6. 下列有关投资性房地产初始计量的表述，正确的有(　　)。

A. 外购的投资性房地产应以购买价款作为投资性房地产的成本，相关税费计入当期损益

B. 自行建造投资性房地产的成本，由建造该项资产达到预定可使用状态前所发生的必要支出构成

C. 债务重组取得的投资性房地产按照债务重组的相关规定处理

D. 非货币性资产交换取得的投资性房地产按照非货币性资产交换准则的规定处理

7. 下列关于投资性房地产进行初始计量的会计处理，表述正确的有(　　)。

A. 采用成本模式进行后续计量的投资性房地产，取得时按照成本进行初始计量

B. 采用公允价值模式进行后续计量的投资性房地产，取得时按照公允价值进行初始计量

C. 自行建造投资性房地产的成本，由建造该项资产达到预定可使用状态前所发生的必要支出构成

D. 外购投资性房地产的成本，包括购买价款、相关税费和可直接归属于该资产的其他支出

8. 某企业的投资性房地产采用公允价值计量模式。2014 年 1 月 1 日该企业购入一幢建筑物直接用于出租，租期 5 年，每年租金收入 100 万元。该建筑物的购买价格 600 万元，发生相关税费 10 万元，上述款项均以银行存款支付。税法规定，该建筑物预计使用年限为 20 年，预计净残值为 10 万元，采用年限平均法计提折旧。2014 年 12 月 31 日，该建筑物的公允价值为 560 万元。假定不考虑其他因素，下列表述中，正确的有(　　)。

A. 2014 年该项投资性房地产应计提折旧 27. 5 万元

B. 2014 年该项投资性房地产减少当期营业利润 60 万元

C. 2014 年该项投资性房地产增加当期营业利润 50 万元

D. 2014 年年末该项投资性房地产的列报金额为 560 万元

三、业务处理题

1. 甲公司采用成本模式对投资性房地产进行后续计量。不考虑营业税等费用。有关资料如下：2013 年 12 月 18 日甲公司外购一栋写字楼，该写字楼成本为 50 000 万元，写字楼预计使用年限为 40 年，写字楼预计净残值为零，均采用直线法计提折旧。

当日甲公司与乙公司签订租赁合同，甲公司将该写字楼整体出租给乙公司，租期为 3 年，年租金为 2 000 万元，每年年初支付。2013 年 12 月 31 日为租赁期开始日。

要求：

（1）编制 2013 年外购写字楼的会计分录。

（2）编制 2014 年年初收到租金的会计分录。

（3）编制 2014 年对投资性房地产计提折旧的会计分录。

（4）计算 2014 年年末资产负债表“投资性房地产”项目列示金额。

（5）假定租赁期满后甲公司将写字楼出售，售价为 60 000 万元，编制有关租赁期满后将写字楼出售的会计分录。

2. 甲公司为房地产开发企业，采用公允价值模式计量投资性房地产。不考虑营业税的费用。有关资料如下：

（1）2013 年 1 月 1 日甲公司与 AS 公司签订协议，将开发完成的写字楼出租给 AS 公司，租期为 3 年，每年租金为 500 万元，于年初收取，2013 年 1 月 1 日为租赁期开始日，2015 年 12 月 31 日到期。

该写字楼的造价为 9 000 万元，未计提减值准备。各年的 1 月 1 日均收到租金。

（2）2013 年 12 月 31 日该投资性房地产的公允价值为 12 000 万元。

（3）2014 年 12 月 31 日该投资性房地产的公允价值为 17 000 万元。

（4）2015 年 12 月 31 日租赁协议到期。甲公司与该公司达成协议，该写字楼的出售，价款为 20 000 万元。

要求：

（1）编制 2013 年 1 月 1 日转换日与房地产的有关会计分录。

（2）编制收到租金的相关会计分录。

（3）编制 2013 年 12 月 31 日调整投资性房地产的会计分录。

（4）编制 2014 年 12 月 31 日调整投资性房地产的会计分录。

（5）编制 2015 年 12 月 31 日处置投资性房地产的相关会计分录。

第9章

资产减值

9.1 资产减值的认定

9.1.1 资产减值的概念及其范围

资产的主要特征之一是它必须能够为企业带来经济利益的流入，如果资产不能够为企业带来经济利益或者带来的经济利益低于其账面价值，即表明资产发生了减值，企业应当确认资产减值损失，并把资产的账面价值减记至可收回金额。

资产减值，是指资产的可收回金额低于其账面价值。本章所指资产，除特别说明外，包括单项资产和资产组。由于企业不同的资产，其特性不同，其减值的会计处理也有差异，适用的会计准则因此也不一样。例如，存货、采用公允价值模式进行后续计量的投资性房地产、建造合同形成的资产、递延所得税资产、融资租赁中出租人未担保余值、未探明石油天然气矿区权益、由金融工具确认和计量准则所规范的金融资产等的减值，分别适用存货、投资性房地产、建造合同、所得税、租赁、石油天然气开采、金融工具确认和计量等会计准则，并由相关章节涉及，本章不涉及。

本章涉及的主要是企业的非流动资产，具体包括以下资产：

（1）对子公司、联营企业和合营企业的长期股权投资。

（2）采用成本模式进行后续计量的投资性房地产。

（3）固定资产。

（4）生产性生物资产。

（5）无形资产。

（6）商誉。

（7）探明石油天然气矿区权益及相关设施。

本章不涉及下列资产减值的会计处理：存货、消耗性生物资产、采用公允价值模式进行后续计量的投资性房地产、建造合同形成的资产、递延所得税资产、融资租赁中出租人未担保余值、未探明石油天然气矿区权益，以及本书第五章所涉及的金融资产等。

9.1.2 资产可能发生减值的迹象

企业应当在资产负债表日判断资产是否存在可能发生减值的迹象。如果资产存在发生减值的迹象，应当进行减值测试，估计资产的可收回金额。可收回金额低于账面价值的，应当按照可收回金额低于账面价值的差额，计提减值准备，确认减值损失。资产存在减值迹象是资产需要进行减值测试的必要前提，但是，因企业合并所形成的商誉和使用寿命不确定的无形资产，无论是否存在减值迹象，至少应当每年进行减值测试。对于尚未达到可使用状态的无形资产，因其价值通常具有较大的不确定性，也至少应当每年进行减值测试。

资产可能发生减值的迹象，主要可从外部信息来源和内部信息来源两方面加以判断。从企业外部信息来源看，以下情况均属于资产可能发生减值的迹象，企业需要据此估计资产的可收回金额，确定是否需要确认减值损失：

（1）资产的市价当期大幅度下跌，其跌幅明显高于因时间的推移或者正常使用而预计的下跌。

（2）企业经营所处的经济、技术或者法律等环境以及资产所处的市场在当期或者将在近期发生重大变化，从而对企业产生不利影响。

（3）市场利率或者其他市场投资报酬率在当期已经提高，从而影响企业计算资产预计未来现金流量现值的折现率，导致资产可收回金额大幅度降低。

从企业内部信息来源看，以下情况均属于资产可能发生减值的迹象，企业需要据此估计资产的可收回金额，确定是否需要确认减值损失：

（1）有证据表明资产已经陈旧过时或者其实体已经损坏。

（2）资产已经或者将被闲置、终止使用或者计划提前处置。

（3）企业内部报告的证据表明资产的经济绩效已经低于或者将低于预期，如资产所创造的净现金流量或者实现的营业利润（或者亏损）远远低于（或者高于）预计金额等。

此外，采用成本法核算的长期股权投资，除在取得投资时实际支付的价款或对价中包含的已宣告但尚未发放的现金股利或利润外，投资企业按照享有被投资单位宣告发放的现金股利或利润确认投资收益后，应当考虑长期股权投资是否发生了减值。在判断该类长期股权投资是否存在减值迹象时，应当关注长期股权投资的账面价值是否大于享有被投资单位净资产（包括相关商誉）账面价值的份额等类似情况。

9.2 资产可收回金额的计量和减值损失的确定

9.2.1 资产可收回金额计量的基本要求

资产存在可能发生减值迹象的，企业应当进行减值测试，估计可收回金额。资产的可收回金额，应当根据资产的公允价值减去处置费用后的净额与资产预计未来现金流量的现值两者之间较高者确定。因此，估计资产的可收回金额，通常需要同时估计该资产的公允价值减去处置费用后的净额和资产预计未来现金流量的现值。但是在下列情况下，可以有例外或者做特殊考虑：

（1）如果资产的公允价值减去处置费用后的净额与资产预计未来现金流量的现值，只要有一项超过了资产的账面价值，就表明资产没有发生减值，不需要再估计另一项金额。

(2) 如果没有确凿证据或者理由表明，资产预计未来现金流量现值显著高于其公允价值减去处置费用后的净额，可以将资产的公允价值减去处置费用后的净额视为资产的可收回金额。例如，企业持有待售的非流动资产，该资产在持有期间（处置之前）产生的现金流量可能很少，其最终取得的未来现金流量往往就是资产的处置净流入。在这种情况下，以资产的公允价值减去处置费用后的净额作为其可收回金额是恰当的，因为该类资产的未来现金流量现值通常不会显著高于其公允价值减去处置费用后的净额。

(3) 以前报告期间的计算结果表明，资产可收回金额显著高于其账面价值，之后又没有发生消除这一差异的交易或者事项的，资产负债表日可以不重新估计该资产的可收回金额。

(4) 以前报告期间的计算与分析表明，资产可收回金额相对于某种减值迹象反应不敏感，在本报告期间又发生了该减值迹象的，可以不因该减值迹象的出现而重新估计该资产的可收回金额。例如，当期市场利率或市场投资报酬率上升，对计算资产未来现金流量现值采用的折现率影响不大的，可以不重新估计资产的可收回金额。

9.2.2 资产的公允价值减去处置费用后净额的确定

资产的公允价值减去处置费用后的净额，通常反映的是资产如果被出售或者处置时可以收回的净现金流入。其中，资产的公允价值是指市场参与者在计量日发生的有序交易中，出售一项资产所能收到或者转移一项负债所需支付的价格；处置费用是指可以直接归属于资产处置的增量成本，包括与资产处置有关的法律费用、相关税费、搬运费以及为使资产达到可销售状态所发生的直接费用等，但是财务费用和所得税费用等不包括在内。

企业在估计资产的公允价值减去处置费用后的净额时，应当按照下列顺序进行：

首先，应当根据公平交易中资产的销售协议价格减去可直接归属于该资产处置费用的金额确定。这是估计资产的公允价值减去处置费用后净额的最佳方法，企业应当优先采用这一方法。但是在实务中，企业的资产往往都是内部持续使用的，取得资产的销售协议价格并不容易，在这种情况下，需要采用以下方法估计资产的公允价值减去处置费用后的净额。

其次，在资产不存在销售协议但存在活跃市场的情况下，应当根据该资产的市场价格减去处置费用后的净额确定。资产的市场价格通常应当按照资产的买方出价确定。如果难以获得资产在资产负债表日买方出价的，企业可以将资产最近的交易价格作为其公允价值减去处置费用后的净额的估计基础，其前提是在此期间，有关经济、市场环境等没有发生重大变化。

最后，在既不存在资产销售协议又不存在资产活跃市场的情况下，企业应当以可获取的最佳信息为基础，根据在资产负债表日假定处置该资产，熟悉情况的交易双方自愿进行公平交易愿意提供的交易价格减去资产处置费用后的净额，估计资产的公允价值减去处置费用后的净额。在实务中，该净额可以参考同行业类似资产的最近交易价格或者结果进行估计。

企业按照上述要求仍然无法可靠估计资产的公允价值减去处置费用后的净额的，应当以该资产预计未来现金流量的现值作为其可收回金额。

9.2.3 资产预计未来现金流量现值的确定

资产预计未来现金流量的现值，应当按照资产在持续使用过程中和最终处置时所产生的预计未来现金流量，选择恰当的折现率对其进行折现后的金额加以确定。预计资产未来现金流量的现值，需要综合考虑资产的预计未来现金流量、资产的使用寿命和折现率三个因素。其中，资产使用寿命的预计与固定资产、无形资产准则等规定的使用寿命预计方法相同。

1）资产未来现金流量的预计

（1）预计资产未来现金流量的基础

预计资产未来现金流量时，企业管理层应当在合理的有依据的基础上对资产在剩余使用寿命内的整个经济状况进行最佳估计，并将资产预计未来现金流量的估计，建立在经企业管理层批准的最近财务预算或者预测数据的基础上。出于对数据的可靠性和便于操作等方面的考虑，建立在财务预算或者预测基础上的预计未来现金流量最多涵盖5年，企业管理层如能证明更长的期间是合理的，可以涵盖更长的期间。

对于最近财务预算或者预测期之后的现金流量，企业应当以该预算或者预测期之后年份稳定的或者递减的增长率为基础进行估计。企业管理层如能证明递增的增长率是合理的，可以递增的增长率为基础进行估计，所使用的增长率除了企业能够证明更高的增长率是合理的外，不应当超过企业经营的产品、市场、所处的行业或者所在国家或者地区的长期平均增长率，或者该资产所处市场的长期平均增长率。在恰当、合理的情况下，该增长率可以是零或者负数。

在经济环境经常变化的情况下，资产的实际现金流量与预计数往往会有出入，而且预计资产未来现金流量时的假设也有可能发生变化，因此，企业管理层在每次预计资产未来现金流量时，应当分析以前期间现金流量预计数与现金流量实际数的差异情况，以评判预计当期现金流量所依据假设的合理性。通常情况下，企业管理层应当确保当期预计现金流量所依据的假设与前期的实际结果相一致。

（2）预计资产未来现金流量应当包括的内容

①资产在持续使用过程中预计产生的现金流入。

②为实现资产在持续使用过程中产生的现金流入所必需的预计现金流出（包括为使资产达到预定可使用状态所发生的现金流出）。该现金流出应当是可直接归属于或者可通过合理和一致的基础分配到资产中的现金流出，后者通常是指那些与资产直接相关的间接费用。

对于在建工程、开发过程中的无形资产等，企业在预计其未来现金流量时，应当包括预期为使该类资产达到预定可使用（或可销售）状态而发生的全部现金流出数。

③当资产使用寿命结束时，处置资产所收到或者支付的净现金流量。该现金流量应当是在公平交易中，熟悉情况的交易双方自愿进行交易时，企业预期可从资产的处置中获取或者支付的、减去预计处置费用后的金额。

（3）预计资产未来现金流量应当考虑的因素

①以资产的当前状况为基础预计资产未来现金流量。

企业资产在使用过程中有时会因为改良、重组等原因发生变化。在预计资产未来现金流量时，企业应当以资产的当前状况为基础，不应当包括与将来可能会发生的、尚未做出承诺的重组事项或者与资产改良有关的预计未来现金流量。但是，企业未来发生的现金流出，如果是为了维持资产正常运转或者资产正常产出水平而必要的支出或者属于资产维护支出，应当在预计资产未来现金流量时将其考虑在内。

企业已经承诺重组的，在确定资产的未来现金流量的现值时，预计的未来现金流入和流出数，应当反映重组所能节约的费用和由重组所带来的其他利益，以及因重组所导致的估计未来现金流出数。其中，重组所能节约的费用和由重组所带来的其他利益，通常应当根据企业管理层批准的最近财务预算或者预测数据进行估计；因重组所导致的估计未来现金流量数应当根据或有事项准则确认的因重组所发生的预计负债金额进行估计。

②预计资产未来现金流量不应当包括筹资活动和与所得税收付有关的现金流量。

预计资产未来现金流量不应当包括筹资活动产生的现金流入或流出，主要是因为筹资活动与经营活动的性质不同，筹资活动产生的现金流量不应当纳入资产的预计未来现金流量，与此同时，筹集资金的货币时间价值已经通过折现因素考虑在内。预计资产未来现金流量现值采用的折现率是建立在所得税前的基础上，预计资产未来现金流量也应当以所得税前为基础，从而可以有效地避免计算预计资产未来现金流量现值过程中可能出现的重复计算等问题。

③对通货膨胀因素的考虑应当和折现率相一致。

企业预计资产未来现金流量和折现率时，应当在一致的基础上考虑因一般通货膨胀而导致物价上涨等因素的影响。如果折现率考虑了这一影响因素，预计资产未来现金流量也应当考虑这一影响因素；如果折现率没有考虑这一影响因素，预计资产未来现金流量也不应当考虑这一影响因素。总之，在考虑通货膨胀影响因素问题上，预计资产未来现金流量和确定折现率，应当保持一致。

④对内部转移价格应当予以调整。

在部分企业或企业集团，出于整体发展战略的考虑，某些资产生产的产品或者其他产出可能供企业或者企业集团内部其他企业使用或者对外销售，所确定的交易价格或者结算价格建立在内部转移价格的基础上，而内部转移价格很可能与市场交易价格不同。在这种情况下，为了如实估计资产的可收回金额，企业不应当以内部转移价格为基础预计资产未来现金流量，而应当采用在公平交易中企业管理层能够达成的最佳未来价格估计数进行估计。

(4) 预计资产未来现金流量的方法

预计资产未来现金流量，通常应当根据资产未来期间最有可能产生的现金流量进行预测，即：使用单一的未来每期预计现金流量和单一的折现率计算资产未来现金流量现值。

【例 9-1】甲公司拥有剩余使用年限为 3 年的 MN 固定资产。甲公司预计在正常情况下的未来 3 年中，MN 固定资产每年可为公司产生的净现金流量分别为：第 1 年 2 000 000 元；第 2 年 1 000 000 元；第 3 年 200 000 元。该现金流量通常即为最有可能产生的现金流量，甲公司应以该现金流量的预计数为基础计算 MN 固定资产的现值。

在实务中，如果影响资产未来现金流量的因素较多，不确定性较大，使用单一的现金流量可能并不能如实反映资产创造现金流量的实际情况。此时，如果采用期望现金流量法更为合理，企业应当采用期望现金流量法预计资产未来现金流量，即：资产未来现金流量应当根据每期现金流量期望值进行预计，每期现金流量期望值按照在各种可能情况下的现金流量乘以相应的发生概率加总计算。

【例 9-2】续【例 9-1】，如果 MN 固定资产生产的产品受市场行情波动影响较大，在产品市场行情好、一般和差三种可能情况下，产生的现金流量有较大差异。MN 固定资产预计未来 3 年每年产生的现金流量情况见表 9-1。

表 9-1 **MN 固定资产预计未来 3 年每年产生的现金流量情况** 单位：元

年限	市场行情好（30% 可能性）	市场行情一般（60% 可能性）	市场行情差（10% 可能性）
第 1 年	3 000 000	2 000 000	1 000 000
第 2 年	1 600 000	1 000 000	400 000
第 3 年	400 000	200 000	0

在本例中，甲公司采用期望现金流量法预计资产未来现金流量更为合理，即资产未来现金流量应当根据每期现金流量期望值进行预计，每期现金流量期望值按照各种可能情况下的现金流量乘以相应的发生概率加总计算。因此，根据表 8-1 提供的信息，甲公司计算 MN 固定资产每年预计未来现金流量如下：

第 1 年预计现金流量（期望现金流量）= 3 000 000×30% +2 000 000×60% +1 000 000×10%
=2 200 000（元）

第 2 年预计现金流量（期望现金流量）= 1 600 000×30% +1 000 000×60% +400 000×10%
=1 120 000（元）

第 3 年预计现金流量（期望现金流量）= 400 000×30% +200 000×60% +0×10%
=240 000（元）

预计资产未来现金流量时，如果资产未来现金流量的发生时间不确定，企业应当根据资产在每一种情况下的现值乘以相应的发生概率加总计算。

2）折现率的预计

为了资产减值测试的目的，在计算资产未来现金流量现值时所使用的折现率应当是反映当前市场货币时间价值和资产特定风险的税前利率。该折现率是企业在购置或者投资资产时所要求的必要报酬率。预计资产未来现金流量时如果企业已经对资产特定风险的影响作了调整，估计折现率时不需要考虑这些特定风险；如果用于估计折现率的基础是所得税后的，应当将其调整为所得税前的折现率，以便与资产未来现金流量的估计基础相一致。

企业在确定折现率时，通常应当以该资产的市场利率为依据。如果该资产的市场利率无法从市场获得，可以使用替代利率估计折现率。在估计替代利率时，企业应当充分考虑资产的剩余使用寿命期间的货币时间价值和其他相关因素，如资产未来现金流量金额及其时间的预计离散程度、资产内在不确定性的定价等。如果预计资产未来现金流量已经对这些因素作了有关调整，应当予以剔除。企业在估计替代利率时，可以根据企业的加权平均资金成本、增量借款利率或者其他相关市场借款利率作适当调整后确定。调整时，应当考虑与资产预计现金流量有关的特定风险以及其他有关货币风险和价格风险等。

企业在估计资产未来现金流量现值时，通常应当使用单一的折现率。但是，如果资产未来现金流量的现值对未来不同期间的风险差异或者利率的期限结构反应敏感，企业应当在未来不同期间采用不同的折现率。

3）资产未来现金流量现值的确定

在预计资产的未来现金流量和折现率的基础上，企业将该资产的预计未来现金流量按照预计折现率在预计期限内予以折现后，即可确定该资产未来现金流量的现值。计算公式如下：

$$资产未来现金流量的现值（PV）= \frac{\sum 第七年预计资产未来现金流量(NCFt)}{(1+折现率R)^{t}}$$

【例 9-3】乙航运公司于 2014 年年末对一艘远洋运输船舶进行减值测试。该船舶的账面价值为 320 000 000 元，预计尚可使用年限为 8 年。乙航运公司难以确定该船舶的公允价值减去处置费用后的净额，因此，需要通过计算其未来现金流量的现值来确定资产的可收回金额。假定乙航运公司的增量借款利率为 15%，公司认为 15% 是该资产的最低必要报酬率，已考虑了与该资产有关的货币时间价值和特定风险。因此，在计算该船舶的未来现金流量时，使用 15% 作为其折现率（所得税前）。

乙航运公司管理层批准的最近财务预算显示：公司将于 2019 年更新船舶的发动机系统，预计为此发生资本性支出 36 000 000 元，这一支出将降低船舶运输油耗、提高使用效率等，因此，将显著提高船舶的运营绩效。

为了计算船舶在 2014 年年末未来现金流量的现值，乙航运公司首先必须预计其未来现金流量。假定公司管理层批准的 2014 年年末与该船舶有关的预计未来现金流量见表 9-2。

表 9-2 **与该船舶有关的预计未来现金流量** 单位：元

年份	预计未来现金流量（不包括改良的影响金额）	预计未来现金流量（包括改良的影响金额）
2015	50 000 000	
2016	49 200 000	
2017	47 600 000	
2018	47 200 000	
2019	47 800 000	
2020	49 400 000	65 800 000
2021	50 000 000	66 300 000
2022	50 200 000	67 800 000

乙航运公司在 2014 年年末预计资产未来现金流量时，应当以资产的当前状态为基础，不应当考虑与该资产改良有关的预计未来现金流量，因此，尽管 2019 年船舶的发动机系统将进行更新从而改良资产绩效，提高资产的未来现金流量，但是在 2014 年年末对其进行减值测试时，不应将其包括在内，即在 2014 年年末计算该资产未来现金流量现值时，应当以不包括资产改良影响金额的未来现金流量为基础加以计算，具体计算过程见表 9-3。

表 9-3 **该资产未来现金流量现值计算表** 金额单位：元

年份	预计未来现金流量（不包括改良的影响金额）	折现率 15% 的折现系数	预计未来现金流量现值
2015	50 000 000	0. 8696	43 480 000
2016	49 200 000	0. 7561	37 200 120
2017	47 600 000	0. 6575	31 297 000
2018	47 200 000	0. 5718	26 988 960
2019	47 800 000	0. 4972	23 766 160
2020	49 400 000	0. 4323	21 355 620
2021	50 000 000	0. 3759	18 795 000
2022	50 200 000	0. 3269	16 410 380
合计			219 293 240

由于在 2014 年年末，船舶的账面价值（尚未确认减值损失）为 320 000 000 元，可收回金额为 219 293 240 元，账面价值高于其可收回金额，因此，应当确认减值损失，并计提相应的资产减值准备。

应当确认的减值损失 = 320 000 000 − 219 293 240 = 100 706 760（元）

假定在 2014—2018 年，该船舶没有发生进一步减值的迹象，因此不必再进行减值测试，无需计算其可收回金额。2019 年发生了 36 000 000 元的资本性支出，改良了资产绩效，导致其未来现金流量增加，由于资产减值准则不允许将以前期间已经确认的长期资产减值损失予以转回，因此，在这种情况下，不必计算其可收回金额。

4）外币未来现金流量及其现值的确定

预计资产的未来现金流量如果涉及外币，企业应当按照下列顺序确定资产未来现金流量的现值：

首先，应当以该资产所产生的未来现金流量的结算货币为基础预计其未来现金流量，并按照该货币适用的折现率计算资产预计未来现金流量的现值。

其次，将该外币现值按照计算资产未来现金流量现值当日的即期汇率进行折算，从而折算成按照记账本位币表示的资产未来现金流量的现值。

最后，在该现值的基础上，将其与资产公允价值减去处置费用后的净额相比较，确定其可收回金额，再根据可收回金额与资产账面价值相比较，确定是否需要确认减值损失以及确认多少减值损失。

9.2.4 资产减值损失的确定及其账务处理

1）资产减值损失的确定

企业在对资产进行减值测试并计算确定资产的可收回金额后，如果资产的可收回金额低于账面价值，应当将资产的账面价值减记至可收回金额，减记的金额确认为资产减值损失，计入当期损益，同时计提相应的资产减值准备。资产的账面价值是指资产成本扣减累计折旧（或累计摊销）和累计减值准备后的金额。

资产减值损失确认后，减值资产的折旧或者摊销费用应当在未来期间作相应调整，以使该资产在剩余使用寿命内，系统地分摊调整后的资产账面价值（扣除预计净残值）。比如，固定资产计提了减值准备后，固定资产账面价值为抵减了计提的固定资产减值准备后的金额，因此，在以后会计期间对该固定资产计提折旧时，应当以固定资产的账面价值（扣除预计净残值）为基础计提每期的折旧额。

资产减值准则规定，资产减值损失一经确认，在以后会计期间不得转回。资产报废、出售、对外投资、以非货币性资产交换方式换出、通过债务重组抵偿债务等符合资产终止确认条件的，企业应当将相关资产减值准备予以转销。

2）资产减值损失的账务处理

企业应当设置“资产减值损失”科目，核算企业计提各项资产减值准备所形成的损失。对于固定资产、无形资产、商誉、长期股权投资等资产发生减值的，企业应当按照所确认的可收回金额低于账面价值的差额，借记“资产减值损失”科目，贷记“固定资产减值准备”、“无形资产减值准备”、“商誉减值准备”、“长期股权投资减值准备”等科目。

【例 9-4】续【例 9-3】，根据乙航运公司船舶减值测试结果，在 2010 年年末，船舶的账面价值为 320 000 000 元，可收回金额为 219 293 240 元，可收回金额低于账面价值 100 706 760 元。乙航运公司应当在 2010 年年末计提固定资产减值准备，确认相应的资产减值损失。账务处理如下：

借：资产减值损失——固定资产（船舶） 100 706 760
　贷：固定资产减值准备 100 706 760

9.3 资产组的认定及减值的处理

9.3.1 资产组的认定

如果有迹象表明一项资产可能发生减值，企业应当以单项资产为基础估计其可收回金额。在企业难以对单项资产的可收回金额进行估计的情况下，应当以该资产所属的资产组为基础确定该资产组的可收回金额，并据此判断是否需要计提资产减值准备及应当计提多少资产减值准备。因此，资产组的认定十分重要。

1）资产组的概念

资产组，是指企业可以认定的最小资产组合，其产生的现金流入应当基本上独立于其他资产或资产组产生的现金流入。资产组应当由与创造现金流入相关的资产构成。

2）认定资产组应当考虑的因素

（1）资产组的认定，应当以资产组产生的主要现金流入是否独立于其他资产或者资产组的现金流入为依据。因此，资产组能否独立产生现金流入是认定资产组的最关键因素。比如，企业的某一生产线、营业网点、业务部门等，如果能够独立于其他部门或者单位等形成收入、产生现金流入，或者其形成的收入和现金流入绝大部分独立于其他部门或者单位，并且属于可认定的最小资产组合的，通常应将该生产线、营业网点、业务部门等认定为一个资产组。

【例 9-5】丙矿业公司拥有一个煤矿，与煤矿的生产和运输相配套，建设有一条专用铁路线。该铁路线除非报废出售，其在持续使用过程中，难以脱离与煤矿生产和运输相关的资产而产生单独的现金流入。因此，丙矿业公司难以对专用铁路线的可收回金额进行单独估计，专用铁路线和煤矿其他相关资产必须结合在一起，成为一个资产组，以估计该资产组的可收回金额。

企业在认定资产组时，如果几项资产的组合生产的产品（或者其他产出）存在活跃市场，即使部分或者所有这些产品（或者其他产出）均供内部使用，也表明这几项资产的组合能够独立产生现金流入，在符合其他相关条件的情况下，应当将这些资产的组合认定为资产组。

【例 9-6】丁公司拥有 A、B、C 三家工厂，以生产某单一产品。A、B、C 三家工厂分别位于三个不同的国家，三个国家又位于三个不同的洲。工厂 A 生产一种组件，由工厂 B 或者 C 进行组装，最终产品由 B 或者 C 销往世界各地，工厂 B 的产品可以在本地销售，也可以在工厂 C 的所在洲销售（如果将产品从工厂 B 运到工厂 C 的所在洲更方便的话）。工厂 B 和 C 的生产能力合在一起尚有剩余，没有被完全利用。工厂 B 和 C 生产能力的利用程度依赖于丁公司对于所销售产品在两地之间的分配。以下分别认定与工厂 A、B、C 有关的资产组。

如果工厂 A 生产的产品（即组件）存在活跃市场，则工厂 A 很可能可以认定为一个单独的资产组，原因是它生产的产品尽管主要用于工厂 B 或者 C 组装销售，但是由于该产品存在活跃市场，可以产生独立的现金流量，因此，通常应当认定为一个单独的资产组。在确定其未来现金流量现值时，丁公司应当调整其财务预算或预测，按照在公平交易中对工厂 A 所生产产品未来价格的最佳估计数，而不是内部转移价格，估计工厂 A 的预计未来现金流量。

对于工厂 B 和 C 而言，即使组装的产品存在活跃市场，工厂 B 和 C 的现金流入依赖于产品在两地之间的分配。工厂 B 和 C 的未来现金流入不可能单独地确定，但是，工厂 B 和 C 组合在一起是可以认定的、可产生基本上独立于其他资产或者资产组的现金流入的资产组合。因此，工厂 B 和 C 应当认定为一个资产组。在确定该资产组的未来现金流量现值时，丁公司也应当调整其财务预算或预测，按照在公平交易中从工厂 A 所购买产品未来价格的最佳估计数，而不是内部转移价格，估计工厂 B 和 C 的预计未来现金流量。

(2) 资产组的认定，应当考虑企业管理层管理生产经营活动的方式（如是按照生产线、业务种类还是按照地区或者区域等）和对资产的持续使用或者处置的决策方式等。比如，企业各生产线都是独立生产、管理和监控的，则各生产线很可能应当认定为单独的资产组；如果某些机器设备是相互关联、互相依存，且其使用和处置是一体化决策的，则这些机器设备很可能应当认定为一个资产组。

【例 9-7】甲家具制造有限公司由 M 车间和 N 车间两个生产车间组成，M 车间专门生产家具部件且该部件没有活跃市场，生产后由 N 车间负责组装并对外销售。甲家具制造有限公司对 M 车间和 N 车间资产的使用和处置等决策是一体化的。在这种情况下，M 车间和 N 车间通常应当认定为一个资产组。

3）资产组认定后不得随意变更

资产组一经确定，在各个会计期间应当保持一致，不得随意变更，即资产组各项资产的构成通常不能随意变更。但是，企业如果由于重组、变更资产用途等原因，导致资产组的构成确需变更的，企业可以进行变更，但企业管理层应当证明该变更是合理的，并应当在附注中做出说明。

9.3.2 资产组可收回金额和账面价值的确定

资产组的可收回金额应当按照该资产组的公允价值减去处置费用后的净额与其预计未来现金流量的现值两者之间较高者确定。

资产组账面价值的确定基础应当与其可收回金额的确定方式相一致。资产组的账面价值包括可直接归属于资产组与可以合理和一致地分摊至资产组的资产账面价值，通常不应当包括已确认负债的账面价值，但如不考虑该负债金额就无法确认资产组可收回金额的除外。这是因为估计资产组可收回金额时，既不包括与该资产组的资产无关的现金流量，也不包括与已在财务报表中确认的负债有关的现金流量。

资产组在处置时如要求购买者承担一项负债（如环境恢复负债等），该负债金额已经确认并计入相关资产账面价值，而且企业只能取得包括上述资产和负债在内的单一公允价值减去处置费用后的净额的，为了比较资产组的账面价值和可收回金额，在确定资产组的账面价值及其预计未来现金流量的现值时，应当将已确认的负债金额从中扣除。

【例 9-8】乙公司在东北经营一座有色金属矿山，根据有关规定，公司在矿山完成开采后应当将该地区恢复原貌。弃置费用主要是山体表层复原费用（比如恢复植被等），因为山体表层必须在矿山开发前挖走。因此，乙公司在山体表层挖走后，确认了一项金额为 10 000 000 元的预计负债，并计入矿山成本。

2014 年 12 月 31 日，随着开采的进展，乙公司发现矿山中的有色金属储量远低于预期，有色金属矿山有可能发生了减值，因此，对该矿山进行了减值测试。考虑到矿山的现金流量状况，整座矿山被认定为一个资产组。该资产组在 2014 年年末的账面价值为 20 000 000 元（包括确认的恢复山体原貌的预计负债）。

乙公司如果在 2014 年 12 月 31 日对外出售矿山（资产组），买方愿意出价 16 400 000元（包括恢复山体原貌成本，即已经扣减这一成本因素），预计处置费用为 400 000 元，因此该矿山的公允价值减去处置费用后的净额为 16 000 000 元。乙公司估计矿山的未来现金流量现值为 24 000 000 元，不包括弃置费用。

为比较资产组的账面价值和可收回金额，乙公司在确定资产组的账面价值及其预计未来现金流量现值时，应当将已确认的预计负债金额从中扣除。

在本例中，资产组的公允价值减去处置费用后的净额为 16 000 000 元，该金额已经考虑了弃置费用。该资产组预计未来现金流量现值在考虑了弃置费用后为 14 000 000元（24 000 000 − 10 000 000）。因此，该资产组的可收回金额为 16 000 000元。资产组的账面价值在扣除了已确认的恢复原貌预计负债后的金额为 10 000 000 元（20 000 000 − 10 000 000）。资产组的可收回金额大于其账面价值，没有发生减值，乙公司不应当确认资产减值损失。

9.3.3 资产组减值测试

资产组减值测试的原理和单项资产相同，即企业需要估计资产组（包括资产组组合）的可收回金额并计算资产组的账面价值，并将两者进行比较，如果资产组的可收回金额低于其账面价值，应当按照差额确认相应的减值损失。减值损失金额应当按照下列顺序进行分摊：

（1）抵减分摊至资产组中商誉的账面价值；

（2）根据资产组中除商誉之外的其他各项资产的账面价值所占比重，按比例抵减其他各项资产的账面价值。

以上资产账面价值的抵减，应当作为各单项资产（包括商誉）的减值损失处理，计入当期损益。抵减后的各资产的账面价值不得低于以下三者之中的最高者：该资产的公允价值减去处置费用后的净额（如可确定的）、该资产预计未来现金流量的现值（如可确定的）和零。因此而导致的未能分摊的减值损失金额，应当按照相关资产组中其他各项资产的账面价值所占比重继续进行分摊。

【例 9-9】丙公司拥有一条生产线生产某精密仪器，该生产线由 A、B、C 三部机器构成，成本分别为 800 000 元、1 200 000 元和 2 000 00 元。使用年限均为 10

年，预计净残值为零，采用年限平均法计提折旧。

2014年，该生产线生产的精密仪器有替代产品上市，导致公司精密仪器的销售锐减40%，该生产线可能发生了减值，因此，丙公司在2019年12月31日对该生产线进行减值测试。假定至2014年12月31日，丙公司的整条生产线已经使用5年，预计尚可使用5年，以前年度未计提固定资产减值准备，因此，A、B、C三部机器在2014年12月31日的账面价值分别为400 000元、600 000元和1 000 000元。

丙公司在综合分析后认为，A、B、C三部机器均无法单独产生现金流量，但整条生产线构成完整的产销单元，属于一个资产组。丙公司估计A机器的公允价值减去处置费用后的净额为300 000元，B和C机器都无法合理估计其公允价值减去处置费用后的净额以及未来现金流量的现值。

丙公司估计整条生产线未来5年的现金流量及其恰当的折现率后，得到该生产线的预计未来现金流量现值为1 200 000元。由于无法合理估计整条生产线的公允价值减去处置费用后的净额，丙公司以该生产线预计未来现金流量现值为其可收回金额。

在2014年12月31日，该生产线的账面价值为2 000 000元，可收回金额为1 200 000元，生产线的账面价值高于其可收回金额，该生产线发生了减值，应当确认减值损失800 000元，并将该减值损失分摊到构成生产线的A、B、C三部机器中。由于A机器的公允价值减去处置费用后的净额为300 000元，因此，A机器分摊减值损失后的账面价值不应低于300 000元，具体分摊过程见表9-4。

表9-4　**A机器减值损失分摊过程**　单位：元

	机器A	机器B	机器C	整条生产线（资产组）
账面价值	400 000	600 000	1 000 000	2 000 000
可收回金额				1 200 000
减值损失				800 000
减值损失分摊比例	20%	30%	50%	
分摊减值损失	100 000*	240 000	400 000	740 000
分摊后账面价值	300 000	360 000	600 000	
尚未分摊的兼职损失				60 000
二次分摊比例		0.375	0.625	
二次分摊减值损失		22 500	37 500	60 000
二次分摊后应确认减值损失总额		262 500	437 500	
二次分摊后账面价值		337 500	562 500	

注：*按照分摊比例，机器A应当分摊减值损失160 0000元（800 000×20%），但由于机器A的公允价值减去处置费用后的净额为300 000元，因此机器A最多只能确认减值损失100 000元（400 000-300 000），未能分摊的减值损失60 000元（160 000-100 000），应当在机器B和机

器C之间进行再分摊。

根据上述计算和分摊结果，构成生产线的机器A、机器B和机器C应当分别确认减值损失100 000元、262 500元和437 500元，账务处理如下：

借：资产减值损失——机器A　　100 000
　　　　　　　　——机器B　　262 500
　　　　　　　　——机器C　　437 500
　贷：固定资产减值准备——机器A　　100 000
　　　　　　　　　　　——机器B　　262 500
　　　　　　　　　　　——机器C　　437 500

9.3.4 总部资产减值测试

企业总部资产包括企业集团或其事业部的办公楼、电子数据处理设备、研发中心等资产。总部资产的显著特征是难以脱离其他资产或者资产组产生独立的现金流入，其账面价值也难以完全归属于某一资产组。因此，总部资产通常难以单独进行减值测试，需要结合其他相关资产组或者资产组组合进行。资产组组合，是指由若干个资产组组成的最小资产组组合，包括资产组或者资产组组合，以及按合理方法分摊的部分总部资产。

在资产负债表日，如果有迹象表明某项总部资产可能发生减值，企业应当计算确定该总部资产所归属的资产组或者资产组组合的可收回金额，然后将其与相应的账面价值进行比较，据此判断是否需要确认资产减值损失。

企业在对某一资产组进行减值测试时，应当先认定所有与该资产组相关的总部资产，再根据相关总部资产能否按照合理和一致的基础分摊至该资产组，分别按下列情况进行处理：

（1）对于相关总部资产能够按照合理和一致的基础分摊至该资产组的部分，应当将该部分总部资产的账面价值分摊至该资产组，再据以比较该资产组的账面价值（包括已分摊的总部资产的账面价值部分）和可收回金额，并按照前述有关资产组减值损失处理顺序和方法处理。

（2）对于相关总部资产难以按照合理和一致的基础分摊至该资产组的部分，应当按照下列步骤进行处理：

首先，在不考虑相关总部资产的情况下，估计和比较资产组的账面价值和额可收回金额，并按照前述有关资产组减值损失处理顺序和方法处理。

其次，认定由若干个资产组组成的最小资产组组合，该资产组组合应当包括所测试的资产组与可以按照合理和一致的基础将该总部资产的账面价值分摊其上的部分。

最后，比较所认定的资产组组合的账面价值（包括已分摊的总部资产的账面价值部分）和可收回金额，并按照前述有关资产组减值损失处理顺序和方法处理。

【例9-10】丁公司属于高科技企业，拥有A、B、C三条生产线，分别认定为三个资产组。在2014年年末，A、B、C三个资产组的账面价值分别为4 000 000

元、6 000 000 元和 8 000 000 元；预计剩余使用寿命分别为 10 年、20 年和 20 年，采用直线法计提折旧；不存在商誉。由于丁公司的竞争对手通过技术创新开发出了技术含量更高的新产品，且广受市场欢迎，从而对丁公司生产的产品产生了重大不利影响，用于生产该产品的 A、B、C 生产线可能发生减值，为此，丁公司于 2014 年年末对 A、B、C 生产线进行减值测试。

首先，丁公司在对资产组进行减值测试时，应当认定与其相关的总部资产。丁公司的生产经营管理活动由公司总部负责，总部资产包括一栋办公大楼和一个研发中心，研发中心的账面价值为 6 000 000 元，办公大楼的账面价值为 2 000 000 元。研发中心的账面价值可以在合理和一致的基础上分摊至各资产组，但是办公大楼的账面价值难以在合理和一致的基础上分摊至各相关资产组。

其次，丁公司根据各资产组的账面价值和剩余使用寿命加权平均计算的账面价值分摊比例，分摊研发中心的账面价值，具体见表 9-5。

表 9-5　**研发中心账面价值的分摊过程**　单位：元

	资产组 A	资产组 B	资产组 C	合计
各资产组账面价值	4 000 000	6 000 000	8 000 000	18 000 000
各资产组剩余使用寿命	10	20	20	
按使用寿命计算的权重	1	2	2	
加权计算后的账面价值	4 000 000	12 000 000	16 000 000	32 000 000
研发中心分摊比例（各资产组加权计算后的账面价值/各资产组加权计算后的账面价值合计）	0.125	0.375	0.5	1
研发中心账面价值分摊到各资产组的金额	750 000	2 250 000	3 000 000	6 000 000
包括分摊的研发中心账面价值部分的各资产组账面价值	4 750 000	8 250 000	11 000 000	24 000 000

最后，丁公司应当确定各资产组的可收回金额，并将其与账面价值（包括已分摊的研发中心的账面价值部分）进行比较，确定相应的资产减值损失。考虑到办公大楼的账面价值难以按照合理和一致的基础分摊至相关资产组，因此，丁公司确定由 A、B、C 三个资产组组成最小资产组组合（即为丁公司整个企业），通过计算该资产组组合的可收回金额，并将其与账面价值（包括已分摊的办公大楼和研发中心的账面价值部分）进行比较，以确定相应的资产减值损失。假定各资产组合资产组组合的公允价值减去处置费用后的净额难以确定，丁公司根据它们的预计未来现金流量现值计算其可收回金额，计算现值所用的折现率为 15%，计算过程见表 9-6。

表 9-6　　　　　　　　　　　**可收回金额计算表**　　　　　　　　　　　单位：元

年限	资产组 A		资产组 B		资产组 C		包括办公大楼在内的最小资产组组合（丁公司）	
	未来现金流量	现值	未来现金流量	现值	未来现金流量	现值	未来现金流量	现值
1	720 000	626 112	360 000	313 056	400 000	347 840	1 560 000	1 356 576
2	1 240 000	937 564	640 000	483 904	800 000	604 880	2 880 000	2 177 568
3	1 480 000	973 100	960 000	631 200	1 360 000	894 200	4 200 000	2 761 500
4	1 680 000	960 624	1 160 000	663 288	1 760 000	1 006 368	5 120 000	2 927 616
5	1 840 000	914 848	1 280 000	636 416	2 040 000	1 010 208	5 720 000	2 843 984
6	2 080 000	899 184	1 320 000	570 636	2 240 000	968 352	6 200 000	2 680 260
7	2 200 000	826 980	1 360 000	511 224	2 400 000	902 160	6 480 000	2 435 832
8	2 200 000	719 180	1 400 000	457 660	2 520 000	823 788	6 640 000	2 170 616
9	2 120 000	602 716	1 400 000	398 020	2 600 000	739 180	6 680 000	1 899 124
10	1 920 000	474 624	1 400 000	346 080	2 640 000	652 608	6 760 000	1 671 072
11			1 440 000	309 456	2 640 000	567 336	5 280 000	1 134 672
12			1 400 000	261 660	2 640 000	493 416	5 240 000	979 356
13			1 400 000	227 500	2 640 000	429 000	5 240 000	851 500
14			1 320 000	186 516	2 600 000	367 380	5 120 000	723 456
15			1 200 000	147 480	2 480 000	304 792	4 880 000	599 752
16			1 040 000	111 176	2 400 000	256 560	4 600 000	491 740
17			880 000	81 752	2 280 000	211 812	4 320 000	401 328
18			720 000	58 176	2 040 000	164 832	3 880 000	313 504
19			560 000	39 368	1 720 000	120 916	3 400 000	239 020
20			400 000	24 440	1 400 000	85 540	2 840 000	173 524
现值合计		7 934 932		6 459 008		10 951 168		28 820 000

根据表 9-6 可见，资产组 A、B、C 的可收回金额分别为 7 934 932 元、6 459 008元和 10 951 168 元，相应的账面价值（包括分摊的研发中心账面价值）分别为 4 750 000 元、8 250 000 元和 11 000 000 元，资产组 B 和 C 的可收回金额均低于其账面价值，应当分别确认 1 790 992 元和 48 832 元减值损失，并将该减值损失在研发中心和资产组之间进行分摊。根据分摊结果，因资产组 B 发生减值损失 1 790 992元而导致研发中心减值 488 452 元（1 790 992×2 250 000÷8 250 000），导

致资产组B所包括的资产发生减值1 302 540元（1 790 992×6 000 000÷8 250 000）；因资产组C发生减值损失48 832元而导致研发中心减值13 318元（48 832×3 000 000÷11 000 000），导致资产组C所包括的资产发生减值35 514元（48 832×8 000 000÷11 000 000）。

经过上述减值测试后，资产组A、B、C和研发中心的账面价值分别为4 000 000元、4 697 460元、7 964 486元和5 498 230元，办公大楼的账面价值仍为2 000 000元，由此包括办公大楼在内的最小资产组组合（即丁公司）的账面价值总额为24 160 176元（4 000 000+4 697 460+7 964 486+5 498 230+2 000 000），但其可收回金额为28 832 000元，高于其账面价值，因此，丁公司不必再进一步确认减值损失（包括办公大楼的减值损失）。

根据上述计算和分摊结果，丁公司的生产线B、生产线C、研发中心应当分别确认减值损失1 302 540元、35 514元和501 770元，账务处理如下：

借：资产减值损失——生产线B	1 302 540	
——生产线C	35 514	
——研发中心	501 770	
贷：固定资产减值损失——生产线B		1 302 540
——生产线C		35 514
——研发中心		501 770

9.4 商誉减值的处理

9.4.1 商誉减值测试的基本要求

企业合并所形成的商誉，至少应当在每年年度终了进行减值测试。由于商誉难以独立产生现金流量，因此，商誉应当结合与其相关的资产组（或者资产组组合）进行减值测试。相关的资产组应当是能够从企业合并的协同效应中受益的资产组，代表企业基于内部管理目的对商誉进行监控的最低水平，但不应当大于企业根据《企业会计准则第35号——分部报告》所确定的报告分部。

为了进行商誉减值测试，因企业合并形成的商誉的账面价值，应当自购买日起按照合理的方法分摊至相关的资产组；难以分摊至相关的资产组的，应当将商誉分摊至相关的资产组组合。在将商誉的账面价值分摊至相关的资产组组合时，应当按照各资产组的公允价值占相关资产组公允价值总额的比例进行分摊。公允价值难以可靠计量的，按照各资产组的账面价值占相关资产组账面价值总额的比例进行分摊。

对于已经分摊商誉的资产组或资产组组合，无论是否存在资产组或资产组组合可能发生减值的迹象，企业每年都应当通过比较包含商誉的资产组或资产组组合的账面价值与可收回金额进行减值测试。

企业因重组等原因改变了其报告结构，从而影响到已分摊商誉的一个或者若干个资产组构成的，应当按照合理的分摊方法，将商誉重新分摊至受影响的资产组。

9.4.2 商誉减值的测试及其账务处理

企业在对包含商誉的相关资产组进行减值测试时，如与商誉相关的资产组存在减值迹象的，应当按照下列步骤进行处理：

首先，对不包含商誉的资产组进行减值测试，计算可收回金额，并与相关账面价值进行比较，确认相应的减值损失。

其次，对包含商誉的资产组进行减值测试，比较这些相关资产组的账面价值（包括所分摊的商誉的账面价值部分）与其可收回金额，如相关资产组的可收回金额低于其账面价值，应当确认相应的减值损失。

减值损失金额应当首先抵减分摊至资产组中商誉的账面价值，再根据资产组中除商誉之外的其他各项资产的账面价值所占比重，按比例抵减其他各项资产的账面价值。相关减值损失的处理顺序和方法与本章第三节有关资产组减值损失的处理顺序和方法相一致。

因企业合并所形成的商誉是母公司根据其在子公司所拥有的权益份额而确认的，子公司中归属于少数股东权益的商誉并没有在合并财务报表中予以确认。因此，在对相关的资产组进行减值测试时，由于其可收回金额的预计包括了归属于少数股东权益的商誉价值部分，为使减值测试建立在一致的基础上，企业应当调整资产组的账面价值，将归属于少数股东权益的商誉包括在内，然后根据调整后的资产组账面价值与其可收回金额进行比较，以确定资产组（包含商誉）是否发生了减值。

上述资产组如果发生了减值，企业应当首先抵减商誉的账面价值。但是，由于根据上述方法计算的商誉减值损失包括了应由少数股东权益承担的部分，而少数股东权益拥有的商誉价值及其减值损失均不在合并财务报表中反映，合并财务报表只反映归属于母公司的商誉减值损失，因此，应当将商誉减值损失在可归属于母公司和少数股东权益部分之间按比例进行分摊，以确认归属于母公司的商誉减值损失，并将其反映在合并财务报表中。

【例 9-11】甲公司在 2014 年 1 月 1 日以 32 000 000 元的价格收购了乙公司 80%股权。在购买日，乙公司可辨认资产的公允价值为 30 000 000 元，假定乙公司没有负债和或有负债。

甲公司在购买日编制的合并资产负债表中确认商誉 8 000 000 元（32 000 000-30 000 000×80%）、乙公司可辨认净资产 30 000 000 元和少数股东权益 6 000 000 元（30 000 000×20%）。

假定乙公司的所有资产被认定为一个资产组。由于该资产组包括商誉，因此，甲公司至少应当在每年年度终了进行减值测试。

在 2014 年年末，甲公司确定该资产组的可收回金额为 20 000 000 元，可辨认净资产的账面价值为 27 000 000 元。

考虑到乙公司作为一个单独的资产组，在其可收回金额 20 000 000 元中，包括归属于少数股东权益在商誉价值中享有的部分。因此，出于减值测试的目的，在与资产组的可收回金额进行比较之前，甲公司应当首先对资产组的账面价值进行调整，使其包括归属于少数股东权益的商誉价值2 000 000元（（32 000 000÷80%－30 000 000)×20%）。然后再据以比较该资产组的账面价值和可收回金额，确定是否发生了资产减值损失以及应予确认的资产减值损失金额，减值测试的过程见表9-7。

表9-7　**减值测试的过程**　单位：元

2014年年末	商誉	可辨认净资产	合计
账面价值	8 000 000	27 000 000	35 000 000
确认的减值损失	-8 000 000	-7 000 000	-15 000 000
确认减值损失后的账面价值	—	20 000 000	20 000 000

根据表9-7的计算结果，甲公司应当确认的商誉减值损失为8 000 000元，应当确认的其他资产（假定为固定资产）减值损失为7 000 000元，账务处理如下：

借：资产减值损失——商誉　8 000 000
　　　　　　　　——固定资产（××）　7 000 000
　贷：商誉减值准备　8 000 000
　　　固定资产减值准备——××　7 000 000

如果商誉已经分摊到某一资产组而且企业处置该资产组中的一项经营，与该处置经营相关的商誉应当按照下列要求进行处理：（1）在确定处置损失时，将其包括在该经营的账面价值中；（2）按照该项处置经营和该资产组的剩余部分价值的比例为基础进行分摊，除非企业能够表明有其他更好的方法来反映与处置经营相关的商誉。

思考题

1. 什么是资产组？认定资产组应考虑的因素有哪些？哪些因素是关键因素？
2. 未来现金流量现值受哪些因素的影响？各项因素该如何确定？
3. 持有至到期投资该如何计提减值？
4. 应收款项该如何计提减值？
5. 计提存货跌价准备时，其可变现净值该如何确定？
6. 如何计提长期股权投资的减值？
7. 如何计提固定资产的减值？计提减值后的固定资产该如何计算折旧？

练习题

一、单项选择题

1. 关于商誉减值，下列说法有误的是(　　)。

A. 商誉应当结合与其相关的资产组或者资产组组合进行减值测试

B. 因企业合并形成的商誉的账面价值，应当自减值测试日起按照合理的方法

分摊至相关的资产组

C. 与商誉相关的资产组或者资产组组合存在减值迹象的，应当首先对不包含商誉的资产组或者资产组组合进行减值测试

D. 与商誉相关的资产组或者资产组组合的可收回金额的低于其账面价值确认减值损失的，减值损失金额应当首先抵减分摊至资产组或者资产组组合中的商誉的账面价值

2. 在计算确定资产公允价值减去处置费用后的净额时，在下列项目中不应抵减的是(　　)。

A. 与资产处置有关的法律费用　　B. 与资产处置有关的相关税费

C. 与资产处置有关的所得税费用　　D. 与资产处置有关的搬运费

3. 甲公司于 2013 年 3 月用银行存款 6 000 万元购入不需安装的生产用固定资产，增值税专用发票上列明的进项税税额是 1 020 万元。该固定资产预计使用寿命为 20 年，预计净残值为 0，按直线法计提折旧。2013 年 12 月 31 日，该固定资产的可收回金额为 5 544 万元，2014 年 12 月 31 日该固定资产的可收回金额为 5 475 万元，假设该公司其他固定资产无减值迹象。要求：根据上述资料，不考虑其他因素，回答下列问题。

(1) 关于“资产减值准则”中规范的资产减值损失的确定，下列说法不正确的是(　　)。

A. 可收回金额的计量结果表明，资产的可收回金额低于其账面价值的，应当将资产的账面价值减记至可收回金额，减记的金额确认为资产减值损失，计入当期损益，同时计提相应的资产减值准备

B. 资产减值损失确认后，减值资产的折旧或者摊销费用应当在未来期间作相应调整，以使该资产在剩余使用寿命内，系统地分摊调整后的资产账面价值（扣除预计净残值）

C. 资产减值损失一经确认，在以后会计期间不得转回

D. 确认的资产减值准备，在处置资产时也不可以转出

(2) 2015 年 1 月 1 日甲公司固定资产减值准备的账面余额是(　　)。

A. 0　　B. 231 万元　　C. 219 万元　　D. 156 万元

4. A 公司对 B 公司的长期股权投资采用权益法核算，占 B 公司有表决权资本的 30%。A 公司所得税率为 25%，A 公司拟长期持有该投资，以前年度未计提减值准备。有关资料如下：

(1) 2014 年 1 月 1 日 A 公司对 B 公司的长期股权投资账面价值为 2 100 万元。

(2) 自 2014 年年初开始，B 公司由于所处行业的生产技术发生重大变化，已失去竞争能力，B 公司于 2014 年发生净亏损 1 000 万元，无其他权益变动，当年未发生任何内部交易。

(3) 2014 年 12 月 31 日，此项长期股权投资如果在市场上出售可得到价款 1 400万元，同时将发生直接处置费用 10 万元；如果继续持有，预计在持有期间和

处置时形成的未来现金流量的现值总额为1 350万元。

要求：根据上述资料，不考虑其他因素，回答下列问题：

（1）2014年年末应计提长期股权投资减值准备（　　）。

A. 450万元　　B. 140万元　　C. 410万元　　D. 400万元

（2）2014年年末因长期股权投资确认的递延所得税收益（　　）。

A. 0　　B. 35万元　　C. 102.50万元　　D. 177.5万元

二、多项选择题

1. 企业在计算确定资产可收回金额时需要的步骤有（　　）。

A. 计算确定资产的公允价值减去处置费用后的净额

B. 计算确定资产预计未来现金流量的现值

C. 计算确定资产预计未来现金流量

D. 比较资产的公允价值减去处置费用后的净额与预计未来现金流量的现值，取其较高者

E. 比较资产的公允价值减去处置费用后的净额与预计未来现金流量，取其较高者

2. 下列事项的处理，符合《企业会计准则第8号——资产减值》规范的有（　　）。

A. 采用成本模式进行后续计量的投资性房地产计提的减值已经确定不得转回

B. 可供出售权益工具的减值应该通过所有者权益转回

C. 可供出售债务工具的减值可以通过损益转回

D. 无形资产的减值计提后不可以转回

3. 下列关于资产减值的说法，正确的有（　　）。

A. 总部资产一般难以脱离其他资产或资产组产生独立的现金流入

B. 商誉应当结合与其相关的资产组或资产组组合进行减值测试

C. 为进行减值测试，对于因企业合并形成的商誉的账面价值，企业应该自购买日起按照合理的方法将其分摊至企业所有的资产组或资产组组合

D. 对总部资产进行减值测试，只能按照将总部资产的账面价值全部分摊至相关的资产组这一种方法进行

E. 资产组的可收回金额低于其账面价值的，应当确认相应的减值损失，并将减值损失按照一定的顺序进行分摊

4. 下列说法正确的有（　　）。

A. 资产组的账面价值通常不应当包括已确认负债的账面价值，但如不考虑该负债金额就无法确定资产组可收回金额的除外

B. 资产产生的现金流量是外币的，应当以该资产所产生的未来现金流量的结算货币为基础预计其未来现金流量，并按照该货币适用的折现率计算资产的现值

C. 资产组组合，是指由若干个资产组组成的任何资产组组合

D. 企业难以对单项资产的可收回金额进行估计的，应当以该资产所属的资产组为基础确定资产组的可收回金额

E. 只要是某企业的资产，则任意两个或两个以上的资产都可以组成企业的资产组

5. 依据企业会计准则的规定，在下列情况中，可据以判断固定资产可能发生减值迹象的有(　　)。

A. 固定资产在经营中所需的现金支出远远高于最初的预算

B. 固定资产已经或者将被闲置、终止使用或者计划提前处置

C. 固定资产的市价在当期大幅度下跌，其跌幅明显高于因时间的推移或者正常使用而预计的下跌

D. 市场利率或者其他市场投资报酬率在当期已经下降，从而导致固定资产可收回金额大幅度降低

E. 同类固定资产市价巨幅下降，在短期内无法回升

6. 在判断资产是否减值时，下列各项，应计入资产组账面价值的有(　　)。

A. 可直接归属于资产组与可以合理和一致的分摊至资产组的资产账面价值

B. 已确认的负债的账面价值

C. 对资产组可收回金额的确定，起决定性作用的负债的账面价值

D. 可以合理和一致的分摊至资产组的资产的公允价值

E. 可以独立于该资产组产生现金流量的资产的账面价值

7. A 公司 2013 年年末至 2014 年有关资产减值的资料如下：

（1）2013 年 8 月，A 公司与甲公司签订一份甲产品销售合同，该合同为不可撤销合同，约定在 2014 年 2 月底以每吨 4.50 万元的价格向甲公司销售 300 吨产品，违约金为合同总价款的 20%。2013 年 12 月 31 日，A 公司已经生产出产品 300 吨，每吨成本 4.70 万元。假定 A 公司销售产品不发生销售费用。

（2）2013 年 12 月 31 日，有客观证据表明乙公司发生严重财务困难，A 公司据此认定对乙公司的债券发生了减值，并预期 2014 年 12 月 31 日将收到利息 59 万元，2013 年 12 月 31 日将收到利息 59 万元，但 2014 年 12 月 31 日将仅收到本金 800 万元。该债券为 2012 年 1 月 1 日，A 公司从上海证券交易所购入乙公司同日发行的 5 年期公司债券，面值总额 1 250 万元，票面利率 4.72%，于年末支付本年利息，本金最后一次偿还，支付价款 1 000 万元（含交易费用）。A 公司有意图和能力持有至到期，实际利率 10%。

（(P/S, 10%, 1) = 0.9091；(P/S, 10%, 2) = 0.8264；(P/S, 10%, 3) = 0.7513）

（3）2013 年 5 月 20 日，A 公司从深圳证券交易所购入丙公司股票 1 000 万股，占丙公司有表决权股份的 5%，支付价款合计 5 080 万元，其中证券交易税费等交易费用 10 万元，已宣告但尚未发放的现金股利为 72 万元。A 公司没有在丙公司董事会中派出代表，A 公司不准备近期出售。2013 年 6 月 20 日甲公司收到丙公司发放现金股利 72 万元；2013 年 6 月 30 日，丙公司股票收盘价为每股 5.20 元，2013

年12月31日，丙公司股票收盘价为每股3.90元。A公司认为股票价格将会持续下跌。2014年4月20日，丙公司宣告发放2013年的现金股利200万元。

（4）A公司2013年12月31日一项无形资产发生减值，预计未来现金流量现值为300万元，预计公允价值减去处置费用后的净额为540万元。该无形资产为2007年1月1日购入，实际成本为1 500万元，摊销年限为10年，采用直线法摊销。计提减值准备后，该无形资产原摊销年限和摊销方法不变。

（5）2013年12月31日一项投资性房地产出现减值迹象，预计该投资性房地产的可收回金额为7 070万元。该房地产为2008年10月12日以银行存款9 000万元购入的，其中包含相关税费150万元，于当日达到预定用途并对外出租，采用成本模式进行后续计量。该房地产的预计尚可使用年限为20年，净残值为零，采用直线法计提折旧。该房地产发生减值后，原摊销方法、预计使用年限不变。

要求：根据上述资料，不考虑其他因素，回答下列问题。

（1）下列有关A公司2013年年末资产减值的表述，正确的有（　　）。

A. 甲产品应计提存货跌价准备60万元

B. 持有至到期投资确认减值损失为382.67万元

C. 可供出售金融资产减值损失为1 108万元

D. 无形资产应计提的减值准备210万元

E. 计提投资性房地产减值准备505万元

（2）下列有关资产的会计处理，表述正确的有（　　）。

A. 2014年2月向甲公司销售甲产品时，应将计提的存货跌价准备60万元结转至营业成本

B. 2014年12月31日确认持有至到期投资的投资收益为70.34万元

C. 2014年4月20日，丙公司宣告发放2013年的现金股利确认投资收益为10万元

D. 2014年无形资产的摊销金额为108万元

E. 2014年计提投资性房地产的折旧额为420万元

8. 甲公司2013年和2014年发生如下业务。

（1）2013年1月1日，从证券市场购入A公司股票50 000股，划分为交易性金融资产，每股买价8元，另外支付印花税及佣金等4 000元。至2013年12月31日，股票市价发生大幅度下跌，降至每股4元。

（2）2013年7月1日支付价款800 000元取得对B公司的股权投资，另支付交易费用10 000元，将该股权投资作为可供出售金融资产核算。2013年12月31日，该项股权投资公允价值为750 000元，甲公司预计公允价值的下跌是暂时的。2014年12月31日，公允价值下跌至600 000元，此时甲公司预计该股权投资的公允价值会持续下跌。

（3）2013年12月31日，将一幢办公楼对外出租，作为以成本模式计量的投资性房地产核算。该办公楼的账面余额为1 000 000元，累计折旧300 000元，采

用年限平均法计提折旧，尚可使用年限为 10 年，预计净残值为零。2014 年 12 月 31 日，该办公楼出现减值迹象，若将其对外处置，预计可收到价款 600 000 元，并同时发生相关费用 50 000 元。如果继续持有，其产生未来现金流量现值为580 000 元。

（4）2014 年 1 月 1 日，甲公司以 5 000 000 元取得了非关联方 C 公司 80% 股权。在购买日，C 公司可辨认资产公允价值为 6 000 000 元，没有负债和或有负债。假定 C 公司的所有资产被认定为一个资产组。2014 年年末对该项资产组进行减值测试，甲公司确定该资产组的可收回金额为 5 600 000 元，至 2014 年 12 月 31 日，C 公司可辨认净资产按照购买日的公允价值持续计算的金额为 5 800 000 元。

要求：根据上述资料，回答下列各题。

（1）在下列各项中，应根据账面价值和可收回金额确定减值的有(　　)。

A. 交易性金融资产　　B. 可供出售金融资产

C. 成本模式计量的投资性房地产　　D. 商誉

E. 固定资产

（2）下列说法正确的有(　　)。

A. 甲公司在 2013 年年末应对交易性金融资产确认减值损失 200 000 元

B. 甲公司在 2014 年年末应对可供出售金融资产确认减值损失 210 000 元

C. 甲公司在 2014 年年末应对投资性房地产确认减值损失 80 000 元

D. 甲公司在 2014 年年末编制的合并财务报表中应该确认的商誉减值损失为 200 000 元

E. 甲公司在 2014 年年末编制的合并财务报表中应该确认的 C 资产组（不包括商誉）的减值损失为 160 000 元

9. 甲公司系生产医疗设备的公司，由 A、B、C 三部机器组成的生产线为一个资产组。

（1）至 2013 年年末，A、B、C 三部机器的账面价值分别为 2 000 万元、5 000 万元、3 000 万元，预计剩余使用年限均为 4 年。

（2）由于出现了减值迹象，经对该资产组未来 4 年的现金流量进行预测并按适当的折现率折现后，甲公司预计该资产组未来现金流量现值为 9 000 万元。甲公司无法合理预计该资产组公允价值减去处置费用后的净额。

（3）甲公司 A、B、C 三部机器均无法单独产生现金流量，因此也无法预计 A、B、C 三部机器各自的未来现金流量现值。甲公司估计 A 机器的公允价值减去处置费用后的净额为 1 900 万元。甲公司无法估计 B、C 两部机器的公允价值减去处置费用后的净额。

（4）假设 2014 年生产线未发生减值，企业采用直线法计提折旧，净残值为零。

要求：根据上述资料，不考虑其他因素，回答下列问题（计算结果保留两位小数）。

(1) 下列有关2013年计提资产减值准备的表述，正确的有(　　)。

A. 资产组可收回金额为9 000万元　　B. 资产组减值损失为1 000万元

C. A设备分摊减值损失为100万元　　D. B设备分摊减值损失为562. 50万元

E. C设备分摊减值损失为337. 50万元

(2) 下列关于各设备账面价值的表述中，正确的有(　　)。

A. 2013年A设备计提减值准备后的账面价值为1 900万元

B. 2013年B设备计提减值准备后的账面价值为4 437. 50万元

C. 2013年C设备计提减值准备后的账面价值为2 662. 50万元

D. 2014年年末A设备的账面价值为1 425万元

E. 2014年年末B设备的账面价值为3 328. 13万元

三、业务处理题

长城公司2014年12月31日，对下列资产进行减值测试，有关资料如下：

(1) 拥有的甲设备原值为3 000万元，已计提的折旧为800万元，已计提的减值准备为200万元，2014年12月31日，该类设备存在明显的减值迹象，即如果该公司出售甲设备，买方愿意以1 800万元的销售净价收购；如果继续使用，尚可使用年限为5年，未来4年现金流量净值以及第5年使用和期满处置的现金流量净值分别为600万元、550万元、400万元、320万元、180万元。采用的折现率为5%。

(2) 一项专有技术B的账面成本为190万元，已摊销额为100万元，已计提减值准备为零，该专有技术已被其他新的技术所代替，其为企业创造经济利益的能力受到重大不利影响。公司经分析，认定该专有技术虽然价值受到重大影响，但仍有30万元左右的剩余价值。

(3) 预计乙生产线在未来4年内每年产生的现金流量净额分别为2 000万元、3 000万元、4 000万元、6 000万元，2015年产生的现金流量净额以及该生产线使用寿命结束时处置形成的现金流量净额合计为8 000万元；假定按照5%的折现率和相应期间的价值系数计算该生产线未来现金流量的现值；该生产线的公允价值减去处置费用后的净额为19 000万元。2014年12月31日计提减值准备前该生产线的账面价值为19 100万元。已知部分时间价值系数见表9-8：

表9-8　**复利现值系数表**

	1年	2年	3年	4年	5年
5%的复利现值系数	0. 9524	0. 9070	0. 8638	0. 8227	0. 7835

(4) 对商誉进行减值测试。该商誉为2014年1月1日长城公司采用控股合并方式合并C公司形成的。长城公司作为合并对价的银行存款为1 600万元，占C公司表决权资本的80%。长城公司与C公司不存在关联方关系。在购买日，C公司可辨认净资产的公允价值与账面价值均为1 500万元，其中股本为1 000万元，资本公积为400万元，盈余公积为10万元，未分配利润为90万元。假定没有负债和或有事项确认的预计负债，C公司的所有资产被认定为一个资产组（包括固定资

产、无形资产和存货）。2014 年年末，确定该资产组的可收回金额为 1 000 万元，可辨认净资产的账面价值为 1 350 万元，其中固定资产的账面价值为 1 000 万元、无形资产的账面价值为 300 万元、存货的账面价值为 50 万元。

要求：

（1）判断 2014 年 12 月 31 日甲设备是否发生了减值，如果发生了减值，计算应计提的减值准备金额，并编制确认减值损失的会计分录。

（2）判断 2014 年 12 月 31 日 B 专有技术是否发生了减值，如果发生了减值，计算应计提的减值准备金额，并编制确认减值损失的会计分录。

（3）判断 2014 年 12 月 31 日乙生产线是否发生了减值，如果发生了减值，计算应计提的减值准备金额，并编制确认减值损失的会计分录。

（4）计算 2014 年 12 月 30 日合并财务报表中应确认的商誉、固定资产、无形资产和存货的减值准备金额。

第 10 章

负债

10.1 负债概述

10.1.1 负债的概念及特征

我国会计准则对负债的定义为：负债是指企业过去的交易或事项形成的、预期会导致经济利益流出企业的现时义务。根据负债的定义，负债具有以下特征：

1）负债是由过去的交易或事项形成的

负债应当由企业过去的交易或者事项所形成。换句话说。只有过去的交易或者事项才形成负债。企业将在未来发生的承诺、签订的合同等交易或者事项，不形成负债。

2）负债的清偿预期会导致经济利益流出企业

在履行现时义务即偿还负债时必然会导致经济利益流出企业，这也是负债的一个本质特征。只有企业在履行义务时会导致经济利益流出企业的，才符合负债的定义；如果不会导致企业经济利益流出的，就不符合负债的定义。在履行现时义务清偿负债时，导致经济利益流出企业的形式多种多样，例如用现金偿还或以实物资产形式偿还；以提供劳务形式偿还；部分转移资产、部分提供劳务形式偿还；将负债转为资本等。

3）负债是企业承担的现时义务

现时义务是指企业由于过去的交易或者事项形成的在现行条件下已承担的义务，未来发生的交易或者事项形成的义务，不属于现时义务，不应当确认为负债。这里所指的义务可以是法定义务，也可以是推定义务。其中法定义务是指具有约束力的合同或者法律法规规定的义务，通常在法律意义上需要强制执行。例如，企业购买原材料形成应付账款，企业向银行贷入款项形成借款，企业按照税法规定应当交纳的税款等，均属于企业承担的法定义务，需要依法予以偿还。推定义务是指根据企业多年来的习惯做法、公开的承诺或者公开宣布的政策而导致企业将承担的责任，这些责任也使有关各方形成了企业将履行义务解脱责任的合理预期。例如，某企业多年来制定有一项销售政策，对于售出商品提供一定期限内的售后保修服务，预期将为售出商品提供的保修服务就属于推定义务，应当将其确认为一项负债。

4）负债以法律、有关制度条例或合同契约的承诺作为依据

负债实质上是企业在一定时期之后必须偿还的经济债务，其偿还期或具体金额在它们发生或成立之时就已由合同、法规所规定与制约，是企业必须履行的一种义务。

10.1.2 负债的确认条件

将一项现时义务确认为负债，除应符合负债的定义外，还要同时满足两个条件：

1）与该义务有关的经济利益很可能流出企业

从负债的定义可以看到，负债预期必定会导致经济利益流出企业，这是负债的一个本质特征。在实务中，履行义务所需流出的经济利益带有不确定性，尤其是与推定义务相关的经济利益通常需要依赖于大量的估计。因此，负债的确认应当与经济利益流出的不确定性程度的判断结合起来，如果有确凿证据表明，与现时义务有关的经济利益很可能流出企业，就应当将其作为负债予以确认；反之，如果企业承担了现时义务，但是会导致企业经济利益流出的可能性很小。就不符合负债的确认条件，不应将其作为负债予以确认。

2）未来流出的经济利益的金额能够可靠地计量

负债的确认不仅要考虑到经济利益流出企业，而且还要考虑到对于未来流出的经济利益的金额应当能够可靠地计量。对于与法定义务有关的经济利益流出金额，通常可以根据合同或者法律规定的金额予以确定，考虑到经济利益流出的金额通常在未来期间，有时未来期间较长，有关金额的计量需要考虑货币时间价值等因素的影响。对于与推定义务有关的经济利益流出金额。企业应当根据履行相关义务所需支出的最佳估计数进行估计，并综合考虑有关货币时间价值、风险等因素的影响。

10.1.3 负债的分类

负债一般按其偿还期限的长短可划分为流动负债和长期负债两类。一年内偿还的负债属于流动性负债，一年以上偿还的负债属于非流动负债。按流动性对负债进行分类，可以帮助报表使用者分析企业的财务状况及偿债能力。流动负债主要包括应付票据、应付账款、应付利息、短期借款、预收账款、应付职工薪酬、应交税费、应付股利、其他应付款等。长期负债包括长期借款、应付债券、长期应付款、预计负债、递延所得税负债等。

10.2 流动负债

流动负债通常是指企业将在一年或超过一年的一个营业周期内偿还的债务。根据《企业会计准则第30号——财务报表列报》的规定，满足下列条件之一的负债应归类为流动负债：（1）预计在一个正常的营业周期内清偿。（2）主要为交易目的而持有。（3）自资产负债表日起一年内到期应予以清偿。（4）企业无权自主地将清偿推迟至资产负债表日后一年以上。

10.2.1 短期借款

企业用来维持正常的生产经营所需的资金或为抵偿项全力而向银行或其他金融机构等外单位借入的、还款期限在一年或超过一年的一个经营周期内的各种借款。工商企业的短期借款主要有：经营周转借款、临时借款、结算借款、票据贴现借款、卖方信贷、预购定金借款和专项储备借款等。

企业应设置“短期借款”科目，总括反应和监督短期借款本金的取得及偿还情况。短期借款一般期限不长，通常在取得借款日，按取得的金额入账。借记“银行存款”科目，贷记“短期借款”科目。短期借款利息支出，是企业理账活动中为筹集资金而发生的耗费，应作为一项财务费用计入当期损益。由于利息支付的方式不同，其会计核算也不完全一样。若短期借款的利息按月计收，或还本付息一次进行，但利息数额不大时，利息费用可直接计入当期损益；若短期借款的利息按季（或半年）计收，或还本付息一次进行，但利息数额较大时，则可采有预提的方式按月预提、确认和费用。计息时，借记“财务费用”科目，贷记“应付利息”或“银行存款”科目。短期借款到期归还本息时，借记“短期借款”、“应付利息”科目，贷记“银行存款”科目。

【例10-1】A公司2014年5月向开户行借入3个月期、年利率7.2%的借款1 000 000元用于周转。合同约定为到期一起还本付息。根据资料，会计处理为：

（1）银行放款时：

借：银行存款	1 000 000	
贷：短期借款		1 000 000

（2）接下来的三个月每个月确认利息时：

借：财务费用	6 000	
贷：应付利息		6 000

（3）借款到期，归还本息时：

借：短期借款	1 000 000	
应付利息	18 000	
贷：银行存款		1 018 000

10.2.2 应付账款和应付票据

1）应付账款

应付账款是指因购买材料、商品或接受劳务供应等而发生的债务。这是买卖双方在购销活动中由于取得物资与支付货款在时间上不一致而产生的负债。企业应设置“应付账款”科目，核算和监督应付账款的结算情况。

（1）企业购入材料、商品等验收入库，但货款尚未支付，根据有关凭证（发票账单、随货同行发票上记载的实际价款或暂估价值），借记“物资采购”、“在途物资”等科目，按可抵扣的增值税额，借记“应交税费——应交增值税（进项税额）”等科目，按应付的价款，贷记本科目。

（2）接受供应单位提供劳务而发生的应付未付款项，根据供应单位的发票账单，借记“生产成本”、“管理费用”等科目，贷记本科目。支付时，借记本科目，贷记“银行存款”等科目。

（3）采用售后回购方式融资的，在发出商品等资产时，应按实际收到或应收的金额，借记“银行存款”、“应收账款”等科目，按增值税专用发票上注明的增值税额，贷记“应交税费——应交增值税（销项税额）”科目，按其差额，贷记本科目。原销售价格与回购价格之间的差额，应在售后回购期间内按期计提利息费用，借记“财务费用”科目，贷记本科目。

【例10-2】A公司是增值税一般纳税人，2014年8月10日从B企业购入甲材料一批，增值税专用发票上列示的货款为2 000 000元，增值税340 000元。材料已验收入库，款项尚未支付。根据相关凭证，A公司会计处理为：

借：原材料——甲材料　　2 000 000

　　应交税费——应交增值税（进项税额）　　340 000

　贷：应付账款——B企业　　2 340 000

续上例，假定B企业给出现金折扣的条件为2/10，1/20，N/30。A公司于8月19日付款给B企业，则相关的会计处理为：

借：应付账款——B企业　　2 340 000

　贷：银行存款　　2 293 200

　　　财务费用　　46 800

2）应付票据

应付票据是指企业在商品购销活动和对工程价款进行结算因采用商业汇票结算方式而发生的，由出票人出票，委托付款人在指定日期无条件支付确定的金额给收款人或者持票人的票据，它包括商业承兑汇票和银行承兑汇票。应付票据按是否带息分为带息应付票据和不带息应付票据两种。

企业应设置“应付票据”科目，用于核算应付票据的发生、偿付等情况。该科目贷方登记开出、承兑汇票的面值及带息票据的预提利息，借方登记支付票据的金额，余额在贷方，表示企业尚未到期的商业汇票的票面金额和应计未付的利息。

企业因购买材料、商品和接受劳务供应等而开出、承兑的商业汇票，应当按其票面金额作为应付票据的入账金额，借记“材料采购”、“库存商品”、“应付账款”、“应交税费——应交增值税（进项税额）”等科目，贷记“应付票据”科目。企业支付的银行承兑汇票手续费应当计入财务费用，借记“财务费用”科目，贷记“银行存款”科目。

企业开出、承兑的带息票据，应于期末计算应付利息，并将票据利息计入当期财务费用，借记“财务费用”科目，贷记“应付票据”科目。

应付票据到期支付票款时，应按票面金额予以结转，借记“应付票据”科目，贷记“银行存款”科目。应付商业承兑汇票到期，如果企业无力支付票款，应将应付票据按票面金额转作应付账款，借记“应付票据”科目，贷记“应付账款”科目。应付银行承兑汇票到期，如企业无力支付票款，应将应付票据的票面金额转作短期借款，借记“应付票据”科目，贷记“短期借款”科目。

【例10-3】A公司是增值税一般纳税人，2014年4月1日从B公司购入一批甲材料，增值税专用发票上列示的货款为500 000元，增值税85 000元。材料已验收入库，A公司签发并承兑一张6个月期商业汇票，该汇票为带息票据，年利率为6%。6个月后A公司如期承兑。根据相关凭证，A公司会计处理为：

(1) 开出票据时：

借：原材料——乙材料　　500 000

　　应交税费——应交增值税（进项税额）　　85 000

　贷：应付票据——B 公司　　585 000

(2) 每个月月末计息时：

应计利息 = 585 000×6%/12 = 2 925（元）

借：财务费用　　2 925

　贷：应付票据——应计利息（B 公司）　　2 925

(3) 票据到期承兑时：

借：应付票据——B 公司　　585 000

　　　　　——应计利息（B 公司）　　17 550

　贷：银行存款　　602 550

10.2.3 预收账款和其他应付款

1) 预收账款

预收账款科目核算企业按照合同规定或交易双方之约定，而向购买单位或接受劳务的单位在未发出商品或提供劳务时预收的款项。

企业应设置“预收账款”科目，用于核算企业的预收账款业务。销售未实现时，借记“银行存款”等科目，贷记“预收账款”科目；销售实现时，借记“预收账款”科目，贷记“主营业务收入”、“应交税费——应交增值税（销项税额）”等科目。

对于预收账款业务较少的企业，可以不单独设置“预收账款”科目，少数预收的账项通过“应收账款”科目核算。收到预收款时借记“银行存款”等科目，贷记“应收账款”科目；发出货物开出发票时借记“应收账款”科目，贷记“主营业务收入”、“应交税费——应交增值税（销项税额）”等科目。预收账款科目的期末贷方余额，反映企业向购货单位预收的款项，期末借方余额属应收账款性质，反映企业应向购货单位或接受劳务单位收取的款项。

【例 10-4】A 公司为增值税一般纳税人，现与 C 公司签订一项订货合同，C 公司准备向 A 公司购买一批丙产品，总价 200 000 元，增值税 34 000 元。A 公司库存的丙产品不足，需另外投产，预计 3 个月完工。合同约定，C 公司先预付货款及税款的 40%，剩余 60% 交货时结清。

(1) 收到预付款时：

借：银行存款　　93 600

　贷：预收账款——C 公司　　93 600

(2) 3 个月后发货时：

借：预收账款——C 公司　　234 000

　贷：主营业务收入　　200 000

　　　应交税费——应交增值税（销项税额）　　34 000

(3) 收到C公司补付款时：

借：银行存款　　140 400

　贷：预收账款——C公司　　140 400

2）其他应付款

其他应付款是指企业在商品交易业务以外发生的应付和暂收款项，具体包括企业除应付票据、应付账款、应付工资、应付利润等以外的应付、暂收其他单位或个人的款项。在通常情况下，该科目核算企业应付、暂收其他单位或个人的款项，如应付租入固定资产和包装物的租金，存入保证金、应付、暂收所属单位、个人的款项、管辖区内业主和物业管户装修存入保证金；应付职工统筹退休金，以及应收暂付上级单位、所属单位的款项。企业经常发生的应付供应单位的货款，则是在“应付账款”和“应付票据”科目中核算。

企业应设置“其他应付款”账户进行核算。该账户属于负债类账户，贷方登记发生的各种应付、暂收款项，借方登记偿还或转销的各种应付暂收款项，月末，余额在贷方，表示企业应付、暂收的结存现金。本账户应按应付、暂收款项的类别设置明细账户。

企业发生各种应付、暂收或退回有关款项时，借记“银行存款”、“管理费用”等账户，贷记“其他应付款”账户；支付有关款项时，借记“其他应付款”账户，贷记“银行存款”等账户。

企业采用售后回购方式融入资金的，应按实际收到的金额，借记“银行存款”科目，贷记本科目。回购价格与原销售价格之间的差额，应在售后回购期间内按期计提利息费用，借记“财务费用”科目，贷记本科目。按照合同约定购回该项商品等时，应按实际支付的金额，借记本科目，贷记“银行存款”科目。

【例10-5】2014年8月，A公司以经营性租赁方式租入厂房一幢，按租赁合同规定，每月租金22 000元，租金于次月底支付。根据相关凭证，会计处理为：

(1) 8月计提租金时：

借：制造费用　　22 000

　贷：其他应付款——应付租金　　22 000

(2) 9月支付应付租金时：

借：其他应付款——应付租金　　22 000

　贷：银行存款　　22 000

10.2.4 应付职工薪酬

应付职工薪酬是企业根据有关规定应付给职工的各种薪酬。职工薪酬，是指企业为获得职工提供的服务或解除劳动关系而给予的各种形式的报酬或补偿。职工薪酬包括短期薪酬、离职后福利、辞退福利和其他长期职工福利。企业提供给职工配偶、子女、受赡养人、已故员工遗属及其他受益人等的福利，也属于职工薪酬。

短期薪酬，是指企业在职工提供相关服务的年度报告期间结束后十二个月内需要全部予以支付的职工薪酬，因解除与职工的劳动关系给予的补偿除外。短期薪酬具体包括：职工工资、奖金、津贴和补贴，职工福利费，医疗保险费、工伤保险费和生育保险费等社会保险费，住房公积金，工会经费和职工教育经费，短期带薪缺勤，短期利润分享计划，非货币性福利以及其他短期薪酬。带薪缺勤，是指企业支付工资或提供补偿的职工缺勤，包括年休假、病假、短期伤残、婚假、产假、丧假、探亲假等。利润分享计划，是指因职工提供服务而与职工达成的基于利润或其他经营成果提供薪酬的协议。

离职后福利，是指企业为获得职工提供的服务而在职工退休或与企业解除劳动关系后，提供的各种形式的报酬和福利，短期薪酬和辞退福利除外。

辞退福利，是指企业在职工劳动合同到期之前解除与职工的劳动关系，或者为鼓励职工自愿接受裁减而给予职工的补偿。

其他长期职工福利，是指除短期薪酬、离职后福利、辞退福利之外所有的职工薪酬，包括长期带薪缺勤、长期残疾福利、长期利润分享计划等。

这里所说的职工，是指与企业订立劳动合同的所有人员，含全职、兼职和临时职工，也包括虽未与企业订立劳动合同但由企业正式任命的人员。未与企业订立劳动合同或未由其正式任命，但向企业所提供服务与职工所提供服务类似的人员，也属于职工的范畴，包括通过企业与劳务中介公司签订用工合同而向企业提供服务的人员。

企业应设置“应付职工薪酬”科目，用于核算企业根据有关规定应付给职工的各种薪酬。本科目应当按照“工资、奖金、津贴、补贴”、“职工福利”、“社会保险费”、“住房公积金”、“工会经费”、“职工教育经费”、“辞退福利”、“非货币性福利”等应付职工薪酬项目进行明细核算。

1）货币性职工福利

企业计算出职工当月的薪酬时，按照归属对象借记“生产成本”、“制造费用”、“管理费用”、“销售费用”、“在建工程”等科目，贷记“应付职工薪酬”科目；按照有关规定向职工支付工资、奖金、津贴等，借记“应付职工薪酬”科目，贷记“银行存款”、“库存现金”等科目。

【例 10-6】A 公司 2014 年 10 月份职工薪酬情况见表 10-1。

表 10-1　**职工薪酬情况**　单位：万元

职工类别	列支渠道	工资	社会保险费（26%）	住房公积金（10.5%）	职工福利费（2%）	工会经费（2%）	职工教育经费（1.5%）	合计
生产车间工人	生产成本	300	78	31.50	6	6	4.50	426
车间管理人员	制造费用	50	13	5.25	1	1	0.75	71
行政管理人员	管理费用	120	31.20	12.60	2.40	2.40	1.80	170.40
销售机构人员	销售费用	40	10.40	4.20	0.80	0.80	0.60	56.80
内部研发人员	研发支出	20	5.20	2.10	0.40	0.40	0.30	28.40
合计		530	137.80	55.65	10.60	10.60	7.95	752.60

在表 10-1 中，社会保险包括医疗保险 10%、养老保险 12%、失业保险 2%、

生育保险1%和工伤保险1%，合计26%。根据表10-1编制会计分录如下：

借：生产成本　4 260 000

　制造费用　710 000

　管理费用　1 704 000

　销售费用　568 000

　研发支出——资本化支出　284 000

　贷：应付职工薪酬——工资　5 300 000

　　——社会保险费　1 378 000

　　——住房公积金　556 500

　　——职工福利费　106 000

　　——工会经费　106 000

　　——职工教育经费　79 500

实际发放工资时：

借：应付职工薪酬——工资　5 300 000

　贷：银行存款　5 300 000

2）非货币性职工福利

企业以其自产产品作为非货币性福利发放给职工的，应当根据受益对象，借记“生产成本”、“管理费用”等科目，贷记“应付职工薪酬——非货币性福利”；同时，在实际发放时借记“应付职工薪酬——非货币性福利”科目，作为福利发放出去的产品视同销售，按该产品的公允价值贷记“主营业务收入”、“应交税费——应交增值税（销项税额）”等科目。月末再结转已发放产品的成本，借记“主营业务成本”科目，贷记“库存商品”科目。

3）辞退福利

辞退福利是指企业在职工劳动合同到期之前解除与职工的劳动关系，或者为鼓励职工自愿接受裁减而给予职工的补偿。

辞退福利包括：（1）在职工劳动合同尚未到期前，不论职工本人是否愿意，企业决定解除与职工的劳动关系而给予的补偿。（2）在职工劳动合同尚未到期前，为鼓励职工自愿接受裁减而给予的补偿，职工有权利选择继续在职或接受补偿离职。针对这两种情况，会计处理上也有所不同；一个是确定的，一个是预计的。

【例10-7】A公司由于经济危机导致市场环境恶化、企业效益滑坡，决定于2014年5月辞退没有家庭负担的10名员工以减轻公司的运营成本，被辞退的员工每人补偿50 000元，则甲公司的账务处理是：

借：管理费用　50 000

　贷：应付职工薪酬——辞退福利　50 000

10.2.5 应交税费

应交税费是指企业根据在一定时期内取得的营业收入、实现的利润等，按照现行税法规定，采用一定的计税方法计提的应交的各种税费。应交税费包括企业依法应交的增值税、消费税、营业税、所得税、资源税、土地增值税、城市维护建设税、房产税、土地使用税、车船税、教育费附加、矿产资源补偿费等税费，以及在上缴国家之前，由企业代收代缴的个人所得税等。企业应设置“应交税费”科目，并按具体的税种设置明细账。

按规定计算确定的应交矿产资源补偿费、房产税、车船使用税、土地使用税、印花税，计算时借记“管理费用”科目，贷记“应交税费”科目。营业税、消费税、资源税、城市维护建设税，计算时借记“营业税金及附加”科目，贷记“应交税费”科目。出售不动产，计算应交的营业税，借记“固定资产清理”等科目，贷记“应交税费——应交营业税”科目。企业所得税，计算时借记“所得税费用”科目，贷记“应交税费”科目。企业按规定计算的应代扣代交的职工个人所得税，借记“应付职工薪酬”科目，贷记“应交税费”科目。实际交纳各项税款时，借记“应交税费”科目，贷记“银行存款”科目。

1）应交增值税

在我国境内销售货物或者提供加工、修理修配劳务以及进口货物的单位和个人应当缴纳增值税。增值税的纳税人按照经营规模和会计核算是否健全划分为一般纳税人和小规模纳税人。一般纳税人适用的基本税率为17%，优惠税率为13%；小规模纳税人按3%的征收率简易征收。一般纳税人增值税计算采用购进抵扣法，购进材料时，借记“原材料”、“应交税费——应交增值税（进项税额）”科目，贷记“银行存款”等科目；销售时，借记“银行存款”等科目，贷记“主营业务收入”、“应交税费——应交增值税（销项税额）”科目。其中，进项税额=买价×增值税税率，销项税额=卖价×增值税税率，应交增值税=当期销项税额-当期进项税额。应注意的是，如果一般纳税人企业的进项税额大于销项税额，致使当期应交税费出现负数时，该项一律填零，不填负数。

按照规定，企业购入货物或接受劳务必须具备以下凭证，其进项税额才能予以扣除：第一，增值税专用发票；第二，完税凭证，进口货物交纳的增值税根据从海关取得的完税凭证上注明的增值税税额，作为扣税和记账依据；第三，购进免税农产品，按照经税务机关批准的收购凭证上注明的价款和收购金额的一定比率计算进项税额，并以此作为扣税和记账的依据。另外，按照修订后的《中华人民共和国增值税暂行条例》，企业2009年1月1日以后购入生产经营用固定资产所支付的增值税在符合税收法规规定的情况下，也允许抵扣，应从销项税额中扣除，不再计入固定资产的成本，与此相关的生产经营用固定资产涉及的在建工程所领用原材料的进项税额也不用转出，而购入的用于集体福利或个人消费等目的的固定资产所产生的增值税，不能从销项税额中扣除，仍然计入固定资产的成本中。

【例10-8】A公司为增值税一般纳税人企业，本月向另一增值税一般纳税人B公司购入原材料一批，增值税专用发票上注明的原材料价款为200 000元，增值税税率为17%。货款已支付，材料也已到达并验收入库。根据相关凭证，会计处理为：

借：原材料　　200 000

　　应交税费——应交增值税（进项税额）　　34 000

　贷：银行存款　　234 000

【例 10-9】A 公司本月销售一批产品给 C 公司，售价 300 000 元，贷款及税款暂欠。根据相关凭证，会计处理为：

借：应收账款　　351 000

　贷：主营业务收入　　300 000

　　应交税费——应交增值税（销项税额）　　51 000

假定 A 公司本月只有这两笔增值税业务，则：

本月应交增值税 = 销项税额 - 进项税额 = 51 000 - 34 000 = 17 000（元）

实际缴纳增值税时：

借：应交税费——应交增值税（已交税金）　　17 000

　贷：银行存款　　17 000

2）应交消费税

消费税是对在我国境内生产、委托加工和进口应税消费品的单位和个人所征收的一种税。征收消费税的应税消费品包括烟、酒及酒精、成品油、小汽车、摩托车、汽车轮胎、化妆品、贵重首饰及珠宝玉石、高尔夫球及球具、高档手表、游艇、鞭炮和焰火、实木地板、木制一次性筷子等。

消费税根据征税对象的不同特点，采取从价定率、从量定额、从价和从量并用等三种计税方法。应纳税额的计算公式为：

实行从价定率办法计算的应纳税额 = 销售额×比率税率

实行从量定额办法计算的应纳税额 = 销售数量×单位税额

混合计征的则是将按从价定率计算的应纳税额和按从量定额计算的应纳税额相加。

企业销售应税消费品时，借记“营业税金及附加”科目，贷记“应交税费——应交消费税”科目。

自产自用应税消费品时，借记“在建工程”或“固定资产”或“应付职工薪酬”或“营业外支出”等科目，贷记“库存商品”科目，贷记“应交税费——应交增值税（销项税额）”科目，贷记“应交税费——应交消费税”。

委托加工应税消费品，收回的委托加工物资如果用于继续生产应税消费品时，借记“委托加工物资”科目，贷记“原材料”科目；借记“委托加工物资”科目，贷记“应交税费——应交消费税”科目；借记“原材料”科目，贷记“委托加工物资”科目。收回的委托加工物资如果用于直接对外销售时，借记“委托加工物资”科目，贷记“原材料”科目；借记“委托加工物资”科目，贷记“应付账款”科目；借记“原材料”科目，贷记“委托加工物资”科目。处理应收取的收托加工代收代缴的消费税时，借记“应收账款”或“银行存款”科目，贷记“应交税费——应交消费税”科目。

进口应税消费品时，借记“材料采购”或“固定资产”或“库存商品”科目，贷记“应付账款”或“银行存款”科目。

【例 10-10】D 公司是化妆品生产企业，为增值税一般纳税人。10 月 20 日 D 公司向某大型商场销售化妆品一批，开具增值税专用发票，取得不含增值税销售额 300 000 元，增值税税额 51 000 元；10 月 20 日向某单位销售化妆品一批，开具普通发票，取得含增值税销售额 46 800 元。计算 D 公司 10 月应缴纳的消费税额。

化妆品应税销售额＝300 000+46 800÷（1+17%）＝340 000（元）

应缴纳的消费税额＝340 000×30%＝102 000（元）

借：营业税金及附加　　102 000

　贷：应交税费——应交消费税　　102 000

【例 10-11】W 公司是汽车制造企业，以自产小汽车（1 500 毫升气缸容量）10 辆换取某钢厂生产的钢材 200 吨，每吨钢材 3 000 元。W 公司生产的同一型号小汽车不含税销售价格分别 95 000 元/辆、90 000 元/辆和 85 000 元/辆。该种小汽车的消费税税率为 3%。计算用于换取钢材的小汽车应纳的消费税税额。

应纳税额＝95 000×10×3%＝28 500（元）

借：营业税金及附加　　28 500

　贷：应交税费——应交消费税　　28 500

3）应交营业税

我国现行营业税是对在我国境内提供应税劳务、转让无形资产和销售不动产的单位和个人，就其营业收入额征收的一种流转税。其中，传统意义上所说的提供应税劳务具体范围包括交通运输业、建筑业、金融保险业、邮政通讯业、文化体育业、娱乐业、服务业。

但是，2011 年，经国务院批准，财政部、国家税务总局联合下发营业税改征增值税试点方案。从 2012 年 1 月 1 日起，在上海交通运输业和部分现代服务业开展营业税改征增值税试点。因此，这里所说的营业税征税对象所说的提供应税劳务不包含交通运输业和部分现代服务业。其中，部分现代服务业，是指围绕制造业、文化产业、现代物流产业等提供技术性、知识性服务的业务活动，具体包括研发和技术服务、信息技术服务、文化创意服务、物流辅助服务、有形动产租赁服务、鉴证咨询服务。

【例 10-12】A 公司转让一栋于 10 年前建成的办公楼，取得收入 12 000 000 元，该办公楼的原值为 10 000 000 元，已提取折旧 4 000 000 元。还转让一块土地使用权，取得收入 5 600 000 元，年初取得该土地使用权时支付金额 4 200 000 元。计算该企业应缴纳的营业税并作会计处理。

应缴纳营业税＝12 000 000×5%＋（5 600 000－4 200 000）×5%＝670 000（元）

借：营业税金及附加　　670 000

　贷：应交税费——应交营业税　　670 000

4）应交企业所得税

企业所得税是对我国内资企业和经营单位的生产经营所得和其他所得征收的一种税。企业所得税纳税人即所有实行独立经济核算的中华人民共和国境内的内资企业或其他组织，包括以下六类：（1）国有企业；（2）集体企业；（3）私营企业；（4）联营企业；（5）股份制企业；（6）有生产经营所得和其他所得的其他组织。企业所得税的征税对象是纳税人取得的所得，具体包括销售货物所得、提供劳务所得、转让财产所得、股息红利所得、利息所得、租金所得、特许权使用费所得、接受捐赠所得和其他所得。

现行企业所得税的基本税率是25%，另有两档优惠税率：（1）符合条件的小型微利企业减按20%征收；（2）国家重点扶持的高新技术企业减按15%征收。

企业应纳所得税额=当期应纳税所得额×适用税率

应纳税所得额=收入总额-准予扣除项目金额

【例10－13】A公司2013年的会计利润为500 000元，当年实现销售收入1 000 000元，除了广告费用之外其他费用均不需要调整，广告费用发生额为200 000元（根据规定，企业发生的符合条件的广告费和业务宣传费支出，除国务院财政、税务主管部门另有规定外，不超过当年销售（营业）收入15%的部分，准予扣除；超过部分，准予在以后纳税年度结转扣除）。试计算企业当年应交的所得税税额，并作相应会计处理。

广告费用扣除的限额=1 000 000×15%=150 000（元）

需调整应纳税所得额=200 000-150 000=50 000（元）

A公司应纳所得税=（500 000+50 000）×25%=137 500（元）

借：所得税费用　　137 500

　贷：应交税费——应交所得税　　137 500

5）应交城市维护建设税

城市维护建设税是一种附加税。按照现行税法的规定，城市维护建设税的纳税人是缴纳增值税、消费税和营业税的单位和个人。按照现行税法的规定，城市维护建设税应以纳税人实际缴纳的增值税、消费税、营业税为计税依据，与增值税、消费税、营业税同时缴纳。

城市维护建设税按照纳税人所在地不同实行差别税率，其税率分别为：纳税人所在地在市区的，税率为7%；纳税人所在地在县城、镇的，税率为5%；纳税人所在地不在市区、县城或镇的，税率为1%。金融保险企业缴纳城市维护建设税的计税依据为营业收入乘以5%。

应纳税额的计算城市维护建设税的应纳税额的计算公式为：

应纳税额=计税依据×税率=纳税人实际缴纳的增值税、消费税、营业税之和×税率

【例10-14】位于广州的A公司2014年5月实际缴纳的增值税税额为170 000元、消费税税额为60 000元、营业税税额为80 000元。计算A公司5月应交的城市维护建设税，并作相应的会计处理。

应交城市维护建设税=（170 000+60 000+80 000）×7%=21 700（元）

借：营业税金及附加　　21 700

　贷：应交税费——应交城市维护建设税　　21 700

10.2.6 应付股利

应付股利是指企业经董事会或股东大会，或类似机构决议确定分配的现金股利或利润。获得投资收益是出资者对企业进行投资的初衷。企业在宣告给投资者分配股利或利润时，一方面将冲减企业的所有者权益，另一方面股利在宣告但尚未支付时也形成“应付股利”这样一笔负债；当企业向投资者实际支付利润时，该项负债随即消失。

企业应设置“应付股利”科目，用于核算企业分配的现金股利或利润，企业分配的股票股利，不通过本科目核算。本科目应当按照投资者进行明细核算。企业应根据股东大会或类似机构通过的利润分配方案，按应支付的现金股利或利润，借记“利润分配”科目，贷记“应付股利”科目；实际支付现金股利或利润，借记“应付股利”科目，贷记“银行存款”等科目。在企业董事会或类似机构通过的利润分配方案中拟分配的现金股利或利润，不做账务处理，但应在附注中披露。“应付股利”科目期末的贷方余额，反映企业尚未支付的现金股利或利润。

企业缴纳所得税后的利润应当按照以下顺序进行分配：（1）弥补企业以前年度亏损；（2）提取法定盈余公积；（3）提取任意盈余公积；（4）向投资者分配利润（以前年度累计未分配的利润可以并入本年度一起向投资者分配）。

上述利润分配的逻辑关系是：企业以前年度的亏损未补完，不得提取法定盈余公积；在企业未提取盈余公积以前，不得向投资者分配利润。

【例10-15】A公司于2014年2月经股东大会决议，公告了上年度的利润分配方案：决定发放普通股现金股利3 500 000元，于6月15日发放。会计处理如下：

（1）宣告分派现金股利时：

借：利润分配——应付普通股现金股利　　3 500 000

　贷：应付股利　　3 500 000

（2）实际发放时：

借：应付股利　　3 500 000

　贷：银行存款　　3 500 000

10.2.7 以公允价值计量且其变动计入当期损益的金融负债

以公允价值计量且其变动计入当期损益的金融负债可进一步分为交易性金融负债和直接指定为以公允价值计量且其变动计入当期损益的金融负债。

1）确认和终止确认

当企业成为金融工具合同的一方并承担相应义务时，需要确认金融负债。金融负债的现时义务全部或部分已经解除的，才能终止确认该金融负债或其一部分。

满足下列条件之一的金融负债，应当划分为交易性金融负债：（1）承担该金融负债的目的，主要是为了近期内回购；（2）属于进行集中管理的可辨认金融工具组合的一部分，且有客观证据表明企业近期采用短期获利方式对该组合进行管理。在这种情况下，即使组合中有某个组成项目持有的期限稍长也不受影响；(3) 属于衍生工具，但是被指定为有效套期工具的衍生工具、属于财务担保合同的衍生工具、与在活跃市场中没有报价且其公允价值不能可靠计量的权益工具投资挂钩并须通过交付该权益工具结算的衍生工具除外。其中财务担保合同是指保证人和债权人约定，当债务人不履行债务时，保证人按照约定履行债务或者承担责任的合同。

一般而言，对于混合工具以外的金融负债，只有能够产生更相关的会计信息时，才能将该项金融负债直接指定为以公允价值计量且其变动计入当期损益的金融负债。

2）初始计量和后续计量

企业初始确认金融负债，应当按照公允价值计量。对于以公允价值计量且其变动计入当期损益的金融负债，相关交易费用应当直接计入当期损益；对于其他类别的金融负债，相关交易费用应当计入初始确认金额。

注意：交易性金融负债产生时发生的相关交易费用记入“投资收益”科目，而不是“财务费用”科目。以公允价值计量且其变动计入当期损益的金融负债公允价值变动形成的利得或损失，除与套期保值有关外，应当计入当期损益（公允价值变动损益）。

3）以公允价值计量且其变动计入当期损益的金融负债的会计处理

(1) 交易性金融负债发生时，按实际收到的金额借记“银行存款”科目，按发生的交易费用借记“投资收益”科目，按公允价值贷记“交易性金融负债——本金”科目。

(2) 计算交易性金融负债的利息时，借记“投资收益”科目，贷记“应付利息”科目。

(3) 资产负债表日交易性金融负债的公允价值高于其账面余额时，借记“公允价值变动损益”科目，贷记“交易性金融负债——公允价值变动”科目。若资产负债表日交易性金融负债的公允价值低于其账面余额时，则作相反的分录。

(4) 处置交易性金融负债时，借记“交易性金融负债——本金”、按金融负债的账面余额，借记或贷记“交易性金融负债——公允价值变动”，按实付金额贷记“银行存款”科目，按借贷间的差额，贷记或借记“投资收益”科目。同时，将该金融负债的公允价值变动，转入“投资收益”科目。

【例 10-16】A 公司于 2014 年 4 月 1 日通过债券市场公开发行 5 000 000 元 1 年期人民币短期融资券，票面利率为 6.6%，每张面值为 100 元，到期一次还本付息。公司将该短期融资券指定为以公允价值计量且其变动计入当期损益的金融负债，假定不考虑相关交易费用。2014 年 9 月 30 日，该短期融资券的市场价格为每张 110 元（不含利息）；2014 年 12 月 31 日，该短期融资券的市场价格为每张 115 元（不含利息）；2015 年 3 月 31 日，该短期融资券到期兑付完成。

(1) 2014 年 4 月 1 日发行短期融资券时：

借：银行存款　　　　5 000 000

贷：交易性金融负债——成本 5 000 000

(2) 2014 年 6 月 30 日，季末确认利息费用：

借：投资收益 82 500

贷：应付利息 82 500

(3) 2014 年 9 月 30 日，季末确认公允价值变动和利息费用：

借：公允价值变动损益 500 000

贷：交易性金融负债——公允价值变动 500 000

借：投资收益 82 500

贷：应付利息 82 500

(4) 2014 年 12 月 31 日，年末确认公允价值变动和利息费用：

借：公允价值变动损益 250 000

贷：交易性金融负债——公允价值变动 250 000

借：投资收益 82 500

贷：应付利息 82 500

(5) 2015 年 3 月 31 日，短期融资券到期：

借：投资收益 82 500

贷：应付利息 82 500

借：交易性金融负债——成本 5 000 000

——公允价值变动 750 000

应付利息 330 000

贷：银行存款 5 330 000

投资收益 750 000

10.3 非流动负债

非流动负债是指偿还期在 1 年或超过 1 年的一个营业周期以上的债务。非流动性负债除了具有负债的共同特征外，与流动负债相比，还具有债务金额大、偿还期限长、可以分期偿还等特点。非流动负债包括长期借款、应付债券、长期应付款、专项应付款、预计负债、递延所得税负债和其他非流动负债。

企业举借非流动性负债的有利影响：

(1) 可以保持企业原有的股权结构不变和股票价格稳定。

(2) 不影响原有股东对企业的控制权。

(3) 举借可以增加股东的收益。

(4) 非流动负债支付的利息具有抵税功能。

企业举借非流动性负债的不利影响：

(1) 举借非流动负债可能带来股东收益的减少。

(2) 举借非流动负债必须按规定到期偿还。

(3) 非流动性负债的利息作为一项固定支出可能成为企业沉重的财务负担。

（4）举借非流动负债可能会给企业带来较大的财务风险。

10.3.1 长期借款

长期借款是指企业向银行或其他金融机构借入的期限在1年以上（不含1年）的各项借款。

企业应设置“长期借款”科目，用于核算长期借款的借入、归还等情况。企业借入长期借款，应按实际收到的金额，借记“银行存款”科目，贷记“长期借款——本金”科目；如存在差额，还应借记“长期借款——利息调整”科目。长期借款利息费用应当在资产负债表日按照实际利率法计算确定，实际利率与合同利率差异较小的，也可以采用合同利率计算确定利息费用。

长期借款计算确定的利息费用，应当按以下原则计入有关成本、费用：属于筹建期间的，计入管理费用；属于生产经营期间的，计入财务费用。如果长期借款用于购建固定资产的，在固定资产尚未达到预定可使用状态前，所发生的应当资本化的利息支出数，计入在建工程成本；固定资产达到预定可使用状态后发生的利息支出，以及按规定不予资本化的利息支出，计入财务费用。长期借款按合同利率计算确定的应付未付利息，记入“应付利息”科目。分别借记“在建工程”、“制造费用”、“财务费用”、“研发支出”等科目，贷记“应付利息”科目。企业归还长期借款的本金时，应按归还的金额，借记“长期借款——本金”科目，贷记“银行存款”科目；按归还的利息，借记“应付利息”科目，贷记“银行存款”科目。

【例10-17】A公司为新建一条生产线，于2014年1月1日向本市建设银行取得专门借款6 000 000元，借款年利率8.5%，期限为3年，每年年底支付借款利息，3年期满后一次归还本金。2014年1月1日以存款支付工程款3 000 000元，其余专门借款存入银行，假定不考虑闲置存款的利息，2014年7月1日以存款支付工程款3 200 000元，2014年年底工程如期竣工，达到预定可使用状态。

根据上述资料，编制会计分录如下：

（1）2014年1月取得借款，存入银行：

借：银行存款　　6 000 000

　贷：长期借款——市建设银行　　6 000 000

（2）2014年1月支付工程款：

借：在建工程——厂房基建工程　　3 000 000

　贷：银行存款——市建设银行　　3 000 000

（3）2014年7月1日支付工程款：

借：在建工程——厂房基建工程　　3 200 000

　贷：银行存款——市建设银行　　3 200 000

（4）2014年12月末计算并支付本年利息：

本年利息均在工程竣工前发生，可以将本年利息全部资本化。

本年利息费用=6 000 000×8.5%=510 000（元）

借：在建工程——厂房基建工程　　510 000

贷：应付利息　　510 000

支付第一年借款利息：

借：应付利息　　510 000

贷：银行存款　　510 000

(5) 2014 年年末固定资产完工达到预定可使用状态时转入固定资产：

借：固定资产——厂房　　6 710 00

贷：在建工程——厂房基建工程　　6 710 000

(6) 2015 年，工程竣工后的利息应该费用化，计提当年利息并支付：

借：财务费用　　510 000

贷：应付利息　　510 000

借：应付利息　　510 000

贷：银行存款　　510 000

(7) 2016 年计提并支付最后一期利息，同时归还本金：

借：财务费用　　510 000

贷：应付利息　　510 000

借：长期借款——市建设银行　　6 000 000

应付利息　　510 000

贷：银行存款　　6 510 000

10.3.2 应付债券

应付债券是指企业为筹集（长期）资金而发行的债券。企业根据国家有关规定，在符合条件的前提下，经批准可以发行公司债券、可转换公司债券、认股权和债券分离交易的可转换公司债券。

1) 一般公司债券

债券发行有面值发行、溢价发行和折价发行三种情况。企业应设置“应付债券”科目，并在该科目下设置“面值”、“利息调整”、“应计利息”等明细科目，核算应付债券发行、计提利息、还本付息等情况。

债券的发行价格受多种因素影响，如供求关系、相对风险程度、市场条件和宏观经济状况等。债券的发行价格主要取决于债券发行时的市场利率，根据发行价与面值的区别，将债券分为面值发行、溢价发行、折价发行。

(1) 面值发行

当企业债券的票面利率与发行时的市场利率相同时，债券发行价格等于债券面值，企业债券就可按面值发行，即平价发行。

(2) 溢价发行

当企业债券的票面利率高于发行时的市场利率时，债券发行价格就会高于债券面值，债券发行价格高于债券面值的差额称为债券溢价。债券在溢价发行时，债券购买者因溢价而多付出的价款，可以从以后各期多得的利息收入获得补偿；债券发行企业因溢价多得的收入，实质上是在债券到期前对企业各期多付利息的一种补偿，也是对债券利息费用的一项调整。

（3）折价发行

当企业债券的票面利率低于发行时的市场利率时，债券发行价格就会低于债券面值，债券发行价格低于债券面值的差额称为债券折价。同溢价发行类似的是，投资者在购买债券时少付的价款实际上是为了提前补偿其在投资期内少收的利息，也是对债券利息费用的一项调整。

企业按面值发行债券时，应按实际收到的金额，借记“银行存款”等科目，按债券票面金额，贷记“应付债券——面值”科目；存在差额的，还应借记或贷记“应付债券——利息调整”科目。对于按面值发行的债券，在每期采用票面利率计提利息时，应当按照与长期借款相一致的原则计入有关成本费用，借记“在建工程”、“制造费用”、“财务费用”、“研发支出”等科目；其中，对于分期付息、到期一次还本的债券，其按票面利率计算确定的应付未付利息通过“应付利息”科目核算，对于一次还本付息的债券，其按票面利率计算确定的应付未付利息通过“应付债券——应计利息”科目核算。应付债券按（实际利率实际利率与票面利率差异较小时也可按票面利率）计算确定的利息费用，应按照与长期借款相一致的原则计入有关成本、费用。

【例 10-18】公司 2014 年 1 月 1 日按面值发行票面利率为 7%、三年期的债券 5 000 000 元，每年计息一次，到期一次还本付息。债券全部委托银行发行，债券款交存银行，用于补充生产经营资金的不足，并以银行存款支付发行费用 50 000 元，假定无其他相关费用。根据上述经济业务，会计处理如下：

（1）收到债券款：

借：银行存款　　5 000 000

　贷：应付债券——面值　　5 000 000

（2）支付发行费用：

借：财务费用　　50 000

　贷：银行存款　　50 000

（3）企业按年计提利息所作会计处理如下：

借：财务费用　　350 000

　贷：应付债券——应计利息　　350 000

（4）企业在债券到期时，所作会计处理如下：

借：应付债券——面值　　5 000 000

　　　　　　——应计利息　　1 050 000

　贷：银行存款　　6 050 000

【例 10-19】续【例 10-18】，假定债券为折价发行，票面利率为 8%，市场利率为 10%，债券面值为每张 1 000 元，发行价为每张 950. 252 元，其他条件不变，则：

实际发行价格＝5 000 000×（P/F，10%，3）+5 000 000×8%×（P/A，10%，3）

=5 000 000×0. 7513+400 000×2. 4869=4 751 260（元）

各年债券利息及摊余成本计算表见表10-2。

表10-2 **债券利息及摊余成本计算表** 单位：元

日期	期初摊余成本 ①	实际利息费用 ②=①×实际利率10%	应计利息 ③=面值×票面利率8%	折价摊销 ④=②-③	期末摊余成本 ⑤=①+④
2014. 12. 31	4 751 260	475 126	400 000	75 126	4 826 386
2015. 12. 31	4 826 386	482 639	400 000	82 639	4 909 025
2016. 12. 31	4 909 025	490 975*	400 000	90 975	5 000 000
合计	—	1 448 740	1 200 000	248 740	—

注：*490 975是考虑最终摊余成本所作的调整。

（1）收到债券款时：

借：银行存款　　4 751 260

　　应付债券——利息调整　　248 740

　贷：应付债券——面值　　5 000 000

（2）2014年12月31日，企业计提当年利息时：

借：财务费用　　475 126

　贷：应付债券——应计利息　　400 000

　　　　　　——利息调整　　75 126

（3）2015年12月31日，企业计提当年利息时：

借：财务费用　　482 639

　贷：应付债券——应计利息　　400 000

　　　　　　——利息调整　　82 639

（4）2016年12月31日，企业计提当年利息（摊销全部摊余成本）时：

借：财务费用　　490 975

　贷：应付债券——应计利息　　400 000

　　　　　　——利息调整　　90 975

（5）2016年12月31日，债券到期，归还本金和利息时：

借：应付债券——面值　　5 000 000

　　　　　　——应计利息　　1 200 000

　贷：银行存款　　6 200 000

2）可转换公司债券

可转换公司债券的全称为可转换为股票的公司债券，是指发行人依照法定程序发行，在一定期限内依照约定的条件可以将债券转换为股票的公司债券。理解可转换公司债券的概念，应注意以下几点：

第一，可转换公司债券是公司债券的一种，与公司债券有共同之处：在可转换公司债券转换为股票之前，其特征和运作方式与一般公司债券相同，它实际上就是公司债券。如果是附息债券，则按期支付利息：如果可转换公司债券在到期之前没有转换为股票，或者没有全部转换为股票，则这些可转换公司债券如一般意义上的公司债券一样，必须还本付息，并且在还本付息以后，这些可转换公司债券的寿命就宣告结束。

第二，可转换公司债券与一般意义上的公司债券的区别在于：一般意义上的公司债券须在一定期限内按照约定的条件还本付息，还本付息全部完成以后，公司债券的寿命即完全结束；而可转换公司债券一旦转换为股票以后，其具有的公司债券特征全部丧失，代之出现的是股票的特征，原债权人变成股东。

第三，从理论上，可转换公司债券的理论基础既有公司债券理论，也有股票理论。在可转换公司债券发行时，主要以公司债券理论为主，也要考虑股票理论；在可转换公司债券转换为股票时，在定价方面既适用公司债券定价理论，也需参考股票定价理论；在转换为股票以后，则主要是股票理论。

我国发行可转换公司债券采用记名式无纸化发行方式，期限为3～5年，最短为3年，最长为5年。发行可转换公司债券的企业应在“应付债券”科目下设可转换公司债券明细科目进行核算。

企业发行的可转换公司债券，应当在初始确认时将其包含的负债成分和权益成分进行分拆，将负债成分确认为应付债券，将权益成分确认为资本公积。在进行分拆时，应当先对负债成分的未来现金流量进行折现确定负债成分的初始确认金额。发行可转换公司债券发生的交易费用，应当在负债成分和权益成分之间按照各自的相对公允价值进行分摊。

（1）初始确认时，按实际收到的款项借记“银行存款”科目，按可转换公司债券包含的负债成分面值贷记“应付债券——可转换公司债券（面值）”科目，按权益成分的公允价值贷记“资本公积——其他资本公积”，按借贷双方的差额借记或贷记“应付债券——可转换公司债券（利息调整）”科目。

对于可转换公司债券的负债成分，在转换为股份前，其会计处理与一般公司债券相同，即按照实际利率和摊余成本确认利息费用，按照面值和票面利率确认应付债券，差额作为利息调整。可转换公司债券持有者在债券存续期间内行使转换股权，将可转换公司债券转换为股份时，对于债券面额不足转换1股股份的部分，企业应当以现金偿还。

（2）可转换公司债券持有人行使转换权利，将其持有的债券转换为股票，按可转换公司债券的余额，借记“应付债券——可转换公司债券（面值、利息调整）科目，按其权益成分的金额，借记“资本公积——其他资本公积”科目，按股票面值和转换的股数计算的股票面值总额，贷记“股本”科目，按其差额，贷记“资本公积——股本溢价”科目。如果用现金支付不可转换股票的部分，还应贷记“库存现金”、“银行存款”等科目。

【例10-20】远东公司经批准于2014年1月1日按面值发行5年期一次还本分

期付息的可转换公司债券100 000 000元，款项已收存银行，债券票面利率为6%。债券发行一年后可转换为普通股股票，初始转股价为每股10元，股票面值为每股1元。发行可转换公司债券时二级市场上与之类似的没有转换权的债券市场利率为9%。2015年1月1日，债券持有人将持有的可转换公司债券全部转换为普通股股票（按当日可转换公司债券的账面价值计算转股权）。

根据相关凭证，会计处理如下：

（1）2014年1月1日发行可转换公司债券时：

借：银行存款	100 000 000	
应付债券——可转换公司债券（利息调整）	11 671 800	
贷：应付债券——可转换公司债券（面值）		100 000 000
资本公积——其他资本公积		11 671 800

可转换公司债券负债成分的公允价值=100 000 000×0.6499+100 000 000×6%×3.8897=88 328 200（元）

可转换公司债券权益成分的公允价值=100 000 000−88 328 200=11 671 800（元）

（2）2014年12月31日确认利息费用时：

借：财务费用等	7 949 538	
贷：应付利息	6 000 000	
应付债券——可转换公司债券（利息调整）		1 949 538

（3）2015年1月1日债券持有人行使转换权时：

转换的股份数=（88 328 200+6 000 000+1 949 538）÷10=9 627 773.80（股）

不足1股的部分支付现金0.80元。

借：应付债券——可转换公司债券（面值）	100 000 000	
应付利息	6 000 000	
资本公积——其他资本公积	11 671 800	
贷：股本		9 627 773
应付债券——可转换公司债券（利息调整）		9 722 262
资本公积——资本溢价		98 321 764.20
库存现金		0.80

10.3.3 长期应付款

长期应付款是指企业对其他单位发生的付款期限在1年以上的长期借款，如采用分期付款方式购入固定资产和无形资产发生的应付账款、应付融资租入固定资产的租赁费等。企业应设置“长期应付款”科目，本科目核算企业除长期借款和应付债券以外的其他各种长期应付款项，包括应付融资租入固定资产的租赁费、以分期付款方式购入固定资产等发生的应付款项等。

企业除了通过借款和发行中长期债券取得货币资金购建长期资产外，还可以采用补偿贸易方式引进国外设备或融资租入固定资产。补偿贸易方式引进国外设备和融资租入固定资产，一般情况下，是固定资产使用在前，款项支付在后。例如采取补偿贸易方式引进设备时，企业可先取得设备，设备投产后，用其生产的产品归还设备价款，而融资租赁实质上是一种分期付款购入固定资产的形式。这种不需要支付或分期支付货币资金就可以先取得企业生产经营所需的设备的方式，就好比“借鸡生蛋”，也是一条颇不错的生财之道。当然，补偿贸易引进国外设备和融资租入固定资产，在尚未偿还价款或尚未支付完租赁费用前，也就必然形成企业的一项长期负债。

企业应设置“长期应付款”账户，用来核算企业发生的长期应付款及以后的归还情况。该科目属于负债类科目，其贷方登记发生的长期应付款，主要有应付补偿贸易款、应付补偿登记引进设备款及其应付利息、应付融资租入固定资产的租赁费等；借方登记长期应付款的归还数；期末余额在贷方，表示尚未支付的各种长期应付款。该科目应按长期应付款的种类设置明细科目，进行明细核算。

【例 10-21】2014 年 1 月，A 公司以补偿贸易的方式从国外进口了一套机床设备，该机床设备的价款为 1 000 000 美元，随同机床设备一起进口的辅助配件价款为 50 000 美元，支付的国外运杂费为 2 000 美元，另以人民币支付进口关税 111 500元，国内运杂费为 2 000 元，安装费为 22 000 元。设备在一周内即安装完毕，引进设备当日美元汇率为 RMB6.8/USD1。

（1）2014 年 1 月进口机床设备时：

借：在建工程（买价+国外运杂费）	6 813 600	
原材料——修理用备件	340 000	
贷：长期应付款——应付引进设备款（美元户）		7 153 600

（2）支付进口关税、国内运杂费和设备安装费时：

借：在建工程（进口关税+安装费+国内运杂费）	135 500	
贷：银行存款		135 500

（3）将安装完毕的进口机床设备及辅助配件交付 A 公司使用时：

借：固定资产	7 289 100	
贷：在建工程		7 289 100

（4）以进口机床设备所生产的产品的销售收入 100 000 美元归还长期应付款时（假设当日汇率为 RMB 6.9/USD1）：

借：长期应付款——应付引进设备款（美元户）	690 000	
贷：应收账款——外商××公司（美元户）		690 000

（5）2014 年 12 月（假设当日汇率为 RMB 6.7/USD1），根据补偿贸易合同的规定，按6%计提应付利息时，应记录：

应付利息=1 052 000×6%×6.7=422 904（元）

借：财务费用——利息支出	422 904	
贷：长期应付款——应付引进设备款（美元户）		422 904

（6）按年末汇率确定“长期应付款——应付引进设备款（美元户）”汇兑

损益：

“长期应付款——应付引进设备款（美元户）”年末美元余额 = USD1 052 000+USD63 120−USD100 000 = USD1 015 120

应折合为人民币金额 = 1 015 120×6.7 = 6 801 304（元）

调整前该账户记账本位币余额 = 6 813 600+422 904−690 000 = 6 546 504（元）

应确定汇兑损益 = 6 801 304−6 546 504 = 254 800（元）

借：长期应付款——应付引进设备款（美元户）	254 800	
贷：财务费用——汇兑损益		254 800

说明：

①为简化核算，随同机床设备一起进口的辅助配件等如所占比重很小，可不分摊利息费用及汇兑损益。

②根据规定，来料加工、来件装配和补偿贸易所需进口的设备，免征增值税。

10.3.4 专项应付款

专项应付款是指企业取得政府作为所有者投入的具有专项或特定用途的款项，企业通过设置“专项应付款”科目对该类款项进行核算。本科目按资本性投资项目进行明细核算。

企业收到或发生应收的资本性拨款时，借记“银行存款”科目，贷记“专项应付款”科目。将专项或特定用途的拨款用于特定项目时，借记“在建工程”等科目，贷记“银行存款”、“应付职工薪酬”等科目。工程项目完成形成长期资产的部分，应按实际成本，借记“固定资产”等科目，贷记“在建工程”等科目；同时，核销专项应付款，借记“专项应付款”科目，贷记“资本公积——资本溢价”科目，对于未形成长期资产的部分，借记“专项应付款”科目，贷记“在建工程”等科目；拨款结余需要返还的，借记“专项应付款”科目，贷记“银行存款”科目。“专项应付款”科目期末的贷方余额，反映企业尚未转销的专项应付款。

【例10-22】A公司是高新技术企业，于2014年7月初收到政府拨入的新产品试制费80 000元。8月，A公司用新产品试制费拨款购入一台不需安装的设备，增值税专用发票列示价款为20 000元，增值税款为3 400元。

(1) 收到政府拨入的专项应付款时：

借：银行存款	80 000	
贷：专项应付款——科技三项拨款		80 000

(2) 用专项应付款购买设备时：

借：固定资产	23 400	
贷：银行存款		23 400
借：专项应付款——科技三项拨款	23 400	
贷：资本公积——资本溢价		23 400

思考题

1. 流动负债和长期负债的区别是什么？
2. 借款利息在什么情况下应予以资本化？在什么情况下应予以费用化？
3. “应付账款”核算哪些内容？其入账价值如何确定？
4. “应付职工薪酬”核算的内容包括哪些？确认原则是什么？
5. “长期应付款”通常核算哪些内容？

练习题

一、单项选择题

1. 企业在资产负债表日，按合同利率计提短期借款利息费用时的会计处理为(　　)。

A. 借记“短期借款”科目，贷记“应付利息”科目

B. 借记“财务费用”科目，贷记“短期借款”科目

C. 借记“财务费用”科目，贷记“应付利息”科目

D. 借记“应付利息”科目，贷记“财务费用”科目

2. 假设企业于每月月末计提利息，2014 年1 月1 日向银行借款100 000 元，期限为6 个月，年利率为6%。按银行规定一般于每季度末收取短期借款利息，2014 年3 月份企业对短期借款利息应当作(　　)会计处理。

A. 借：财务费用 500　贷：银行存款 500

B. 借：财务费用 1 500　贷：银行存款 1 500

C. 借：财务费用 1 000　应付利息 500　贷：银行存款 1 500

D. 借：财务费用 500　应付利息 1 000　贷：银行存款 1 500

3. 下列有关应付票据处理的表述，不正确的是(　　)。

A. 企业开出并承兑商业汇票时，应按票据的到期值贷记“应付票据”

B. 企业支付的银行承兑手续费，记入当期“财务费用”

C. 应付票据到期支付时，按票面金额结转

D. 企业到期无力支付的商业承兑汇票，应按票面金额转入“应付账款”

4. 期末，应付票据按其面值和票面利率计提利息时，应做的会计分录是(　　)。

A. 借记“财务费用”科目，贷记“应付利息”科目

B. 借记“管理费用”科目，贷记“应付利息”科目

C. 借记“财务费用”科目，贷记“应付票据”科目

D. 借记“管理费用”科目，贷记“应付票据”科目

5. 某企业以一张期限为 6 个月的商业承兑汇票支付货款，票面价值为 100 万元，票面年利率为 6%。该票据到期时，企业应支付的金额为(　　)万元。

A. 106　　B. 104　　C. 103　　D. 100

6. 某企业于2014年3月2日，从A公司购入一批产品并已验收入库。增值税专用发票上列明，该批产品的价款为100万元，增值税额为17万元。合同中规定的现金折扣条件为：2/10，1/20，N/30。假定计算现金折扣时不考虑增值税。该企业在2014年3月21日付清货款时，应享有的现金折扣的金额为(　　)万元。

A. 1.17　　B. 1　　C. 1.12　　D. 1.35

7. 如果企业不设置“预收账款”账户，应将预收的货款记入(　　)。

A. “应收账款”的借方　　B. “应收账款”的贷方

C. “应付账款”的借方　　D. “应付账款”的贷方

8. 企业从职工工资中代扣代缴的职工个人所得税，应借记的会计科目是(　　)。

A. “其他应付款”　　B. “应付职工薪酬”

C. “银行存款”　　D. “应交税费——应交所得税”

9. A公司建造办公楼领用外购原材料10 000元，原材料购入时支付的增值税为1 700元；因火灾毁损库存商品一批，其实际成本20 000元，经确认损失外购材料的增值税3 400元，则A公司记入“应交税费——应交增值税（进项税额转出）”科目的金额为(　　)元。

A. 680　　B. 1 020　　C. 1 700　　D. 5 100

10. 委托加工的应税消费品收回后连续进行生产应税消费品的，由受托方代扣代缴的消费税，委托方应借记的会计科目是(　　)。

A. “委托加工物资”

B. “营业税金及附加”

C. “应交税费——应交消费税”

D. “受托加工物资”

11. 在下列税金中，不应计入存货成本的有(　　)。

A. 由受托方代扣代缴的委托加工直接用于对外销售的商品负担的消费税

B. 一般纳税企业进口原材料应交的进口关税

C. 小规模纳税企业购进货物应交的增值税

D. 由受托方代扣代缴的委托加工继续用于生产应纳消费税的商品负担的消费税

12. 某企业转让一项专利技术，取得的转让收入应交的相关税费是(　　)。

A. 消费税　　B. 增值税　　C. 营业税　　D. 不用交税

13. 某企业出售一项专利权，取得收入400 000元已存入银行，该无形资产原值960 000元，已累计摊销576 000元，已提无形资产减值准备4 000元，出售过程中支付印花税8 400元。销售该资产适用的营业税税率为5%，其应交营业税为(　　)元。

A. 20 000　　B. 11 520　　C. 228　　D. 312

14. 某企业出售一项固定资产应交的营业税，应借记的会计科目是(　　)。

A. “其他业务成本”　　　　　　　　B. “营业税金及附加”

C. “固定资产清理”　　　　　　　　D. “营业外支出”

15. 某企业将自产的资源税应税矿产品用于企业的产品生产，计算出的应交资源税，应记入(　　)。

A. “营业税金及附加”　　　　　　B. “主营业务成本”

C. “生产成本”　　　　　　　　　D. “管理费用”

二、多项选择题

1. 在下列经济业务或事项中，属于负债的是(　　)。

A. 预收账款

B. 应交的教育费附加

C. 应付经营租入的固定资产租金

D. 借款计划

2. 在下列关于应付账款的处理中，正确的是(　　)。

A. 货物与发票账单同时到达，待货物验收入库后，按发票账单登记入账

B. 货物已到但发票账单未同时到达，待月份终了时暂估入账

C. 应付账款一般按到期应付金额的现值入账

D. 如果购入的资产在形成一笔应付账款时是带有现金折扣的，则获得的现金折扣，冲减财务费用

3. 企业在“应交税费——应交增值税”科目借方设置的专栏有(　　)。

A. 销项税额　　　　　　　　　　B. 进项税额

C. 进项税额转出　　　　　　　　D. 已交税金

4. 下列各项，增值税一般纳税人需要转出进项税额的有(　　)。

A. 自制产成品用于集体福利

B. 外购的货物用于分配给股东

C. 外购的货物发生非正常损失

D. 外购的生产用原材料改用于自建厂房

5. 企业按规定缴纳营业税的项目有(　　)。

A. 销售商品取得收入　　　　　　B. 销售不动产取得收入

C. 出租无形资产取得收入　　　　D. 提供运输劳务取得收入

6. 企业缴纳的下列税费，应通过“应交税费”科目核算的有(　　)。

A. 城市维护建设税　　　　　　　B. 财产保险费

C. 车船税　　　　　　　　　　　D. 耕地占用税

7. 为取得固定资产发生的下列税费，应该计入企业固定资产价值的有(　　)。

A. 房产税　　B. 车船税　　C. 车辆购置税　　D. 契税

8. 下列税金，企业应记入“管理费用”的税费有(　　)。

A. 土地使用税　B. 印花税　　C. 房产税　　D. 耕地占用税

9. 下列各项，应通过“应付职工薪酬”科目核算的项目有(　　)。

A. 职工工资
B. 解除劳务关系给予的补偿
C. 职工的社会保险费
D. 职工离职后提供给职工的非货币性福利
10. 下列各项，可以记入利润表“营业税金及附加”项目的有(　　)。
A. 增值税　　B. 城市维护建设税
C. 教育费附加　　D. 矿产资源补偿费
11. 长期借款所发生的利息支出，可能借记的科目有(　　)。
A. “在建工程”　　B. “销售费用”
C. “管理费用”　　D. “财务费用”
12. “应付债券”账户的贷方反映的内容有(　　)。
A. 债券发行时产生的债券折价　　B. 债券溢价的摊销
C. 期末计提应付债券利息　　D. 债券的发行费用
13. 流动负债包括(　　)。
A. 应交税费　B. 应付票据　C. 应付债券　D. 长期应付款
14. 下列关于非流动负债的描述正确的是(　　)。
A. 偿还期在一年以上
B. 一般出于周转目的而产生
C. 所产生的利息全部可以资本化
D. 有时候处于扩大公司规模而举借长期负债
15. 债券的要素包括(　　)。
A. 票面价值、票面利率　　B. 发行日期
C. 还本付息的期限和方式　　D. 发行者名称

三、判断题

1. 应付票据是指企业购买材料、商品和接受劳务供应等而开出、承兑的商业汇票，包括商业承兑汇票和银行承兑汇票。(　　)

2. 企业在计算短期借款利息时，可以随意选择利率计提利息。(　　)

3. 企业开出并承兑带息商业汇票时，应按其到期应付金额贷记“应付票据”。(　　)

4. 企业到期无力偿付的银行承兑汇票，应按其账面余额转入“应付账款”。(　　)

5. 企业购入货物验收入库后，若发票账单尚未收到，应在月末按照估计的金额确认一笔负债，反映在资产负债表的有关负债项目内。(　　)

6. 企业预收账款业务不多时，可以不设置“预收账款”科目，直接记入“应付账款”科目的借方科目。(　　)

7. 预收账款虽然与应付账款均属于负债项目，但与应付账款不同，它通常不需要以货币偿付。(　　)

8. 企业在折扣期内付款享受的现金折扣应增加当期的财务费用。 ( )

9. 资产负债表上的应付账款项目是根据应付账款总账科目余额填列。 ( )

10. 职工离职后，企业提供给职工的全部货币性薪酬和非货币性福利，不应通过“应付职工薪酬”科目核算。 ( )

11. 影响债券发行价格的主要因素是票面利率，而非实际利率。 ( )

12. 在建造固定资产期间产生的借款利息，可以资本化的部分记入“在建工程”。 ( )

13. 长期负债通常是为满足周转需要而举借。 ( )

14. 企业融资租赁固定资产产生的应付租赁费通过“长期应付款”核算。 ( )

15. 专项应付款也属于长期负债。 ( )

四、业务处理题

1. 2014 年 2 月 5 日，A 公司销售一批产品给 B 公司，款项尚未收到。双方约定，B 公司应于 2014 年 9 月 30 日付款。2014 年 4 月 1 日，A 公司因急需流动资金，经与中国银行协商，以应收 B 公司货款为质押取得 3 个月期限的流动资金借款 200 000 元，年利率为 6%，利息于月末计提，到期一次还本付息。假定不考虑其他因素。

要求：编制 A 公司相关的账务处理。

2. 甲企业于 2014 年 5 月 4 日从某公司购入一批产品并已验收入库。增值税专用发票上注明该批产品的价款为 2 500 000 元，增值税税额为 425 000 元。合同中规定的现金折扣条件为“2/10，1/20，N/30”，假定计算现金折扣时不考虑增值税。该企业在 2014 年 5 月 21 日付清货款。

要求：编制该公司的相关会计处理。

3. A 企业预售产品给 B 企业，要求 B 企业预付 75 000 元，一个月后，A 企业将产品发往 B 企业，开出的增值税专用发票上注明价款 100 000 元，增值税 17 000 元，B 企业以银行存款支付剩余货款。

要求：作出 A 企业相关的会计分录。

4. 某企业计算本月应付职工工资总额 231 000 元，当年支付生产工人工资 160 000元，车间管理人员工资 35 000 元，厂部管理部门人员工资 30 200 元，销售人员工资 5 800 元，代扣代缴个人所得税 3 000 元，实发工资 228 000 元。

要求：编制该企业的相关会计处理的分录。

5. 某大型工业企业 2014 年 5 月初的“应交税费”账户的贷方余额为 10 000 元，当月发生下列相关业务，增值税适用税率 17%：

（1）购入一批原材料，价款 150 000 元，增值税 25 500 元，以银行存款支付，材料已验收入库。

（2）销售一批应税消费品，价款 300 000 元，增值税 51 000 元，收到的款项存入银行，消费税适用税率 10%。

（3）领用原材料一批用于在建工程，材料实际成本为60 000，购入时承担的增值税额为10 200元。

（4）出售一项专利技术，该无形资产的账面价值为270 000元，收到款项330 000元存入银行，营业税适用税率为5%。

要求：编制以上会计业务的分录。

6. 某企业经批准从2014年1月1日起发行2年期面值为10元的债券80 000张，按照面值发行，债券年利率为5%（实际利率与合同利率一致），每年的7月1日和1月1日为付息日，该债券所筹资金全部用于新生产线的建设。该生产线于2015年6月底完工并交付使用，债券到期后全部一次归还本金。

要求：编制该企业从债券发行到债券到期的全部会计分录。

7. 大明公司为增值税一般纳税企业，适用的增值税税率为17%，消费税税率为10%，营业税税率为5%，存货收发采用实际成本核算。该企业2014年发生下列经济业务：

（1）从一般纳税企业购入一批原材料，增值税专用发票上注明的原材料价款为1 000 000元，增值税税额为170 000元，货款已经支付，另购入材料过程中支付运费10 000元（进项税额按7%的扣除率计算），材料已经到达并验收入库。

（2）销售商品一批，增值税专用发票上注明的价款为200 000元，增值税税额为34 000元，提货单和增值税专用发票已交购货方，并收到购货方开出并承兑的商业承兑汇票。

（3）在建工程领用生产用库存原材料一批，材料成本为10 000元，应由该批原材料负担的增值税额为1 700元。

（4）对外提供安装劳务，取得收入100 000元存入银行，确认收入并计算应交营业税。

（5）转让一项专利权，收入100 000元存入银行，该专利权转让时的价值为60 000元。

（6）向华清公司销售一批应税消费品100 000元，增值税税额为17 000元，收到款项存入银行。该批产品的实际成本为80 000元。

（7）用银行存款30 000元缴纳增值税，其中包括上月欠交增值税5 000元。

要求：编制上述业务的会计分录？（“应交税费”科目要求写出明细科目及专栏名称）。

8. 甲企业为增值税一般纳税工业企业，其适用增值税税率为17%，2014年9月发生如下经济业务：

（1）9月1日，购入一批工程用原材料，价款为500 000元，增值税税额为85 000元，并开出3个月商业承兑汇票，该票据为带息票据，票面利率8%，于月末计算应付利息。

（2）9月3日，企业收到乙公司预付货款100 000元。

（3）9月10日，企业向乙公司发出300 000元的货物，成本为250 000元；乙公司已验收入库，并支付了剩余货款及增值税 251 000 元。

（4）9 月 15 日，企业转让专利所有权，取得转让收入 100 000 元，存入银行，该专利权账面原值 160 000 元，已摊销 40 000 元，计提减值准备 60 000 元，该企业适用营业税税率为 5%。

（5）9 月 28 日，经过核算，该月应付生产工人工资 300 000 元，车间管理人员工资 160 000 元，厂部管理人员工资 40 000 元，工程人员工资 20 000 元。企业全部以银行存款支付工资。

（6）9 月 30 日，计算应付利息。

要求：根据上述经济业务编制甲企业会计分录。

第11章

所有者权益

11.1 所有者权益概述

11.1.1 所有者权益的概念

所有者权益是指企业资产扣除负债后由所有者享有的剩余权益。企业资产的取得无外乎两种途径：债权人借入和投资者投入。债权人借入的资产称为负债，负债是债权人对企业资产的要求权；投资人投入的资产称为所有者权益，所有者权益是所有者对企业净资产的要求权。净资产是指资产减去负债后的余额，也就是说债权人的求偿权是居前的，优先于投资人对资产的要求权。所有者权益的来源包括所有者投入的资本、直接计入所有者权益的利得和损失、留存收益。

其中，直接计入所有者权益的利得和损失，是指不应计入当期损益、会导致所有者权益发生增减变化的、与所有者投入资本或者向所有者分配利润无关的利得或者损失。利得是指由企业非日常活动所形成的、会导致所有者权益增加、与所有者投入资本无关的经济利益的流入。损失是指由企业非日常活动所发生的、会导致所有者权益减少的、与向所有者分配利润无关的经济利益的流出。

11.1.2 所有者权益的特征

与负债相比，所有者权益具有以下特征：

（1）除非发生减资或清算，企业不需要偿还所有者权益。所有者权益通常没有期限，但负债有偿还期限。

（2）企业清算时，只有在清偿所有负债后，所有者权益才返还给所有者。所有者提供资金在先，享受权益在后；负债是债权人对企业资产的要求权，所有者权益是所有者对企业净资产的要求权，是剩余权益。

（3）所有者凭借所有者权益能够参与利润分配，而债权人无权参与企业的利润分配。

（4）企业的所有者对企业的债务和亏损负有无限或有限的责任（有限责任公司的所有者以出资额为限承担有限责任，个人独资企业和一般合伙企业的所有者对企业债务承担无限责任），而债权人对企业的其他债务不承担责任，一般也不承担企业的亏损。

11.1.3 所有者权益的内容

所有者权益按其构成不同分为实收资本、资本公积、盈余公积和未分配利润，盈余公积与未分配利润合称留存收益。

11.2 投入资本

11.2.1 投入资本的概念

投入资本是指所有者在企业注册资本的范围内实际投入的资本。所谓注册资本，是指企业在设立时向工商行政管理部门登记的资本总额，也就是全部出资者设定的出资额之和。企业筹集资本应该按照法律、法规、合同和章程的规定及时进行。如果是一次筹集的，投入资本应等于注册资本；如果是分期筹集的，在所有者最后一次缴入资本以后，投入资本应等于注册资本。注册资本是企业的法定资本，是企业承担民事责任的财力保证。

在不同类型的企业中，投入资本的表现形式有所不同。在股份有限公司，投入资本表现为实际发行股票的面值，也称为股本；在其他企业中，投入资本表现为所有者在注册资本范围内的实际出资额，也称为实收资本（股份制公司称为股本）。

11.2.2 投入资本的分类

1）按所有者的性质不同分类

投入资本按照所有者的性质不同，可以分为国家资本、法人资本、个人资本和外商资本。国家资本是指有权代表国家投资的政府部门或者机构以国有资产投入企业所形成的资本；法人资本是指我国具有法人资格的单位以其依法可以支配的资产投入企业所形成的资本；个人资本是指我国公民以其合法财产投入企业所形成的资本；外商资本是指外国投资者以及我国香港、澳门和台湾地区的投资者将资产投入企业所形成的资本。

2）按投入资产的形式不同分类

投入资本按照投入资产的形式不同，可以分为货币投资、实物投资和无形资产投资。

11.2.3 投入资本的会计核算

投入资本的核算应当设置“实收资本（或股本）”账户，账户贷方登记实际收到的各出资人支付的出资额以及由资本公积、盈余公积转增的资本额；借方登记减少的资本额；账户余额在贷方，反映企业实际拥有的资本额。除独资企业以外，一般其投资人不是单一的，“实收资本”账户应按投资人名称设立明细账户进行明细核算。

企业收到投资者投入的资本时，应按投入资本的形式，借记“银行存款”、“其他应收款”、“固定资产”、“无形资产”、“长期股权投资”等科目，按其在注册资本或股本中所占的份额，贷记“实收资本”科目，按其差额，贷记“资本公积”科目。

1）投入资本增加的会计核算

（1）接受现金资产投资的会计处理

企业收到投资者投入的现金时，应当以实际收到或存入企业开户银行的金额借记“库存现金”或“银行存款”科目，贷记“实收资本”科目。若实际收到或者存入企业开户银行的金额超过其在该企业注册资本中所占的份额，即为溢价部分，该部分应贷记“资本公积”科目。

【例11-1】A公司收到国家投入的货币资本9 000 000元；收到甲公司投入的货币资本6 000 000元；收到个人投入的货币资本3 000 000元，共计18 000 000元。款项已全部存入本企业开户银行。甲企业应作如下会计分录：

借：银行存款	18 000 000	
贷：实收资本——国家资本		9 000 000
——法人资本（甲公司）		6 000 000
——个人资本（××）		3 000 000

（2）接受非现金资产投资

企业收到投资者以非现金资产投入的资本，应按照投资合同或协议约定的价值作为非现金资产的入账价值，如合同或协议约定的价值不公允，则按照公允价值作为非现金资产的入账价值；同时按照投资合同或协议约定的其在注册资本中所占有的份额记入“实收资本”科目。在办理有关产权转移手续后，借记“固定资产”、“原材料”、“无形资产”等科目，贷记“实收资本”科目，对于资产价值超过其在注册资本中所占有的份额，记入“资本公积——资本溢价”科目。

【例11-2】A公司收到丙企业作为资本投入的不需要安装的机器设备一台，经评估确认的价值为130 000元。甲企业应作如下会计分录：

借：固定资产	130 000	
贷：实收资本——法人资本（丙企业）		130 000

【例11-3】A公司收到丁公司作为资本投入的原材料一批，经评估确认的不含税价值为2 000 000元，增值税专用发票列明的税款为340 000元，A公司注册资本总额为14 000 000元，按投资合同规定，丙公司投入资本占乙公司注册资本总额的比例为15%。乙公司应作如下会计分录：

借：原材料	2 000 000	
应交税费——应交增值税（进项税额）	340 000	
贷：实收资本——法人资本（丁公司）		2 100 000
资本公积——资本溢价		240 000

（3）接受外币资本投资

接受外币资本投资主要是针对外商企业而言的。外商投资企业在接受外币资本投资时，一方面应将实际收到的外币款项等资产作为资产入账，按收到外币资产当日的汇率折合为记账本位币金额，借记“银行存款”等资产科目；另一方面，应将接受的外币资产而增加的资本作为实收资本入账。在具体折算时，则应按照投资合同中是否约定汇率区别情况而定：

如果投资合同中约定汇率的，应按收到外币资产当日的汇率折合的记账本位币金额，借记“银行存款”等资产科目，按合同约定汇率折合的记账本位币金额，贷记“实收资本”科目，将外币资本折算差额（即按当日汇率折算的外币资产入账价值与按合同约定汇率折算的实收资本入账价值的差额），计入资本公积，借记或贷记“资本公积——外币资本折算差额”科目；

如果投资合同没有约定汇率的，应按收到外币资产当日的汇率折合的记账本位币金额，借记“银行存款”等资产科目，贷记“实收资本”科目。

【例11-4】某企业以人民币作为记账本位币，本期收到一外商投入的外币资本100 000美元，收到款项当日的汇率为1：6.3，双方签订的投资合同中约定汇率为1：6.2。收到投资的外币款项时应作如下会计分录：

借：银行存款——美元户 630 000（100 000×6.3）

贷：实收资本 620 000（100 000×6.2）

资本公积——外币资本折算差额 10 000（630 000-610 000）

假如该企业收到100 000美元时的汇率为1：6.1，而投资合同约定汇率仍为1：6.2，则应作如下会计分录：

借：银行存款——美元户 610 000（100 000×6.1）

资本公积——外币资本折算差额 10 000

贷：实收资本 620 000

（4）资本公积、盈余公积转增资本

当企业用资本公积金或盈余公积金转增资本金时，一般企业应按其转增的金额，借记“资本公积”、“盈余公积”科目，贷记“实收资本”科目。股份制企业可以按股东原有股份比例分派送的新股或者增加的每股面值，借记“资本公积”、“盈余公积”科目，贷记“股本”科目，但是用盈余公积转增资本金时，按规定盈余公积留存的余额不得低于注册资本的25%。

2）投入资本减少的会计核算

（1）一般企业撤资引起的投入资本减少

企业按法定程序报经批准减少注册资本的，借记“实收资本”科目，贷记“库存现金”、“银行存款”等科目。

（2）股份有限公司回购股票引起的投入资本减少

股份有限公司采用回购本公司股票方式减资的，借记“库存股”科目，贷记“银行存款”科目。注销库存股时，若回购价大于回购股份对应的股本，借记“股本”、“资本公积——股本溢价”、“盈余公积”、“利润分配——未分配利润”（在冲完股本和股本溢价后如果还有差额，应先冲盈余公积再冲未分配利润）等科目，贷记“库存股”科目；若回购价小于回购股份对应的股本，则借记“股本”科目，贷记“库存股”、“资本公积——股本溢价”科目。

（3）中外合作经营企业根据合同规定在合作期间归还投资者的投资或清算引起的投入资本减少

中外合作经营企业根据合同规定在合作期间归还投资者的投资，借记“实收资本——已归还投资”科目，贷记“银行存款”科目；同时，借记“利润分配——利润归还投资”科目，贷记“盈余公积——利润归还投资”科目。中外合作经营清算，借记“实收资本”、“资本公积”、“盈余公积”、“利润分配——未分配利润”等科目，贷记“实收资本——已归还投资”、“银行存款”等科目。

【例 11-5】A 股份公司截至 2014 年 12 月 31 日共发行普通股股票 25 000 000 股，股票面值 1 元，资本公积（股本溢价）3 200 000 元，盈余公积 2 000 000 元。经股东大会批准，A 公司以现金回购本公司发行股票的 10% 并予以注销。假定 A 公司以每股 2.9 元回购，不考虑其他因素。

根据资料做出会计处理如下：

（1）回购股票时：

实际支付金额 = 25 000 000×10%×2.9 = 7 250 000（元）

借：库存股　　7 250 000

　贷：银行存款　　7 250 000

（2）注销股本时：

借：股本　　2 500 000（25 000 000×10%×1）

　资本公积——股本溢价　　3 200 000

　盈余公积　　1 550 000（7 250 000−2 500 000−3 200 000）

　贷：库存股　　7 250 000

【例 11-6】续【例 11-5】，若 A 公司以每股 0.9 元回购股票，其他资料不变，则：

借：库存股（25 000 000×10%×0.9）　　2 250 000

　贷：银行存款　　2 250 000

借：股本　　2 500 000

　贷：库存股　　2 250 000

　　资本公积——股本溢价　　250 000

11.3 资本公积

11.3.1 资本公积的概念

资本公积是指企业在经营过程中由于接受捐赠、股本溢价以及法定财产重估增值等原因所形成的公积金。资本公积是与企业收益无关而与资本相关的贷项。我国会计准则所规定的可记入资本公积的贷项有四个内容：资本（股本）溢价、其他资本公积、资产评估增值、资本折算差额。

资本溢价是公司发行权益债券价格超出所有者权益的部分，股本溢价是公司发行股票的价格超出票面价格的部分。其他资本公积包括可供出售的金融资产公允价值变动以及长期股权投资权益法下被投资单位净利润以外的变动。资产评估增值是按法定要求对企业资产进行重新估价时，重估价高于资产的账面净值的部分。资本折算差额是外币资本因汇率变动产生的差额。按照我国财务制度规定，资本公积只能按照法定程序转增资本。我国有不少上市公司均有将资本公积转增资本，用于增发股票的实例。

11.3.2 资本公积的会计核算

企业应设置“资本公积”科目核算资本公积的增减变动情况，并按照资本公积的类别分别设置“资本（或股本）溢价”、“其他资本公积”等两个明细科目，进行明细分类核算。

1）资本（或股本）溢价

“资本公积——资本溢价”核算内容主要包括：（1）股东投资溢价；股票发行费用（冲减资本公积）。（2）同一控制下的企业合并差额：借差则借记“资本公积”（不足冲减的，冲减留存收益）；贷差则贷记“资本公积”。（3）“拨款转入”在“资本公积——资本溢价”中过渡。

资本溢价产生的原因主要有两种，一是投资人在以实物资产或无形资产进行出资时，由于实物资产和无形资产不可分割的特征，使得实际出资超出投资人所占注册资本份额形成的资本溢价；二是新加入的投资人由于享有企业全部的所有者权益，实际出资额应超过所占注册资本份额形成的资本溢价。股本溢价是股份有限公司发行股票的价格减去股本，补偿发行费用后的差价。资本（或股本）溢价可以直接用于转增资本（或股本）。

2）其他资本公积

“资本公积——其他资本公积”核算内容主要包括：以权益结算股份支付通过“资本公积——其他资本公积”过渡；在“权益法”下，享有被投资企业除损益外的所有者权益变动的份额；关联方交易时，交易价格显失公允的差额；“可供出售金融资产”的公允价值变动差额；自用房地产或存货转为“投资性房地产”日公允值大于原账面值的差额；其他“资本公积——资本溢价”不包括的内容。

（1）以权益结算的股份支付换取服务所涉及的资本公积

以权益结算的股份支付换取职工或其他方提供服务的，应按照确定的金额，借记“管理费用”等科目，贷记“资本公积——其他资本公积”科目。在行权日，应按实际行权的权益工具数量计算确定的金额，借记“资本公积——其他资本公积”科目，按计入实收资本或股本的金额，贷记“实收资本”或“股本”科目，按其差额，贷记“资本公积——资本（或股本）溢价”科目。

【例11-7】A公司由于2013年企业效益大幅度上升，2014年3月15日股东大会通过，经相关主管部门批准，准备以增发的股票奖励企业一线生产人员，每人奖励普通股股票1 000股，共计300 000股。该公司股票目前的市场价格为5元/股。2014年5月10日，办理相关过户手续，将股票支付给职工。此时该企业股票的市场价格为5.5元/股。

2013年3月15日，会计分录为：

5×300 000＝1 500 000（元）

借：生产成本　　1 500 000

　贷：资本公积——其他资本公积　　1 500 000

2014年5月10日，会计分录为：

由于股票价格上涨而增加的金额=（5.5-5）×300 000=150 000（元）

借：生产成本　　150 000

　　资本公积——其他资本公积　　1 500 000

　贷：股本　　300 000

　　　资本公积——股本溢价　　1 350 000

（2）自用房地产或存货转换为采用公允价值模式计量的投资性房地产所涉及的资本公积

将作为存货的房地产转换为投资性房地产的，应按其在转换日的公允价值，借记“投资性房地产——成本”科目，按其账面余额，贷记“开发产品”等科目，按其差额，贷记“资本公积——其他资本公积”科目或借记“公允价值变动损益”科目。已计提跌价准备的，还应同时结转跌价准备。

将自用的建筑物等转换为投资性房地产的，按其在转换日的公允价值，借记“投资性房地产——成本”科目，按已计提的累计折旧等，借记“累计折旧”等科目，按其账面余额，贷记“固定资产”等科目，按其差额，贷记“资本公积——其他资本公积”科目或借记“公允价值变动损益”科目。已计提减值准备的，还应同时结转减值准备。

（3）采用权益法核算的长期股权投资

长期股权投资采用权益法后续计量时，被投资单位除净损益外发生的所有者权益变动（比如可供出售金融资产的公允价值变动），投资企业应按持股比例计算应享有的份额，调整长期股权投资的账面价值（其他权益变动），产生其他资本公积。投资企业应按持股比例计算应享有的份额，借记或贷记“长期股权投资——其他权益调整”科目，贷记或借记“资本公积——其他资本公积”科目。

11.4 留存收益

留存收益是指企业从历年实现的利润中提取或留存于企业的内部积累，它来源于企业的生产经营活动所实现的净利润。留存收益包括企业的盈余公积和未分配利润两个部分。

11.4.1 盈余公积

1）盈余公积的概念

盈余公积是根据股东大会或类似机构批准提取的。盈余公积包括法定盈余公积和任意盈余公积。法定盈余公积按照税后利润的10%提取，达到注册资本的50%时可以不再提取；任意盈余公积是根据股东大会或类似机构批准提取的。

2）盈余公积的用途

盈余公积可以用来弥补亏损、转增注册资本、发放现金股利或利润。

（1）弥补亏损

企业发生经营亏损的弥补方式有三种：一是用以后年度税前利润弥补，按规定企业亏损在规定期限（现行制度规定为5年）内可由税前利润弥补；二是用以后年度税后利润弥补，即指超过税前利润弥补期的剩余亏损额应由税后利润弥补；三是用盈余公积补亏。

(2) 转增资本 (股本)

经股东大会决议，可将盈余公积转增资本。盈余公积转增资本时，应先办理增资手续，并按所有者 (股东) 的原出资比例增加资本。按规定，用法定盈余公积转增资本时，转增后应以该项公积金不少于注册资本的25%为限。

(3) 分配现金股利或利润

股份有限公司分配股利应以实现一定的净利润为前提，在净利润没有实现时，原则上不分配股利，但是有时股份有限公司为了维护公司股票信誉，经股东大会特别决议，也可用部分盈余公积分配少量股利。

3) 盈余公积的会计处理

企业应设置"盈余公积"科目，核算从净利润中提取的盈余公积。本科目应当分"法定盈余公积"和"任意盈余公积"进行明细核算。盈余公积科目期末的贷方余额，反映企业的盈余公积。

(1) 盈余公积形成的账务处理

企业按规定从税后利润中提取盈余公积时，借记"利润分配——提取法定盈余公积"、"利润分配——提取任意盈余公积"科目，贷记"盈余公积——法定盈余公积"、"盈余公积——任意盈余公积"科目。

(2) 盈余公积使用的账务处理

企业经股东大会或类似机构决议，用盈余公积弥补亏损或转增资本时，借记"盈余公积"科目，贷记"利润分配——盈余公积补亏"、"实收资本 (或股本)"等科目。经股东大会决议，用盈余公积派送新股，按派送新股计算的金额，借记"盈余公积"科目，按股票面值和派送新股总数计算的股票面值总额，贷记"股本"科目。

【例11-8】A企业为有限责任公司，经股东会议决议，决定将法定盈余公积200 000元转增资本，按规定增资程序获得批准后，该公司应作如下会计分录：

借：盈余公积——法定盈余公积	200 000
贷：实收资本	200 000

【例11-9】B企业是一家股份有限公司，去年发生经营亏损500 000元，经股东大会决议，用法定盈余公积弥补，企业应作如下分录：

借：盈余公积——法定盈余公积	500 000
贷：利润分配——盈余公积补亏	500 000

11.4.2 未分配利润

未分配利润是指企业留待以后年度分配的结存利润，它属于企业所有者权益的组成部分。相对于所有者权益的其他部分来讲，企业对未分配利润的使用分配有较大的自主权。

未分配利润等于企业期初未分配利润加上本期实现的净利润减去本期提取的各

种盈余公积和分配出去的利润。每年年末企业未分配利润的金额可通过“本年利润”科目和“利润分配”科目下除“未分配利润”明细科目以外的结转来确定“利润分配——未分配利润”。

企业应在“利润分配”科目下设“未分配利润”进行明细核算。“利润分配——未分配利润”的贷方余额反映企业留存的利润，借方余额反映企业尚未弥补的亏损。

思考题

1. 所有者权益与负债相比，有什么特点？
2. 简述投入资本的主要法律规定。
3. 资本公积的来源主要有哪些？
4. 盈余公积包括哪些？有什么用途？
5. 简述股利的分配形式及特征。

练习题

一、单项选择题

1. 企业增资扩股时，投资者实际缴纳的出资额大于其按约定比例计算的其在注册资本中所占的份额部分，应作为(　　)。

A. 资本溢价　　B. 实收资本　　C. 盈余公积　　D. 营业外收入

2. 在下列各项中，不属于所有者权益的是(　　)。

A. 递延收益　B. 盈余公积　　C. 未分配利润　D. 资本公积

3. 在下列项目中，不属于资本公积核算内容的是(　　)。

A. 企业收到投资者出资额超出其在注册资本或股本中所占份额的部分

B. 直接计入所有者权益的利得

C. 直接计入所有者权益的损失

D. 企业收到投资者的出资额

4. 某企业 2014 年年初的未分配利润为借方余额 12 000 元（该亏损为超过 5 年的未弥补亏损），当年的净利润为 210 000 元，按 10% 的比例提取盈余公积。不考虑其他事项，该企业 2014 年年末未分配利润为(　　)元。

A. 178 200　　B. 198 000　　C. 209 100　　D. 201 000

5. 某公司“盈余公积”科目的年初余额为 900 万元，本期提取盈余公积 1 112. 50万元，用盈余公积转增资本 500 万元。该公司“盈余公积”科目的年末余额为(　　)万元。

A. 712. 50　　B. 1 512. 50　　C. 1 312. 50　　D. 1 762. 50

6. 某企业 2014 年年初未分配利润的贷方余额为 300 万元，本年度实现的净利润为 100 万元，分别按 10% 和 5% 提取法定盈余公积和任意盈余公积。假定不考虑其他因素，该企业 2014 年度可供分配利润为(　　)万元。

A. 285　　B. 290　　C. 300　　D. 400

7. 2014 年 1 月 1 日某企业所有者权益情况如下：实收资本 200 万元，资本公积 26 万元，盈余公积 28 万元，未分配利润 59 万元。则该企业 2014 年 1 月 1 日的留存收益为(　　)万元。

A. 32　　B. 38　　C. 70　　D. 87

8. 在下列各项中，能够导致企业留存收益减少的是(　　)。

A. 股东大会宣告派发现金股利　　B. 以资本公积转增资本

C. 提取盈余公积　　D. 以盈余公积弥补亏损

9. 在下列各项中，影响所有者权益总额的是(　　)。

A. 用盈余公积弥补亏损　　B. 用盈余公积转增资本

C. 股东大会宣告分配现金股利　　D. 实际分配股票股利

10. A 企业 2014 年增加实收资本 60 万元，其中：盈余公积转增资本 45 万元；2014 年 12 月 1 日接受固定资产投资 6 万元（使用年限 5 年，采用年限平均法计提折旧，不考虑残值，自接受之日起投入使用）；货币投资 9 万元，不考虑其他事项，该企业在年末的所有者权益增加金额为(　　)万元。

A. 15　　B. 40　　C. 9　　D. 6

11. 下列各项，能够引起所有者权益总额发生变动的是(　　)。

A. 用盈余公积弥补亏损　　B. 股东大会宣告分配现金股利

C. 用银行存款购买固定资产　　D. 提取任意盈余公积

12. 某企业年初所有者权益 160 万元，本年度实现净利润 300 万元，以资本公积转增资本 50 万元，提取盈余公积 30 万元，向投资者分配现金股利 20 万元。假设不考虑其他因素，该企业年末的所有者权益为(　　)万元。

A. 360　　B. 410　　C. 440　　D. 460

13. 某企业 2014 年年初未分配利润的贷方余额为 400 万元，本年度实现的净利润为 200 万元，分别按 10% 和 5% 提取法定盈余公积和任意盈余公积。假定不考虑其他因素，该企业 2014 年年末未分配利润的贷方余额应为(　　)万元。

A. 410　　B. 510　　C. 540　　D. 570

14. 留存收益包括(　　)。

A. 实收资本　　B. 资本公积　　C. 盈余公积　　D. 都对

15. 资本公积的来源不包括(　　)。

A. 存货或自用房地产转换为投资性房地产所产生的差额

B. 接受捐赠

C. 可供出售金融资产公允价值变动

D. 资本（股本）溢价

二、多项选择题

1. 下列各项，不增加企业资本公积的有(　　)。

A. 划转无法支付的应付账款　　B. 接受捐赠的固定资产

C. 股本溢价　　　　　　　　　　　　D. 盘盈的固定资产

2. 股份有限公司委托其他单位发行股票支付的手续费或佣金等相关费用的金额，如果发行股票的溢价不够冲减的，或者无溢价的，其差额不应记入的科目有(　　)。

A. “长期待摊费用”　　　　　　　　B. “资本公积”

C. “管理费用”　　　　　　　　　　D. “财务费用”

3. 企业吸收投资者出资时，下列会计科目的余额不会发生变化的有(　　)。

A. “营业外收入”　　　　　　　　B. “实收资本”

C. “递延收益”　　　　　　　　　D. “资本公积”

4. 下列各项，能够引起企业留存收益总额发生变动的有(　　)。

A. 本年度实现的净利润　　　　　　B. 提取法定盈余公积

C. 向投资者宣告分配现金股利　　　D. 用盈余公积转增资本

5. 下列各项，不会引起留存收益变动的有(　　)。

A. 盈余公积补亏　　　　　　　　　B. 计提法定盈余公积

C. 盈余公积转增资本　　　　　　　D. 计提任意盈余公积

6. 企业发生亏损时，下列各项(　　)是弥补亏损的渠道。

A. 以盈余公积弥补亏损　　　　　　B. 以资本公积弥补亏损

C. 用以后 5 年税前利润弥补　　　　D. 用 5 年后的税后利润弥补

7. 下列各项，不会引起所有者权益总额发生增减变动的有(　　)。

A. 宣告发放股票股利　　　　　　　B. 资本公积转增资本

C. 盈余公积转增资本　　　　　　　D. 接受投资者追加投资

8. 关于企业所有者权益，下列说法中正确的有(　　)。

A. 资本公积可以弥补企业亏损　　　B. 盈余公积可以按照规定转增资本

C. 未分配利润可以弥补亏损　　　　D. 资本公积可以按照规定转增资本

9. 在所有者权益的各项目中通过生产经营活动形成的有(　　)。

A. 实收资本　　B. 资本公积　　C. 盈余公积　　D. 未分配利润

10. 不能引起所有者权益总额发生变动的是(　　)。

A. 以资本公积转增资本　　　　　　B. 增发新股

C. 向股东支付已宣告分派的现金股利　D. 以盈余公积弥补亏损

11. 企业吸收投资者出资时，下列会计科目的余额不会发生变化的有(　　)。

A. “库存股”　　　　　　　　　　B. “股本”

C. “长期股权投资”　　　　　　　D. “资本公积”

12. 盈余公积可用于(　　)。

A. 支付股利　　B. 转增资本　　C. 弥补亏损　　D. 转为资本公积

13. 下列应在“资本公积——其他资本公积”科目核算的有(　　)。

A. 从“资本公积——股权投资准备”科目转出的资本公积

B. 接受现金捐赠

C. 从“资本公积——接受捐赠非现金资产准备”科目转出的资本公积

D. 债权人豁免的债务

14. 下列关于股票股利的提法，正确的是(　　)。

A. 分配股票股利使得企业每股净资产减少

B. 企业分配股票股利时不需要进行会计处理

C. 分配股票股利使得企业每股净资产增加

D. 投资企业收到股票股利时不需要确认投资收益

15. 投资企业采用权益法核算股权投资，在下列各项目中，应通过“资本公积”科目核算的有(　　)。

A. 接受现金捐赠　　B. 子公司接受非现金资产捐赠

C. 存货跌价准备　　D. 子公司外币资本折算差额

三、判断题

1. 企业不能用盈余公积分配现金股利。(　　)

2. 年度终了，除“未分配利润”明细科目外，“利润分配”科目下的其他明细科目应当无余额。(　　)

3. 支付已宣告的现金股利时所有者权益减少。(　　)

4. 企业计提法定盈余公积的基数是当年实现的净利润和企业年初未分配利润之和。(　　)

5. 企业增资扩股时，投资者实际缴纳的出资额大于其按约定比例计算的其在注册资本中所占的份额部分，也应该记入“实收资本”科目。(　　)

6. 企业接受投资者以非现金资产投资时，应按该资产的账面价值入账。(　　)

7. 企业用当年实现的利润弥补亏损时，应单独做出相应的会计处理。(　　)

8. 企业以盈余公积向投资者分配现金股利，不会引起留存收益总额的变动。(　　)

9. 企业年报报出后发现上年度有重大的损益调整事项，应通过“本年利润”科目调整。(　　)

10. 股份公司按规定以收购本公司股票的形式减资时，实际收购价格超过减资股本面值的差额，应当冲减股本以外的其他股东权益项目的数额。(　　)

11. 用盈余公积转增资本或弥补亏损，均不影响所有者权益总额的变化。(　　)

12. 企业盈余公积项目包括法定盈余公积、法定公益金、任意盈余公积。(　　)

13. 国有独资公司不会再追加投资时，为维持一定的投资比例而产生资本公积。(　　)

14. 由于所有者权益和负债是对企业资产的要求权，因此他们的性质是一样的。(　　)

15. 按现行制度规定，接受捐赠的实物资产处置时，应将原记入“资本公积”科目的金额转入“营业外收入”科目。 (　　)

四、业务处理题

1. 甲、乙两个投资者向某有限责任公司投资，甲投资者投入自产产品一批，双方确认价值为180万元（假设是公允的），税务部门认定的增值税税额为30.6万元，并开具了增值税专用发票。乙投资者投入货币资金9万元和一项专利技术，货币资金已经存入开户银行，该专利技术原账面价值为128万元，预计使用寿命为16年，已摊销40万元，计提减值准备10万元，双方确认的价值为80万元（假设是公允的)。假定甲、乙两位投资者投资时均不产生资本公积。两年后，丙投资者向该公司追加投资，其缴付该公司的出资额为人民币176万元，协议约定丙投资者享有的注册资本金额为130万元。假设甲、乙两个投资者出资额与其在注册资本中所享有的份额相等，不产生资本公积。

要求：根据上述资料，分别编制被投资公司接受甲、乙、丙投资的有关会计分录。(分录中的金额单位为万元)

2. 大兴公司2014年发生有关经济业务如下：

（1）按照规定办理增资手续后，将资本公积45万元转增注册资本，其中A、B、C三家公司各占1/3。

（2）用盈余公积37.5万元弥补以前年度亏损。

（3）从税后利润中提取法定盈余公积19万元。

（4）接受D公司加入联营，经投资各方协议，D公司实际出资额中500万元作为新增注册资本，使投资各方在注册资本总额中均占1/4。D公司以银行存款550万元缴付出资额。

要求：根据上述经济业务（1）~（4）编制大兴公司的相关会计分录。(不要求编制将利润分配各明细科目余额结转到“利润分配——未分配利润”科目中的分录，分录中的金额单位为万元)

3. 甲股份有限公司2013—2014年发生与其股票有关的业务如下：

（1）2013年1月4日，经股东大会决议，并报有关部门核准，增发普通股20 000万股，每股面值1元，每股发行价格5元，股款已全部收到并存入银行，假定不考虑相关税费。

（2）2013年6月20日，经股东大会决议，并报有关部门核准，以资本公积2 000万元转增股本。

（3）2014年6月20日，经股东大会决议，并报有关部门核准，以银行存款回购本公司股票50万股，每股回购价格为3元。

（4）2014年6月26日，经股东大会决议，并报有关部门核准，将回购的本公司股票50万股注销。

要求：逐笔编制甲股份有限公司上述业务的会计分录。(答案中的金额单位用万元表示)

第12章

收入、费用和利润

12.1 收入

12.1.1 收入概述

1）收入的定义

收入分为狭义收入和广义收入。

狭义的收入是指企业在销售商品、提供劳务和让渡资产使用权等日常活动中形成的、会引起所有者权益增加的、与所有者出资无关的经济利益的总流入。我国会计准则将收入定义为狭义收入。

广义的收入是指在会计期间内经济利益的流入，其表现形式为资产增加或负债减少而引起的所有者权益增加，但不包括与所有者出资等有关的资产增加或负债减少。

2）收入的分类

狭义收入包括营业收入和投资收益。营业收入是指企业在从事销售商品、提供劳务和让渡资产使用权等日常经营业务过程中取得的收入；投资收益是指企业在从事各项对外投资活动中取得的净收入（各项投资业务取得的收入大于其成本差额），其性质也属于让渡资产使用权取得的收入。

广义收入除了包括狭义收入之外，还包括公允价值变动收益和营业外收入。公允价值变动收益是指交易性金融资产等公允价值变动形成的收益。营业外收入是指企业在日常经营业务以外取得的收入。

12.1.2 销售商品收入的确认和计量

1）销售商品收入的确认

商品包括企业为销售而生产的产品和为转售而购进的商品，如工业企业生产的产品、商业企业购进的商品等，企业销售的其他存货，如原材料、包装物等，也视同企业的商品。销售商品收入同时满足下列条件的，才能予以确认：①企业已将商品所有权上的主要风险和报酬转移给购货方；②企业既没有保留通常与所有权相联系的继续管理权，也没有对已售出的商品实施有效控制；③收入的金额能够可靠地计量；④相关的经济利益很可能流入企业；⑤相关的已发生或将发生的成本能够可靠地计量。下面我们对以上五个判定条件进行简单的介绍：

（1）企业已将商品所有权上的主要风险和报酬转移给购货方

企业已将商品所有权上的主要风险和报酬转移给购货方，是指与商品所有权有关的主要风险和报酬同时转移给了购货方。其中，与商品所有权有关的风险，是指商品由于可能发生减值或毁损等形成的损失；与商品所有权有关的报酬，是指商品价值增值或通过使用商品等形成的经济利益。判断企业是否已将商品所有权上的主要风险和报酬转移给购货方，应当关注交易的实质而不是形式，并结合所有权凭证的转移或实物的交付进行判断。如果与商品所有权有关的任何损失均不需要销货方承担，与商品所有权有关的任何经济利益也不归销货方所有，就意味着商品所有权上的主要风险和报酬转移给了购货方。在通常情况下，转移商品所有权凭证并交付实物后，商品所有权上的主要风险和报酬随之转移，如大多数零售商品、订货销售商品、分期收款发出商品等。

例如：甲公司与乙公司签订一项设备定制合同，约定乙公司预付部分货款供甲公司购买原材料，甲公司应严格按照乙公司的要求制造该设备。假定甲公司当年度按照乙公司的要求制造完成该设备，并送交乙公司验收合格。假定该设备不需要安装，乙公司尚未支付剩余货款。在本例中，甲公司已按合同约定制造完成该设备，并经乙公司验收合格，说明该设备所有权上的主要风险和报酬已经转移给乙公司。虽然乙公司尚未支付剩余货款，但甲公司仍可以认为该设备所有权上的主要风险和报酬已经转移，在同时满足销售商品收入确认的其他条件时，甲公司应当确认收入。

（2）企业既没有保留通常与所有权相联系的继续管理权，也没有对已售出的商品实施有效控制

在通常情况下，企业售出商品后不再保留与商品所有权相联系的继续管理权，也不再对售出商品实施有效控制，商品所有权上的主要风险和报酬已经转移给购货方，通常应在发出商品时确认收入。如果企业在商品销售后保留了与商品所有权相联系的继续管理权，或能够继续对其实施有效控制，则说明该商品所有权上的主要风险和报酬没有转移，销售交易不能成立，因此不能确认收入，如售后租回。

例如：甲公司属于房地产开发商，甲公司将开发的住宅小区销售给业主后，与业主委员会签订协议，管理住宅小区物业，并按月收取物业管理费。在本例中，甲公司将住宅小区销售给业主后，与住宅小区所有权有关的风险和报酬已经转移给业主，甲公司既没有保留通常与该住宅小区所有权相联系的继续管理权，也没有对已售出的住宅小区实施有效控制，在同时满足销售商品收入确认的其他条件时，应当确认销售住宅小区的收入。随后，甲公司与该住宅小区业主委员会签订协议，管理住宅小区物业。由于该住宅小区的所有权属于业主，因此，甲公司提供的这种物业管理与住宅小区的所有权无关，是与销售住宅小区无关的另一项提供劳务的交易，甲公司应当在满足提供劳务收入的确认条件时确认提供劳务收入。

（3）收入的金额能够可靠地计量

收入的金额能够可靠地计量，是指收入的金额能够合理地估计。收入金额能否合理地估计是确认收入的基本前提，如果收入的金额不能够合理估计，就无法确认收入。企业在销售商品时，商品销售价格通常已经确定。但是，由于在销售商品过

程中某些不确定因素的影响，也有可能存在商品销售价格发生变动的情况。在这种情况下，新的商品销售价格未确定前通常不应确认销售商品收入。

(4) 相关的经济利益很可能流入企业

在销售商品的交易中，与交易相关的经济利益主要表现为销售商品的价款。相关的经济利益很可能流入企业，是指销售商品价款收回的可能性大于不能收回的可能性，即销售商品价款收回的可能性超过 50%。企业在销售商品时，如估计销售价款不是很可能收回，即使收入确认的其他条件均已满足，也不应当确认收入。

(5) 相关的已发生或将发生的成本能够可靠地计量

在通常情况下，与销售商品相关的已发生或将发生的成本能够合理地估计，如库存商品的成本等。如果库存商品是本企业生产的，其生产成本能够可靠计量；如果库存商品是外购的，购买成本能够可靠计量。有时，与销售商品相关的已发生或将发生的成本不能够合理地估计，此时企业不应确认收入，已收到的价款应确认为负债。

2）一般销售商品业务收入的计量

在进行销售商品的会计处理时，首先要考虑销售商品收入是否符合收入的确认条件。如果符合收入准则所规定的五项确认条件，企业应确认收入并结转相关的销售成本。

企业销售商品满足收入确认条件时，应当按照已收货应收合同或协议价款的公允价值确定销售商品收入金额。在通常情况下，购货方已收或应收的合同或协议价款即为其公允价值，应当以此确定销售商品收入的金额。企业销售商品所实现的收入以及结转的相关销售成本，通过“主营业务收入”、“主营业务成本”等科目核算。

【例 12-1】甲公司采用托收承付结算方式销售一批商品，开出的增值税专用发票上注明售价为 600 000 元，增值税税额为 102 000 元；商品已经发出，并已向银行办妥托收手续；该批商品的成本为 420 000 元。甲公司应编制如下会计分录：

借：应收账款	702 000	
贷：主营业务收入		600 000
应交税费——应交增值税（销项税额）		102 000
借：主营业务成本	420 000	
贷：库存商品		420 000

3）特殊情况下销售商品收入的计量

在通常情况下，企业应按从购货方已收或应收的合同或协议价款确定销售商品收入的金额。

(1) 托收承付方式销售商品的处理

托收承付，是指企业根据合同发货后，委托银行向异地付款单位收取款项，由购货方向银行承诺付款的销售方式。在这种销售方式下，商品发出且办妥托收手续，通常表明商品所有权上的主要风险和报酬已经转移给购货方，企业通常应在此时确认收入。如果商品已经发出且办妥托收手续，但由于各种原因与发出商品所有权有关的风险和报酬没有转移的，企业不应确认收入。

【例12-2】甲公司在2013年7月12日向乙公司销售一批A商品，开出的增值税专用发票上注明的销售价格为200 000元，增值税税额为34 000元，款项尚未收到；该批商品成本为120 000元。甲公司在销售时已知乙公司资金周转发生困难，但为了减少存货积压，同时也为了维持与乙公司长期建立的商业合作关系，甲公司仍将商品发往乙公司且办妥托收手续。假定甲公司发出该批商品时其增值税纳税义务已经发生。在本例中，由于乙公司资金周转存在困难，因而甲公司在货款回收方面存在较大的不确定性，与该批商品所有权有关的风险和报酬没有转移给乙公司。根据销售商品收入的确认条件，甲公司在发出商品且办妥托收手续时不能确认收入，已经发出的商品成本应通过“发出商品”科目反映。甲公司的账务处理如下：

(1) 2013年7月12日，甲公司发出商品。

借：发出商品——A商品　　120 000

　贷：库存商品——A商品　　120 000

同时，将增值税专用发票上注明的增值税税额转入应收账款。

借：应收账款——乙公司　　34 000

　贷：应交税费——应交增值税（销项税额）　　34 000

注：如果销售该商品的增值税纳税义务尚未发生，则不作这笔分录，待纳税义务发生时再作应交增值税的分录。

(2) 2013年10月5日，甲公司得知乙公司的经营情况逐渐好转，乙公司承诺按期付款。

借：应收账款——乙公司　　200 000

　贷：主营业务收入——A商品　　200 000

借：主营业务成本——A商品　　120 000

　贷：发出商品——A商品　　120 000

(3) 2013年10月16日，甲公司收到款项。

借：银行存款　　234 000

　贷：应收账款——乙公司　　234 000

(2) 预收款方式销售商品的处理

预收款方式销售商品，是指购买方在商品尚未收到前按合同或协议约定分期付款，销售方在收到最后一笔款项时才交货的销售方式。在这种方式下，销售方直到收到最后一笔款项才将商品交付购货方，表明商品所有权上的主要风险和报酬只有在收到最后一笔款项时才转移给购货方，企业通常应在发出商品时确认收入，在此之前预收的货款应确认为负债。

【例12-3】甲公司与乙公司签订协议，采用分期预收款方式向乙公司销售一批B商品。该批商品的实际成本为1 400 000元。协议约定，该批商品销售价格为2 000 000元；乙公司应在协议签订时预付60%的货款（按不含增值税销售价格计算)，剩余货款于2个月后支付。假定甲公司在收到剩余货款时，销售该批商品的增值税纳税义务发生，增值税税额为340 000元；不考虑其他因素，甲公司的账务处理如下：

(1) 收到60%的货款：

借：银行存款　　1 200 000

　贷：预收账款——乙公司　　1 200 000

(2) 收到剩余货款，发生增值税纳税义务：

借：预收账款——乙公司　　1 200 000

　　银行存款　　1 140 000

　贷：主营业务收入——销售B商品　　2 000 000

　　　应交税费——应交增值税（销项税额）　　340 000

借：主营业务成本——B商品　　1 400 000

　贷：库存商品——B商品　　1 400 000

(3) 委托代销商品的处理

委托代销商品分为视同买断方式委托代销商品和支付手续费方式委托代销商品。

①视同买断方式委托代销商品

视同买断方式委托代销商品，是指委托方和受托方签订合同或协议，委托方按合同或协议收取代销的货款，实际售价由受托方自定，实际售价与合同或协议价之间的差额归受托方所有的销售方式。如果委托方和受托方之间的协议明确标明，受托方在取得代销商品后，无论是否能够卖出、是否获利，均与委托方无关，那么委托方和受托方之间的代销商品交易，与委托方直接销售商品给受托方没有实质区别。在符合销售商品收入确认条件时，委托方应确认相关的销售商品收入。如果委托方和受托方之间的协议明确标明，将来受托方未售出的商品可以退回给委托方，或受托方因代销商品出现亏损时可以要求委托方补偿，那么委托方在交付商品时通常不应确认收入，受托方也不作购进商品处理；受托方将商品销售后，按实际售价确认销售收入，并向委托方开具代销清单，委托方收到代销清单时，再确认本企业的销售收入。

【例12-4】甲公司委托乙公司销售A商品200件，协议价为100元/件，该商品成本为60元/件，增值税税率为17%。假定商品已经发出，根据代销协议，乙公司不能将没有代销出去的商品退回甲公司；甲公司将该批商品交付乙公司时发生增值税纳税义务，金额为3 400元。乙公司对外销售该批商品的售价为120元/件，并收到款项存入银行。根据上述资料，甲公司的账务处理如下：

(1) 甲公司将该批商品交付乙公司：

借：应收账款——乙公司　　23 400

　贷：主营业务收入——A商品　　20 000

　　　应交税费——应交增值税（销项税额）　　3 400

借：主营业务成本——A 商品　　12 000

　贷：库存商品——A 商品　　12 000

(2) 收到乙公司汇来货款 23 400 元：

借：银行存款　　23 400

　贷：应收账款——乙公司　　23 400

乙公司的账务处理如下：

(1) 收到该批商品：

借：库存商品——A 商品　　20 000

　　应交税费——应交增值税（进项税额）　　3 400

　贷：应付账款——甲公司　　23 400

(2) 对外销售该批商品：

借：银行存款　　28 080

　贷：主营业务收入——A 商品　　24 000

　　　应交税费——应交增值税（销项税额）　　4 080

借：主营业务成本——A 商品　　20 000

　贷：库存商品——A 商品　　20 000

(3) 按合同协议价将款项支付给甲公司：

借：应付账款——甲公司　　23 400

　贷：银行存款　　23 400

②支付手续费方式委托代销商品

支付手续费方式委托代销商品，是指委托方和受托方签订合同或协议，委托方根据代销商品金额或数量向受托方支付手续费的销售方式。在这种方式下，委托方发出商品时，商品所有权上的主要风险和报酬并未转移，委托方在发出商品时通常不应确认销售商品收入，仍然应当按照有关风险和报酬是否转移来判断何时确认收入。委托方通常可在收到受托方开出的代销清单时确认销售商品收入；受托方应在商品销售后，按合同或协议约定的方法计算确定的手续费确认收入。

【例 12-5】甲公司委托丙公司销售 B 商品 200 件，商品已经发出，每件成本为 60 元。合同约定丙公司应按每件 100 元对外销售，甲公司按不含增值税的销售价格的 10% 向丙公司支付手续费。丙公司对外实际销售 100 件，开出的增值税专用发票上注明的销售价格为 10 000 元，增值税税额为 1 700 元，款项已经收到。甲公司收到丙公司开具的代销清单时，向丙公司开具一张相同金额的增值税专用发票。假定甲公司发出商品时纳税义务尚未发生，不考虑其他因素。根据上述资料，甲公司的账务处理如下：

(1) 发出商品：

借：发出商品——丙公司　　12 000

　贷：库存商品——B 商品　　12 000

(2) 收到代销清单，同时发生增值税纳税义务：

借：应收账款——丙公司	11 700	
贷：主营业务收入——B 商品		10 000
应交税费——应交增值税（销项税额）		1 700
借：主营业务成本——B 商品	6 000	
贷：发出商品——丙公司		6 000
借：销售费用——代销手续费	1 000	
贷：应收账款——丙公司		1 000

（3）收到丙公司支付的货款：

借：银行存款	10 700	
贷：应收账款——丙公司		10 700

丙公司的账务处理如下：

（1）收到商品：

借：代理业务资产（或受托代销商品）——甲公司	20 000	
贷：代理业务负债（或受托代销商品款）——甲公司		20 000

（2）对外销售：

借：银行存款	11 700	
贷：应付账款——甲公司		10 000
应交税费——应交增值税（销项税额）		1 700

（3）收到增值税专用发票：

借：应交税费——应交增值税（进项税额）	1 700	
贷：应付账款——甲公司		1 700
借：代理业务负债——甲公司	10 000	
贷：代理业务资产——甲公司		10 000

（4）支付货款并计算代销手续费：

借：应付账款——甲公司	11 700	
贷：银行存款		10 700
其他业务收入——代销手续费		1 000

（4）以旧换新销售的处理

以旧换新销售，是指销售方在销售商品的同时回收与所售商品相同的旧商品。在这种销售方式下，销售的商品应当按照销售商品收入确认条件确认收入，回收的商品作为购进商品处理。

【例 12-6】甲公司响应我国政府有关部门倡导的汽车家电以旧换新、搞活流通扩大消费、促进再生资源回收利用的相关政策，积极开展家电以旧换新业务。2013 年 3 月，甲公司共销售长江型号彩色电视机 100 台，每台不含增值税的销售价格为 2 000 元，每台的销售成本为 900 元；同时回收 100 台长江型号旧彩色电视机，每台不含增值税的回收价格为 200 元，款项均已收付。根据上述资料，甲公司的账务处理如下：

(1) 2013 年 3 月，甲公司销售 100 台长江型号彩色电视机：

借：库存现金　234 000

　贷：主营业务收入——长江电视机　200 000

　　应交税费——应交增值税（销项税额）　34 000

借：主营业务成本——长江电视机　90 000

　贷：库存商品——长江电视机　90 000

(2) 2013 年 3 月，甲公司回收 100 台长江型号彩色电视机：

借：原材料　20 000

　应交税费——应交增值税（进项税额）　3 400

　贷：库存现金　23 400

(5) 销售商品涉及现金折扣、商业折扣、销售折让的处理

企业销售商品有时存在现金折扣、商业折扣、销售折让等，应当分不同情况进行处理：

现金折扣，是指债权人为鼓励债务人在规定的期限内付款而向债务人提供的债务扣除。企业销售商品涉及现金折扣的，应当按照扣除现金折扣前的金额确定销售商品收入金额。现金折扣在实际发生时计入当期损益。

商业折扣，是指企业为促进商品销售而在商品标价上给予的价格扣除。企业销售商品涉及商业折扣的，应当按照扣除商业折扣后的金额确定销售商品收入金额。

销售折让，是指企业因售出商品的质量不合格等原因而在售价上给予的减让。对于销售折让，企业应分别不同情况进行处理：①已确认收入的售出商品发生销售折让的，通常应当在发生时冲减当期销售商品收入；②已确认收入的售出商品发生的销售折让，属于资产负债表日后事项的，应当按照《企业会计准则第 29 号——资产负债表日后事项》的相关规定进行处理。

【例 12-7】甲公司在 2013 年 5 月 1 日向乙公司销售 B 批商品，开出的增值税专用发票上注明的销售价格为 10 000 元，增值税税额为 1 700 元。为及早收回货款，甲公司和乙公司约定的现金折扣条件为：2/10，1/20，N/30。假定计算现金折扣时不考虑增值税税额。甲公司的账务处理如下：

(1) 2013 年 5 月 1 日销售实现时，按销售总价确认收入：

借：应收账款——乙公司　11 700

　贷：主营业务收入——B 商品　10 000

　　应交税费——应交增值税（销项税额）　1 700

(2) 如果乙公司在 2013 年 5 月 9 日付清货款，则按销售总价 10 000 元的 2% 享受现金折扣 200 元（10 000×2%），实际付款 11 500 元（11 700-200）：

借：银行存款　11 500

　财务费用——现金折扣　200

　贷：应收账款——乙公司　11 700

(3) 如果乙公司在 2013 年 5 月 18 日付清货款，则按销售总价 10 000 元的 1%

享受现金折扣 100 元（10 000×1%），实际付款 11 600 元（11 700−100）：

借：银行存款　　11 600

　　财务费用——现金折扣　　100

　　贷：应收账款——乙公司　　11 700

（4）如果乙公司在 2013 年 5 月底才付清货款，则按全额付款：

借：银行存款　　11 700

　　贷：应收账款——乙公司　　11 700

（6）销售返回

销售退回，是指企业售出的商品由于质量、品种不符合要求等原因而发生的退货。对于销售退回，应分不同情况进行会计处理：对于未确认收入的售出商品发生销售退回的，企业应按已记入“发出商品”科目的商品成本金额，借记“库存商品”科目，贷记“发出商品”科目。对于已确认收入的售出商品发生退回的，企业一般应在发生时冲减当期销售商品收入，同时冲减当期销售商品成本。如果该项销售退回已发生现金折扣的，应同时调整相关财务费用的金额；如果该项销售退回允许扣减增值税税额的，应同时调整“应交税费——应交增值税（销项税额）”科目的相应金额 。

已确认收入的售出商品发生的销售退回属于资产负债表日后事项的，应当按照《企业会计准则第 29 号——资产负债表日后事项》的相关规定进行会计处理 。

【例 12-8】甲公司在 2014 年 11 月 18 日向乙公司销售 A 商品，开出的增值税专用发票上注明的销售价格为 1 000 000 元，增值税税额为 170 000 元，该批商品成本为 520 000 元。乙公司在 2014 年 11 月 27 日支付货款，2014 年 12 月 15 日，该批商品因质量问题被乙公司退回，甲公司当日支付有关款项。假定甲公司已取得税务机关开具的红字增值税专用发票。甲公司的账务处理如下：

（1）2014 年 11 月 18 日销售实现时，按销售总价确认收入：

借：应收账款——乙公司　　1 170 000

　　贷：主营业务收入——A 商品　　1 000 000

　　　　应交税费——应交增值税（销项税额）　　170 000

借：主营业务成本——A 商品　　520 000

　　贷：库存商品——A 商品　　520 000

（2）2014 年 11 月 27 日收到货款：

借：银行存款　　1 170 000

　　贷：应收账款——乙公司　　1 170 000

（3）2014 年 12 月 15 日发生销售退回，取得红字增值税专用发票：

借：主营业务收入——A 商品　　1 000 000

　　应交税费——应交增值税（销项税额）　　170 000

　　贷：银行存款　　1 170 000

借：库存商品——A 商品　　520 000

贷：主营业务成本——A商品　　520 000

12.1.3 提供劳务收入的确认和计量

1）提供劳务交易结果能够可靠估计的处理

提供劳务交易的结果能够可靠估计，是指同时满足下列条件：

（1）收入的金额能够可靠地计量，是指提供劳务收入的总额能够合理地估计。在通常情况下，企业应当按照从接受劳务方已收或应收的合同或协议价款确定提供劳务收入的总额。随着劳务的不断提供，可能会根据实际情况增加或减少已收或应收的合同或协议价款，此时，企业应及时调整提供劳务收入总额。

（2）相关的经济利益很可能流入企业，是指提供劳务收入总额收回的可能性大于不能收回的可能性。企业在确定提供劳务收入总额能否收回时，应当结合接受劳务方的信誉、以前的经验，以及双方就结算方式和期限达成的合同或协议条款等因素，综合进行判断。

企业在确定提供劳务收入总额收回的可能性时，应当进行定性分析。如果确定提供劳务收入总额收回的可能性大于不能收回的可能性，即可认为提供劳务收入总额很可能流入企业。在通常情况下，企业提供的劳务符合合同或协议要求，接受劳务方承诺付款，就表明提供劳务收入总额收回的可能性大于不能收回的可能性。如果企业判断提供劳务收入总额不是很可能流入企业，应当提供确凿证据。

（3）交易的完工进度能够可靠地确定，是指交易的完工进度能够合理地估计。企业确定提供劳务交易的完工进度，可以选用下列方法：

已完工作的测量，这是一种比较专业的测量方法，由专业测量师对已经提供的劳务进行测量，并按一定方法计算确定提供劳务交易的完工程度。

已经提供的劳务占应提供劳务总量的比例，这种方法主要以劳务量为标准确定提供劳务交易的完工程度。

已经发生的成本占估计总成本的比例，这种方法主要以成本为标准确定提供劳务交易的完工程度。只有已提供劳务的成本才能包括在已经发生的成本中，只有已提供或将提供劳务的成本才能包括在估计总成本中。

（4）交易中已发生和将发生的成本能够可靠地计量，是指交易中已经发生和将要发生的成本能够合理地估计。企业应当建立完善的内部成本核算制度和有效的内部财务预算及报告制度，准确地提供每期发生的成本，并对完成剩余劳务将要发生的成本做出科学、合理的估计。同时应随着劳务的不断提供或外部情况的不断变化，随时对将要发生的成本进行修订。

下面我们对完工百分比法的具体应用进行简单的阐述。

完工百分比法，是指按照提供劳务交易的完工进度确认收入和费用的方法。在这种方法下，确认的提供劳务收入金额能够提供各个会计期间关于提供劳务交易及其业绩的有用信息。

企业应当在资产负债表日按照提供劳务收入总额乘以完工进度扣除以前会计期间累计已确认提供劳务收入后的金额，确认当期提供劳务收入；同时，按照提供劳务估计总成本乘以完工进度扣除以前会计期间累计已确认劳务成本后的金额，结转当期劳务成本。用公式表示如下：

$$\text{本期确认的提供劳务收入}=\text{提供劳务收入总额}\times\text{本期末止劳务的完工进度}-\text{以前会计期间累计已确认提供劳务收入}$$

$$\text{本期确认的提供劳务成本}=\text{提供劳务预计成本总额}\times\text{本期末止劳务的完工进度}-\text{以前会计期间累计已确认提供劳务成本}$$

企业采用完工百分比法确认提供劳务收入时，应按计算确定的提供劳务收入金额，借记“应收账款”、“银行存款”等科目，贷记“主营业务收入”科目。结转提供劳务成本时，借记“主营业务成本”科目，贷记“劳务成本”科目 。

【例 12-9】甲公司于 2014 年 12 月 1 日接受一项设备安装任务，安装期为 3 个月，合同总收入 600 000 元，至年底已预收乙公司安装费 440 000 元，实际发生安装费用为 280 000 元（假定均为安装人员薪酬），估计还会发生安装费用 120 000 元。假定甲公司按实际发生的成本占估计总成本的比例确定劳务的完工进度。甲公司的账务处理如下：

实际发生的成本占估计总成本的比例 = 280 000÷（280 000+120 000）×100% =70%

2014 年 12 月 31 日确认的劳务收入 = 600 000×70% -0 = 420 000（元）

2014 年 12 月 31 日结转的劳务成本 =（280 000+120 000）× 70% -0 =280 000（元）

（1）实际发生劳务成本：

借：劳务成本——设备安装	280 000	
贷：应付职工薪酬		280 000

（2）预收劳务款：

借：银行存款	440 000	
贷：预收账款——乙公司		440 000

（3）2014 年 12 月 31 日确认劳务收入并结转劳务成本：

借：预收账款——乙公司	420 000	
贷：主营业务收入——设备安装		420 000
借：主营业务成本——设备安装	280 000	
贷：劳务成本——设备安装		280 000

2）提供劳务交易结果不能可靠估计的处理

企业在资产负债表日提供劳务交易结果不能够可靠估计的，即不能同时满足上述四个条件时，企业不能采用完工百分比法确认提供劳务收入。此时，企业应正确预计已经发生的劳务成本能够得到补偿和不能得到补偿，分别进行如下会计处理：

（1）已经发生的劳务成本预计能够得到补偿的，应按已经发生的能够得到补偿的劳务成本金额确认提供劳务收入，并结转已经发生的劳务成本。在这种情况下，企业应按已经发生的能够得到补偿的劳务成本金额，借记“应收账款”、“预收账款”等科目，贷记“主营业务收入”科目；按已经发生的劳务成本金额，借记“主营业务成本”科目，贷记“劳务成本”科目。

（2）已经发生的劳务成本预计全部不能得到补偿的，应将已经发生的劳务成本计入当期损益，不确认提供劳务收入。在这种情况下，企业应按已经发生的劳务成本金额，借记“主营业务成本”科目，贷记“劳务成本”科目。

【例 12-10】甲公司于 2013 年 12 月 25 日接受乙公司委托，为其培训一批学员，培训期为 6 个月，2014 年 1 月 1 日开学。协议约定，乙公司应向甲公司支付的培训费总额为 120 000 元，分三次等额支付，第一次在开学时预付，第二次在 2014 年 3 月 1 日支付，第三次在培训结束时支付。

2014 年 1 月 1 日，乙公司预付第一次培训费，至 2014 年 2 月 28 日，甲公司发生培训成本 30 000 元（假定均为培训人员薪酬）。2014 年 3 月 1 日，甲公司得知乙公司经营发生困难，后两次培训费能否收回难以确定。甲公司的账务处理如下：

（1）2014 年 1 月 1 日收到乙公司预付的培训费：

借：银行存款	40 000	
贷：预收账款——乙公司		40 000

（2）实际发生培训支出：

借：劳务成本——培训成本	30 000	
贷：应付职工薪酬		30 000

（3）2014 年 2 月 28 日确认劳务收入并结转劳务成本：

借：预收账款——乙公司	30 000	
贷：主营业务收入——培训收入		30 000
借：主营业务成本——培训成本	30 000	
贷：劳务成本——培训成本		30 000

12.1.4 让渡资产使用权收入的确认和计量

让渡资产使用权收入包括利息收入、使用费收入等。企业对外出租资产收取的租金、进行债权投资收取的利息、进行股权投资取得的现金股利等，也构成让渡资产使用权收入，分别参照有关租赁、金融资产、长期股权投资等相关章节的内容。

让渡资产使用权收入同时满足下列条件时，才能予以确认：相关的经济利益很可能流入企业；收入的金额能够可靠地计量。

1）利息收入的处理

企业应在资产负债表日，按照他人使用本企业货币资金的时间和实际利率计算确定利息收入金额。按计算确定的利息收入金额，借记“应收利息”、“贷款”、“银行存款”等科目，贷记“利息收入”、“其他业务收入”等科目。

【例 12-11】甲商业银行于 2014 年 10 月 1 日向乙公司发放一笔贷款 1 000 000 元，期限为 1 年，年利率为 5%。甲商业银行发放该贷款时没有发生交易费用，该贷款的合同利率与其实际利率相同。假定不考虑其他因素，甲商业银行的账务处理如下：

（1）2014 年 10 月 1 日对外贷款：

借：贷款——乙公司（本金）	1 000 000	

贷：吸收存款——甲商业银行（本金）　　1 000 000

（2）2014 年 12 月 31 日确认利息收入：

借：应收利息——乙公司　　12 500

贷：利息收入（1 000 000×5%÷12×3）　　12 500

2）使用费收入的处理

使用费收入应当按照有关合同或协议约定的收费时间和方法计算确定。不同的使用费收入，收费时间和方法各不相同。有一次性收取一笔固定金额的，如一次性收取 10 年的场地使用费；有在合同或协议规定的有效期内分期等额收取的，如合同或协议规定在使用期内每期收取一笔固定的金额；也有分期不等额收取的，如合同或协议规定按资产使用方每期销售额的百分比收取使用费等。

如果合同或协议规定一次性收取使用费，且不提供后续服务的，应当视同销售该项资产一次性确认收入；如果合同或协议规定提供后续服务的，应在合同或协议规定的有效期内分期确认收入。如果合同或协议规定分期收取使用费的，通常应按合同或协议规定的收款时间和金额或规定的收费方法计算确定的金额分期确认收入。

【例 12-12】甲公司向乙公司转让某软件的使用权，一次性收费 40 000 元，不提供后续服务，款项已经收回。假定不考虑其他因素，甲公司的账务处理如下：

借：银行存款　　40 000

贷：其他业务收入——转让使用权收入　　40 000

12.2 费用

12.2.1 费用概述

1）费用的定义

费用也分为狭义费用和广义费用。

狭义费用是指企业在日常活动中为了取得狭义收入而发生的耗费。

广义费用是指在会计期间内经济利益的总流出，其表现形式为由于资产减少或负债增加而引起的所有者权益减少，但不包括与向所有者分配等有关的资产减少或负债增加。

2）费用的分类

狭义费用包括营业费用和投资损失。这里的营业费用包括营业成本、营业税金及附加、销售费用、管理费用和财务费用；投资损失是指企业在从事各项对外投资活动中发生的净损失（各项投资业务取得的收入小于其成本的差额）。

广义费用可以分为本年税前费用和所得税费用两部分。本年税前费用除了包括狭义费用之外，还包括公允价值变动损失、资产减值损失和营业外支出。公允价值变动损失是指交易性金融资产等公允价值变动形成的损失；资产减值损失是指各项资产发生减值形成的损失；营业外支出是指企业在经营业务以外发生的支出。所得税费用是指应在会计税前利润中扣除的所得税费用。

费用与成本是有区别的，成本是取得资财的代价，或者说是对象化了的费用，它表明企业在一定时间内，为生产一定产品而支出的费用，或者表明企业从外购进商品的进价。因此，可以说“先有费用，后有成本”。成本是补偿价值的尺度，是制定销售价格的基准，而费用则无此功能。

3）费用的特点

（1）费用是企业在日常活动中形成的

费用必须是企业在其日常活动中所形成的，这些日常活动的界定与收入定义中涉及的日常活动的界定相一致。因日常活动所产生的费用通常包括销售成本（营业成本）、管理费用等。将费用界定为日常活动所形成的，目的是为了将其与损失相区分，企业非日常活动所形成的经济利益的流出不能确认为费用，而应计入损失。例如：工业企业制造并销售产品、商业企业购买并销售商品、咨询公司提供咨询服务、软件开发企业为客户开发软件、安装公司提供安装服务、租赁公司出租资产等在活动中发生的经济利益的总流出构成费用。企业处置固定资产、无形资产等非流动资产，因违约支付罚款，对外捐赠，因自然灾害等非常原因造成财产毁损等，这些活动或事项形成的经济利益的总流出属于企业的损失而不是费用。

（2）费用会导致企业所有者权益的减少

与费用相关的经济利益的流出应当导致所有者权益的减少，不会导致所有者权益减少的经济利益的流出不符合费用的定义，不应确认为费用。企业经营管理中的某些支出并不减少企业的所有者权益，也就不构成费用。例如，企业以银行存款偿还一项负债，只是一项资产和负债的等额减少，对所有者权益没有影响，因此不构成企业的费用。

（3）费用导致的经济利益总流出与向所有者分配的利润无关

费用的发生应当会导致经济利益的流出，从而导致资产的减少或者负债的增加（最终也会导致资产的减少）。其表现形式包括现金或者现金等价物的流出，存货、固定资产和无形资产等的流出或者消耗等。企业向所有者分配利润也会导致经济利益的流出，而该经济利益的流出属于投资者投资的回报分配，是所有者权益的直接抵减项目，不应确认为费用，应当将其排除在费用的定义之外。

12.2.2 营业成本

营业成本是指企业为生产产品、提供劳务等发生的可归属于产品成本、劳务成本等的费用，应当在确认销售商品收入、提供劳务收入等时，将已销售商品、已提供劳务的成本等计入当期损益。营业成本包括主营业务成本和其他业务成本。

1）主营业务成本

主营业务成本是指企业销售商品、提供劳务等经常性活动所发生的成本。企业一般在确认销售商品、提供劳务等主营业务收入时，或在月末将已销售商品、已提供劳务的成本转入主营业务成本。企业应当设置“主营业务成本”科目，按主营业务的种类进行明细核算，用于核算企业因销售商品、提供劳务或让渡资产使用权等日常活动而发生的实际成本，借记该科目，贷记“库存商品”、“劳务成本”等科目。期末，将主营业务成本的余额转入“本年利润”科目，借记“本年利润”，贷记该科目，结转后该科目无余额。

【例 12-13】2014 年 1 月 20 日甲公司向乙公司销售 A 产品，开出的增值税专用发票上注明价款为 200 000 元，增值税税额为 34 000 元。甲公司已收到乙公司支付的款项 234 000 元，并将提货单送交乙公司，该批产品成本为 190 000 元。甲公司应编制如下会计分录：

（1）销售实现时：

借：银行存款　　234 000

　贷：主营业务收入——A 产品　　200 000

　　　应交税费——应交增值税（销项税额）　　34 000

借：主营业务成本　　190 000

　贷：库存商品——A 产品　　190 000

（2）期末，将主营业务成本结转至本年利润时：

借：本年利润　　190 000

　贷：主营业务成本　　190 000

【例 12-14】某公司 2014 年 3 月 10 日销售甲产品 100 件，单价 1 000 元，单位成本 800 元，增值税专用发票上注明价款 100 000 元，增值税税额 17 000 元，购货方尚未付款，销售成立。当月 25 日，因产品质量问题购货方退货。该公司应编制如下会计分录：

（1）销售产品时：

借：应收账款　　117 000

　贷：主营业务收入——甲产品　　100 000

　　　应交税费——应交增值税（销项税额）　　17 000

借：主营业务成本　　80 000

　贷：库存商品——甲产品　　80 000

（2）销售退回时：

借：主营业务收入——甲产品　　100 000

　　应交税费——应交增值税（销项税额）　　17 000

　贷：应收账款　　117 000

借：库存商品——甲产品　　80 000

　贷：主营业务成本　　80 000

2）其他业务成本

其他业务成本是指企业确认的除主营业务活动以外的其他经营活动所发生的支出。其他业务成本包括销售材料的成本、出租固定资产的折旧额、出租无形资产的摊销额、出租包装物的成本或摊销额等。采用成本模式计量投资性房地产的，其投资性房地产计提的折旧额或摊销额，也构成其他业务成本 。

企业应当设置“其他业务成本”科目，核算企业确认的除主营业务活动以外的其他经营活动所发生的支出，包括销售材料的成本、出租固定资产的折旧额、出租无形资产的摊销额、出租包装物的成本或摊销额等。企业发生的其他业务成本，借记本科目，贷记“原材料”、“周转材料 ”、“累计折旧”、“累计摊销”、“应付职工薪酬”、“银行存款”等科目。本科目按其他业务成本的种类进行明细核算。期末，本科目余额转入“本年利润”科目，结转后本科目无余额。

【例 12-15】2014 年 5 月 2 日，甲公司销售一批非主成分原料，开具的增值税专用发票上注明的售价为 10 000 元，增值税税额为 1 700 元，款项已由银行收妥。该批原料的实际成本为 7 000 元。该公司应编制如下会计分录：

(1) 销售实现时：

借：银行存款	11 700	
贷：其他业务收入		10 000
应交税费——应交增值税（销项税额）		1 700
借：其他业务成本	7 000	
贷：原材料		7 000

(2) 期末将其他业务成本结转至本年利润时：

借：本年利润	7 000	
贷：其他业务成本		7 000

12.2.3 营业税金及附加

营业税金及附加是指企业经营活动应负担的相关税费，包括营业税、消费税、城市维护建设税、教育费附加和资源税等。

营业税是对提供应税劳务、转让无形资产或销售不动产所征收的一种税。其中，应税劳务是指交通运输、建筑安装、金融保险、邮电通讯、旅游服务和文化娱乐业所提供的劳务；转让无形资产是指转让无形资产的所有权或使用权；销售不动产是指非房产单位有偿转让不动产的所有权和使用权，以及将不动产无偿赠与他人的行为 。

消费税是对生产、委托加工及进口应税消费品（主要指烟、酒、化妆品、高档次及高能耗的消费品）征收的一种税。消费税的计税方法主要有从价定率、从量定额、从价定率和从量定额复合计税三种。从价定率是根据商品销售价格和规定的税率计算应交消费税；从量定额是根据商品销售数量和规定的单位税额计算应交的消费税；从价定率和从量定额复合计税是两者的结合。

城市维护建设税（以下简称城建税）和教育费附加是对从事生产经营活动的单位和个人，以其实际缴纳的增值税、消费税、营业税为依据，按纳税人所在地适用的不同税率计算征收的一种税。

资源税是对在我国境内开采国家规定的矿产资源和生产用盐单位、个人征收的一种税，按应税数量和规定的单位税额计算。例如开采石油、煤炭、天然气企业需按开采的数量计算缴纳资源税 。

房产税、车船税、城镇土地使用税、印花税在“管理费用”科目核算，但与投资性房地产相关的房产税、土地使用税在“营业税金及附加”科目核算 。

企业应当设置“营业税金及附加”科目，核算企业经营活动发生的营业税、消费税、城市维护建设税、资源税和教育费附加等相关税费。按规定计算确定的与经营活动相关的税费，企业应借记本科目，贷记“应交税费”科目。期末，应将“营业税金及附加”科目余额转入“本年利润”科目，结转后本科目无余额。

【例12-16】甲公司2014年2月1日取得应纳消费税的销售商品收入3 000 000元，该产品适用的消费税税率为25% 。该公司应编制如下会计分录：

（1）计算应交消费税额750 000元（3 000 000×25 %）：

借：营业税金及附加　　750 000

　贷：应交税费——应交消费税　　750 000

（2）缴纳消费税时：

借：应交税费——应交消费税　　750 000

　贷：银行存款　　750 000

【例12-17】2014年4月，乙公司当月实际应交增值税350 000元，应交消费税150 000元，应交营业税100 000元，城建税税率为7%，教育费附加为3%。该公司应编制与城建税、教育费附加有关的会计分录如下：

（1）计算应交城建税和教育费附加时：

城建税=（350 000+150 000+100 000）×7% =42 000（元）

教育费附加=（350 000+150 000+100 000）×3% =18 000（元）

借：营业税金及附加　　60 000

　贷：应交税费——应交城建税　　42 000

　　　　　　——应交教育费附加　　18 000

（2）实际缴纳城建税和教育费附加时：

借：应交税费——应交城建税　　42 000

　　　　　——应交教育费附加　　18 000

　贷：银行存款　　60 000

12.2.4 期间费用

期间费用是指企业日常活动发生的不能计入特定核算对象的成本，而应计入发生当期损益的费用，其包括销售费用、管理费用和财务费用。

期间费用是企业日常活动中所发生的经济利益的流出。之所以不计入特定的成本核算对象，主要是因为期间费用是企业为组织和管理整个经营活动所发生的费用，与可以确定特定成本核算对象的材料采购、产成品生产等没有直接关系，因而期间费用不计入有关核算对象的成本，而是直接计入当期损益。

期间费用包含以下两种情况：一是企业发生的支出不产生经济利益，或者即使产生经济利益但不符合资产确认条件的，应当在发生时确认为费用，计入当期损益；二是企业发生的交易或者事项导致其承担了一项负债，而又不确认为一项资产的，应当在发生时确认为费用计入当期损益。

1）销售费用

销售费用是指企业在销售商品和材料、提供劳务的过程中发生的各种费用，包括保险费、包装费、展览费和广告费、商品维修费、预计产品质量保证损失、运输费、装卸费等以及为销售本企业商品而专设的销售机构（含销售网点、售后服务网点等）的职工薪酬、业务费、折旧费等经营费用。企业发生的与专设销售机构相关的固定资产修理费用等后续支出也属于销售费用。

销售费用是与企业销售商品活动有关的费用，但不包括销售商品本身的成本和劳务成本。销售的商品的成本属于“主营业务成本”，提供劳务的成本属于“劳务成本”。

企业应通过“销售费用”科目，核算销售费用的发生和结转情况。该科目借方登记企业所发生的各项销售费用，贷方登记期末转入“本年利润”科目的销售费用，结转后该科目应无余额。该科目应按销售费用的费用项目进行明细核算。

【例12-18】某公司2014年3月1日为宣传新产品发生广告费80 000元，用银行存款支付。该公司应编制如下会计分录：

借：销售费用——广告费	80 000	
贷：银行存款		80 000

【例12-19】某公司销售部2014年8月份共发生费用220 000元，其中：销售人员薪酬100 000元，销售部专用办公设备折旧费50 000元，业务费70 000元（用银行存款支付）。该公司应编制如下会计分录：

借：销售费用	220 000	
贷：应付职工薪酬		100 000
累计折旧		50 000
银行存款		70 000

2）管理费用

管理费用是指企业为组织和管理企业生产经营发生的各种费用，包括企业在筹建期间内发生的开办费、董事会和行政管理部门在企业的经营管理中发生的，以及应由企业统一负担的公司经费（包括行政管理部门职工工资及福利费、物料消耗、低值易耗品摊销、办公费和差旅费等）、行政管理部门负担的工会经费、董事会费（包括董事会成员津贴、会议费和差旅费等）、聘请中介机构费、咨询费（含顾问费）、诉讼费、业务招待费、房产税、车船税、城镇土地使用税、印花税、技术转让费、矿产资源补偿费、研究费用、排污费等。企业生产车间（部门）和行政管理部门发生的固定资产修理费用等后续支出，也作为管理费用核算。

企业应设置“管理费用”科目，核算管理费用的发生和结转情况。该科目借方登记企业发生的各项管理费用，贷方登记期末转入“本年利润”科目的管理费用，结转后该科目应无余额。该科目按管理费用的费用项目进行明细核算。商品流通企业管理费用不多的，可不设本科目，相关核算内容可并入“销售费用”科目核算。

【例 12-20】乙公司 2014 年 7 月为拓展产品销售市场发生业务招待费 50 000 元，用银行存款支付。该公司应编制如下会计分录：

借：管理费用——业务招待费　　50 000

　贷：银行存款　　50 000

3）财务费用

财务费用是指企业为筹集生产经营所需资金等而发生的筹资费用，包括利息支出（减利息收入）、汇兑损益以及相关的手续费、企业发生的现金折扣等。

企业应通过“财务费用”科目，核算财务费用的发生和结转情况。该科目借方登记企业发生的各项财务费用，贷方登记期末转入“本年利润”科目的财务费用，结转后该科目应无余额。该科目应按财务费用的费用项目进行明细核算。

【例 12-21】乙公司 2014 年 9 月用银行存款支付银行手续费 400 元。该公司应编制如下会计分录：

借：财务费用——手续费　　400

　贷：银行存款　　400

【例 12-22】2014 年 8 月甲公司在购买材料业务中获得乙公司给予的现金折扣 4 000 元。该公司应编制如下会计分录：

借：应付账款——乙公司　　4 000

　贷：财务费用　　4 000

12.3 利润

利润是指企业在一定会计期间的经营成果。利润包括收入减去费用后的净额、直接计入当期利润的利得和损失等。未计入当期利润的利得和损失扣除所得税影响后的净额计入其他综合收益项目。净利润与其他综合收益的合计金额为综合收益总额。利得是指由企业非日常活动所形成的、会导致所有者权益增加的、与所有者投入资本无关的经济利益的流入。损失是指由企业非日常活动所发生的、会导致所有者权益减少的、与向所有者分配利润无关的经济利益的流出。

与利润相关的计算公式主要如下：

1）营业利润

$$\text{营业利润}=\text{营业收入}-\text{营业成本}-\text{营业税金及附加}-\text{销售费用}-\text{管理费用}-\text{财务费用}-\text{资产减值损失}+\text{公允价值变动收益}(-\text{公允价值变动损失})+\text{投资收益}(-\text{投资损失})$$

其中：

营业收入是指企业经营业务所确认的收入总额，包括主营业务收入和其他业务收入。

营业成本是指企业经营业务所发生的实际成本总额，包括主营业务成本和其他业务成本。

资产减值损失是指企业计提各项资产减值准备所形成的损失。

公允价值变动收益（或损失）是指企业交易性金融资产等公允价值变动形成

的应计入当期损益的利得（或损失）。

投资收益（或损失）是指企业以各种方式对外投资所取得的收益（或发生的损失）。

2）利润总额

利润总额=营业利润+营业外收入-营业外支出

其中：

营业外收入是指企业发生的与其日常活动无直接关系的各项利得。

营业外支出是指企业发生的与其日常活动无直接关系的各项损失。

3）净利润

净利润=利润总额-所得税费用

其中：所得税费用是指企业确认的应从当期利润总额中扣除的所得税费用。

12.3.1 营业外收入

1）营业外收入核算的内容

营业外收入是指企业确认的与其日常活动无直接关系的各项利得。营业外收入并不是企业经营资金耗费所产生的，实际上是经济利益的净流入，不需要与有关的费用进行配比。营业外收入主要包括非流动资产处置利得、政府补助、盘盈利得、捐赠利得、非货币性资产交换利得、债务重组利得等。

其中：

非流动资产处置利得包括固定资产处置利得和无形资产出售利得。固定资产处置利得，是指企业出售固定资产所取得价款，或报废固定资产的材料价值和变价收入等，扣除被处置固定资产的账面价值、清理费用、与处置相关的税费后的净收益；无形资产出售利得，是指企业出售无形资产所取得价款，扣除被出售无形资产的账面价值、与出售相关的税费后的净收益。

政府补助，是指企业从政府无偿取得货币性资产或非货币性资产形成的利得，不包括政府作为所有者对企业的资本投入。

盘盈利得，是指企业对现金等资产清查盘点时发生盘盈，报经批准后计入营业外收入的金额。

捐赠利得，是指企业接受捐赠产生的利得。

2）营业外收入的账务处理

企业应通过“营业外收入”科目，核算营业外收入的取得及结转情况。该科目可按营业外收入项目进行明细核算。

（1）企业确认处置非流动资产利得时，借记“固定资产清理”、“银行存款”、“待处理财产损溢”、“无形资产”、“原材料”等科目，贷记“营业外收入”科目。

【例12-23】甲企业将固定资产报废清理的净收益8 000元转作营业外收入，应编制如下会计分录：

借：固定资产清理	8 000	
贷：营业外收入——非流动资产处置利得		8 000

（2）企业确认盘盈利得、捐赠利得计入营业外收入时，借记“库存现金”、“待处理财产损溢”等科目，贷记“营业外收入”科目。

【例 12-24】甲企业在现金清查中盘盈 200 元按管理权限报经批准后转入营业外收入，应编制如下会计分录：

（1）发现盘盈时：

借：库存现金　　200

　贷：待处理财产损溢　　200

（2）经批准转入营业外收入时：

借：待处理财产损溢　　200

　贷：营业外收入　　200

12.3.2 营业外支出

1）营业外支出的核算内容

营业外支出是指企业发生的与其日常活动无直接关系的各项损失，主要包括非流动资产处置损失、公益性捐赠支出、盘亏损失、罚款支出、非货币性资产交换损失、债务重组损失等。

其中：

非流动资产处置损失包括固定资产处置损失和无形资产出售损失。固定资产处置损失，是指企业出售固定资产所取得价款，或报废固定资产的材料价值和变价收入等，抵补处置固定资产的账面价值、清理费用、处置相关税费后的净损失；无形资产出售损失，是指企业出售无形资产所取得价款，抵补出售无形资产的账面价值、出售相关税费后的净损失。

公益性捐赠支出，是指企业对外进行公益性捐赠发生的支出。

盘亏损失，是指对于财产清查盘点中盘亏的资产，查明原因并报经批准计入营业外支出的损失。

非常损失，是指企业对于因客观因素（如自然灾害等）造成的损失，扣除保险公司赔偿后应计入营业外支出的净损失。

罚款支出，是指企业支付的行政罚款、税务罚款，以及其他违反法律法规、合同协议等而支付的罚款、违约金、赔偿金等支出。

2）营业外支出的账务处理

企业应通过“营业外支出”科目，核算营业外支出的发生及结转情况。该科目可按营业外支出项目进行明细核算。

（1）企业确认处置非流动资产损失时，借记“营业外支出”科目，贷记“固定资产清理”、“无形资产”等科目。

【例 12-25】2013 年 1 月 1 日，甲公司取得一项价值 1 000 000 元的非专利技术，2014 年 1 月 1 日出售时已累计摊销 100 000 元，未计提减值准备，出售时取得价款 900 000 元，应交的营业税为 45 000 元。不考虑其他因素，出售时应编制如下会计分录：

借：银行存款　　900 000
　　累计摊销　　100 000
　　营业外支出　　45 000
　贷：无形资产　　1 000 000
　　应交税费——应交营业税　　45 000

(2) 确认盘亏、罚款支出计入营业外支出时，借记“营业外支出”科目，贷记“待处理财产损溢”、“库存现金”等科目。

【例 12-26】甲企业发生原材料意外灾害损失 270 000 元，经批准全部转作营业外支出，不考虑相关税费。应编制如下会计分录：

(1) 发生原材料意外灾害损失时：

借：待处理财产损溢　　270 000
　贷：原材料　　270 000

(2) 批准处理时：

借：营业外支出　　270 000
　贷：待处理财产损溢　　270 000

12.3.3 所得税费用

企业的所得税费用包括当期所得税和递延所得税两个部分，其中，当期所得税是指当期应交所得税。递延所得税包括递延所得税资产和递延所得税负债。递延所得税资产是指以未来期间很可能取得用来抵扣可抵扣暂时性差异的应纳税所得额为限确认的一项资产。递延所得税负债是指根据应税暂时性差异计算的未来期间应付所得税的金额。

1) 应交所得税的计算

应交所得税是指企业按照税法规定计算确定的针对当期发生的交易和事项，应交纳给税务部门的所得税金额，即当期应交所得税。应纳税所得额是在企业税前会计利润（即利润总额）的基础上调整确定的，计算公式为：

应纳税所得额=税前会计利润+纳税调整增加额-纳税调整减少额

纳税调整增加额主要包括税法规定允许扣除项目中，企业已计入当期费用但超过税法规定扣除标准的金额（如超过税法规定标准的职工福利费、工会经费、职工教育经费、业务招待费、公益性捐赠支出、广告费和业务宣传费等)，以及企业已计入当期损失但税法规定不允许扣除项目的金额（如税收滞纳金、罚金、罚款)。

纳税调整减少额主要包括按税法规定允许弥补的亏损和准予免税的项目，如前5年内未弥补亏损和国债利息收入等。

企业当期所得税的计算公式为：

应交所得税=应纳税所得额×所得税税率

【例 12-27】甲公司 2013 年度按企业会计准则计算的税前会计利润为 19 800 000元，所得税税率为 25%。甲公司全年实发工资、薪金为 2 000 000 元，职工福利费300 000元，工会经费50 000元，职工教育经费100 000元；经查，甲公司当年营业外支出中有120 000元为税收滞纳罚金。假定甲公司全年无其他纳税调整因素。

税法规定，企业发生的合理的工资、薪金支出准予据实扣除；企业发生的职工福利费支出，不超过工资、薪金总额14%的部分准予扣除；企业拨缴的工会经费，不超过工资、薪金总额2%的部分准予扣除；除国务院财政、税务主管部门另有规定外，企业发生的职工教育经费支出，不超过工资、薪金总额2.5%的部分准予扣除，超过部分准予结转以后纳税年度扣除。

在本例中，按税法规定，企业在计算当期应纳税所得额时，可以扣除工资、薪金支出2 000 000元，扣除职工福利费支出280 000元（2 000 000×14 %），工会经费支出40 000元（2 000 000×2 %），职工教育经费支出50 000元（2 000 000×2.5%）。甲公司有两种纳税调整因素：一是已计入当期费用但超过税法规定标准的费用支出；二是已计入当期营业外支出但按税法规定不允许扣除的税收滞纳金，这两种因素均应调整增加应纳税所得额。甲公司当期所得税的计算如下：

纳税调整数=（300 000-280 000）+（50 000-40 000）+（100 000-50 000）+120 000
=200 000（元）

应纳税所得额=19 800 000 + 200 000 = 20 000 000（元）

当期应交所得税额= 20 000 000×25 % = 5 000 000（元）

【例12-28】甲公司2013年全年利润总额（即税前会计利润）为10 200 000元，其中包括本年收到的国债利息收入200 000元，所得税税率为25%。假定甲公司全年无其他纳税调整因素。

按照税法的有关规定，企业购买国债的利息收入免交所得税，即在计算应纳税所得额时可将其扣除。甲公司当期所得税的计算如下：

应纳税所得额=10 200 000-200 000 = 10 000 000（元）

当期应交所得税额=10 000 000×25% = 2 500 000（元）

2）递延所得税费用

递延所得税费用是指由于暂时性差异的发生或转回而确认的所得税费用。

(1) 暂时性差异

暂时性差异，是指资产或负债的账面价值与其计税基础之间的差额；未作为资产和负债确认的项目，按照所得税法规定可以确定其计税基础的，该计税基础其账面价值之间的差额也属于暂时性差异。

按照暂时性差异对未来期间应纳税所得额的影响，分为可抵扣暂时性差异和应纳税暂时性差异。

可抵扣暂时性差异，是指在确定未来收回资产或清偿负债期间的应纳税所得额时，将导致产生可抵扣金额的暂时性差异。具体来说，资产的账面价值小于其计税基础或负债的账面价值大于其计税基础，将产生可抵扣暂时性差异。按照税法规定允许抵减以后年度利润的可抵扣亏损，也视同可抵扣暂时性差异。

应纳税暂时性差异，是指在确定未来收回资产或清偿负债期间的应纳税所得额时，将导致产生应纳税金额的暂时性差异。具体来说，资产的账面价值大于其计税基础或者负债的账面价值小于其计税基础，将产生应纳税暂时性差异。

资产的计税基础，是指企业在收回资产账面价值的过程中，计算应纳税所得额时按照税法规定可以自应税经济利益中抵扣的金额。负债的计税基础，是指负债的账面价值减去未来期间计算应纳税所得额时按照税法规定可予抵扣金额的差额。

【例 12-29】甲公司 2014 年 1 月 1 日购入一台固定资产，原值为 60 000 元，假定无预计净残值，税法规定采用直线法计提折旧，折旧年限为 5 年，该公司采用直线法计提折旧，折旧年限为 3 年。

2014 年 1 月 1 日，该固定资产的账面价值为 60 000 元，计税基础也为 60 000 元，无差异。

2014 年，按照税法规定应计提折旧 12 000 元，年末计税基础为 48 000 元；该公司实际计提折旧 20 000 元，年末的账面价值为 40 000 元。两者之间差额为 8 000 元。由于该固定资产在未来期间可以按照 48 000 元在所得税前抵扣，比该固定资产的账面价值多 8 000 元，因此这 8 000 元差异属于可抵扣暂时性差异。

【例 12-30】甲公司 2014 年 12 月 1 日购入股票，实际支付价款为 10 000 元，确认为交易性金融资产；12 月 31 日，该股票的公允价值为 13 000 元，确认公允价值变动收益 3 000 元。

2014 年 12 月 1 日，该交易性金融资产的计税基础仍为 10 000 元，账面价值为 13 000 元，两者之间的差异为 3 000 元。由于在未来期间出售该股票时只能按照 10 000元在所得税前抵扣，因此，这 3 000 元差异属于应纳税暂时性差异。

（2）递延所得税资产与递延所得税负债

递延所得税资产是指按照可抵扣暂时性差异和现行税率计算确定的资产，其性质属于预付的税款，在未来期间可抵扣应纳税款。期末递延所得税资产大于期初递延所得税资产的差额，应确认为递延所得税收益，冲减所得税费用，借记“递延所得税资产”，贷记“所得税费用”科目；反之，则应冲减递延所得税资产，并作为递延所得税费用处理，借记“所得税费用”科目，贷记“递延所得税资产”科目。

递延所得税负债是指按照应纳税暂时性差异和现行税率计算确定的负债，其性质属于应付的税款，在未来期间转为应纳税款。期末递延所得税负债大于期初递延所得税负债的差额，应确认为递延所得税费用，借记“所得税费用”科目，贷记“递延所得税负债”科目；反之，则应冲减递延所得税负债，并作为递延所得税收益处理，借记“递延所得税负债”科目，贷记“所得税费用”科目。

如果形成的暂时性差异不涉及损益项目，则确认的递延所得税资产或递延所得税负债应直接调整资本公积，借记“递延所得税资产”科目，贷记“资本公积——其他资本公积”科目；或借记“资本公积——其他资本公积”科目，贷记“递延所得税负债”科目。

在资产负债表上，递延所得税资产和递延所得税负债应分别列示，不应相互抵消。

3）所得税费用的账务处理

递延所得税费用（或收益）是指按照会计准则规定应予确认的递延所得税资产和递延所得税负债在会计期末应有的金额相对于原已确认金额之间的差额，即递延所得税资产和递延所得税负债的当期发生额，但不包括计入所有者权益的交易或事项的所得税影响。用公式表示即为：

递延所得税费用（或收益）=当期递延所得税负债的增加+当期递延所得税资产的减少−当期递延所得税负债的减少−当期递延所得税资产的增加

值得注意的是，如果某项交易或事项按照会计准则规定应计入所有者权益，由该交易或事项产生的递延所得税资产或递延所得税负债及其变化亦应计入所有者权益，不构成利润表中的递延所得税费用（或收益）。

计算确定了当期应交所得税及递延所得税费用（或收益）以后，利润表中应予确认的所得税费用为两者之和，即：

所得税费用=当期所得税+递延所得税费用（或收益）

企业应通过“所得税费用”科目，核算企业所得税费用的确认及其结转情况。期末，应将“所得税费用”科目的余额转入“本年利润”科目，借记“本年利润”科目，贷记“所得税费用”科目，结转后本科目应无余额。

【例 12－31】丙公司 2014 年 9 月取得的某项可供出售金融资产，成本为 2 000 000元，2014 年 12 月 31 日，其公允价值为 2 400 000 元。丙公司适用的所得税税率为 25%。

会计期末在确认 400 000 元（2 400 000−2 000 000）的公允价值变动时：

借：可供出售金融资产——公允价值变动　　400 000

　贷：资本公积——其他资本公积　　400 000

确认应纳税暂时性差异的所得税影响时：

借：资本公积——其他资本公积　　100 000（40 000×25%）

　贷：递延所得税负债　　100 000

【例 12−32】续【例 12−27】，甲公司递延所得税负债年初数为 400 000 元，年末数为 500 000 元，递延所得税资产年初数为 250 000 元，年末数为 200 000 元。甲公司应编制如下会计分录：

甲公司所得税费用的计算如下：

递延所得税=（500 000−400 000）+（250 000−200 000）= 150 000（元）

所得税费用=当期所得税+递延所得税=5 000 000+150 000=5 150 000（元）

甲公司应编制如下会计分录：

借：所得税费用　　5 150 000

　贷：应交税费——应交所得税　　5 000 000

　　　递延所得税负债　　100 000

贷：递延所得税资产　　50 000

【例 12-33】甲公司2014年度利润表中利润总额为12 000 000元，适用的所得税税率为25%，预计未来期间适用的所得税税率不会发生变化，未来期间能够产生足够的应纳税所得额用以抵扣可抵扣暂时性差异。递延所得税资产及递延所得税负债不存在期初余额。

该公司在2014年发生的有关交易和事项中，会计处理与税收处理存在差别的有：

（1）2013年12月31日取得的一项固定资产，成本为6 000 000元，使用年限为10年，预计净残值为0，会计处理按双倍余额递减法计提折旧，税收处理按直线法计提折旧。假定税法规定的使用年限及预计净残值与会计规定相同。

（2）向关联企业捐赠现金2 000 000元。

（3）当年度发生研究开发支出5 000 000元，较上年度增长20%。其中3 000 000元予以资本化；截至2014年12月31日，该研发资产仍在开发过程中。税法规定，企业费用化的研究开发支出按150%在税前扣除，资本化的研究开发支出按资本化金额的150%确定应予摊销的金额。

（4）应付违反环保法规定罚款1 000 000元。

（5）期末对持有的存货计提了300 000元的存货跌价准备。

分析：

（1）2014年度当期应交所得税：

应纳税所得额＝12 000 000+600 000+2 000 000−1 000 000+1 000 000 +300 000

＝14 900 000（元）

应交所得税＝14 900 000×25%＝3 725 000（元）

（2）2014年度递延所得税：

该公司2014年12月31日有关资产、负债的账面价值、计税基础及相应的暂时性差异见表12-1。

表12-1　**有关资产、负债的账面价值、计税基础及相应的暂时性差异**　单位：元

项目	账面价值	计税基础	应纳税暂时性差异	可抵扣暂时性差异
存货	8 000 000	8 300 000		300 000
固定资产	25 400 000	26 000 000		600 000
开发支出	3 000 000	4 500 000		1 500 000
其他应付款	1 000 000	1 000 000		
合计				2 400 000

递延所得税资产＝90 000×25%　＝225 000（元）

（3）利润表中应确认的所得税费用：

所得税费用＝3 725 000−225 000＝3 500 000（元）

借：所得税费用　　3 500 000

　　递延所得税资产　　225 000

　贷：应交税费——应交所得税　　3 725 000

12.3.4 本年利润

1）结转本年利润的方法

会计期末结转本年利润的方法有表结法和账结法两种。

（1）表结法

在表结法下，各损益类科目每月月末只需结计出本月发生额和月末累计余额，不结转到“本年利润”科目，只有在年末时才将全年累计余额结转入“本年利润”科目。但每月月末要将损益类科目的本月发生额合计数填入利润表的本月数栏，同时将本月末累计余额填入利润表的本年累计数栏，通过利润表计算反映各期的利润（或亏损）。表结法下，年中损益类科目无需结转入“本年利润”科目，从而减少了转账环节和工作量，同时并不影响利润表的编制及有关损益指标的利用。

（2）账结法

在账结法下，每月月末均需编制转账凭证，将在账上结计出的各损益类科目的余额结转入“本年利润”科目。结转后“本年利润”科目的本月余额反映当月实现的利润或发生的亏损，“本年利润”科目的本年余额反映本年累计实现的利润或发生的亏损。账结法在各月均可通过“本年利润”科目提供当月及本年累计的利润（或亏损）额，但增加了转账环节和工作量。

2）结转本年利润的会计处理

企业应设置“本年利润”科目，核算企业本年度实现的净利润（或发生的净亏损）。

会计期末，企业应将“主营业务收入”、“其他业务收入”、“营业外收入”等科目的余额分别转入“本年利润”科目的贷方，将“主营业务成本”、“其他业务成本”、“营业税金及附加”、“销售费用”、“管理费用”、“财务费用”、“资产减值损失”、“营业外支出”、“所得税费用”等科目的余额分别转入“本年利润”科目的借方。企业还应将“公允价值变动损益”、“投资收益”科目的净收益转入“本年利润”科目的贷方，将“公允价值变动损益”、“投资收益”科目的净损失转入“本年利润”科目的借方。结转后“本年利润”科目如为贷方余额，表示当年实现的净利润；如为借方余额，表示当年发生的净亏损 。

年度终了，企业还应将“本年利润”科目的本年累计余额转入“利润分配——未分配利润”科目。结转后“本年利润”科目如为贷方余额，借记“本年利润”科目，贷记“利润分配——未分配利润”科目；如为借方余额，作相反的会计分录。结转后“本年利润”科目应无余额。

【例 12-34】乙公司 2014 年有关损益类科目的年末余额见表 12-2。该企业采用表结法，于年末一次结转损益类科目，所得税税率为 25%。

表 12-2 **有关损益类科目的年末余额** 单位：元

科目名称	借或贷	结账前余额
主营业务收入	贷	6 000 000
其他业务收入	贷	700 000
公允价值变动损益	贷	150 000
投资收益	贷	600 000
营业外收入	贷	50 000
主营业务成本	借	4 000 000
其他业务成本	借	400 000
营业税金及附加	借	80 000
销售费用	借	500 000
管理费用	借	770 000
财务费用	借	200 000
资产减值损失	借	100 000
营业外支出	借	250 000

乙公司 2014 年年末结转本年利润应编制如下会计分录：

(1) 将各损益类科目年末余额结转入“本年利润”科目：

①结转各项收入、利得类科目：

借：主营业务收入 6 000 000
　　其他业务收入 700 000
　　公允价值变动损益 150 000
　　投资收益 600 000
　　营业外收入 50 000
　贷：本年利润 7 500 000

②结转各项费用、损失类科目：

借：本年利润 6 300 000
　贷：主营业务成本 4 000 000
　　　其他业务成本 400 000
　　　营业税金及附加 80 000
　　　销售费用 500 000
　　　管理费用 770 000
　　　财务费用 200 000
　　　资产减值损失 100 000
　　　营业外支出 250 000

(2) 经过上述结转后，“本年利润”科目的贷方发生额合计 7 500 000 元减去借方发生额合计6 300 000元即为税前会计利润1 200 000元。

（3）假设乙公司2014年度不存在所得税纳税调整因素。

（4）计算所得税：

应交所得税=1 200 000×25%=300 000（元）

①确认所得税费用：

借：所得税费用　　300 000

　贷：应交税费——应交所得税　　300 000

②将所得税费用结转入“本年利润”科目：

借：本年利润　　300 000

　贷：所得税费用　　300 000

（5）将“本年利润”科目年末余额900 000元（7 500 000－6 300 000－300 000）转入“利润分配——未分配利润”科目：

借：本年利润　　900 000

　贷：利润分配——未分配利润　　900 000

12.3.5　利润分配

企业净利润分配的主要内容主要包括弥补以前年度亏损、提取盈余公积向投资者分配利润等。

为了反映利润分配的数额，应设置“利润分配”科目，并设置“提取盈余公积”、“应付利润”和“盈余公积补亏”等二级科目。“利润分配”科目是“本年利润”科目的抵减科目。

1）弥补以前年度亏损

按所得税法规定，企业某年度发生的纳税亏损，在其后5年内可以用应税所得弥补，从其后第6年开始，只能用净利润弥补。如果净利润还不够弥补亏损，则可以用发生亏损以前提取的盈余公积来弥补（因为从发生亏损的年度开始，在亏损完全弥补之前不应提取盈余公积）。用盈余公积弥补亏损时，应借记“盈余公积”科目，贷记“利润分配——盈余公积补亏”科目。

【例12-35】假定甲公司各年的税前会计利润与应税所得、会计亏损与纳税亏损完全相同。该公司第1年发生亏损900 000元，第2～6年累计的税前利润为810 000元，第6年年末尚有亏损90 000元没有弥补。该企业第7年的税前利润为100 000元，应先按所得税税率25%计算应交所得税25 000元，当年的净利润75 000元可以用来弥补亏损。用净利润弥补亏损以后，仍有亏损15 000元（90 000－75 000）没有弥补。“盈余公积”科目的贷方余额为1 100 000元，用于弥补亏损15 000元。编制会计分录如下：

借：盈余公积　　15 000

　贷：利润分配——盈余公积补亏　　15 000

2）提取盈余公积

企业的净利润在弥补了以前年度亏损以后，如果还有剩余，应按一定比例计提盈余公积，借记“利润分配——提取盈余公积”科目，贷记“盈余公积——法定盈余公积”科目。

【例 12-36】甲公司当年净利润为 335 330 元，以前年度未发生亏损，按当年净利润的 10% 提取法定盈余公积 33 533 元。编制会计分录如下：

借：利润分配——提取盈余公积　　33 533

　贷：盈余公积——法定盈余公积　　33 533

3）有限责任公司向投资者分配利润

企业当年的净利润在扣除弥补以前年度亏损和提取盈余公积以后的数额，再加上年初的未分配利润，即为当年可以向投资者分配利润的限额。企业可以在此限额内，决定向投资者分配利润的具体数额。结转应付投资者利润时，应借记“利润分配——应付利润”科目，贷记“应付利润”科目；实际支付利润时，借记“应付利润”科目，贷记“银行存款”等科目。

【例 12-37】续【例 12-36】，甲公司年初未分配利润为 50 000 元，本年净利润中可以向投资者分配的利润为 301 797 元（335 330-33 533），可以向投资者分配利润的限额为 351 797 元。该企业决定向投资者分配利润 300 000 元，编制会计分录：

借：利润分配——应付利润　　300 000

　贷：应付利润　　300 000

思考题

1. 确认销售商品收入需要满足哪些条件？
2. 销售折让与销售退回的会计处理有何不同？
3. 简述费用与成本的区别。
4. 营业利润、利润总额、净利润如何计算？
5. 会计利润与应纳税所得额有何区别？

练习题

一、单项选择题

1. 采用分期收款的方式销售商品，销售商品确认收入的时点为(　　)。

A. 企业根据需要自行确定收入的确认时点

B. 收到最后一笔款项时确认收入

C. 根据合同规定的付款期限，分期确认收入

D. 确定款项能够收回，企业可以在商品交付时确认收入

2. 对于委托代销方式销售商品，如果采用支付手续费的方式，委托方确认销售商品收入的时点为(　　)。

A. 委托方发出商品的日期　　B. 受托方发出商品的日期

C. 委托方收到代销清单的日期　　D. 收到全部款项的日期

3. 企业销售货物发生的销售折让应记入的会计科目为(　　)。

A. “财务费用”　　B. “管理费用”

C. “销售费用”　　D. 冲减“主营业务收入”

4. 甲公司在2014年3月10日向乙公司销售一批商品，开出的增值税专用发票上注明的销售价格为20 000元，增值税税额为3 400元，为了及早收回货款，甲公司和乙公司约定的现金折扣条件为：2/10，1/20，N/30。假定计算现金折扣时不考虑增值税税额。如果甲公司在2014年3月21日收到货款，那么甲公司应确认的现金折扣金额为(　　)元。

A. 20　　B. 200　　C. 234　　D. 0

5. 2014年7月1日，甲公司与客户签订一项劳务合同，预计2015年5月31日完工，合同总金额为100万元，预计总成本为80万元。截至2014年12月31日，甲公司实际发生合同成本40万元。假定该项劳务合同的结果不能可靠地估计，已收到合同结算价款50万元。12月31日得知该客户发生财务危机，预计剩余款项不能收回。2014年度该项劳务合同应确认的收入为(　　)万元。

A. 100　　B. 40　　C. 50　　D. 0

6. 甲公司于2013年10月接受一项产品安装任务，采用完工百分比法确认劳务收入，预计安装期16个月，合同总收入200万元，合同预计总成本为160万元。至2014年年底已预收款项160万元，余款在安装完成时收回，至2014年12月31日实际累计发生成本为120万元，预计还将发生成本40万元。2013年度已确认收入50万元，则甲公司2014年度应确认的收入为(　　)万元。

A. 150　　B. 160　　C. 120　　D. 100

7. 关于提供劳务收入的确认与计量，下列说法中不正确的是(　　)。

A. 宣传媒介的收费，在相关的广告或商业行为开始出现于公众面前时确认收入

B. 广告的制作费，在相关的广告或商业行为开始出现于公众面前时确认收入

C. 包括在商品售价内可区分的服务费，在提供劳务的期间内分期确认收入

D. 属于提供设备和其他有形资产的特许权使用费，在交付资产或者转移资产所有权时确认收入

8. 新华公司向长江公司转让其商标使用权，约定长江公司每年年末按年销售收入的20%支付使用费，使用期限为5年。2013年长江公司实现销售收入800万元，2014年长江公司实现销售收入1 200万元。假定新华公司均于每年年末收到使用费，不考虑其他因素。新华公司2014年应确认的使用费收入为(　　)万元。

A. 400　　B. 240　　C. 200　　D. 0

9. 在下列各项中，关于收入确认表述正确的是(　　)。

A. 采用预收货款方式销售商品，应在收到货款时确认收入

B. 采用分期收款方式销售商品，应在货款全部收回时确认收入

C. 采用交款提货方式销售商品，应在开出发票收到货款时确认收入

D. 采用支付手续费委托代销方式销售商品，应在发出商品时确认收入

10. 企业销售商品确认收入后，对于客户实际享受的现金折扣，应当(　　)。

A. 确认当期财务费用　　B. 冲减当期主营业务收入

C. 确认当期管理费用　　D. 确认当期主营业务成本

11. 某企业2013年10月承接一项设备安装劳务，劳务合同总收入为200万元，预计合同总成本为140万元，合同价款在签订合的同时已收取，采用完工百分比法确认劳务收入。2013年已确认劳务收入80万元，截至2014年12月31日，该劳务的累计完工进度为60%。2014年该企业应确认的劳务收入为(　　)万元。

A. 36　　B. 40　　C. 72　　D. 120

12. 对于企业已经发出商品但尚未确认销售收入的商品成本，应做出的会计处理是(　　)。

A. 借：应收账款　贷：库存商品

B. 借：应收账款　贷：主营业务收入

C. 借：主营业务成本　贷：库存商品

D. 借：发出商品　贷：库存商品

13. 某企业某月销售商品发生商业折扣20万元、现金折扣15万元、销售折让25万元。该企业上述业务计入当月财务费用的金额为(　　)万元。

A. 15　　B. 20　　C. 35　　D. 45

14. 对于在合同中规定了买方有权退货条款的销售，如无法合理确定退货的可能性，则符合商品销售收入确认条件的时点是(　　)。

A. 发出商品时　　B. 收到货款时

C. 签订合同时　　D. 买方正式接受商品或退货期满时

15. 企业采用支付手续费方式委托代销商品，委托方确认商品销售收入的时间是(　　)。

A. 签订代销协议时　　B. 发出商品时

C. 收到代销清单时　　D. 收到代销款时

16. 在下列各项中，应记入“管理费用”的是(　　)。

A. 预计产品质量保证损失　　B. 聘请中介机构年报审计费

C. 专设售后服务网点的职工薪酬　　D. 企业负担的生产职工养老保险费

17. 2014年5月，甲公司销售商品实际应交增值税38万元、应交消费税20万元，提供运输劳务实际应交营业税15万元；适用的城市维护建设税税率为7%，教育费附加为3%，假定不考虑其他因素，甲公司当月应列入利润表“营业税金及附加”项目的金额为(　　)万元。

A. 7.30　　B. 38.50　　C. 42.30　　D. 80.30

18. 甲企业2014年取得了国库券投资的利息为60 000元，其他公司债券投资利息140 000元，全年税前利润为1 380 000元，所得税税率为25%。无其他纳税调整项目，则2014年该企业的净利润为(　　)元。

A. 1 070 000　　B. 1 035 000　　C. 1 050 000　　D. 1 085 000

19. 某工业企业本期营业利润为200万元，管理费用为15万元，投资收益为30万元，营业外支出5万元，所得税费用为30万元。假定不考虑其他因素，该企业本期净利润为(　　)万元。

A. 160　　B. 165　　C. 200　　D. 210

20. 某企业2013年发生亏损200万元，2014年实现税前会计利润500万元，其中包括国债利息收入20万元；在营业外支出中有税收滞纳金罚款30万元；所得税率为25%。则企业2014年的所得税费用为(　　)万元。

A. 112. 5　　B. 130　　C. 150　　D. 77. 5

二、多项选择题

1. 下列各项，符合收入要素定义，可确认为收入的有(　　)。

A. 销售材料取得的货款　　B. 销售商品取得的货款

C. 银行取得的利息收入　　D. 出售可供出售金融资产取得的款项

2. 下列各项，转移商品所有权凭证并交付实物后，与商品所有权有关的主要风险和报酬未随之转移的有(　　)。

A. 企业销售的商品在质量、品种、规格等方面不符合合同或协议要求，又未根据正常的保证条款予以弥补

B. 企业销售商品的收入是否能够取得，取决于购买方是否已将商品销售出去

C. 企业尚未完成售出商品的安装或检验工作，且安装或检验工作是销售合同或协议的重要组成部分

D. 销售合同或协议中规定了买方由于特定原因有权退货的，并且企业可以确定退货的可能性

3. 甲公司为了促进销售，采用以旧换新的方式销售商品。2014年12月1日销售冷暖空调一台，销售价款为5 800元（不含增值税），同时将旧空调以400元的价格回购，甲公司对该事项的处理正确的有(　　)。

A. 甲公司按照销售价款减去回购旧电视的款项确认收入

B. 销售的电视机按照销售商品确认收入，回购的旧电视机按照购入商品处理

C. 确认的主营业务收入的金额为5 800元

D. 增值税销项税额按照销售商品的价款为基础确定

4. 新华股份有限公司（以下简称新华公司）为境内上市公司，属于增值税一般纳税人，适用的增值税税率为17%。2014年12月15日，新华公司采用托收承付方式向甲公司销售一批商品，成本为150万元，开出的增值税专用发票上注明的售价为200万元，增值税税额为34万元。该批商品已经发出，并已向银行办妥托收手续。此时得知甲公司在另一项交易中发生巨额损失，资金周转十分困难，已经拖欠其他公司的货款，预计增值税税款可全部收回，则新华公司对甲公司的销售业务，下列处理中正确的有(　　)。

A. 新华公司应在办妥托收手续时确认收入

B. 新华公司发出商品时，应借记“发出商品”科目，贷记“库存商品”科目
C. 新华公司发出商品时，应借记“应收账款”科目，贷记“应交税费——应交增值税（销项税额）”科目
D. 新华公司在发出商品时不应确认收入

5. 下列对于附有销售退回条件的商品销售处理正确的有(　　)。
A. 附有销售退回条件的商品销售在退货期满时确认收入
B. 附有销售退回条件的商品销售在发出商品时确认收入
C. 附有销售退回条件的商品销售，如果企业根据以往经验能够合理估计退货的可能性且确认与退货相关负债的，通常应在发出商品时确认收入
D. 附有销售退回条件的商品销售，如果企业不能合理估计退货的可能性，通常应在售出商品退货期满时确认收入

6. 下列关于收入确认的表述，正确的有(　　)。
A. 合同或协议价款的收取采用递延方式，如分期收款销售商品，实质上具有融资性质的，应当按照应收的合同或协议价款确定销售商品收入金额
B. 采用视同买断代销方式在受托方取得代销商品后，无论是否能够卖出、是否获利均与委托方无关时，委托方应在发出商品时确认收入
C. 销售商品涉及商业折扣的，应当按照扣除商业折扣后的金额确定销售商品收入金额
D. 售出商品需要安装和检验的，且安装和检验是商品销售的重要组成部分的，在购买方接受交货以及安装和检验完毕前，销售方通常不应确认收入

7. 在委托代销商品业务中，委托方确认收入的时点包括(　　)。
A. 受托方在支付货款时　　B. 委托方在收到代销清单时
C. 委托方在交付商品时　　D. 受托方在收到商品时

8. 下列关于使用费收入的处理，说法正确的有(　　)。
A. 如果合同或协议规定一次性收取使用费，且不提供后续服务的，应当视同销售该项资产一次性确认收入
B. 如果合同或协议规定一次性收取使用费，提供后续服务的，应在合同或协议规定的有效期内分期确认收入
C. 如果合同或协议规定分期收取使用费的，通常应按合同或协议规定的收款时间和金额或规定的收费方法计算确定的金额分期确认收入
D. 如果合同或协议规定一次性收取使用费的，应视同销售该资产一次性确认收入

9. 按我国会计准则的规定，让渡资产使用权取得的收入包括(　　)。
A. 商品销售收入　　B. 处置无形资产取得的收益
C. 转让软件的使用权取得的收入　　D. 利息收入

10. 下列各项收入，属于工业企业的其他业务收入的有(　　)。
A. 提供运输劳务所取得的收入　　B. 转让软件使用权的使用费收入

C. 出租无形资产所取得的收入　　D. 提供加工装配劳务所取得的收入

11. 下列各项，应计入财务费用的有(　　)。

A. 银行承兑汇票手续费　　B. 购买交易性金融资产手续费

C. 外币应收账款汇兑损失　　D. 商业汇票贴现发生的贴现息

12. 下列各项，属于工业企业应计入其他业务成本的有(　　)。

A. 销售材料的成本　　B. 出售单独计价包装物的成本

C. 出租包装物的成本　　D. 经营租赁出租设备计提的折旧

13. 下列各项，应计入期间费用的有(　　)。

A. 销售商品发生的销售折让　　B. 销售商品发生的售后服务费

C. 销售商品发生的商业折扣　　D. 委托代销商品支付的手续费

14. 下列各项，应计入营业税金及附加的有(　　)。

A. 处置无形资产应交的营业税　　B. 销售商品应交的增值税

C. 销售应税产品的资源税　　D. 销售应税消费品应交的消费税

15. 下列科目中期末余额应转入“本年利润”的有(　　)。

A. “财务费用”　　B. “主营业务收入”

C. “营业外收入”　　D. “递延收益”

三、判断题

1. 申请入会费和会员费只允许取得会籍，所有其他服务或商品都要另行收费的，在整个收益期内分期确认收入。(　　)

2. 采用预收款方式销售商品的，通常在预收款项时确认收入。(　　)

3. 商品需要安装和检验的销售，如果安装程序比较简单或检验是为了最终确定合同或协议价格而必须进行的程序，销售方可以在发出商品时确认收入。

(　　)

4. 企业销售商品涉及商业折扣的，应当按照扣除商业折扣前的金额确定销售商品收入金额。(　　)

5. 对于已确认收入的售出商品发生退回的，企业应按已记入“发出商品”科目的商品成本金额，借记“库存商品”科目，贷记“发出商品”科目。(　　)

6. 采取以旧换新方式销售商品的，应按销售商品价格与回收的旧商品的价格之间的差额确认为销售商品收入。(　　)

7. 在通常情况下，以固定价格回购的售后回购交易属于融资交易，商品所有权上的主要风险和报酬没有转移，企业不应确认收入。(　　)

8. 企业在资产负债表日对于提供劳务收入，应当采用完工百分比法确认提供劳务收入。(　　)

9. 属于提供设备和其他有形资产的特许权费，在整个受益期内分期确认收入。

(　　)

10. 具有融资性质的分期收款销售商品，应当在收取款项时分期确认收入。

(　　)

四、业务处理题

1. 长江股份有限公司（以下简称长江公司），为增值税一般纳税人，适用的增值税税率为17%，以下为长江公司2014年的一项销售业务：

（1）1月1日向甲公司销售产品100 000件，每件售价均为500元，每件成本均为400元。长江公司已于当日发货，同时收到甲公司支付的部分货款30 000 000元。销售协议规定6月30日前甲公司有权退回该商品在市场上的滞销部分，长江公司按照经验估计该批产品在市场上滞销部分约占5%。

（2）2月10日长江公司收到其余28 500 000元货款。

（3）6月30日，长江公司销售的上述产品的退货率为4%，双方结算退货款。

要求：做出长江公司上述业务的相关账务处理。

2. 长江公司为增值税一般纳税人，适用的增值税税率为17%。销售单价除特殊标明外，均为不含增值税的价格。长江公司2014年12月份的相关业务如下：

（1）12月1日，向甲公司销售A商品一批，以托收承付结算方式进行结算。该批商品的成本为4 000 000元，增值税专用发票上注明的售价为5 000 000元。新华公司于当日发出商品并已办妥托收手续后，得知甲公司资金周转发生严重困难，很可能难以支付货款，相关纳税义务已经发生。

（2）12月10日，销售一批B商品给乙公司，增值税专用发票上注明的售价为50 000元，实际成本为40 000元，长江公司已确认收入，货款尚未收到。货到后乙公司发现商品质量不合格，要求在价格上给予10%的折让，12月12日长江公司同意并办理了有关手续和开具红字增值税专用发票。

（3）12月11日，与丙公司签订代销协议：丙公司委托长江公司销售其商品1 000件，协议规定：长江公司应按每件5 000元的价格对外销售，丙公司按售价的10%支付长江公司手续费。长江公司当日收到商品。

（4）12月15日接受一项电梯安装任务，安装期2个月，合同总价款600 000元，至年末已预收款项400 000元，实际发生成本250 000元，均为人工费用，预计还会发生成本150 000元，按实际发生的成本占估计总成本的比例确定劳务的完成进度。

（5）2014年6月28日，长江公司与丁公司签订协议，向丁公司销售商品一批，增值税专用发票上注明售价为40 000元。协议规定，长江公司应在6个月后将商品购回，回购价为46 000元。2014年12月28日购回上述销售商品，价款已支付，商品并未发出。已知该商品的实际成本为45 000元。（假设只考虑增值税）

要求：根据上述业务编制相关会计分录。

3. 甲公司为增值税一般纳税人，增值税税率为17%。商品销售价格不含增值税，在确认销售收入时逐笔结转销售成本。假定不考虑其他相关税费。2010年6月份甲公司发生如下业务：

（1）6月2日，向乙公司销售A商品1 600件，标价总额为800万元（不含增值税），商品实际成本为480万元。为了促销，甲公司给予乙公司15%的商业折扣并开具了增值税专用发票。甲公司已发出商品，并向银行办理了托收手续。

（2）6 月 10 日，因部分 A 商品的规格与合同不符，乙公司退回 A 商品 800 件。当日，甲公司按规定向乙公司开具增值税专用发票（红字），销售退回允许扣减当期增值税销项税额，退回商品已验收入库。

（3）6 月 15 日，甲公司将部分退回的 A 商品作为福利发放给本公司职工，其中生产工人 500 件，行政管理人员 40 件，专设销售机构人员 60 件，该商品每件市场价格为 0.4 万元（与计税价格一致），实际成本 0.3 万元。

（4）6 月 25 日，甲公司收到丙公司来函。来函提出，2010 年 5 月 10 日从甲公司所购 B 商品不符合合同规定的质量标准，要求甲公司在价格上给予 10% 的销售折让。该商品售价为 600 万元，增值税额为 102 万元，货款已结清。经甲公司认定，同意给予折让并以银行存款退还折让款，同时开具了增值税专用发票（红字）。

除上述资料外，不考虑其他因素。

要求：

（1）逐笔编制甲公司上述业务的会计分录。

（2）计算甲公司 6 月份主营业务收入总额。

（“应交税费”科目要求写出明细科目及专栏名称；答案中的金额单位用万元表示）

第13章

财务报告

13.1 财务报告概述

13.1.1 财务报告及其目标

财务报告是指企业对外提供的反映企业某一特定日期的财务状况和某一会计期间的经营成果、现金流量等会计信息的文件。财务报告包括财务报表和其他应当在财务报告中披露的相关信息和资料。

财务报告的目标，是向财务报告使用者提供与企业财务状况、经营成果和现金流量等有关的会计信息，反映企业管理层受托责任履行情况，有助于财务报告使用者做出经济决策。财务报告使用者通常包括投资者、债权人、政府及其有关部门和社会公众等。

13.1.2 财务报表的构成

财务报表是对企业财务状况、经营成果和现金流量的结构性表述。一套完整的财务报表至少应当包括资产负债表、利润表、现金流量表、所有者权益（或股东权益）变动表以及附注。

资产负债表、利润表和现金流量表分别从不同角度反映企业的财务状况、经营成果和现金流量。资产负债表反映企业特定日期所拥有的资产、需偿还的债务以及股东（投资者）拥有的净资产情况；利润表反映企业在一定期间的经营成果即利润或亏损的情况，表明企业运用所拥有的资产的获利能力；现金流量表反映企业在一定会计期间的现金和现金等价物流入和流出的情况。

所有者权益变动表反映构成所有者权益的各组成部分当期的增减变动情况。企业的净利润及其分配情况是所有者权益变动的组成部分，相关信息已经在所有者权益变动表及其附注中反映，企业不需要再单独编制利润分配表。

附注是财务报表不可或缺的组成部分，是对在资产负债表、利润表、现金流量表和所有者权益变动表等报表中列示项目的文字描述或明细资料，以及对未能在这些报表中列示项目的说明等。

13.1.3 财务报表列报的基本要求

1）依据各项会计准则确认和计量的结果编制财务报表

企业应当根据实际发生的交易和事项，按照各项具体会计准则的规定进行确认和计量，并在此基础上编制财务报表。企业应当在附注中对这一情况做出声明，只有遵循了企业会计准则的所有规定时，财务报表才应当被称为“遵循了企业会计准则”。

企业不应以在附注中披露代替对交易和事项的确认和计量。也就是说，企业如果采用不恰当的会计政策，不得通过在附注中披露等其他形式予以更正。

2）列报基础

在编制财务报表的过程中，企业董事会应当对企业持续经营的能力进行评价，需要考虑的因素包括市场经营风险、企业目前或长期的盈利能力、偿债能力、财务弹性以及企业管理层改变经营政策的意向等。评价后对企业持续经营的能力产生严重怀疑的，应当在附注中披露导致对持续经营能力产生重大怀疑的重要的不确定因素。

非持续经营是企业在极端情况下呈现的一种状态。企业存在以下情况之一的，通常表明企业处于非持续经营状态：（1）企业已在当期进行清算或停止营业；（2）企业已经正式决定在下一个会计期间进行清算或停止营业；（3）企业已确定在当期或下一个会计期间没有其他可供选择的方案而将被迫进行清算或停止营业。企业处于非持续经营状态时，应当采用其他基础编制财务报表。比如，企业处于破产状态时，其资产应当采用可变现净值计量，负债应当按照其预计的结算金额计量等。在非持续经营情况下，企业应当在附注中声明财务报表未以持续经营为基础列报，披露未以持续经营为基础的原因以及财务报表的编制基础。

3）重要性和项目列报

关于项目在财务报表中是单独列报还是合并列报，应当依据重要性原则来判断。重要性是判断项目是否单独列报的重要标准。企业在进行重要性判断时，应当根据所处环境，从项目的性质和金额大小两方面予以判断：一方面，应当考虑该项目的性质是否属于企业日常活动、是否对企业的财务状况和经营成果具有较大影响等因素；另一方面，判断项目金额大小的重要性，应当通过单项金额占资产总额、负债总额、所有者权益总额、营业收入总额、净利润等直接相关项目金额的比重加以确定。具体而言：

（1）性质或功能不同的项目，一般应当在财务报表中单独列报，比如存货和固定资产在性质上和功能上都有本质差别，必须分别在资产负债表上单独列报，但是不具有重要性的项目可以合并列报。

（2）性质或功能类似的项目，一般可以合并列报，但是对其具有重要性的类别应该单独列报。比如原材料、在产品等项目在性质上类似，均通过生产过程形成企业的产品存货，因此可以合并列报，合并之后的类别统称为“存货”在资产负债表上列报。

（3）项目单独列报的原则不仅适用于报表，还适用于附注。某些项目的重要性程度不足以在资产负债表、利润表、现金流量表或所有者权益变动表中单独列报，但是可能对附注而言却具有重要性，在这种情况下应当在附注中单独披露。

（4）无论是财务报表列报准则规定的单独列报项目，还是其他具体会计准则规定单独列报的项目，企业都应当予以单独列报。

4）列报的一致性

可比性是会计信息质量的一项重要质量要求，目的是使同一企业不同期间和同一期间不同企业的财务报表相互可比。为此，财务报表项目的列报应当在各个会计期间保持一致，不得随意变更。这一要求不仅只针对财务报表中的项目名称，还包括财务报表项目的分类、排列顺序等方面。

在以下规定的特殊情况下，财务报表项目的列报是可以改变的：（1）会计准则要求改变；（2）当企业经营业务的性质发生重大变化后，变更财务报表项目的列报能够提供更可靠、更相关的会计信息。

5）财务报表项目金额间的相互抵消

财务报表项目应当以总额列报，资产和负债、收入和费用不能相互抵消，即不得以净额列报，但企业会计准则另有规定的除外。比如，企业欠客户的应付账款不得与其他客户欠本企业的应收账款相抵消，如果相互抵消就掩盖了交易的实质。

下列两种情况不属于抵消，可以以净额列示：（1）资产项目按扣除减值准备后的净额列示，不属于抵消。对资产计提减值准备，表明资产的价值确实已经发生减损，按扣除减值准备后的净额列示，才反映了资产当时的真实价值；（2）非日常活动的发生具有偶然性，并非企业主要的业务，从重要性来讲，非日常活动产生的损益以收入扣减费用后的净额列示，更有利于报表使用者的理解，也不属于抵消。

6）比较信息的列报

企业在列报当期财务报表时，至少应当提供所有列报项目在上一可比会计期间内的比较数据，以及与理解当期财务报表相关的说明，目的是向报表使用者提供对比数据，从而提高信息在会计期间内的可比性，以反映企业财务状况、经营成果和现金流量的发展趋势，提高报表使用者的判断与决策能力。

在财务报表项目的列报确需发生变更的情况下，企业应当对上期比较数据按照当期的列报要求进行调整，并在附注中披露调整的原因和性质，以及调整的各项目金额。但是，在某些情况下，对上期比较数据进行调整不是切实可行的，则应当在附注中披露不能调整的原因。

7）财务报表表首的列报要求

财务报表一般分为表首、正表两部分，其中，在表首部分企业应当概括地说明下列基本信息：（1）编报企业的名称，如企业名称在所属当期发生了变更的，还应明确标明；（2）对资产负债表而言，须披露资产负债表日，而对利润表、现金流量表、所有者权益变动表而言，则须披露报表涵盖的会计期间；（3）货币名称和单位，按照我国企业会计准则的规定，企业应当以人民币作为记账本位币列报，并标明金额单位，如人民币元、人民币万元等；（4）财务报表是合并财务报表的，应当予以标明。

8）报告期间

企业至少应当编制年度财务报表。根据《中华人民共和国会计法》的规定，会计年度自公历1月1日起至12月31日止。因此，在编制年度财务报表时，可能存在年度财务报表涵盖的期间短于一年的情况，比如企业在年度中间（如3月1日）开始设立等，在这种情况下，企业应当披露年度财务报表的实际涵盖期间及其短于一年的原因，并说明由此引起财务报表项目与比较数据不具可比性这一事实。

13.2 资产负债表

13.2.1 资产负债表概述

资产负债表是指反映企业在某一特定日期的财务状况的报表。资产负债表主要反映资产、负债和所有者权益三方面的内容，并满足“资产=负债+所有者权益”的平衡式。

1）资产

资产，反映由过去的交易或事项形成并由企业在某一特定日期所拥有或控制的，预期会给企业带来经济利益的资源。资产应当按照流动资产和非流动资产两大类别在资产负债表中列示，在流动资产和非流动资产类别下进一步按性质分项列示。

流动资产是指预计在一个正常营业周期中变现、出售或耗用，或者主要为交易目的而持有，或者预计在资产负债表日起一年内（含一年）变现的资产，或者自资产负债表日起一年内交换其他资产或清偿负债的能力不受限制的现金或现金等价物。在资产负债表中列示的流动资产项目通常包括：货币资金、以公允价值计量且其变动计入当期损益的金融资产、应收票据、应收账款、预付款项、应收利息、应收股利、其他应收款、存货和一年内到期的非流动资产等。

非流动资产是指流动资产以外的资产。在资产负债表中列示的非流动资产项目通常包括：可供出售金融资产、持有至到期投资、长期应收款、长期股权投资、固定资产、在建工程、工程物资、固定资产清理、无形资产、开发支出、长期待摊费用以及其他非流动资产等。

2）负债

负债，反映在某一特定日期企业所承担的、预期会导致经济利益流出企业的现时义务。负债应当按照流动负债和非流动负债在资产负债表中进行列示，在流动负债和非流动负债类别下再进一步按性质分项列示。

流动负债是指预计在一个正常营业周期中清偿，或者主要为交易目的而持有，或者自资产负债表日起一年内（含一年）到期应予以清偿，或者企业无权自主地将清偿推迟至资产负债表日后一年以上的负债。在资产负债表中列示的流动负债项目通常包括：短期借款、应付票据、应付账款、预收款项、应付职工薪酬、应交税费、应付利息、应付股利、其他应付款、一年内到期的非流动负债等。

非流动负债是指除流动负债以外的负债。非流动负债项目通常包括：长期借款、应付债券和其他非流动负债等。

3）所有者权益

所有者权益是指企业资产扣除负债后的剩余权益，反映企业在某一特定日期股东（投资者）拥有的净资产的总额。所有者权益一般按照实收资本、资本公积、盈余公积和未分配利润分项列示。

13.2.2　资产负债表的结构

我国企业的资产负债表采用账户式结构。账户式资产负债表分左右两方，左方为资产项目，大体按资产的流动性大小排列，流动性大的资产如“货币资金”、“以公允价值计量且其变动计入当期损益的金融资产”等排在前面，流动性小的资产如“长期股权投资”、“固定资产”等排在后面。右方为负债及所有者权益项目，一般按要求按清偿时间的先后顺序排列，“短期借款”、“应付票据”、“应付账款”等需要在一年以内或者长于一年的一个正常营业周期内偿还的流动负债排在前面，“长期借款”等在一年以上才需偿还的非流动负债排在中间，在企业清算之前不需要偿还的所有者权益项目排在后面。

账户式资产负债表中的资产各项目的合计等于负债和所有者权益各项目的合计，即资产负债表左方和右方平衡。因此，通过账户式资产负债表，可以反映资产、负债、所有者权益之间的内在关系，即“资产=负债+所有者权益”。

13.2.3　资产负债表项目的填列方法

资产负债表各项目均需填列“年初余额”和“期末余额”两栏。其中“年初余额”栏目内个项目数字，应根据上年末资产负债表的“期末余额”栏内所列数字填列。“期末余额”栏主要有以下几种填列方法：

（1）根据总账科目余额填列。例如“以公允价值计量且其变动计入当期损益的金融资产”、“短期借款”、“应付票据”、“应付职工薪酬”等项目，根据“以公允价值计量且其变动计入当期损益的金融资产”、“短期借款”、“应付票据”、“应付职工薪酬”各总账科目的余额直接填列。有些项目则需根据几个总账科目的期末余额计算填列，例如“货币资金”项目，需根据“库存现金”、“银行存款”、“其他货币资金”三个总账科目的期末余额的合计数填列。

（2）根据明细账科目余额计算填列。例如“应付账款”项目，需要根据“应付账款”和“预付款项”两个科目所属的相关明细科目的期末贷方余额计算填列；“应收账款”项目，需要根据“应收账款”和“预收款项”两个科目所属的相关明细科目的期末借方余额，减去“坏账准备”科目中有关应收账款计提的坏账准备期末余额后的金额计算填列。

（3）根据总账科目和明细账科目余额分析计算填列。例如“长期借款”项目，需要根据“长期借款”总账科目余额扣除“长期借款”科目所属的明细科目中将在一年内到期且企业不能自主地将清偿义务延期的长期借款后的金额计算填列 。

（4）根据有关科目余额减去其备抵科目余额后的净额填列。例如在资产负债表中“应收票据”、“应收账款”、“长期股权投资”、“在建工程”等项目，应当根据“应收票据”、“应收账款”、“长期股权投资”、“在建工程”等科目的期末余额减去“坏账准备”、“长期股权投资减值准备”、“在建工程减值准备”等科目余额后的净额填列。“投资性房地产”、“固定资产”项目，应当根据“投资性房地产”、“固定资产”科目的期末余额减去“投资性房地产累计折旧”、“累计折旧”、“投资性房地产减值准备”、“固定资产减值准备”等科目余额后的净额填列；“无形资产”项目，应当根据“无形资产”科目的期末余额，减去“累计摊销”、“无形资产减值准备”等科目余额后的净额填列 。

(5) 综合运用上述填列方法分析填列。例如在资产负债表中的“存货”项目，需要根据“原材料”、“委托加工物资”、“周转材料”、“材料采购”、“在途物资”、“发出商品”、“材料成本差异”等总账科目期末余额的分析汇总数，再减去“存货跌价准备”科目余额后的净额填列。

13.2.4 资产负债表项目的填列说明

在资产负债表中资产、负债和所有者权益主要项目的填列说明如下：

1) 资产项目的填列说明

(1)“货币资金”项目，反映企业库存现金、银行结算户存款、外埠存款、银行汇票存款、银行本票存款、信用卡存款、信用证保证金存款等的合计数。本项目应根据“库存现金”、“银行存款”、“其他货币资金”科目期末余额的合计数填列 。

(2)“以公允价值计量且其变动计入当期损益的金融资产”项目，反映企业持有的以公允价值计量且其变动计入当期损益的为交易目的所持有的债券投资、股票投资、基金投资、权证投资等金融资产。本项目应当根据“交易性金融资产”科目的期末余额填列。

(3)“应收票据”项目，反映企业因销售商品、提供劳务等而收到的商业汇票，包括银行承兑汇票和商业承兑汇票。本项目应根据“应收票据”科目的期末余额，减去“坏账准备”科目中有关应收票据计提的坏账准备期末余额后的净额填列。

(4)“应收账款”项目，反映企业因销售商品、提供劳务等经营活动应收取的款项。本项目应根据“应收账款”和“预收账款”科目所属各明细科目的期末借方余额合计数，减去“坏账准备”科目中有关应收账款计提的坏账准备期末余额后的净额填列。如果“应收账款”科目所属明细科目期末有贷方余额的，应在资产负债表“预收款项”项目内填列。

(5)“预付款项”项目，反映企业按照购货合同规定预付给供应单位的款项等。本项目应根据“预付账款”和“应付账款”科目所属各明细科目的期末借方余额合计数，减去“坏账准备”科目中有关预付账款计提的坏账准备期末余额后的净额填列。如果“预付账款”科目所属明细科目期末有贷方余额的，应在资产负债表“应付账款”项目内填列。

(6)“应收利息”项目，反映企业应收取的债券投资等的利息。本项目应根据“应收利息”科目的期末余额，减去“坏账准备”科目中有关应收利息计提的坏账准备期末余额后的净额填列。

(7)“应收股利”项目，反映企业应收取的现金股利和应收取其他单位分配的利润。本项目应根据“应收股利”科目的期末余额，减去“坏账准备”科目中有关应收股利计提的坏账准备期末余额后的净额填列。

(8)“其他应收款”项目，反映企业除应收票据、应收账款、预付账款、应收股利、应收利息等经营活动以外的其他各种应收、暂付的款项。本项目应根据“其他应收款”科目的期末余额，减去“坏账准备”科目中有关其他应收款计提的坏账准备期末余额后的净额填列。

(9)“存货”项目，反映企业期末在库、在途和在加工中的各种存货的可变现净值。存货包括各种材料、商品、在产品、半成品、包装物、低值易耗品、委托代销商品等。本项目应根据“材料采购”、“原材料”、“低值易耗品”、“库存商品”、“周转材料”、“委托加工物资”、“委托代销商品”、“生产成本”等科目的期末余额合计数，减去“存货跌价准备”科目期末余额后的净额填列。材料采用计划成本核算，以及库存商品采用计划成本核算或售价核算的企业，还应按加或减材料成本差异后的金额填列。

(10)“一年内到期的非流动资产”项目，反映企业将于一年内到期的非流动资产项目金额。本项目应根据有关科目的期末余额分析填列。

(11)“长期股权投资”项目，反映企业持有的对子公司、联营企业和合营企业的长期股权投资。本项目应根据“长期股权投资”科目的期末余额，减去“长期股权投资减值准备”科目的期末余额后的净额填列。

(12)“固定资产”项目，反映企业各种固定资产原价减去累计折旧和减值准备后的净值。本项目应根据“固定资产”科目的期末余额，减去“累计折旧”和“固定资产减值准备”科目期末余额后的净额填列。

(13)“在建工程”项目，反映企业期末各项未完工程的实际支出，包括交付安装的设备价值、未完建筑安装工程已经耗用的材料、工资和费用支出等项目的可收回金额。本项目应根据“在建工程”科目的期末余额，减去“在建工程减值准备”科目期末余额后的净额填列。

(14)“工程物资”项目，反映企业尚未使用的各项工程物资的实际成本。本项自应根据“工程物资”科目的期末余额填列。

(15)“固定资产清理”项目，反映企业因出售、毁损、报废等原因转入清理但尚未清理完毕的固定资产的净值，以及在固定资产清理过程中所发生的清理费用和变价收入等各项金额的差额。本项目应根据“固定资产清理”科目的期末借方余额填列，如“固定资产清理”科目期末为贷方余额，以“-”号填列。

(16)“无形资产”项目，反映企业持有的专利权、非专利技术、商标权、著作权、土地使用权等无形资产的成本减去累计摊销和减值准备后的净值。本项目应根据“无形资产”科目的期末余额，减去“累计摊销”和“无形资产减值准备”科目期末余额后的净额填列。

（17）“开发支出”项目，反映企业在开发无形资产过程中能够资本化形成无形资产成本的支出部分。本项目应当根据“研发支出”科目中所属的“资本化支出”明细科目期末余额填列。

（18）“长期待摊费用”项目，反映企业已经发生但应由本期和以后各期负担的分摊期限在一年以上的各项费用。长期待摊费用中在一年内（含一年）摊销的部分，在资产负债表“一年内到期的非流动资产”项目填列。本项目应根据“长期待摊费用”科目的期末余额减去将于一年内（含一年）摊销的数额后的金额分析填列。

（19）“其他非流动资产”项目，反映企业除长期股权投资、固定资产、在建工程、工程物资、无形资产等以外的其他非流动资产。本项目应根据有关科目的期末余额填列。

2）负债项目的填列说明

（1）“短期借款”项目，反映企业向银行或其他金融机构等借入的期限在一年以下（含一年）的各种借款。本项目应根据“短期借款”科目的期末余额填列。

（2）“应付票据”项目，反映企业因购买材料、商品和接受劳务供应等而开出、承兑的商业汇票，包括银行承兑汇票和商业承兑汇票。本项目应根据“应付票据”科目的期末余额填列。

（3）“应付账款”项目，反映企业因购买材料、商品和接受劳务供应等经营活动应支付的款项。本项目应根据“应付账款”和“预付账款”科目所属各明细科目的期末贷方余额合计数填列。如果“应付账款”科目所属明细科目期末有借方余额的，应在资产负债表“预付款项”项目内填列。

（4）“预收款项”项目，反映企业按照购货合同规定预收供应单位的款项。本项目应根据“预收账款”和“应收账款”科目所属各明细科目的期末贷方余额合计数填列。如果“预收账款”科目所属明细科目期末有借方余额的，应在资产负债表“应收账款”项目内填列。

（5）“应付职工薪酬”项目，反映企业根据有关规定应付给职工的工资、职工福利、社会保险费、住房公积金、工会经费、职工教育经费、非货币性福利、辞退福利等各种薪酬。外商投资企业按规定从净利润中提取的职工奖励及福利基金，也在本项目列示。

（6）“应交税费”项目，反映企业按照税法规定计算应缴纳的各种税费，包括增值税、消费税、营业税、所得税、资源税、土地增值税、城市维护建设税、房产税、土地使用税、车船税、教育费附加、矿产资源补偿费等。企业代扣代缴的个人所得税，也通过本项目列示。企业所缴纳的税金不需要预计应交数的，如印花税、耕地占用税等，不在本项目列示。本项目应根据“应交税费”科目的期末贷方余额填列，如果“应交税费”科目期末为借方余额，应以“-”号填列。

（7）“应付利息”项目，反映企业按照规定应当支付的利息，包括分期付息到期还本的长期借款应支付的利息、企业发行的企业债券应支付的利息等。本项目应根据“应付利息”科目的期末余额填列。

(8)“应付股利”项目，反映企业应付未付的现金股利或利润。企业分配的股票股利，不通过本项目列示。本项目应根据“应付股利”科目的期末余额填列。

(9)“其他应付款”项目，反映企业除应付票据、应付账款、预收账款、应付职工薪酬、应付股利、应付利息、应交税费等经营活动以外的其他各项应付、暂收的款项。本项目应根据“其他应付款”科目的期末余额填列。

(10)“一年内到期的非流动负债”项目，反映企业的非流动负债中将于资产负债表日后一年内到期部分的金额，如将于一年内偿还的长期借款。本项目应根据有关科目的期末余额分析填列。

(11)“长期借款”项目，反映企业向银行或其他金融机构借入的期限在一年以上（不含一年）的各项借款。本项目应根据“长期借款”科目的期末余额填列。

(12)“应付债券”项目，反映企业为筹集长期资金而发行的债券本金（和利息)。本项目应根据“应付债券”科目的期末余额填列。

(13)“其他非流动负债”项目，反映企业除长期借款、应付债券等项目以外的其他非流动负债。本项目应根据有关科目的期末余额填列。其他非流动负债项目应根据有关科目期末余额减去将于一年内（含一年）到期偿还数后的余额分析填列。非流动负债各项目中将于一年内（含一年）到期的非流动负债，应在“一年内到期的非流动负债”项目内反映。

3）所有者权益项目的填列说明

(1)“实收资本（或股本)”项目，反映企业各投资者实际投入的资本（或股本）总额。本项目应根据“实收资本（或股本)”科目的期末余额填列。

(2)“资本公积”项目，反映企业资本公积的期末余额。本项目应根据“资本公积”科目的期末余额填列。

(3)“盈余公积”项目，反映企业盈余公积的期末余额。本项目应根据“盈余公积”科目的期末余额填列。

(4)“未分配利润”项目，反映企业尚未分配的利润。本项目应根据“本年利润”科目和“利润分配”科目的余额计算填列。未弥补的亏损在本项目内以“-”号填列。

13.2.5 资产负债表编制示例

【例13-1】天华股份有限公司2012年12月31日的资产负债表（年初余额略）及2013年12月31日的科目余额表分别见表13-1和表13-2。假设天华股份有限公司2013年度除计提固定资产减值准备导致固定资产账面价值与其计税基础存在可抵扣暂时性差异外，其他资产和负债项目的账面价值均等于其计税基础。假定天华公司未来很可能获得足够的应纳税所得额用来抵扣可抵扣暂时性差异，适用的所得税税率为25%。

表 13-1 **资产负债表** 会企 01 表

编制单位：天华股份有限公司 2012 年 12 月 31 日 单位：元

资　产	期末余额	年初余额	负债和所有者权益（股东权益）	期末余额	年初余额
流动资产：			流动负债：		
货币资金	1 406 300		短期借款	300 000	
以公允价值计量且其变动计入当期损益的金融资产	15 000		以公允价值计量且其变动计入当期损益的金融负债	0	
应收票据	246 000		应付票据	200 000	
应收账款	299 100		应付账款	953 800	
预付款项	100 000		预收款项	0	
应收利息	0		应付职工薪酬	110 000	
应收股利	0		应交税费	36 600	
其他应收款	5 000		应付利息	1 000	
存货	2 580 000		应付股利	0	
一年内到期的非流动资产	0		其他应付款	50 000	
其他流动资产	100 000		一年内到期的非流动负债	1 000 000	
流动资产合计	4 751 400		其他流动负债	0	
非流动资产：			流动负债合计	2 651 400	
可供出售金融资产	0		非流动负债：		
持有至到期投资	0		长期借款	600 000	
长期应收款	0		应付债券	0	
长期股权投资	250 000		长期应付款	0	
投资性房地产	0		专项应付款	0	
固定资产	1 100 000		预计负债	0	
在建工程	1 500 000		递延所得税负债	0	
工程物资	0		其他非流动负债	0	
固定资产清理	0		非流动负债合计	600 000	
生产性生物资产	0		负债合计	3 251 400	
油气资产	0		所有者权益（或股东权益）：		
无形资产	600 000		实收资本（或股本）	5 000 000	
开发支出	0		资本公积	0	
商誉	0		减：库存股	0	
长期待摊费用	0		盈余公积	100 000	
递延所得税资产	0		未分配利润	50 000	
其他非流动资产	200 000		所有者权益（或股东权益）合计	5 150 000	
非流动资产合计	3 650 000				
资产总计	8 401 400		负债和所有者权益（或股东权益）总计	8 401 400	

表 13-2 **科目余额表**

2013 年 12 月 31 日 单位：元

科目名称	借方余额	科目名称	贷方余额
库存现金	2 000	短期借款	50 000
银行存款	805 831	应付票据	100 000
其他货币资金	7 300	应付账款	953 800
交易性金融资产	0	其他应付款	50 000
应收票据	66 000	应付职工薪酬	180 000
应收账款	600 000	应交税费	226 731
坏账准备	-1 800	应付利息	0
预付账款	100 000	应付股利	32 215. 85
其他应收款	5 000	一年内到期的长期负债	0
材料采购	275 000	长期借款	1 160 000
原材料	45 000	股本	5 000 000
周转材料	38 050	盈余公积	124 770. 40
库存商品	2 122 400	利润分配（未分配利润）	218 013. 75
材料成本差异	4 250		
其他流动资产	100 000		
长期股权投资	250 000		
固定资产	2 401 000		
累计折旧	- 170 000		
固定资产减值准备	- 30 000		
工程物资	300 000		
在建工程	428 000		
无形资产	600 000		
累计摊销	-60 000		
递延所得税资产	7 500		
其他长期资产	200 000		
合计	8 095 531	合计	8 095 531

根据上述资料，编制天华股份有限公司 2013 年 12 月 31 日的资产负债表，见表 13-3。

表 13-3　　　　　　　　　　　　**资产负债表**　　　　　　　　　　　会企 01 表

编制单位：天华股份有限公司　　　2013 年 12 月 31 日　　　　　　　　单位：元

资产	期末余额	年初余额	负债和所有者权益（或股东权益）	期末余额	年初余额
流动资产：			流动负债：		
货币资金	815 131	1 406 300	短期借款	50 000	300 000
以公允价值计量且其变动计入当期损益的金融资产	0	15 000	以公允价值计量且其变动计入当期损益的金融负债	0	0
应收票据	66 000	246 000	应付票据	100 000	200 000
应收账款	598 200	299 100	应付账款	953 800	953 800
预付款项	100 000	100 000	预收款项	0	0
应收利息	0	0	应付职工薪酬	180 000	110 000
应收股利	0	0	应交税费	226 731	36 600
其他应收款	5 000	5 000	应付利息	0	1 000
存货	2 484 700	2 580 000	应付股利	32 215.85	0
一年内到期的非流动资产	0	0	其他应付款	50 000	50 000
其他流动资产	100 000	100 000	一年内到期的非流动负债	0	1 000 000
流动资产合计	4 169 031	4 751 400	其他流动负债	0	0
非流动资产：			流动负债合计	1 592 746.85	2 651 400
可供出售金融资产	0	0	非流动负债：		
持有至到期投资	0	0	长期借款	1 160 000	600 000
长期应收款	0	0	应付债券	0	0
长期股权投资	250 000	250 000	长期应付款	0	0
投资性房地产	0	0	专项应付款	0	0
固定资产	2 201 000	1 100 000	预计负债	0	0
在建工程	428 000	1 500 000	递延所得税负债	0	0
工程物资	300 000	0	其他非流动负债	0	0
固定资产清理	0	0	非流动负债合计	1 160 000	600 000
生产性生物资产	0	0	负债合计	2 752 746.85	3 251 400
油气资产	0	0	所有者权益（或股东权益）		
无形资产	540 000	600 000	实收资本（或股本）	5 000 000	5 000 000
开发支出	0	0	资本公积	0	0
商誉	0	0	减：库存股	0	0
长期待摊费用	0	0	盈余公积	124 770.40	100 000
递延所得税资产	7 500	0	未分配利润	218 013.75	50 000
其他非流动资产	200 000	200 000	所有者权益(或股东权益)合计	5 342 784.15	5 150 000
非流动资产合计	3 926 500	3 650 000			
资产总计	8 095 531	8 401 400	负债和所有者权益（或股东权益）总计	8 095 531	8 401 400

13.3 利润表

13.3.1 利润表的内容及结构

1）利润表的内容

利润表是反映企业在一定会计期间内的经营成果的会计报表。利润表的列报必须充分反映企业经营业绩的主要来源和构成，有助于使用者判断净利润的质量及其风险，有助于使用者预测净利润的持续性，从而做出正确的决策。通过利润表，可以反映企业在一定会计期间内的收入实现情况，如实现的营业收入有多少、实现的投资收益有多少、实现的营业外收入有多少；可以反映企业在一定会计期间内的费用耗费情况，如耗费的营业成本有多少、营业税费有多少、销售费用、管理费用、财务费用各有多少、营业外支出有多少；可以反映企业生产经营活动的成果，即净利润的实现情况，据以判断资本保值、增值情况等。将利润表中的信息与资产负债表中的信息相结合，还可以提供进行财务分析的基本资料，如将赊销收入净额与应收账款平均余额进行比较，计算出应收账款周转率；将销货成本与存货平均余额进行比较，计算出存货周转率；将净利润与资产总额进行比较，计算出资产收益率等，可以表现企业的资金周转情况以及企业的盈利能力和水平，便于报表使用者判断企业未来的发展趋势，做出经济决策。

2）利润表的结构

常见的利润表结构主要有单步式和多步式两种。在我国，企业利润表采用的基本上是多步式结构，即通过对当期的收入、费用、支出项目按性质加以归类，按利润形成的主要环节列示一些中间性利润指标，分步计算当期净损益。

利润表主要反映以下几方面的内容：

（1）营业收入，由主营业务收入和其他业务收入组成。

（2）营业利润，营业收入减去营业成本（主营业务成本、其他业务成本）、营业税金及附加、销售费用、管理费用、财务费用、资产减值损失，加上公允价值变动收益（损失以"-"号填列）、投资收益（损失以"-"号填列），即为营业利润。

（3）利润总额，营业利润加上营业外收入，减去营业外支出，即为利润总额。

（4）净利润，利润总额减去所得税费用，即为净利润。

（5）每股收益，普通股或潜在普通股已公开交易的企业，以及正处于公开发行普通股或潜在普通股过程中的企业，还应当在利润表中列示每股收益信息，包括基本每股收益和稀释每股收益两项指标。

（6）综合收益，包括其他综合收益和综合收益总额。其中，其他综合收益反映企业根据企业会计准则规定未在损益中确认的各项利得和损失扣除所得税影响后的净额；综合收益总额是企业净利润与其他综合收益的合计金额。

此外，为了使报表使用者通过比较不同期间利润的实现情况，判断企业经营成果的未来发展趋势，企业需要提供比较利润表，利润表还就各项目再分为"本期金额”和“上期金额”两栏分别填列。利润表具体格式见表 13-5。

13.3.2 利润表项目的填列方法

我国企业利润表的主要编制步骤和内容如下：

第一步，以营业收入为基础，减去营业成本、营业税金及附加、销售费用、管理费用、财务费用、资产减值损失，加上公允价值变动收益（减去公允价值变动损失）和投资收益（减去投资损失），计算出营业利润。

第二步，以营业利润为基础，加上营业外收入，减去营业外支出，计算出利润总额。

第三步，以利润总额为基础，减去所得税费用，计算出净利润（或净亏损）。

第四步，以净利润（或净亏损）为基础，计算每股收益。

第五步，以净利润（或净亏损）和其他综合收益为基础，计算综合收益总额。利润表各项目均需填列“本期金额”和“上期金额”两栏。其中“上期金额”栏内各项数字，应根据上年该期利润表的“本期金额”栏内所列数字填列。“本期金额”栏内各期数字，除“基本每股收益”和“稀释每股收益”项目外，应当按照相关科目的发生额分析填列，如“营业收入”项目，根据“主营业务收入”、“其他业务收入”科目的发生额分析计算填列；“营业成本”项目，根据“主营业务成本”、“其他业务成本”科目的发生额分析计算填列。

13.3.3 利润表项目的填列说明

（1）“营业收入”项目，反映企业经营主要业务和其他业务所确认的收入总额。本项目应根据“主营业务收入”和“其他业务收入”科目的发生额分析填列。

（2）“营业成本”项目，反映企业经营主要业务和其他业务所发生的成本总额。本项目应根据“主营业务成本”和“其他业务成本”科目的发生额分析填列。

（3）“营业税金及附加”项目，反映企业经营业务应负担的消费税、营业税、城市维护建设税、资源税、土地增值税和教育费附加等。本项目应根据“营业税金及附加”科目的发生额分析填列。

（4）“销售费用”项目，反映企业在销售商品过程中发生的包装费、广告费等费用和为销售本企业商品而专设的销售机构的职工薪酬、业务费等经营费用。本项目应根据“销售费用”科目的发生额分析填列。

（5）“管理费用”项目，反映企业为组织和管理生产经营发生的管理费用。本项目应根据“管理费用”科目的发生额分析填列 。

（6）“财务费用”项目，反映企业为筹集生产经营所需资金等而发生的筹资费用。本项目应根据“财务费用”科目的发生额分析填列。

（7）“资产减值损失”项目，反映企业各项资产发生的减值损失。本项目应根据“资产减值损失”科目的发生额分析填列。

（8）“公允价值变动收益”项目，反映企业应当计入当期损益的资产或负债的公允价值变动收益。本项目应根据“公允价值变动损益”科目的发生额分析填列，如为净损失，本项目以“-”号填列。

(9)“投资收益”项目，反映企业以各种方式对外投资所取得的收益。本项目应根据“投资收益”科目的发生额分析填列，如为投资损失，本项目以“-”号填列 。

(10)“营业利润”项目，反映企业实现的营业利润，如为亏损，本项目以“-”号填列 。

(11)“营业外收入”项目，反映企业发生的与经营业务无直接关系的各项收入。本项目应根据“营业外收入”科目的发生额分析填列 。

(12)“营业外支出”项目，反映企业发生的与经营业务无直接关系的各项支出。本项目应根据“营业外支出”科目的发生额分析填列 。

(13)“利润总额”项目，反映企业实现的利润，如为亏损，本项目以“-”号填列。

(14)“所得税费用”项目，反映企业应从当期利润总额中扣除的所得税费用。本项目应根据“所得税费用”科目的发生额分析填列。

(15)“净利润”项目，反映企业实现的净利润，如为亏损，本项目以“-”号填列。

(16)“每股收益”项目，包括基本每股收益和稀释每股收益两项指标，反映普通股或潜在普通股已公开交易的企业，以及正处在公开发行普通股或潜在普通股过程中的企业的每股收益信息。

(17)“其他综合收益”项目，反映企业根据企业会计准则规定未在损益中确认的各项利得和损失扣除所得税影响后的净额。

(18)“综合收益总额”项目，反映企业净利润与其他综合收益的合计金额。

13.3.4 利润表编制示例

【例 13-2】天华股份有限公司 2013 年度有关损益类科目本年累计发生净额见表 13-4。

表 13-4　**天华股份有限公司损益类科目 2013 年度累计发生净额**　单位：元

科目名称	借方发生额	贷方发生额
主营业务收入		1 250 000
主营业务成本	750 000	
营业税金及附加	2 000	
销售费用	20 000	
管理费用	157 100	
财务费用	41 500	
资产减值损失	30 900	
投资收益		31 500
营业外收入		50 000
营业外支出	19 700	
所得税费用	85 300	

根据上述资料，编制天华股份有限公司2013年度利润表，见表13-5。

表13-5 **利润表** 会企02表

编制单位：天华股份有限公司 2013年度 单位：元

项 目	本期金额	上期金额（略）
一、营业收入	1 250 000	
减：营业成本	750 000	
营业税金及附加	2 000	
销售费用	20 000	
管理费用	157 100	
财务费用	41 500	
资产减值损失	30 900	
加：公允价值变动收益（损失以"-"号填列）	0	
投资收益（损失以"-"号填列）	31 500	
其中：对联营企业和合营企业的投资收益	0	
二、营业利润（亏损以"-"号填列）	280 000	
加：营业外收入	50 000	
减：营业外支出	19 700	
其中：非流动资产处置损失	（略）	
三、利润总额（亏损总额以"-"号填列）	310 300	
减：所得税费用	85 300	
四、净利润（净亏损以"-"号填列）	225 000	
五、每股收益：	（略）	
（一）基本每股收益		
（二）稀释每股收益		
六、其他综合收益	（略）	
七、综合收益总额	（略）	

13.4 现金流量表

13.4.1 现金流量表概述

现金流量表是反映企业在一定会计期间内现金和现金等价物流入和流出的报表。通过现金流量表，可以为报表使用者提供企业在一定会计期间内现金和现金等价物流入和流出的信息，便于报表使用者了解和评价企业获取现金和现金等价物的能力，据以预测企业未来现金流量。

现金流量是指在一定会计期间内企业现金和现金等价物的流入和流出。企业从银行提取现金、用现金购买短期到期的国债等现金和现金等价物之间的转换不属于现金流量。

现金是指企业库存现金以及可以随时用于支付的存款，包括库存现金、银行存款和其他货币资金（如外埠存款、银行汇票存款、银行本票存款等）等。不能随时用于支付的存款不属于现金。现金等价物是指企业持有的期限短、流动性强、易于转换为已知金额现金、价值变动风险很小的投资。期限短，一般是指从购买日起三个月内到期。现金等价物通常包括三个月内到期的债券投资等。权益性投资变现的金额通常不确定，因而不属于现金等价物。企业应当根据具体情况，确定现金等价物的范围，一经确定不得随意变更。

企业产生的现金流量分为三类：

1）经营活动产生的现金流量

经营活动是指企业投资活动和筹资活动以外的所有交易和事项。经营活动主要包括销售商品、提供劳务、购买商品、接受劳务、支付工资和缴纳税费等流入和流出现金和现金等价物的活动或事项。

2）投资活动产生的现金流量

投资活动是指企业长期资产的购建和不包括在现金等价物范围内的投资及其处置活动。投资活动主要包括购建固定资产、处置子公司及其他营业单位等流入和流出现金和现金等价物的活动或事项。

3）筹资活动产生的现金流量

筹资活动是指导致企业资本及债务规模和构成发生变化的活动。筹资活动主要包括吸收投资、发行股票、分配利润、发行债券、偿还债务等流入和流出现金和现金等价物的活动或事项。偿付应付账款、应付票据等商业应付账款属于经营活动，不属于筹资活动。

13.4.2 现金流量表的结构

在现金流量表中，现金及现金等价物被视为一个整体，企业现金形式的转换不会产生现金的流入和流出。例如，企业从银行提取现金，是企业现金存放形式的转换，并未流出企业，不构成现金流量。同样，现金与现金等价物之间的转换也不属于现金流量，例如，企业用现金购买三个月到期的国库券。根据企业业务活动的性质和现金流量的来源，现金流量表在结构上将企业在一定期间产生的现金流量分为三类：经营活动产生的现金流量、投资活动产生的现金流量和筹资活动产生的现金流量。现金流量表的具体格式见表13-6。

13.4.3 现金流量表的编制方法

企业在一定期间内的现金流量可分为三部分，即经营活动现金流量、投资活动现金流量和筹资活动现金流量。编制现金流量表时，经营活动现金流量的方法有两种，一是直接法，二是间接法。这两种方法通常也称为编制现金流量表的直接法和间接法。直接法和间接法各有特点 。

在直接法下，一般是以利润表中的营业收入为起算点，调节与经营活动有关项目的增减变动，然后计算出经营活动产生的现金流量。在间接法下，则是以净利润为起算点，调整不涉及现金的收入、费用、营业外收支等有关项目，剔除投资活动、筹资活动对现金流量的影响，据此计算出经营活动产生的现金流量。相对而言，采用直接法编制的现金流量表，便于分析企业经营活动产生的现金流量的来源和用途，预测企业现金流量的未来前景，而采用间接法不易做到这一点。

企业会计准则规定，企业应当采用直接法列示经营活动产生的现金流量。采用直接法具体编制现金流量表时，可以采用工作底稿法或T形账户法，也可以根据有关科目记录分析填列。

工作底稿法是以工作底稿为手段，以利润表和资产负债表数据为基础，结合有关科目的记录，对现金流量表的每一项目进行分析并编制调整分录，从而编制出现金流量表的一种方法。第一步，将资产负债表项目的年初余额和期末金额过入工作底稿中与之对应项目的期初数栏和期末数栏。第二步，对当期业务进行分析并编制调整分录。在调整分录中，有关现金及现金等价物的事项分别记入“经营活动产生的现金流量”、“投资活动产生的现金流量”、“筹资活动产生的现金流量”等项目，借记表明现金流入，贷记表明现金流出。第三步，将调整分录过入工作底稿中的相应部分。第四步，核对调整分录，借贷合计应相等，资产负债表项目期初数加减调整分录中的借贷金额以后，应当等于期末数。

现金流量表各项目均需填列“本期金额”和“上期金额”两栏。现金流量表“上期金额”栏内各项数字，应根据上一期间现金流量表“本期金额”栏内所列数字填列。

13.4.4 现金流量表主要项目说明

1）经营活动产生的现金流量

（1）“销售商品、提供劳务收到的现金”项目，反映企业本期销售商品、提供劳务收到的现金，以及前期销售商品、提供劳务本期收到的现金（包括应向购买者收取的增值税销项税额）和本期预收的款项，减去本期销售本期退回商品和前期销售本期退回商品支付的现金。企业销售材料和代购代销业务收到的现金，也在本项目反映。

（2）“收到的税费返还”项目，反映企业收到返还的所得税、增值税、营业税、消费税、关税和教育费附加等各种税费返还款。

（3）“收到其他与经营活动有关的现金”项目，反映企业经营租赁收到的租金等其他与经营活动有关的现金流入，金额较大的应当单独列示。

（4）“购买商品、接受劳务支付的现金”项目，反映企业本期购买商品、接受劳务实际支付的现金（包括增值税进项税额），以及本期支付前期购买商品、接受劳务的未付款项和本期预付款项，减去本期发生的购货退回收到的现金。企业购买材料和代购代销业务支付的现金，也在本项目反映。

（5）“支付给职工以及为职工支付的现金”项目，反映企业实际支付给职工的工资、奖金、各种津贴和补贴等职工薪酬（包括代扣代缴的职工个人所得税）。

（6）“支付的各项税费”项目，反映企业发生并支付、前期发生本期支付以及预交的各项税费，包括所得税、增值税、营业税、消费税、印花税、房产税、土地增值税、车船税、教育费附加等。

（7）“支付其他与经营活动有关的现金”项目，反映企业经营租赁支付的租金、支付的差旅费、业务招待费、保险费、罚款支出等其他与经营活动有关的现金流出，金额较大的应当单独列示。

2）投资活动产生的现金流量

（1）“收回投资收到的现金”项目，反映企业出售、转让或到期收回除现金等价物以外的对其他企业长期股权投资等收到的现金，但处置子公司及其他营业单位收到的现金净额除外。

（2）“取得投资收益收到的现金”项目，反映企业除现金等价物以外的对其他企业的长期股权投资等分回的现金股利和利息等。

（3）“处置固定资产、无形资产和其他长期资产收回的现金净额”项目，反映企业出售、报废固定资产、无形资产和其他长期资产所取得的现金（包括因资产毁损而收到的保险赔偿收入），减去为处置这些资产而支付的有关费用后的净额。

（4）“处置子公司及其他营业单位收到的现金净额”项目，反映企业处置子公司及其他营业单位所取得的现金，减去相关处置费用以及子公司及其他营业单位持有的现金和现金等价物后的净额。

（5）“购建固定资产、无形资产和其他长期资产支付的现金”项目，反映企业购买、建造固定资产、取得无形资产和其他长期资产所支付的现金（含增值税款等），以及用现金支付的应由在建工程和无形资产负担的职工薪酬。

（6）“投资支付的现金”项目，反映企业取得除现金等价物以外的对其他企业的长期股权投资等所支付的现金以及支付的佣金、手续费等附加费用，但取得子公司及其他营业单位支付的现金净额除外。

（7）“取得子公司及其他营业单位支付的现金净额”项目，反映企业购买子公司及其他营业单位购买出价中以现金支付的部分，减去子公司及其他营业单位持有的现金和现金等价物后的净额。

（8）“收到其他与投资活动有关的现金”、“支付其他与投资活动有关的现金”项目，反映企业除上述（1）至（7）项目外收到或支付的其他与投资活动有关的现金，金额较大的应当单独列示。

3）筹资活动产生的现金流量

（1）“吸收投资收到的现金”项目，反映企业以发行股票、债券等方式筹集资金实际收到的款项（发行收入减去支付的佣金等发行费用后的净额）。

（2）“取得借款收到的现金”项目，反映企业举借各种短期、长期借款而收到的现金。

（3）“偿还债务支付的现金”项目，反映企业为偿还债务本金而支付的现金。

（4）“分配股利、利润或偿付利息支付的现金”项目，反映企业实际支付的现金股利、支付给其他投资单位的利润或用现金支付的借款利息、债券利息。

（5）“收到其他与筹资活动有关的现金”、“支付其他与筹资活动有关的现金”项目，反映企业除上述（1）至（4）项目外收到或支付的其他与筹资活动有关的现金，金额较大的应当单独列示。

4）“汇率变动对现金及现金等价物的影响”

“汇率变动对现金及现金等价物的影响”项目，反映下列两个金额之间的差额：

（1）企业外币现金流量折算为记账本位币时，采用现金流量发生日的即期汇率或按照系统合理的方法确定的、与现金流量发生日即期汇率近似的汇率折算的金额（编制合并现金流量表时折算境外子公司的现金流量，应当比照处理）。

（2）企业外币现金及现金等价物净增加额按资产负债表日即期汇率折算的金额。

13.4.5 现金流量表编制示例

【例13-3】续【例13-1】和【例13-2】，天华股份有限公司其他相关资料如下：

1. 2013年度利润表有关项目的明细资料如下：

（1）管理费用的组成：职工薪酬17 100元，无形资产摊销60 000元，折旧费20 000元，支付其他费用60 000元。

（2）财务费用的组成：计提借款利息11 500元，支付应收票据（银行承兑汇票）贴现利息30 000元。

（3）资产减值损失的组成：计提坏账准备900元，计提固定资产减值准备30 000元。上年年末坏账准备余额为900元。

（4）投资收益的组成：收到股息收入30 000元，与本金一起收回的交易性股票投资收益500元，自公允价值变动损益结转投资收益1 000元。

（5）营业外收入的组成：处置固定资产净收益50 000元（其所处置固定资产原价为400 000元，累计折旧为150 000元，收到处置收入300 000元）。假定不考虑与固定资产处置有关的税费。

（6）营业外支出的组成：报废固定资产净损失19 700元（其所报废固定资产原价为200 000元，累计折旧为180 000元，支付清理费用500元，收到残值收入800元）。

（7）所得税费用的组成：当期所得税费用92 800元，递延所得税收益7 500元。

除上述项目外，在利润表中的销售费用20 000元至期末已经支付。

2. 资产负债表有关项目的明细资料如下：

（1）本期收回交易性股票投资本金15 000元、公允价值变动1 000元，同时实现投资收益500元。

（2）存货中生产成本、制造费用的组成：职工薪酬 324 900 元，折旧费 80 000元。

（3）应交税费的组成：本期增值税进项税额 42 466 元，增值税销项税额 212 500元，已交增值税100 000 元；应交所得税期末余额为 20 097 元，应交所得税期初余额为 0；应交税费期末数中应由在建工程负担的部分为 100 000 元。

（4）应付职工薪酬的期初数无应付在建工程人员的部分，本期支付在建工程人员职工薪酬 200 000 元。应付职工薪酬的期末数中应付在建工程人员的部分为 28 000元。

（5）应付利息均为短期借款利息，其中本期计提利息 11 500 元，支付利息 12 500元。

（6）本期用现金购买固定资产 101 000 元，购买工程物资 300 000 元。

（7）本期用现金偿还短期借款 250 000 元，偿还一年内到期的长期借款 1 000 000元；借入长期借款 560 000 元。

根据以上资料，采用分析填列的方法，编制天华股份有限公司 2013 年度的现金流量表。

1. 天华股份有限公司 2013 年度现金流量表各项目金额，分析确定如下：

（1）销售商品、提供劳务收到的现金 = 主营业务收入 + 应交税费（应交增值税——销项税额）+（应收账款期初余额 − 应收账款期末余额）+（应收票据期初余额 − 应收票据期末余额）− 当期计提的坏账准备 − 票据贴现的利息

=1 250 000+212 500+(299 100−598 200)+(246 000−66 000)−900−30 000

=1 312 500（元）

（2）购买商品、接受劳务支付的现金 = 主营业务成本 + 应交税费（应交增值税——进项税额）−（存货期初余额 − 存货期末余额）+（应付账款期初余额 − 应付账款期末余额）+（应付票据期初余额 − 应付票据期末余额）+（预付账款期末余额 − 预付账款期初余额）− 当期列入生产成本、制造费用的职工薪酬 − 当期列入生产成本、制造费用的折旧费和固定资产修理费

=750 000+42 466−（2 580 000 −2 484 700）+（953 800−953 800）+（200 000 −100 000）+(100 000−100 000）−324 900−80 000

=392 266（元）

（3）支付给职工以及为职工支付的现金 = 生产成本、制造费用、管理费用中职工薪酬 +（应付职工薪酬期初余额 − 应付职工薪酬期末余额）−［应付职工薪酬（在建工程）期初余额 − 应付职工薪酬（在建工程）期末余额］

= 324 900+17 100+（110 000−180 000）−（0−28 000）= 300 000（元）

（4）支付的各项税费 = 当期所得税费用 + 营业税金及附加 + 应交税费（应交增值税——已交税金）−（应交所得税期末余额 − 应交所得税期初余额）

= 92 800+2 000+100 000−（20 097−0）= 174 703（元）

（5）支付其他与经营活动有关的现金=其他管理费用+销售费用= 60 000 +20 000= 80 000（元）

（6）收回投资收到的现金 = 交易性金融资产贷方发生额 + 与交易性金融资产一起收回的投资收益 =16 000 +500=16 500（元）

（7）取得投资收益收到的现金=收到的股息收入= 30 000 元

（8）处置固定资产收回的现金净额= 300 000+（800-500）= 300 300（元）

（9）$\frac{\text{购建固定资产}}{\text{支付的现金}}=\frac{\text{用现金购买的固定}}{\text{资产、工程物资}}+\frac{\text{支付给在建工程}}{\text{人员的薪酬}}$=101 000+300 000+200 000

= 601 000（元）

（10）取得借款收到的现金 = 560 000 元

（11）偿还债务支付的现金= 250 000 +1 000 000=1 250 000（元）

（12）偿付利息支付的现金 = 12 500 元

2. 将净利润调节为经营活动现金流量各项目计算分析如下：

（1）资产减值准备= 900 +30 000 = 30 900（元）

（2）固定资产折旧= 20 000 +80 000 = 100 000（元）

（3）无形资产摊销= 60 000 元

（4）处置固定资产、无形资产和其他长期资产的损失（减：收益）= -50 000 元

（5）固定资产报废损失=19 700 元

（6）财务费用= 11 500 元

（7）投资损失（减：收益）=- 31 500 元

（8）递延所得税资产减少 = 0 -7 500 = -7 500（元）

（9）存货的减少= 2 580 000 -2 484 700 = 95 300（元）

（10）经营性应收项目的减少=（246 000 - 66 000）+（299 100 +900 -598 200 -1 800）

= -120 000（元）

（11）经营性应付项目的增加=（100 000-200 000）+（953 800-953 800）+［（180 000-28 000）-110 000］+［（226 731-100 000）-36 600］

=32 131（元）

3. 根据上述数据，编制现金流量表（见表 13-6）及其补充资料（见表 13-7）。

表 13-6

现金流量表

会企 03 表

编制单位：天华股份有限公司　　2013 年度　　单位：元

项　目	本期金额	上期金额
一、经营活动产生的现金流量		略
销售商品、提供劳务收到的现金	1 312 500	
收到的税费返还	0	
收到其他与经营活动有关的现金	0	
经营活动现金流入小计	1 312 500	
购买商品、接受劳务支付的现金	392 266	
支付给职工以及为职工支付的现金	300 000	
支付的各项税费	174 703	
支付其他与经营活动有关的现金	80 000	
经营活动现金流出小计	946 969	

续表

项　目	本期金额	上期金额
经营活动产生的现金流量净额	365 531	
二、投资活动产生的现金流量		
收回投资收到的现金	16 500	
取得投资收益收到的现金	30 000	
处置固定资产、无形资产和其他长期资产收回的现金净额	300 300	
处置子公司及其他营业单位收到的现金净额	0	
收到其他与投资活动有关的现金	0	
投资活动现金流入小计	346 800	
购建固定资产、无形资产和其他长期资产支付的现金	601 000	
投资支付的现金	0	
取得子公司及其他营业单位支付的现金净额	0	
支付其他与投资活动有关的现金	0	
投资活动现金流出小计	601 000	
投资活动产生的现金流量净额	– 254 200	
三、筹资活动产生的现金流量		
吸收投资收到的现金	0	
取得借款收到的现金	560 000	
收到其他与筹资活动有关的现金	0	
筹资活动现金流入小计	560 000	
偿还债务支付的现金	1 250 000	
分配股利、利润或偿付利息支付的现金	12 500	
支付其他与筹资活动有关的现金	0	
筹资活动现金流出小计	1 262 500	
筹资活动产生的现金流量净额	– 702 500	
四、汇率变动对现金及现金等价物的影响	0	
五、现金及现金等价物净增加额	– 591 169	
加：期初现金及现金等价物余额	1 406 300	
六、期末现金及现金等价物余额	815 131	

表 13-7 **现金流量表补充资料**

补充资料	本期金额	上期金额
1. 将净利润调节为经营活动现金流量：		略
净利润	225 000	
加：资产减值准备	30 900	
固定资产折旧、油气资产折耗、生产性生物资产折旧	100 000	
无形资产摊销	60 000	
长期待摊费用摊销	0	
处置固定资产、无形资产和其他长期资产的损失（收益以“-”号填列）	-50 000	
固定资产报废损失（收益以“-”号填列）	19 700	
公允价值变动损失（收益以“-”号填列）	0	
财务费用（收益以“-”号填列）	11 500	
投资损失（收益以“-”号填列）	-31 500	
递延所得税资产减少（增加以“-”号填列）	-7 500	
递延所得税负债增加（减少以“-”号填列）	0	
存货的减少（增加以“-”号填列）	95 300	
经营性应收项目的减少（增加以“-”号填列）	-120 000	
经营性应付项目的增加（减少以“-”号填列）	32 131	
其他	0	
经营活动产生的现金流量净额	365 531	

13.5 所有者权益变动表

13.5.1 所有者权益变动表概述

所有者权益变动表是指反映构成所有者权益各组成部分当期增减变动情况的报表。通过所有者权益变动表，既可以为报表使用者提供所有者权益总量增减变动的信息，也能为其提供所有者权益增减变动的结构性信息，特别是能够让报表使用者理解所有者权益增减变动的根源。

13.5.2 所有者权益变动表的内容和结构

在所有者权益变动表中，企业至少应当单独列示反映下列信息的项目：（1）净利润；（2）其他综合收益；（3）会计政策变更和差错更正的累积影响金额；（4）所有者投入资本和向所有者分配利润等；（5）提取的盈余公积；（6）实收资本或股本、资本公积、盈余公积、未分配利润的期初和期末余额及其调节情况。

为了清楚地表明构成所有者权益的各组成部分当期的增减变动情况，所有者权益变动表应当以矩阵的形式列示：一方面，列示导致所有者权益变动的交易或事项，改变了以往仅仅按照所有者权益的各组成部分反映所有者权益变动情况，而是从所有者权益变动的来源对一定时期所有者权益变动情况进行全面反映；另一方面，按照所有者权益各组成部分（包括实收资本、资本公积、盈余公积、未分配利润和库存股）及其总额列示交易或事项对所有者权益的影响。此外，企业还需要提供比较所有者权益变动表，所有者权益变动表还就各项目再分为“本年金额”和“上年金额”两栏分别填列。所有者权益变动表的具体格式见表13-8。

13.5.3　所有者权益变动表项目的填列方法

所有者权益变动表各项目均需填列“本年金额”和“上年金额”两栏 。

所有者权益变动表“上年金额”栏内的各项数字，应根据上年度所有者权益变动表“本年金额”栏内所列数字填列。上年度所有者权益变动表规定的各个项目的名称和内容同本年度不一致的，应对上年度所有者权益变动表各项目的名称和数字按照本年度的规定进行调整，填入所有者权益变动表的“上年金额”栏内。

所有者权益变动表“本年金额”栏内各项数字一般应根据“实收资本（或股本)”、“资本公积”、“盈余公积”、“利润分配”、“库存股”、“以前年度损益调整”科目的发生额分析填列。

企业的净利润及其分配情况作为所有者权益变动的组成部分，不需要单独编制利润分配表列示。

13.5.4　所有者权益变动表主要项目说明

1）“上年年末余额”项目

“上年年末余额”项目，反映企业上年资产负债表中实收资本（或股本)、资本公积、库存股、盈余公积、未分配利润的年末余额。

2）“会计政策变更”、“前期差错更正”项目

“会计政策变更”、“前期差错更正”项目，分别反映企业采用追溯调整法处理的会计政策变更的累积影响金额和采用追溯重述法处理的会计差错更正的累积影响金额。

3）“本年增减变动金额”项目

(1)“净利润”项目，反映企业当年实现的净利润（或净亏损）金额。

(2)“其他综合收益”项目，反映企业当年发生的其他综合收益的增减变动金额。

(3)“所有者投入和减少资本”项目，反映企业当年所有者投入的资本和减少的资本。

①“所有者投入资本”项目，反映企业接受投资者投入形成的实收资本（或股本）和资本溢价或股本溢价。

②“股份支付计入所有者权益的金额”项目，反映企业处于等待期中的权益结算的股份支付当年计入资本公积的金额。

（4）“利润分配”项目，反映企业当年的利润分配金额。

（5）“所有者权益内部结转”项目，反映企业构成所有者权益的组成部分之间的增减变动情况。

①“资本公积转增资本（或股本）”项目，反映企业以资本公积转增资本或股本的金额。

②“盈余公积转增资本（或股本）”项目，反映企业以盈余公积转增资本或股本的金额。

③“盈余公积弥补亏损”项目，反映企业以盈余公积弥补亏损的金额。

13.5.5 所有者权益变动表编制示例

【例13-4】续【例13-1】、【例13-2】和【例13-3】，天华股份有限公司其他相关资料为：提取盈余公积24 770.4元，向投资者分配现金股利32 215.85元。

根据上述资料，编制天华股份有限公司2013年度的所有者权益变动表，见表13-8。

表13-8　　所有者权益变动表　　会企04表

编制单位：天华股份有限公司　　2013年度　　单位：元

项目	本年金额						上年金额					
	实收资本（或股本）	资本公积	减：库存股	盈余公积	未分配利润	所有者权益合计	实收资本（或股本）	资本公积	减：库存股	盈余公积	未分配利润	所有者权益合计
一、上年年末余额	5 000 000	0	0	100 000	50 000	5 150 000						
加：会计政策变更												
前期差错更正												
二、本年年初余额	5 000 000	0	0	100 000	50 000	5 150 000						
三、本年增减变动金额（减少以“-”号填列）												
（一）净利润					225 000	225 000						
（二）其他综合收益												
上述（一）和（二）小计												
（三）所有者投入和减少												
资本												
1. 所有者投入资本												

续表

项目	本年金额						上年金额					
	实收资本（或股本）	资本公积	减：库存股	盈余公积	未分配利润	所有者权益合计	实收资本（或股本）	资本公积	减：库存股	盈余公积	未分配利润	所有者权益合计
2. 股份支付计入所有者权益的金额												
3. 其他												
（四）利润分配												
1. 提取盈余公积				24 770.40	-24 770.40	0						
2. 对所有者（或股东）的分配					-32 215.85	-32 215.85						
3. 其他												
（五）所有者权益内部结转												
1. 资本公积转增资本（或股本）												
2. 盈余公积转增资本（或股本）												
3. 盈余公积弥补亏损												
4. 其他												
四、本年年末余额	5 000 000	0	0	124 770.40	218 013.75	5 342 784.15						

13.6 财务报表附注

13.6.1 附注概述

附注是对资产负债表、利润表、现金流量表和所有者权益变动表等报表中列示项目的文字描述或明细资料，以及对未能在这些报表中列示项目的说明等。附注主要起到两方面的作用：第一，附注的披露，是对资产负债表、利润表、现金流量表和所有者权益变动表列示项目的含义的补充说明，帮助使用者更准确地把握其含义。例如，通过阅读附注中披露的固定资产折旧政策的说明，使用者可以掌握报告企业与其他企业在固定资产折旧政策上的异同，以便进行更准确的比较。第二，附注提供了对资产负债表、利润表、现金流量表和所有者权益变动表中未列示项目的详细或明细说明。例如，通过阅读附注中披露的存货增减变动情况，使用者可以了解资产负债表中未单列的存货分类信息。

通过附注与资产负债表、利润表、现金流量表和所有者权益变动表列示项目的相互参照关系，以及对未能在报表中列示项目的说明，可以使报表使用者全面了解企业的财务状况、经营成果和现金流量。

13.6.2 附注的主要内容

附注是财务报表的重要组成部分。企业应当按照如下顺序披露附注的内容：

1）企业的基本情况

（1）企业注册地、组织形式和总部地址。

（2）企业的业务性质和主要经营活动。

（3）母公司以及集团最终母公司的名称。

（4）财务报告的批准报出者和财务报告批准报出日。

2）财务报表的编制基础

财务报表的编制基础是指财务报表是在持续经营基础上还是非持续经营基础上编制的。企业一般是在持续经营基础上编制财务报表，清算、破产属于非持续经营基础。

3）遵循企业会计准则的声明

企业应当声明编制的财务报表符合企业会计准则的要求，真实、完整地反映了企业的财务状况、经营成果和现金流量等有关信息，以此明确企业编制财务报表所依据的制度基础。

4）重要会计政策和会计估计

企业应当披露采用的重要会计政策和会计估计，不重要的会计政策和会计估计可以不披露。在披露重要会计政策和会计估计时，企业应当披露重要会计政策的确定依据和财务报表项目的计量基础，以及在会计估计中所采用的关键假设和不确定因素。

会计政策的确定依据，主要是指企业在运用会计政策过程中所作的对报表中确认的项目金额最具影响的判断，有助于使用者理解企业选择和运用会计政策的背景，增加财务报表的可理解性。财务报表项目的计量基础，是指企业计量该项目采用的是历史成本、重置成本、可变现净值、现值还是公允价值，这直接影响使用者对财务报表的理解和分析。

在确定报表中确认的资产和负债的账面价值过程中，企业有时需要对不确定的未来事项在资产负债表日对这些资产和负债的影响加以估计，如企业预计持有至到期投资未来现金流量采用的折现率和假设。这类假设的变动对这些资产和负债项目金额的确定影响很大，有可能会在下一个会计年度内做出重大调整，因此，强调这一披露要求，有助于提高财务报表的可理解性。

5）会计政策和会计估计变更以及差错更正的说明

企业应当按照会计政策、会计估计变更和差错更正会计准则的规定，披露会计政策和会计估计变更以及差错更正的有关情况。

6）报表重要项目的说明

企业对报表重要项目的说明，应当按照资产负债表、利润表、现金流量表、所有者权益变动表及其项目列示的顺序，采用文字和数字描述相结合的方式进行披露。报表重要项目的明细金额合计应当与报表项目金额相衔接，主要包括以下重要项目：

（1）交易性金融资产。企业应当披露交易性金融资产的构成及期初、期末公允价值等信息。

（2）应收款项。企业应当披露应收款项的账龄结构和客户类别以及期初、期末账面余额等信息。

（3）存货。企业应当披露下列信息：

①各类存货的期初和期末账面价值；

②确定发出存货成本所采用的方法；

③存货可变现净值的确定依据，存货跌价准备的计提方法，当期计提的存货跌价准备的金额，当期转回的存货跌价准备的金额，以及计提和转回的有关情况；

④用于担保的存货账面价值。

（4）长期股权投资。企业应当披露下列信息：

①子公司、合营企业和联营企业清单，包括企业名称、注册地、业务性质、投资企业的持股比例和表决权比例；

②合营企业和联营企业当期的主要财务信息，包括资产、负债、收入、费用等合计金额；

③被投资单位向投资企业转移资金的能力受到限制的情况；

④当期及累计未确认的投资损失金额；

⑤与对子公司、合营企业及联营企业投资相关的或有负债。

（5）投资性房地产。企业应当披露下列信息：

①投资性房地产的种类、金额和计量模式；

②采用成本模式的，投资性房地产的折旧或摊销，以及减值准备的计提情况；

③采用公允价值模式的，公允价值的确定依据和方法，以及公允价值变动对损益的影响；

④房地产转换情况、理由，以及对损益或所有者权益的影响；

⑤当期处置的投资性房地产及其对损益的影响。

（6）固定资产。企业应当披露下列信息：

①固定资产的确认条件、分类、计量基础和折旧方法；

②各类固定资产的使用寿命、预计净残值和折旧率；

③各类固定资产的期初和期末原价、累计折旧额及固定资产减值准备累计金额；

④当期确认的折旧费用；

⑤对固定资产所有权的限制及金额和用于担保的固定资产账面价值；

⑥准备处置的固定资产名称、账面价值、公允价值、预计处置费用和预计处置时间等。

（7）无形资产。企业应当披露下列信息：

①无形资产的期初和期末账面余额、累计摊销额及减值准备累计金额；

②使用寿命有限的无形资产，其使用寿命的估计情况；使用寿命不确定的无形资产，其使用寿命不确定的判断依据；

③无形资产的摊销方法；

④用于担保的无形资产账面价值、当期摊销额等情况；

⑤计入当期损益和确认为无形资产的研究开发支出金额。

（8）职工薪酬。企业应当披露下列信息：

①应当支付给职工的工资、奖金、津贴和补贴，及其期末应付未付金额；

②应当为职工缴纳的医疗保险费、养老保险费、失业保险费、工伤保险费和生育保险费等社会保险费，及其期末应付未付金额；

③应当为职工缴存的住房公积金，及其期末应付未付金额；

④为职工提供的非货币性福利，及其计算依据；

⑤应当支付的因解除劳务关系给予的补偿，及其期末应付未付金额；

⑥其他职工薪酬。

（9）应交税费。企业应当披露应交税费的构成及期初、期末账面余额等信息。

（10）短期借款和长期借款。企业应当披露短期借款、长期借款的构成及期初、期末账面余额等信息。对于期末逾期借款，应分别按贷款单位、借款金额、逾期时间、年利率、逾期未偿还原因和预期还款期等进行披露。

（11）应付债券。企业应当披露应付债券的构成及期初、期末账面余额等信息。

（12）长期应付款。企业应当披露长期应付款的构成及期初、期末账面余额等信息。

（13）营业收入。企业应当披露营业收入的构成及本期、上期发生额等信息。

（14）公允价值变动收益。企业应当披露公允价值变动收益的来源及本期、上期发生额等信息。

（15）投资收益。企业应当披露投资收益的来源及本期、上期发生额等信息。

（16）资产减值损失。企业应当披露各项资产的减值损失及本期、上期发生额等信息。

（17）营业外收入。企业应当披露营业外收入的构成及本期、上期发生额等信息。

（18）营业外支出。企业应当披露营业外支出的构成及本期、上期发生额等信息。

（19）所得税费用。企业应当披露下列信息：

①所得税费用（收益）的主要组成部分；

②所得税费用（收益）与会计利润关系的说明。

(20) 其他综合收益。企业应当披露下列信息：

①可供出售金融资产产生的利得（损失）金额；

②按照权益法核算的在被投资单位其他综合收益中所享有的份额；

③现金流量套期工具产生的利得（或损失）金额；

④外币财务报表折算差额；

⑤其他。

(21) 政府补助。企业应当披露下列信息：

①政府补助的种类及金额；

②计入当期损益的政府补助金额；

③本期返还的政府补助金额及原因。

(22) 借款费用。企业应当披露下列信息：

①当期资本化的借款费用金额；

②当期用于计算确定借款费用资本化金额的资本化率。

7) 其他需要说明的重要事项

这些重要事项主要包括或有事项、资产负债表日后非调整事项、关联方关系及其交易等 。

13.7 中期财务报告

13.7.1 中期财务报告及其构成

1) 中期财务报告的定义

中期财务报告，是指以中期为基础编制的财务报告。“中期”，是指短于一个完整的会计年度（自公历1月1日起至12月31日止）的报告期间，它可以是一个月、一个季度或者半年，也可以是其他短于一个会计年度的期间，如1月1日至9月30日的期间等。因此，中期财务报告包括月度财务报告、季度财务报告、半年度财务报告，也包括年初至本中期末的财务报告。

2) 中期财务报告的构成

中期财务报告至少应当包括以下部分：①资产负债表；②利润表；③现金流量表；④附注。其中：

(1) 资产负债表、利润表、现金流量表和附注是中期财务报告至少应当编制的法定内容，对其他财务报表或者相关信息，如所有者权益（或股东权益）变动表等，企业可以根据需要自行决定。

(2) 中期资产负债表、利润表和现金流量表的格式和内容，应当与上年度财务报表相一致。但如果当年新施行的会计准则对财务报表格式和内容作了修改的，中期财务报表应当按照修改后的报表格式和内容编制，与此同时，在中期财务报告中提供的上年度比较财务报表的格式和内容也应当作相应的调整。

(3) 中期财务报告中的附注相对于年度财务报告中的附注而言，是适当简化的。中期财务报表附注的编制应当遵循重要性原则。如果某项信息没有在中期财务报告附注中披露，会影响到投资者等信息使用者对企业财务状况、经营成果和现金流量判断的正确性，那么就认为这一信息是重要的，但企业至少应当在中期财务报告附注中披露中期财务报告准则规定的信息。

13.7.2 中期财务报告的编制要求

1）中期财务报告编制应遵循的原则

（1）应当遵循与年度财务报告相一致的会计政策

企业在编制中期财务报告时，应当将中期视同为一个独立的会计期间，所采用的会计政策应当与年度财务报表所采用的会计政策相一致，包括会计要素确认和计量原则相一致。企业在编制中期财务报告时不得随意变更会计政策。

（2）应当遵循重要性原则

重要性原则是企业编制中期财务报告的一项十分重要的原则，具体应注意以下几点：

①重要性程度的判断应当以中期财务数据为基础，而不得以预计的年度财务数据为基础。这里所指的“中期财务数据”，既包括本中期的财务数据，也包括年初至本中期末的财务数据。

②重要性原则的运用应当保证中期财务报告包括了与理解企业中期末财务状况和中期经营成果及其现金流量相关的信息。企业在运用重要性原则时，应当避免在中期财务报告中由于不确认、不披露或者忽略某些信息而对信息使用者的决策产生误导。

③重要性程度的判断需要根据具体情况作具体分析和职业判断。通常，在判断某一项目的重要性程度时，应当将项目的金额和性质结合在一起予以考虑，而且在判断项目金额的重要性时，应当以资产、负债、净资产、营业收入、净利润等直接相关项目数字作为比较基础，并综合考虑其他相关因素。有时，在一些特殊情况下，单独依据项目的金额或者性质就可以判断其重要性。例如，企业发生会计政策变更，该变更事项对当期期末财务状况或者当期损益的影响可能比较小，但对以后期财务状况或者损益的影响却比较大，因此会计政策变更从性质上属于重要事项，应当在财务报告中予以披露。

（3）应当遵循及时性原则

为了体现企业编制中期财务报告的及时性原则，中期财务报告计量相对于年度财务数据的计量而言，在很大程度上依赖于估计。例如，企业通常在会计年度末对存货进行全面实地盘点，因此，对年末存货可以达到较为精确的计价。但是在中期末，由于时间上的限制和成本方面的考虑，有时不大可能对存货进行全面实地盘点，在这种情况下，对于中期末存货的计价就可在更大程度上依赖于会计估计。但是，企业应当确保所提供的中期财务报告包括了相关的重要信息。

2）中期合并财务报表和母公司财务报表编报要求

企业上年度编制合并财务报表的，中期期末应当编制合并财务报表。上年度财务报告除了包括合并财务报表，还包括母公司财务报表的，中期财务报告也应当包括母公司财务报表。具体而言：

（1）上年度中编报合并财务报表的企业，其中期财务报告中也应当编制合并财务报表，而且合并财务报表的合并范围、合并原则、编制方法和合并财务报表的格式与内容等也应当与上年度合并财务报表相一致，但当年新企业会计准则有新的规定除外。

（2）上年度财务报告包括了合并财务报表，但报告中期内处置了所有应纳入合并范围的子公司的，中期财务报告应包括当年子公司处置前的相关财务信息。

（3）企业在报告中期内新增子公司的，在中期末就应当将该子公司财务报表纳入合并财务报表的合并范围。

（4）应当编制合并财务报表的企业，如果在上年度财务报告中除了提供合并财务报表之外，还提供了母公司财务报表，那么在其中期财务报告中除了应当提供合并财务报表之外，也应当提供母公司财务报表。

3）比较财务报表编制要求

为了提高财务报表信息的可比性、相关性和有用性，企业在中期末除了编制中期末资产负债表、中期利润表和现金流量表之外，还应当提供前期比较财务报表。中期财务报告应当按照下列规定提供比较财务报表：

（1）本中期末的资产负债表和上年度末的资产负债表。

（2）本中期的利润表、年初至本中期末的利润表以及上年度可比期间的利润表。其中，上年度可比期间的利润表包括：上年度可比中期的利润表和上年度年初至上年可比中期末的利润表。

（3）年初至本中期末的现金流量表和上年度年初至上年可比本中期末的现金流量表。

需要说明的是，企业在中期财务报告中提供比较财务报表时，应当注意以下几个方面：

第一，企业在中期内按新准则规定，对财务报表项目在报告中期进行了调整，则上年度比较财务报表项目的有关金额应当按照本年度中期财务报表的要求进行重新分类，以确保其与本年度中期财务报表的相应信息相互可比。同时，企业还应当在附注中说明财务报表项目重新分类的原因及内容。如果企业因原始数据收集、整理或者记录等方面的原因，无法对比较财务报表中的有关金额进行重新分类，应当在附注中说明不能进行重新分类的原因。

第二，企业在中期内发生了会计政策变更的，其累积影响数能够合理确定且涉及本会计年度以前中期财务报表净损益和其他相关项目数字的，应当予以追溯调整，视同该会计政策在整个会计年度一贯采用；对于比较财务报表可比期间以前的会计政策变更的累积影响数，应当根据规定调整比较财务报表最早期间的期初留存收益，财务报表其他相关项目的数字也应当一并调整。同时，在附注中说明会计政策变更的性质、内容、原因及其影响数；无法追溯调整的，应当说明原因。

第三，对于在本年度中期内发生的调整以前年度损益事项，企业应当调整与本年度财务报表相关项目的年初数，同时，在中期财务报告中相应的比较财务报表也应当为已经调整以前年度损益后的报表。

4）中期财务报告的确认与计量

（1）中期财务报告的确认与计量的基本原则

①在中期财务报告中各会计要素的确认和计量原则应当与年度财务报表所采用的原则相一致，即企业在中期根据所发生交易或者事项，对资产、负债、所有者权益（股东权益）、收入、费用和利润等各会计要素进行确认和计量时，应当符合相应会计要素定义和确认、计量标准，不能因为财务报告期间的缩短（相对于会计年度而言）而改变。

②在编制中期财务报告时，中期会计计量应当以年初至本中期末为基础，财务报告的频率不应当影响年度结果的计量。也就是说，无论企业中期财务报告的频率是月度、季度还是半年度．企业中期会计计量的结果最终应当与年度财务报表中的会计计量结果相一致。为此，企业中期财务报表的计量应当以年初至本中期末为基础，即企业在中期应当以年初至本中期末作为中期会计计量的期间基础，而不应当以本中期作为会计计量的期间基础。

③企业在中期不得随意变更会计政策，应当采用与年度财务报表相一致的会计政策。如果上年度资产负债表日之后按规定变更了会计政策，且该变更后的会计政策将在本度财务报表中采用，中期财务报表应当采用该变更后的会计政策。对于会计估计变更，在同一会计年度内，以前中期财务报表项目在以后中期发生了会计估计变更的，以后中期财务报表应当反映该会计估计变更后的金额，但对以前中期财务报表项目的金额不作调整。

（2）季节性、周期性或者偶然性取得的收入的确认和计量

企业取得季节性、周期性或者偶然性收入，应当在发生时予以确认和计量，不应当在中期财务报表中预计或者递延，但会计年度末允许预计或者递延的除外。

（3）会计年度中不均匀发生的费用的确认与计量

企业在会计年度中不均匀发生的费用，应当在发生时予以确认和计量，不应在中期财务报表中预提或者待摊，但会计年度末允许预提或者待摊的除外。在通常情况下，与企业生产经营和管理活动有关的费用往往是在一个会计年度的各个中期内均匀发生的，各中期之间发生的费用不会有较大差异。但是，对于一些费用，如员工培训费等，往往集中在会计年度的个别中期内。对于这些会计年度中不均匀发生的费用，企业应当在发生时予以确认和计量，不应当在中期财务报表中予以预提或者待摊。也就是说，企业不应当为了使各中期之间收益的平滑而将这些费用在会计年度的各个中期之间进行分摊。如果会计年度内不均匀发生的费用在会计年度末允许预提或者待摊，则在中期末也允许预提或者待摊。

5）中期会计政策变更的处理

企业在中期发生了会计政策变更的，应当按照《企业会计准则第 28 号——会

计政策、会计估计变更和差错更正》的规定处理，并在财务报表附注中作相应披露。会计政策变更的累积影响数能够合理确定且涉及本会计年度以前中期财务报表相关项目数字的，应当予以追溯调整，视同该会计政策在整个会计年度一贯采用；同时，上年度的可比财务报表也应当作相应调整。除非国家规定了相关的会计处理方法，在一般情况下，中期会计政策变更时，企业应当对根据中期财务报告准则的要求，对以前年度比较财务报表最早期间的期初留存收益和这些财务报表其他相关项目的数字进行追溯调整；同时，涉及本会计年度内会计政策变更以前各中期财务报表相关项目数字的，也应当予以追溯调整，视同该会计政策在整个会计年度和可比财务报表期间一贯采用。反之，会计政策变更的累积影响数不能合理确定，以及不涉及本会计年度以前中期财务报表相关项目数字的，应当采用未来适用法。同时，在财务报表附注中说明会计政策变更的性质、内容、原因及其影响数，如果累积影响数不能合理确定的，也应当说明理由。

（1）会计政策变更发生在会计年度内第一季度的处理

企业的会计政策变更发生在会计年度的第一季度，则企业除了计算会计政策变更的累积影响数并作相应的账务处理之外，在财务报表的列报方面，只需要根据变更后的会计政策编制第一季度和当年度以后季度财务报表，并对根据本准则要求提供的以前年度比较财务报表最早期间的期初留存收益和这些财务报表的其他相关项目数字作相应调整。

在财务报表附注的披露方面，应当披露会计政策变更对以前年度的累积影响数（包括对比较财务报表最早期间期初留存收益的影响数和以前年度可比中期损益的影响数）和对第一季度损益的影响数，在当年度第一季度之后的其他季度财务报表附注中，则应当披露第一季度发生的会计政策变更对当季度损益的影响数和年初至本季度末损益的影响数。

（2）会计政策变更发生在会计年度内第一季度之外的其他季度的处理

企业的会计政策变更发生在会计年度内第一季度之外的其他季度，如第二季度、第三季度等，其会计处理相对于会计政策变更发生在第一季度而言要复杂一些。企业除了应当计算会计政策变更的累积影响数并作相应的账务处理之外，在财务报表的列报方面，还需要调整以前年度比较财务报表最早期间的期初留存收益和与比较财务报表其他相关项目的数字，以及在会计政策变更季度财务报告中或者变更以后季度财务报告中所涉及的本会计年度内发生会计政策变更之前季度财务报表相关项目的数字。

在附注披露方面，企业需要披露会计政策变更对以前年度的累积影响数，主要有：第一，对比较财务报表最早期间期初留存收益的影响数；第二，以前年度可比中期损益的影响数，包括可比季度损益的影响数和可比年初至季度末损益的影响数；第三，对当年度变更季度、年初至变更季度末损益的影响数；第四，当年度会计政策变更前各季度损益的影响数。此外，在发生会计政策变更以后季度财务报表附注中也需要作相应披露。

13.7.3 中期财务报告附注的编制要求

1）中期财务报告附注编制的基本要求

（1）中期财务报告附注应当以年初至本中期末为基础披露。编制中期财务报告的目的是为了向报告使用者提供自上年度资产负债表日之后所发生的重要交易或者事项，因此，中期财务报告中的附注应当以“年初至本中期末”为基础进行编制，而不应当仅仅披露本中期所发生的重要交易或者事项。

（2）中期财务报告附注应当对自上年度资产负债表日之后发生的重要的交易或者事项进行披露。中期财务报告中的附注应当以年初至本中期末为基础编制，披露自上年度资产负债表日之后发生的，有助于理解企业财务状况、经营成果和现金流量变化情况的重要交易或者事项，此外，对于理解本中期财务状况、经营成果和现金流量有关的重要交易或者事项，也应当在附注中作相应披露。

2）中期财务报告附注至少应当包括的内容

（1）中期财务报表所采用的会计政策与上年度财务报表相一致的声明。企业在中期会计政策发生变更的，应当说明会计政策变更的性质、内容、原因及其影响数；无法进行追溯调整的，应当说明原因。

（2）会计估计变更的内容、原因及其影响数；影响数不能确定，应当说明原因。

（3）前期差错的性质及其更正金额；无法进行追溯重述的，应当说明原因。

（4）企业经营的季节性或者周期性特征。

（5）存在控制关系的关联方发生变化的情况；关联方之间发生交易的，应当披露关联方关系的性质、交易类型和交易要素。

（6）合并财务报表的合并范围发生变化的情况。

（7）对性质特别或者金额异常的财务报表项目的说明。

（8）证券发行、回购和偿还情况。

（9）向所有者分配利润的情况，包括在中期内实施的利润分配和已提出或者已批准但尚未实施的利润分配情况。

（10）根据《企业会计准则第35号——分部报告》规定披露分部属报告信息的，应当披露主要的报告形式的分部收入与分部利润（亏损）。

（11）中期资产负债表日至中期财务报告批准报出日之间发生的非调整事项。

（12）上年度资产负债表日以后所发生的或有负债和或有资产的变化情况。

（13）企业结构变化情况，包括如企业合并，对被投资单位具有重大影响、共同控制或者控制关系的长期股权投资的购买或者处置，终止经营等。

（14）其他重大交易或者事项，包括重大的长期资产转让及其出售情况、重大的固定资产和无形资产取得情况、重大的研究和开发支出、重大的资产减值损失、或有负债等。

企业在提供上述第5项和第10项有关关联方交易、分部收入与分部利润（亏损）信息时，应当同时提供本中期（或者本中期末）和本年度初至本中期末的数据，以及上年度可比本中期（或者可比期末）和可比年初至本中期末的比较数据。

思考题

1. 什么是财务报告？其编制目的和主要构成内容是什么？
2. 财务报表提供的信息应达到的基本质量要求指的是什么？
3. 资产负债表、利润表和现金流量表的区别是什么？
4. 简述利润表的主要编制步骤和内容。
5. 简述现金流量表的编制方法。

练习题

一、单项选择题

1. 某企业2014年度发生以下业务：以银行存款购买将于2个月后到期的国债500万元，偿还应付账款200万元，支付生产人员工资150万元，购买固定资产300万元。假定不考虑其他因素，在该企业2014年度现金流量表中“购买商品、接受劳务支付的现金”项目的金额为(　　)万元。

A. 200　　B. 350　　C. 650　　D. 1 150

2. 在下列各项中，不属于现金流量表“筹资活动产生的现金流量”的是(　　)。

A. 实际收到分配的现金股利　　B. 发行公司债券实际收到的现金
C. 增发股票实际收到的现金　　D. 偿还公司债券支付的现金

3. 支付给在建工程人员的工资应列示在现金流量表(　　)项目中。

A. “支付给职工以及为职工支付的现金”
B. “支付其他与经营活动有关的现金”
C. “购建固定资产、无形资产和其他长期资产支付的现金”
D. “投资支付的现金”

4. A公司2014年购买商品支付500万元（含增值税），支付2012年接受劳务的未付款项50万元，2014年发生的购货退回15万元，假设不考虑其他条件，A公司在2014年现金流量表“购买商品、接受劳务支付的现金”项目中应填列(　　)万元。

A. 535　　B. 465　　C. 435　　D. 500

5. 在下列各项中，会引起现金流量表“经营活动产生的现金流量净额”发生变化的是(　　)。

A. 固定资产的购置与处置　　B. 支付在建工程人员工资
C. 转让股票投资取得的收入　　D. 以现金购买办公用品

6. 在下列各项中，不影响工业企业营业利润的是(　　)。

A. 主营业务成本　　B. 其他业务成本
C. 劳务成本　　D. 营业税金及附加

7. 某企业2014年2月主营业务收入为200万元，主营业务成本为120万元，营业税金及附加为10万元，管理费用为5万元，销售费用为3万元，制造费用为4万元，资产减值损失为2万元，投资收益为15万元。假定不考虑其他因素，该企业当月的营业利润为(　　)万元。

A. 62　　B. 70　　C. 71　　D. 75

8. 某企业“应付账款”科目月末贷方余额40 000元，其中：“应付甲公司账款”明细科目贷方余额35 000元，“应付乙公司账款”明细科目贷方余额5 000元；“预付账款”科目月末贷方余额30 000元，其中：“预付A工厂账款”明细科目贷方余额50 000元，“预付B工厂账款”明细科目借方余额20 000元。该企业月末资产负债表中“应付账款”项目的金额为(　　)元。

A. 90 000　　B. 30 000　　C. 40 000　　D. 70 000

9. 在下列各项中，不属于资产负债表中“货币资金”项目的是(　　)。

A. 以公允价值计量且其变动计入当期损益的金融资产

B. 银行结算户存款

C. 信用卡存款

D. 外埠存款

10. 在下列资产负债表项目中，应根据多个总账科目余额计算填列的是(　　)。

A. 应付账款　　B. 盈余公积　　C. 未分配利润　　D. 长期借款

11. 某企业2014年主营业务收入科目贷方发生额是2 000万元，借方发生额为退货50万元，发生现金折扣50万元，其他业务收入科目贷方发生额100万元，其他业务成本科目借方发生额为80万元，那么企业利润表中“营业收入”项目填列的金额为(　　)万元。

A. 2 000　　B. 2 050　　C. 2 100　　D. 2 070

12. 下列资产负债表项目，需要根据相关总账所属明细账户的期末余额分析填列的是(　　)。

A. 应收账款　　B. 应收票据　　C. 应付票据　　D. 应付职工薪酬

13. 某企业年末“应收账款”科目的借方余额为650万元，其中，“应收账款”明细账的借方余额为850万元，贷方余额为200万元，年末计提坏账准备后的“坏账准备”科目的贷方余额为65万元。假定年末坏账准备均与应收账款相关，该企业年末资产负债表中“应收账款”项目的金额为(　　)万元。

A. 585　　B. 600　　C. 785　　D. 800

二、多项选择题

1. 下列会计科目，在编制资产负债表时应列入“存货”项目的有(　　)。

A. 材料采购　　B. 材料成本差异

C. 工程物资　　D. 周转材料

2. 在下列各项中，应列入利润表“资产减值损失”项目的有(　　)。

A. 原材料盘亏损失　　B. 固定资产减值损失
C. 应收账款减值损失　　D. 无形资产处置净损失

3. 大明企业2014年发生的营业收入为2 000万元，营业成本为1 200万元，销售费用为40万元，管理费用为100万元，财务费用为20万元，投资收益为80万元，资产减值损失为140万元（损失），公允价值变动损益为160万元（收益），营业外收入为50万元，营业外支出为30万元。该企业2014年的营业利润和利润总额分别为(　　)万元。

A. 660　　B. 740　　C. 640　　D. 760

4. 在下列各项中，应列入利润表“营业税金及附加”项目的有(　　)。

A. 增值税　　B. 城市维护建设税
C. 教育费附加　　D. 矿产资源补偿费

5. 在填列资产负债表“一年内到期的非流动负债”项目时，需要考虑的会计科目有(　　)。

A. “应付票据”　B. “应付债券”　C. “长期借款”　D. “应付股利”

6. 在下列各项资产项目中，直接根据总账科目余额填列的有(　　)。

A. “固定资产”　　B. “工程物资”
C. “应收股利”　　D. “交易性金融资产”

7. 在下列各项中，应在资产负债表“预付款项”项目列示的有(　　)。

A. “应付账款”科目所属明细科目的借方余额
B. “应收账款”科目所属明细科目的借方余额
C. “应收账款”科目所属明细科目的贷方余额
D. “预付账款”科目所属明细科目的借方余额

8. 在下列交易或事项中，会引起现金流量表“经营活动产生的现金流量净额”发生变化的有(　　)。

A. 支付广告费　　B. 支付借款利息
C. 购入固定资产　　D. 收到返还的税费

9. 在现金流量表中的“支付给职工以及为职工支付的现金”项目包括(　　)。

A. 支付给退休人员的退休金　　B. 支付的在建工程人员的职工薪酬
C. 支付的销售部门人员的职工薪酬　　D. 支付的生产工人的职工薪酬

10. 在下列各项中，属于现金流量表“投资活动产生的现金流量”的有(　　)。

A. 固定资产的购置与处置　　B. 支付在建工程人员工资
C. 转让股票投资取得的收入　　D. 以银行存款支付购买材料款

11. 在下列各项中，属于现金流量表中“投资活动产生的现金流量”的有(　　)。

A. 外购无形资产支付的现金

B. 转让固定资产所有权收到的现金

C. 购买3个月内到期的国库券支付的现金

D. 收到分派的现金股利

12. 在下列各项中，属于现金流量表中“现金及现金等价物”的有(　　)。

A. 库存现金

B. 其他货币资金

C. 购入时就只剩3个月到期的债券投资

D. 随时用于支付的银行存款

13. 在资产负债表中的“应收账款”项目应根据(　　)分析计算填列。

A. 应收账款所属明细账借方余额合计

B. 预收账款所属明细账借方余额合计

C. 按应收账款余额一定比例计提的坏账准备科目的贷方余额

D. 应收账款总账科目借方余额

三、判断题

1. 在一般情况下，应收账款周转率越低越好。应收账款周转率低，表明收账迅速，账龄较短；资产流动性强，短期偿债能力强；可以减少坏账损失。(　　)

2. 资本保值增值率是企业年末所有者权益总额与年初所有者权益总额的比值，可以反映企业当年资本的实际增减变动情况。(　　)

3. 财务报告附注是对在资产负债表、利润表、现金流量表和所有者权益变动表等报表中列示项目的文字描述或明细资料，以及对未能在这些报表中列示项目的说明等。(　　)

4. 所有者权益变动表“上年年末余额”项目，反映企业上年资产负债表中实收资本（或股本）、资本公积、库存股、盈余公积、未分配利润的年末余额。(　　)

5. 企业以发行债券的方式筹集资金实际收到的款项应反映在“取得借款收到的现金”项目中。(　　)

6. 利润表中“营业税金及附加”项目包括增值税和印花税。(　　)

7. 企业年末“长期待摊费用”科目的余额为200万元，其中将于1年内摊销完的为50万元，那么在资产负债表中的“长期待摊费用”项目的金额为200万元。(　　)

四、计算处理题

1. A公司2014年有关资料如下：

（1）本年销售商品本年收到现金3 000万元，以前年度销售商品本年收到的现金600万元，本年预收款项300万元，本年销售本年退回商品支付现金240万元，以前年度销售本年退回商品支付的现金180万元。

（2）本年购买商品支付的现金2 100万元，本年支付以前年度购买商品的未付款项240万元和本年预付款项210万元，本年发生的购货退回收到的现金120

万元。

（3）本年分配的生产经营人员的职工薪酬为400万元，“应付职工薪酬”年初余额和年末余额分别为40万元和20万元，假定应付职工薪酬本期减少数均为本年支付的现金。

（4）在本年利润表中的所得税费用为150万元（均为当期应交所得税产生的所得税费用），“应交税费——应交所得税”科目年初数为12万元，年末数为6万元。假定不考虑其他税费。

要求：根据上述资料，计算下列相关项目：

（1）销售商品、提供劳务收到的现金。

（2）购买商品、接受劳务支付的现金。

（3）支付给职工以及为职工支付的现金。

（4）支付的各项税费。（答案金额单位为万元）

2. 华荣公司为增值税一般纳税人，适用的增值税税率为17%，销售商品和提供劳务均属于公司的主营业务。假定销售商品、原材料和提供劳务均符合收入确认条件，商品、原材料售价中不含增值税，且成本在确认收入时逐笔结转，不考虑其他因素。2014年3月，华荣公司发生如下交易事项：

（1）月初委托某公司销售甲商品，代销协议约定的商品售价为800万元，代销手续费为售价的10%，月底收到代销清单，注明已经销售了商品的75%，同时收到代销款，并结算了代销手续费。该批商品实际成本为640万元。

（2）销售乙材料一批，增值税专用发票注明售价340万元，款项收到并存入银行。该批材料的实际成本为280万元。

（3）确认本月设备安装劳务收入。该设备安装劳务合同总收入为560万元，预计合同总成本为400万元，合同价款在前期签订合同时已收取。采用完工百分比法确认劳务收入。截至本月末，该劳务的累计完工进度为60%，前期已累计确认劳务收入240万元、劳务成本170万元。

（4）向A公司转让一项非专利技术的使用权，一次性收取使用费60万元并存入银行，且不再提供后续服务。

（5）向本公司销售人员发放自产产品作为福利，该批产品的实际成本为60万元，市场售价为100万元。

（6）将以前会计期间确认的与资产相关的政府补助在本月分配计入当月收益330万元。

（7）以银行存款支付管理费用15万元，财务费用10万元，销售费用5万元，营业外支出10万元。

假定除上述业务外，华荣公司本月未发生其他相关业务。

要求：

（1）编制上述业务（1）~（7）的会计分录。

（2）计算华荣公司2014年3月的营业收入、营业成本、销售费用、营业利

润、营业外收入、利润总额。(答案金额单位为万元)

3. 大明有限责任公司（以下简称大明公司）为增值税一般纳税人，适用的增值税税率为17%。2013年11月30日的科目余额（部分科目）见表13-9：

表13-9 **大明公司2013年11月30日科目余额表** 单位：元

科目名称	借方余额	贷方余额	科目名称	借方余额	贷方余额
银行存款	27 000		短期借款		17 500
交易性金融资产	800		应付账款		10 000
应收账款	20 000		预收账款		25 600
坏账准备		80	应交税费	1 250	
预付账款	3 500		应付利息		3 920
原材料	10 000		实收资本		120 000
库存商品	45 000		资本公积		9 000
持有至到期投资	27 000		盈余公积		5 500
固定资产	64 000		利润分配		4 950
累计折旧		13 000	本年利润		10 000
在建工程	21 000				

假定坏账准备均为应收账款计提。

大明公司12月份有关资料如下：

（1）本月销售商品不含税售价为25 000元，增值税税额为4 250元，款项尚未收到，商品成本为21 000元。

（2）收回以前年度已核销的坏账4 800元。

（3）向承包商支付部分工程款6 500元，工程尚未完工。

（4）计提本月管理用固定资产折旧1 250元，另用银行存款支付其他管理费用2 000元。

（5）购入交易性金融资产，买价5 000元，另支付交易费用60元，款项用银行存款支付。

（6）本月支付已计提的短期借款利息3 500元。

（7）用银行存款偿还短期借款5 500元。

（8）发生财务费用283元，均以银行存款支付。

（9）企业经过对应收账款风险的分析，决定年末按应收账款余额的1%计提坏账准备。

（10）公司所得税税率为25%，1—11月份的所得税费用已转入本年利润。本月应交所得税为1 198.63元，已用银行存款缴纳，假定不存在纳税调整事项。

（11）按规定计提的法定盈余公积和任意盈余公积的金额均为 1 359.59 元。

要求：根据上述资料，计算大明公司 2013 年 12 月 31 日资产负债表中下列项目的金额（列出计算过程，计算结果出现小数的，均保留小数点后两位小数）：

（1）货币资金。

（2）以公允价值计量且其变动计入当期损益的金融资产。

（3）应收账款。

（4）存货。

（5）固定资产。

（6）在建工程。

（7）短期借款。

（8）应付利息。

（9）应交税费。

（10）资本公积。

（11）未分配利润。

主要参考文献

[1] 财政部会计资格评价中心．中级会计实务［M］．北京：经济科学出版社，2014.

[2] 企业会计准则编审委员会．企业会计准则案例讲解2014年版［M］．上海：立信会计出版社，2014.

[3] 刘永泽，陈立军．中级财务会计［M］．大连：东北财经大学出版社，2014.

[4] 中国注册会计师协会．会计［M］．北京：经济科学出版社，2014.

[5] 胡燕灵，桑立霞．中级财务会计［M］．2版．北京：清华大学出版社，2011.

[6] 叶方同．中级财务会计［M］．南京：南京大学出版社，2010.

[7] 冯逢，叶桂中．中级财务会计［M］．南京：东南大学出版社，2009.

[8] 盖地，赵书和．财务会计［M］．3版．北京：经济科学出版社，2008.

[9] 韩冬芳．中级财务会计［M］．2版．上海：上海财经大学出版社，2008.

[10] 杨家新．财务会计学［M］．武汉：华中科技大学出版社，2008.

[11] 阎建峰．中级财务会计［M］．成都：西南财经大学出版社，2008.

[12] 朱和平，蒋萍．中级财务会计［M］．镇江：江苏大学出版社，2008.

[13] 师萍，阎平．中级财务会计［M］．西安：西安交通大学出版社，2008.

[14] 陈信元．财务会计［M］．3版．北京：高等教育出版社，2008.

[15] 周晓苏．中级财务会计［M］．北京：科学出版社，2007.

[16] 杨杰，吴学军．财务会计［M］．北京：中国石化出版社，2003.